LA SCIENCE DES CHOSES CORPORELLES.

PREMIERE PARTIE DE LA SCIENCE HVMAINE,

Où l'on connoift la Verité de toutes les chofes du Monde par les forces de la Raifon;

Et l'on treuue la refutation des Erreurs de la Philofophie vulgaire.

A PARIS,

Chez PIERRE BILLAINE, ruë Sainct Iacques, à la Bonne Foy, deuant Sainct Yues.

M. DC. XXXIV.

AVEC PRIVILEGE DV ROY.

CAROLO SORELLO
NOVÆ ENCYCLOPÆDIÆ
ASSERTORI DIGNISSIMO,

TETRASTICHON.

Hoc vnam, Sorelle, tibi optem, æqualia Mundo
Fata dari, imò tuis Te superesse libris;
Dum siquidem Mundi reseras miranda, quid obstat
Quominus in Mundi sæcula Te ire canam?

G. P. BELL. Doct. Med. Parif.

LA Science des Choses Corporelles n'eſtant que la Premiere Partie de la Science Humaine, l'on auroit de la peine à iuger ce que c'eſt que cette Science generale, ſi l'on n'en auoit mis icy les introductions qui en donneront pour ce coup aſſez de connoiſſance. Il faut donc voir premierement ces trois diſcours conſecutifs, leſquels ne ſçauroient eſtre ennuyeux en la lecture, & l'on ſouhaiteroit pluſtoſt de les trouuer plus longs, que de vouloir qu'ils ne fuſſent point du tout en ce lieu, mais ſi l'on deſire eſtre dauantage inſtruit ſur vne matiere qu'ils ne traittent que par propoſition, il faut conſiderer que cela doit eſtre reſerué pour d'autres lieux, où tout ce qui dependra de ce ſujet ſera plus amplement declaré. Cela ſe verra dans les autres Parties de cet ouurage, dont nous aurons peut eſtre encore vn iour quelques vnes ſucceſſiuement ſelon la volonté de l'Autheur, & dans ces interualles, ſi l'on void que ſes premiers ouurages ſoient deſirez, l'on imprimera auſſi, *Les Exercices de Vertu*, qui ſera vn liure compoſé de quantité de lettres & de diſcours moraux & politiques, qui ont eſté les exercices de ſa ieuneſſe, & l'on y trouuera beaucoup de pieces qui n'ont iamais eſté veües, & qu'il ne faut pas laiſſer perdre. Que ſi ſon Hiſtoire de la Monarchie Françoiſe & quelques autres œuures ſont auſſi deſirées, l'on les donnera plus correctement qu'elles n'ont eſté encore iuſques icy.

REMONSTRANCE
SVR LES ERREVRS
ET LES VICES.

HOMMES, *arrestez vous icy. Il n'y a rien qui merite mieux vostre attention, que les choses que l'on vous veut faire entendre. Il ne s'agit que de vostre bien. Souffrez que l'on vous represente le mauvais estat où vous estes, & bien que le recit ne vous en soit point agreable, ne refusez pas de l'oüyr, puisque cela vous fera naistre le desir d'y trouver quelque remede. Ne remettez point cette affaire à vn autre iour. Le mal est si dangereux qu'il s'empire d'heure en heure. Il s'en faut peu que tous les vices ne vous infectent tous. L'on ne void par tout que des crimes, & s'il y a quelqu'vn qui ne fasse que de petites fautes, c'est que les occasions ne luy permettent pas de les faire plus grandes. Vos erreurs sont aussi en tel nombre, que vous ne prenez presque rien dans le vray sens qu'il le faut prendre, & ce qui est de plus deplorable vos miseres sont si estranges que ceux mesme qui devroient estre les plus contents, vivent dans des inquietudes eternelles, & ceux qui pensent estre les plus libres, sont reduits en servitude. Vous ne serez point arrestez icy par vne longue preface. Il faut entrer promptement dans le sujet, afin que vous entendiez ce que l'on vous doit*

REMONS- dire auant que d'en estre ennuyez. Ie vous declare seulement
TRANCE. d'abord, que ie n'enten point parler plustost d'vne nation que
de l'autre, & que ie considere le general sans examiner le
particulier. Pour parler donc des erreurs & des vices qui
regnent parmy vous, il semble qu'il faille commencer par l'impieté comme le vice qui comprend tous les autres. La pluspart
ne rendent point les honneurs qu'ils doiuent au grand Dieu
qui les a creez, & n'ont point aussi de charité vers leurs semblables. Mais faisons encore d'autres diuisions, où les erreurs
soient remarquées auec les vices, car tous les vices viennent
des erreurs.

Pour examiner premierement le vice qui est le plus commun parmy vous, il faut considerer vostre orgueil. Vous vous
glorifiez de posseder des dignitez & des tiltres que n'ont pas
les autres, d'auoir vne plus longue suite de seruiteurs, de plus
belles maisons, de plus beaux emmeublemens, & vne infinité
de choses inutiles; & vous mettez toute vostre felicité à faire
parler de vous en beaucoup de lieux, bien que ce soit pour des
sujets fort vains & souuent fort iniustes. Vous vous mesconnoissez dans la prosperité côme si vous la pouuiez rendre eternelle. Vous qui estes mortels vous auez d'aussi grands desseins que si vous estiez asseurez de l'immortalité. Vous voulez
destourner le cours des riuieres, applanir les montagnes, & en
esleuer d'autres par artifice comme si vous desiriez encore
vous sauuer de la fureur du deluge. Vous prenez plaisir à voir
que tout vn païs change de face comme si vous estiez les maistres de la Nature, & vous ne considerez pas que vous tombez vous mesmes en vn estrange changement auant que d'accomplir la moindre partie de vos entreprises, & qu'il vaudroit bien mieux oster de vos pensees ce qu'il y a de superflu.
S'il y en a parmy vous qui estans esleuez au dessus des autres

ayent fort peu d'humilité enuers Dieu, ils ne peuuent estre qu'extremement superbes enuers les hommes. Quelques vns veulent estre honorez iusqu'à l'excez, pource qu'ils viennent d'vne race qui est fort connuë dedans leur contrée, & qui dés longtemps s'est mise en credit par les richesses ou par la force; Et si quelques bonnes actions y ont operé, ils se glorifient pour les choses qu'ils n'ont pas faites, & bien qu'ils ne soient point semblables à leurs predecesseurs ils veulent encore estre en vne plus grande estime. Quand ils verroient quelque personne qui auroit la mesme vertu que l'on publie de leurs ancestres, ils n'en feroient aucun estat, d'autant qu'ils s'imaginent que la noblesse ne peut venir autrement que de pere en fils. Ils croyent estre composez d'vne meilleure matiere que le reste des hommes; & il y a parmy eux vne infinité de ceremonies, & de vaines ostentations dont ils se seruent, pour ne point faire de tort à leur reputation. Ils seroient plus supportables si leur orgueil estoit enfermé en eux mesmes, mais ils ne se repaissent pas tousiours de leur vanité: Ils veulent que chacun leur cede manifestement, & outragent ceux qui refusent de le faire, estans irreconciliables auparauant qu'ils se soient vangez. Toutes les paroles les blessent si elles ne sont à leur gloire, & ils se plaisent tant à espreuuer leur fausse valeur contre ceux de leur sorte, qu'ils cherchent l'occasion de les appeller au combat iusque mesme sur des discours friuolles, ausquels ils donnent telle explication qu'ils veulent. Le malheur est que ceux de qui la Noblesse est le moins establie, croyent qu'ils ne sçauroient mieux se faire connoistre que par vne furieuse insolence, & ce n'est qu'en cela qu'ils taschent de contrefaire les Nobles. Quant à ceux qui ne se rendent eminents que par des charges qu'ils ont acheptées, ou qu'ils ont euës par hazard plustost que par merite, ils traitēt les autres auec vn extreme mespris, & voulans garder vne grauité de Magistrat, ils entrent dans vn orgueil nompareil. Ils se plaisent à faire durer long temps les affaires afin d'auoir vne longue suite de cliens; Ils souffrent que leur maison soit perpetuellement assiegée de ceux qui les viennent supplier de quelque chose; Ils veulent mesme que leur portier fasse paroistre quelque esclat de leur rigueur ordinaire, & ne laisse entrer personne qu'apres de grandes poursuittes. Quand l'on est dans leur maison l'on treuue encore plusieurs portes bien deffenduës, & l'on employe beaucoup de temps auant que de paruenir au lieu où ils se retirent. C'est là qu'ils tiennent vne contenance superbe, & traitent inciuilement ceux qui ne leur sont point agreables; Que si ceux à qui ils parlent, ne font autant d'estat de tout ce qu'ils disent que d'vn oracle, ils les tiennent pour criminels, & taschent de les ruiner entierement. Il y a des hommes qui ne sont pas si esleuez & qui ne laissent pas d'auoir de l'orgueil, parce qu'ils voyent qu'il y en a encore beaucoup d'autres qui sont au dessous d'eux. Pource qui est de ceux qui sont si bas que l'on ne les peut abaisser dauantage, ils n'en paroissent point plus humbles; car outre qu'ils s'estiment plus que leurs compagnons, ils pensent encore deuoir estre preferez à ceux qui les surpassent, croyans qu'ils meritent mieux qu'eux d'estre en vne eminente condition. Ainsi plusieurs commencent à s'estimer eux mesmes, afin d'aduertir les autres qu'ils les doiuent estimer. De là procedent leurs vanteries insupportables; Ils publient tout ce qu'ils font & ce qu'ils ne font pas, & mesmes ce qu'ils ne peuuent iamais faire.

 Cet orgueil voulant estre rassasié fait naistre l'ambition. Les plus petits n'en sont pas exempts: Ils aspirent plus haut qu'ils ne sçauroient iamais atteindre, & pour y paruenir ils s'escartent de la raison & de la iustice. Et si par hazard il arriue qu'ils obtiennent ce qu'ils cherchent, ils font paroiſtre qu'ils ne ſont pas encore au bout de leurs deſſeins, & qu'ils pretendent que le lieu où ils ſont ne leur ſerue que d'vn degré pour monter à d'autres plus eminens. Ceux qui ſont poſſedez de cette paſſion ne manquent point auſſi d'eſtre Enuieux; Ils ſont eternellement geſnez de voir que les autres s'auancent; & ils ne ſe contentent pas quelquefois de faire du mal à eux meſmes; Apres s'eſtre laiſſez emporter à la colere, ils viennent à l'iniuſtice, & ruinent s'ils peuuent ceux qui iouyſſent des honneurs dont ils voudroient auoir la preference.

Pour ce qui eſt de ceux qui ſont nez parmy des grandeurs dont ils deuroient eſtre ſatisfaits, ils croyent qu'ils ont encore quelque choſe à ſouhaitter. C'eſt en vain que les regions ſont diuiſées par des montagnes inacceſſibles, ou par des Mers de longue eſtenduë; Ils veulent que leurs armées paſſent au delà afin d'aller conquerir de nouueaux Empires. Il ne leur ſuffit pas d'eſtre mal auec tous leurs voiſins; Ils voudroient trouuer vn autre monde, & en aller chaſſer le Maiſtre ou le Createur s'il leur eſtoit poſſible. L'on en void à qui tous ceux que l'on appelle eſtrangers ſont auſſi leurs ennemis. Ils ne ceſſent de leur faire la guerre pour taſcher de les reduire ſous leur domination, & ne tourmentent pas moins leurs propres ſubjets, dont ils foulent les vns par leurs exactions, & menent les autres à la boucherie, ſans ſe ſoucier non plus de leur mort que de celle d'vn moucheron. Ce ſont ceux cy qu'vne inſolente vanité fait aſpirer à la Monarchie vniuerſelle, & qui veulent gouuerner tout l'Vniuers ſans ſortir de leur cabinet, & quoy que leurs deſſeins ſoient trauerſez par des puiſſances plus grandes, cela ne laiſſe pas de cauſer beaucoup de malheur par toute la Terre, & fait voir que ce bonheur n'a pas eſté donné à toutes nations de viure ſous les loix d'vn Monarque tres-

REMONS-
TRANCE.
Iuste, qui ne se gouuerne que par vn conseil tres sage & tres-intelligent, & ne s'employe qu'à procurer le repos de son peuple & à tirer ses alliez de l'oppression où il les treuue.

L'auarice n'est pas loin de là; Ceux qui taschent de priuer de leur bien les possesseurs legitimes, ne sont pas seulement ambitieux; Ils prennent encore plaisir à voir quantité de tresors en leur puissance, & pour y paruenir il n'y a rien de si sacré qu'ils ne violent, & rien de si pur qu'ils ne corrompent. L'on sçait les tyrannies & les cruautez qui ont esté commises pour ce sujet en beaucoup de lieux sur de pauures peuples innocens, de qui le seul crime estoit d'auoir esté trop soigneux de cacher ce qui leur appartenoit; & ceux qui les tourmentoient, faisoient bien voir que c'estoit pour vn autre dessein que de les instruire en leur loy, & en leurs coustumes, qu'ils auoient pris la peine de se transporter en leur pays. Cette conuoitise insatiable regne autant parmy les petits que parmy les grãds; Elle fait cõmettre à tous des fautes irremissibles. Elle fait que les freres ne se peuuent accorder ensemble, & que les enfans souhaitent la mort de leur Pere pour iouyr de ses richesses; Elle est cause de tant de mariages precipitez, où l'on ne considere point l'inesgalité de l'humeur ny des affections, d'où s'ensuiuent les mescontentemens & les diuorces; Elle fait faire des trafics illicites; Elle fait que l'on s'adonne à des vsures infinies; Que les promesses d'amitié sont oubliées; Que l'on trahit ceux que l'on deuroit conseruer; Que l'on fait de faux sermens; Que iusques dans les discours particuliers l'on ne parle qu'auec des tromperies & des mensonges. Que l'on commet vne infinité de larcins & d'exactions, & que l'on passe son temps parmy des chiquaneries & des procedures infames, qui occupent tout l'esprit & l'empeschent de songer aux choses plus releuées. Beaucoup d'autres vices naissent de celuy cy; L'Enuie accompagne d'ordinaire ceux qui en sont possedez; Ils sont gesnez eternellement de voir que les richesses des autres s'augmentent. Quelquefois la colere & la cruauté viennent aussi en suite, & il se fait des meurtres pour vsurper le bien d'autruy, car tous les vices sont enchaisnez de cette sorte. Que s'il y a quantité de ces hommes qui n'ont iamais assez d'argent dans leur coffre quoy qu'ils le rendent inutile, il y en a d'autres qui s'employent autant à en acquerir par toute sorte de moyens, mais qui le despensent auec plus de liberté. Ce n'est pas toutefois pour en secourir les affligez & les necessiteux; Ce n'est que pour se contenter dans leurs vanitez, & pour iouyr de toutes les delices imaginables. Bien qu'ils soient d'vne basse extraction, ils font bastir des Palais qui suffiroient pour vn Roy; Ils font faire des habits & des emmeublemens dont la sumptuosité est excessiue. Du reste de leurs festins on en pourroit faire plusieurs autres. Que s'ils font aussi quelques dons, ce n'est qu'à des bouffons & à des flatteurs, & aux infames ministres de leurs voluptez. De ce vice de prodigalité l'on vient à quantité d'autres. La gourmandise & l'yurognerie ne sont pas seulement les vices des gueux & des valets; Ceux qui sont d'vne qualité releueé, combattent à la table à qui mangera & à qui beura le plus. L'impudicité regne aussi parmy la pluspart des hommes; L'on n'entend parler que de violemens & d'adulteres. La pluspart de la jeunesse est maintenant deprauée, & bien qu'il y ait des filles & des femmes qui parmy cette corruption peuuent conseruer leur chasteté, si est ce qu'il y a des pays où leurs paroles, leurs contenances, & leur façon de se vestir, semblent les accuser d'auoir déja perdu leur honneur, ou tout au moins de ne se pas soucier de le perdre. Plusieurs ieunes hommes s'imaginans de leur plaire, ne prennent pas moins de peine à s'attiffer; & se fardans

REMONS- comme elles, mettent tout leur soin à deuenir beaux à l'exte-
TRANCE. rieur pluſtoſt que de ſonger à la beauté interieure, & taſcher
de corriger les deformitez de leur Ame. Il ſe trouue de la
ſuperfluité dans leurs diſcours comme dans les autres choſes:
Iamais l'on ne vid de plus ſots entretiens que ceux que l'on a
aujourd'huy dans les compagnies; ce ne ſont que des caquets
qui ne ſeruent à rien, ſi ce n'eſt à faire du mal à autruy, car
l'on paſſe fort aiſément dans la meſdiſance & la calomnie,
& de telles gens ne ſçauroient dequoy s'entretenir ſans parler
au deſauantage des autres. Il faut blaſmer icy generalement
la pareſſe que l'on teſmoigne à s'employer à quelque choſe de
bon, tandis que l'oyſiueté perd vne infinité d'eſprits qui n'ont
point d'autre occupation que le ieu & la desbauche. L'iniuſtice qui comprend l'impieté & le deffaut de charité, tient
auſſi ſon lieu dans le monde, auec d'autres vices qui en dependent, leſquels ont déja eſté remarquez, car ils retombent
ainſi les vns dans les autres. Il y a beaucoup d'hommes qui ne
rendent pas à chacun ce qui luy appartient. Outre que pluſieurs ne reconnoiſſent point les graces que Dieu leur a faites,
ils blaſphement ſouuent contre luy & font des iuremens exe-
crables. Pour ce qui eſt de leurs parens & de leurs ſuperieurs,
ils ne leur rendent point l'honneur qu'ils meritent. Ils ſe mon-
ſtrent ingrats enuers ceux qui leur ont fait du bien, & rendent toutes leurs actions contraires à l'equité. L'on peut parler
ſur ce propos de leurs diuerſes conditions. Il eſt aiſé à voir
comme ils s'aquittent mal de leurs charges: Ils ſe laiſſent corrompre par la faueur & par l'argent, & laiſſent beaucoup
de crimes impunis, & s'ils enuoyent quelques malfaicteurs
au ſupplice, ce ſont ceux qui ont eu trop de malheur & point
d'amis, & non pas ceux qui ſont les plus coulpables. Pour ce
qui eſt de cette partie de la Iuſtice qui concerne la recompenſe

des

des bonnes actions, elle n'est aucunement pratiquée. Si quelqu'vn fait quelque chose de meilleur que les autres, il demeure sans estre recompensé. Les charges, & les honneurs, qui deuroient estre la reconnoissance de la vertu, sont accordez aux enfans des Mercadents & des Vsuriers, ausquels ils ne sont iamais refusez pourueu qu'ils ayent dequoy les acheter, encore qu'ils rendent des tesmoignages des mauuaises habitudes qu'ils ont prises de leurs Peres. Cela oste le courage de bien faire à ceux qui en auroient la volonté, puisque l'on s'auance plustost par les tromperies & les autres mauuaises actions que par le sçauoir & la probité.

O Hommes! voila vos vices, qui pourroient estre estendus plus au long, mais c'est assez de les auoir remarquez icy par leurs noms principaux pour vous les faire reconnoistre. Quelques vns me diront que ie tien pour des fautes, des choses qui tout au moins sont indifferentes, si elles ne sont loüables. Ils me diront que leur orgueil & leur ambition ne sont qu'vne grandeur de courage ; Que ce que i'appelle Auarice est vn bon mesnage, & vne preuoyance; Que leurs prodigalitez sont des magnificences, & que toutes leurs voluptez sont des libertez que l'on doit accorder à la Nature. Pour ce qui est de ce que i'appelle Iniustice, ils me respondront qu'ils ne pourroient monstrer leur puissance & leur grandeur, s'ils ne faisoient tout ce qui leur plaist, & qu'ils pecheroient contre les loix de l'amitié s'ils ne fauorisoient leurs amis; mais c'est là le plus haut degré de toutes les mechancetez, de vouloir soustenir que l'on est innocent, & de demander des loüanges pour ses fautes. O miserables! auoüez vos crimes; l'on sçait bien que vostre intention est mauuaise; L'on void la cause & l'effet de vos desseins où il ne se trouue rien de bon. Vous estes mesmes accusez par vos semblables. Que si vous dites que vous n'estes pas tous entachez de ces crimes que i'allegue, i'auoüe que cela peut estre, mais au moins en auez vous tousiours quelques vns, & vous estes en danger de tomber des vns dans les autres. L'on auroit bien de la peine à trouuer vn parfait innocent dedans le monde, car ceux mesme qui ont le vice en horreur se laissent emporter au courant du peuple, & faillent auec luy en tolerant ses fautes,, & s'ils ne commettent point de crimes formez, ils ne sont pas neantmoins dans cette supreme perfection qu'ils deuroient auoir.

Vne des sources du mal est qu'encore que l'on ait la volonté bonne, l'on n'est pas instruit comme il faudroit. Le tiers de la vie se passe dans les Escholes pour n'y apprendre que deux ou trois langages qui n'ont plus de cours, auec quelques antiquitez inutiles. Que si l'on pretend outre cela d'estre instruit dans la Nature des choses, l'on n'apprend rien que des réueries & des mensonges, auec quantité de curiositez superfluës. L'autre partie de la Philosophie qui traite des actions des hommes tant en leur particulier qu'en public, & qui regle le droict des vns & des autres, est aussi tres-mal enseignée. L'on y donne assez les distinctions des Vertus & des vices, de la Iustice & de l'iniustice, mais iamais l'on ne monstre à pratiquer ce qui doit estre fait; & encore ce qui est enseigné est si plein de contrarietez & d'incertitudes, que l'on ne sçait ce que l'on en doit croire. Les ieunes gens ne sortent donc point delà plus vertueux & plus moderez; il se treuue que l'on ne leur enfle l'esprit que d'vne vaine science, & qu'ils ne sçauent que de fausses opinions, sur lesquelles il y a tousiours à disputer & à combattre; & qu'auec cela ils ont encore acquis quantité de mauuaises habitudes faute d'vne suffisante correction & d'vne industrieuse conduite. Le reste de leurs iours se passe dans le mesme desordre, tellement qu'ils finissent leur vie sans auoir pû comprendre ce que c'est que de viure. Il est certain que les Liures doiuent estre les regles de la vie, pour apprendre à toute heure ce qui ne peut pas tousiours estre enseigné de viue voix; mais quoy qu'il y en ait vne telle quantité que l'on ne sçait lequel choisir, & bien qu'en quelques vns il y ait quelque lumiere de la verité des choses, cela est espandu si diuersement que l'on a de la peine à le reconnoistre. D'ailleurs il arriue que la pluspart ne font estat que de certains Liures pleins de fables ou de discours ampoullez qui ne contiennent rien de profitable. Cela incite plusieurs d'en composer chacun à leur mode, esperant d'en obtenir vne grande gloire, car le vulgaire est si ignorant qu'il met ces gens cy au rang des plus beaux esprits, & donne le dessus entre les autres à celuy qui escrit le mieux selon l'vsage qui a cours dans quelque nouuelle caballe. C'est ce qui fait perdre le temps à beaucoup de personnes, les vns à escrire des sottises, les autres à les lire. S'il y en a qui recherchent aujourd'huy auec tant d'ardeur la qualité de bel esprit, soit en escriuant ou en parlant, ce n'est pas qu'ils s'efforcent de donner vne bonne regle à toute chose, & à rechercher les vices & les erreurs du Monde, au contraire ils s'employent à les augmenter, & toutes leurs paroles ne seruent qu'à corrompre les plus chastes cœurs, & à colorer les mauuaises actions des Grands. L'on me representera qu'il y en a quelques vns qui commencent à traiter des choses spirituelles, & qui consacrent à Dieu leur eloquence, mais c'est à sçauoir s'il doit estre permis de cageoller auecque Dieu, & de luy faire les complimens du Monde; Et toutes ces belles paroles que l'on met dans les Liures de deuotion, n'est ce pas afin de complaire à la vanité des mondains, & pour faire que mesme en demandant pardon de leurs fautes, ils le fassent auec quelque delicatesse où ils trouuent encore quelque sentiment de volupté? Toutefois il faut

b ij

REMONS-
TRANCE.
aüoüer que l'on compose quelquefois des liures qui contiennent quelque chose de solide, & mesme ceux qui sont choisis pour instruire le peuple, font des Sermons qui touchent beaucoup d'ames en leur particulier, & les excitent au culte de la Religion, mais le desordre n'en est pas moindre dans le general, à cause de la mauuaise façon de viure que l'on obserue, où l'on se laisse emporter aux tyrannies de la coustume & de l'vsage, & peut estre aussi d'autant que l'on n'est pas tousiours assez viuement persuadé, & que ceux qui remonstrent aux autres, se seruent d'vne vieille routine que l'on ne quitte presque point, sans examiner les choses comme elles sont presentement dedans le Monde; Il se peut faire que quelques vns ne les sçauent pas, & les autres les dissimulent, ou ne les disent pas de la maniere qu'elles deuroient estre dites; Quoy qu'il en soit, l'on void tousiours que les deffaux vniuersels dont nous nous plaignons, demeurent sans estre corrigez, & que l'on trouue les vices esleuez, & les Vertus abaissees, tellement qu'encore que plusieurs ayent de bons desirs ils ne peuuent auoir d'effet. O Hommes de ce Siecle! ces malheurs sont tres-visibles. Chacun en ressent le dommage en son particulier, encore qu'il ne soit pas fort sensible à plusieurs. L'on suit les vanitez, voyant que les autres les suiuent. L'on croid les fausses opinions, à cause qu'elles sont soustenuës par la multitude.

Nonobstant toutes ces choses, vous me direz que vous n'estes pas en vn si mauuais estat. Il faut voir si vous ne parlez point chacun pour vostre reputation, ne voulans pas auoüer d'estre dans l'erreur, & encore moins dans le crime. Que si vous vous imaginez d'estre aussi heureux comme vous pouuez estre, ie veux bien que ceux qui sont les plus riches se mettent sur les rangs pour monstrer leur felicité: De combien d'inquietudes sous ils troublez? N'ont ils pas vn desir eternel d'estre plus qu'ils ne sont, & lors qu'ils croyent estre le plus fort asseurez dans leur fortune, ne vient il pas quelque malheur qui les met encore plus bas que ceux qu'ils auoient mesprisez? N'est ce pas aussi vne misere estrange, de voir tant de querelles & de procés parmy les gens de toute sorte de conditions? Ne sont ils pas plus cruels l'vn à l'autre que de farouches animaux, puisqu'ils se tuent sans aucune pitié, soit en des combats particuliers, soit en de grandes batailles? Les voluptez où ils s'adonnent ne leur sont elles pas aussi fort funestes, puisqu'elles leur causent vne infinité de maladies, dont il y en a de cruelles, de salles, & de honteuses? Leur feneantise ne leur est elle pas dommageable, puisqu'elle leur fait perdre le temps qu'ils ne peuuent reparer? Leur iniustice leur apporte-t'elle moins de mal, puisqu'elle les rend hayssables à tous les autres, qui font tout ce qu'ils peuuent pour leur nuire. Ie ne parle point de la misere de ceux qui sont pauures; Elle est si manifeste que chacun les plaint, quoy que personne n'y remedie. L'on en laisse viure plusieurs dans la gueuserie & l'oysiueté, & de là ils se portent aisément aux larcins & aux homicides, & l'on les void souuent mourir en vn gibet. Pour ce qui est des gens d'estude, l'on ne peut pas dire qu'ils soient plus heureux que les autres, & en vn estat plus parfait, puisque leur science n'est pas tousiours la vraye, & que la pluspart s'employent plustost à charger leur memoire qu'à fortifier leur iugement. Quand il y auroit aussi quelque bonne lumiere en leur esprit, le peuple ne laisse pas de les iuger incapables de toute affaire, & si l'on fait semblant de tenir compte du sçauoir, l'on se trompe à le reconnoistre; Les plus sots sont estimez les plus habiles; c'est à eux que toute la gloire est donnée, & souuent aussi vn profit ioint à l'honneur. Ce sont eux qui obtiennent les Benefices; mais c'est encore ce qui peut arriuer de

b iij

mieux, si mesme l'on songe que ceux à qui l'on les donne, ayent quelque apparence de sçauoir, car cela n'est pas tousiours consideré. Enfin dans toutes les conditions du monde, il n'y en a pas vne que l'on puisse trouuer bien reglée. L'on le peut monstrer euidemment, & prouuer par là que la corruption est generalle. Chacun commet l'iniustice ou la souffre, & n'estant pas possible que les bons ne se trouuent quelquefois engagez d'affaire auec les mauuais, l'on void qu'il n'y a personne qui ne puisse estre meslé dans ce desordre, & que ce n'est pas sans raison que l'on dit qu'il est estendu de toutes parts. Il y a aussi des erreurs qui sont vniuerselles que les vns reçoiuent sans y songer, & que les autres acceptent mesme apres vne longue deliberation, & deffendent auec opiniastreté. Les erreurs & les vices tiennent donc leur empire sur le Monde. Le mal que font les erreurs est tres-nuisible, mais il passe auec plus de douceur que celuy que font les vices. Neantmoins il est la cause de tous les autres maux, puisque l'on ne deuient vicieux que pour ce que l'on est en erreur. Dans vn abus si grand, toutes choses panchent à leur ruine. La Iustice est si mal ordonnée, ou se donne si peu de pouuoir en beaucoup de lieux que les plus forts oppriment les plus foibles. Ceux qui s'estiment d'vne condition noble, outragent ceux qu'ils appellent des roturiers, malgré leurs charges & leurs richesses; Les Marchands, & les Gens de Iudicature en voulans auoir leur reuanche, les consument en interests & en chiquaneries où ils ont leur seul recours. Toutes les conditions humaines sont ainsi opposées les vnes aux autres. Chacun mesprise ceux qui ne luy ressemblent pas, taschant à les ruiner pour faire son profit de leur perte. Auec cela les esprits sont perdus par les passions, & les corps sont gastez par des maladies qui viennent d'intemperance. O vous qui estes touchez de l'vne ou l'autre de ces miseres, ne vous flattez point dans vostre mal, si vous voulez empescher qu'il ne s'accroisse. Que la representation qui en est faite icy, commence à vous le faire hayr. Ce sera vn grand preparatif pour vous faire chercher vne meilleure façon de viure.

PROPOSITION DE LA SCIENCE VNIVERSELLE
CONFORME A LA VRAYE RAISON.

POVR SERVIR DE REMEDE AVX ERREVRS ET AVX VICES.

C'EST à ce coup que vous me deuez escouter librement, ô Hommes! Ie ne vous ay entretenus iusques icy que de vos malheurs; mais vous allez maintenant ouyr des choses plus agreables : Ie vous annonce la fin de vos maux, & vous declare que vous en pouuez sortir, pourueu que vous en ayez la volonté. Il y en a beaucoup d'entre vous qui les ayans considerez, les ont tenus pour incurables; Ils ont abaissé vostre nature au dessous de celle des autres animaux. Ils ont dit que les bestes brutes sçauoient mieux regler leurs appetits que vous, qu'elles ne desiroient point de manger lors qu'elles n'en auoient pas besoin, & qu'elles n'estoient point sujettes aux inquietudes de l'Ambition & de l'Enuie; Mais quelque iniuste desespoir a fait dire cela à de telles gens, qui ne consideroient pas que les bestes ne font rien que par vn instinct aueugle, & qu'elles n'ont pas tous les auantages que l'on leur

attribuë. Les hommes ont vn iugement qui peut suppleer à tous leurs deffaux, & qui les peut conduire dans les occasions les plus difficiles; C'est pourquoy ils se peuuent asseurer, que lors qu'ils s'en seruiront comme ils doiuent, ils pourront paruenir à vne felicité souueraine. Plusieurs s'opiniastrent à croire qu'ils ne peuuent faire cela d'eux mesmes; mais qu'ils sçachent que la qualité d'homme suffit pour trouuer les choses necessaires à l'homme, & qu'en se gouuernant selon les regles que la droite Raison nous inspire, nous ne sçaurions manquer à nous exempter de la corruption du monde. L'on connoist cela par toute sorte d'experiences. Mais bien que la Nature de l'homme soit d'estre raisonnable, il faut auoüer qu'ils ne le sont pas tous au supreme degré, & que la parfaite Raison ne se trouue pas en toute sorte d'esprits, pource qu'il y en a plusieurs qui sont gastez par de mauuaises habitudes, & qu'encore que quelques vns ne deussent pas auoir autant affaire de secours, leur negligence les rend pareils aux plus incapables, de sorte qu'ils ont chacun besoin de beaucoup d'instructiõs pour les amender. Toutefois les remõstrances des autres peuuent réueiller leur Nature, pourueu qu'elles soient dans vn raisonnement accomply. Or pour les faire de cette sorte, il faut auoir reconnû que comme il n'y a qu'vne Raison, il n'y a aussi qu'vne Verité, & par consequent il n'y a qu'vne Science, que l'on peut appeller Vniuerselle, pource qu'elle contient toutes les autres. Par le moyen de la Raison, l'on vient à la connoissance de la Verité, & l'on acquiert cette Science infaillible, qui estant accomplie de tout ce qui luy est necessaire, nous rend capables de trouuer du remede aux erreurs & aux vices, & nous met en estat de viure heureusement. Ceux qui ayans connû cette souueraine Verité autant qu'il leur est possible, en veulent donner cõmunication aux autres, doiuent sçauoir que côme la Science
qu'elle

qu'elle produit est vnique aussi bien qu'elle, ils la peuuent comprendre dans vn seul Liure. Iusques icy l'on nous en a donné quantité, dont les Autheurs se sont efforcez de nous faire paroistre quelque lumiere pour nous guider à vne souueraine perfection, mais il les faudroit lire tous pour apprendre la moindre partie de ce qu'ils nous voudroient enseigner, & encore l'on a bien de la peine à trouuer la verité parmy leurs déguisemens & leurs fausses maximes. Il est besoin qu'il n'y ait qu'vn Liure pour nous instruire, lequel nous deliure de toutes ces peines; Il faut qu'il contienne la vraye Science de toutes choses qui soit conforme à la Droicte Raison, & qui par vn chemin aisé & certain, nous meine à vne parfaite tranquilité d'esprit; Il doit monstrer en quoy ont failly ceux qui ont creu posseder les plus saines opinions, & de toutes les miseres que i'ay tantost alleguées, il n'y en aura pas vne qu'il ne nous apprenne à bannir de la Terre. Mais pource que c'est vne piece tres-importante de nous donner vne si excellente guide pour les mœurs, il semble qu'il la faille garder pour la derniere instruction, & qu'auparauant il soit besoin de faire connoistre la verité de toutes les choses qui subsistent. Lors que l'on sera accoustumé d'auoir de bons sentimens sur tant de diuerses occurrences, l'on cōmencera de former son iugement & de le rendre propre à des choses plus releuées. Il est vray que l'on peut bien auoir quelque paix dans l'esprit sans autre science que celle que nous peut apprendre vne Nature aueugle; mais laissons cette felicité pour des hommes champestres & sauuages qui ne se soucient guere d'auoir quelque chose au dessus des Brutes. Si nous voulons estre parfaitement heureux, il ne faut rien ignorer de tout ce qui se peut sçauoir. La connoissance de tant de merueilles que l'on remarque dans le Monde, nous esleue dauantage l'esprit, & le rend plus prompt à sui-

PROPOSITION DE LA SCIENCE VNIVERSELLE.

C

PROPOSITION DE LA SCIENCE VNIVERSELLE.

ure la *Vertu*. C'est pourquoy si l'on tasche de comprendre toutes les choses dont vn homme est capable, il est fort à propos de commencer par la consideration des Choses Corporelles, & au lieu de cette Physique pleine d'absurditez & de mensonges, que les Philosophes nous distribuent, donner vne doctrine qui soit appuyée sur la Raison & l'experience. Apres cela il est besoin de faire connoistre les Choses Spirituelles tout autrement qu'il ne se fait dedans leur Metaphysique. Par ce moyen l'on verra quelles sont toutes les choses qui ont estre, & ce que l'on en doit croire. Il faut monstrer encore de quelle sorte l'on peut mettre l'Ame en sa perfection & fortifier toutes ses facultez: tellement que cet ouurage contiendra plus que les Cours de Philosophie que nous donnent nos Docteurs, qui se contentent de nous dire ce que c'est que Logique, Morale, Physique, & Metaphysique. C'est en vain qu'ils se vantent, que par là l'on peut apprendre toutes choses. L'on ne sçauroit connoistre parfaitement les Choses Corporelles & les Spirituelles, que l'on ne soit instruit sur quantité d'autres particularitez. Il faut que la Doctrine qui doit rendre l'homme parfait passe bien au delà. Tous les secrets de la Science naturelle & surnaturelle, & ceux de la Caballe y doiuent estre reuelez, comme aussi ceux de la Medecine, de l'Alchymie, de l'Astrologie, des Diuinations, & de la Magie. L'on y doit trouuer pareillement l'Arithmetique, la Geometrie, la Musique, l'Optique, & les autres parties des Mathematiques; La Grammaire, la Rhetorique, l'Art de Memoire, l'Art de l'Histoire, & celuy de la Poësie. La Morale n'y doit pas estre aussi sans l'Oeconomique & la Politique, comme l'on la void dans les escrits de plusieurs Philosophes vulgaires. Ce sera là que la vie des hommes sera reglée tant en particulier qu'en public; & l'on y doit enseigner des manieres de gouuernement qui soient telles que ceux qui sont les plus sujets aux mescontentemens n'y treuuent rien à souhaiter. Or si l'on veut mettre cette Science vniuerselle en sa perfection, il luy faut donner vne autre suite que celle qu'ont inuenté ceux qui ont fait vn Recueil des Arts & des Sciences particulieres. Au lieu de les mettre par ordre, il n'y a eu que desordre. Toute leur Encyclopedie a esté fausse, puisque l'on n'y trouue point cette liaison & ce Cercle de Disciplines qu'ils semblent promettre, & que iusques icy l'on a desiré. D'ailleurs les premieres sciences qu'ils enseignent sont celles qui deuroient estre les dernieres, & quoy que chacun les ait renuersees à sa mode, ils n'en ont iamais sceu l'ordre naturel & la correspondance parfaite. C'est ce qu'il faut voir dedans le cours du Liure de la vraye Science vniuerselle; Et il ne faut pas aussi seulement mettre vne vieille doctrine dedans vn ordre nouueau, & ne rien entreprendre que de debiter les anciennes erreurs de nos Philosophes, comme ont fait ceux qui se sont meslez de parler de toutes choses. Si l'on raporte quelques faussetez, ce ne sera que pour les refuter apres, & pour faire voir la difference qu'il y a entre le mensonge & la verité. Que si en escoutant cette proposition, quelques vns s'imaginent que ce Liure seroit d'vne grosseur prodigieuse, ils peuuent s'asseurer qu'il n'y auroit point d'excez, car il en faut bannir tout ce que les esprits réueurs nous ont amené de superflu dans les sciences contemplatiues, & mesme dans les actiues, & n'en faire qu'vn petit Sommaire pour donner à connoistre ce que c'est. Il n'est besoin de s'arrester qu'à la realité des choses, & non point à des imaginations bigearres. En vn mot toute la regle du dessein, c'est de n'escrire que ce qu'il est necessaire à vn homme de sçauoir pour le mettre en sa perfection. D'ailleurs la Science vniuerselle ne passe point aux choses particulieres que chacun

PROPOSITION DE LA SCIENCE VNIVERSELLE.

peut changer à sa fantaisie, & dont il n'y a point de regle certaine. L'on nous peut dire qu'il y a longtemps que la vraye Science est recherchée, & qu'elle a pû estre trouuée autrefois de mesme que l'on la peut trouuer à cette heure; Neantmoins pource que personne ne l'a encore publiée en l'estat qu'elle deuroit estre, si l'on y trauaille maintenant selon les loix de la vraye Raison, tout ce que l'on en fera voir sera extraordinaire. L'on sera fort estonné de ce que l'on fera passer pour des impertinences des choses dont tous les siecles anciens ont esté abusez, & dont cettuy cy l'est encore, & d'vn autre costé il y aura bien plus de sujet d'admiration de ce que l'on mettra en auant des choses tout à fait inoüyes. Il faudra trouuer aussi des raisons nouuelles de tous les effets qui se remarquent au monde, & enseigner vne methode de faire tout ce qui est vtile auec vne facilité qui n'ait pas encore esté connuë. Ie confesse qu'il y a des veritez si manifestes que de tout temps elles ont esté possedées des hommes, mais ils n'en ont pas tiré les consequences qu'ils en deuoient tirer, & ne les ont pas fait seruir au bien qu'ils en pouuoient faire, de maniere que les traitant par la methode requise, l'on ne dira pas que l'on ne fait rien de nouueau en les escriuant. Mais de surplus l'on verra mesme ailleurs des Sciences nouuelles qui ne sont encore venuës dans l'esprit d'aucun homme, ou bien il n'en est rien demeuré par escrit, specialement il y doit auoir vne nouuelle Grammaire, & beaucoup d'autres enseignemens qui doiuent estre vniuersels comme estant des parties de nostre Science vniuerselle. Il faudra donner pareillement vn nouuel Art de raisonner, & descouurir des moyens asseurez pour illuminer l'esprit de l'homme en toute sorte d'occasions, de sorte qu'il ne soit point trompé, & qu'il se puisse gouuerner soy-mesme & les autres auec tant de prudence & de moderation que l'on ne voye plus tant d'iniustice, & tant de pauureté & d'autres miseres; & il ne faudra pas aussi manquer de secrets pour rendre le corps plus sain & la vie plus longue, afin que toutes choses soient au meilleur estat que l'on les puisse mettre. C'est ce qui vous rauit à en entendre seulement la proposition, mais vous doutez si cela peut estre executé. Ie sçay que le Monde n'a point manqué de prometteurs iusqu'à cette heure, dont les vns ont asseuré de vous apprendre toutes les sciences ou bien quelques vnes de leurs parties en peu de temps, mais ils ne sçauoient qu'à peine ce qu'ils vouloient enseigner aux autres, ou bien ils le sçauoient auec des methodes imparfaites & barbares, de sorte que l'on ne pouuoit apprendre d'eux que des choses confuses & inutiles. Ce ne sont pas de tels enseignemens que l'on doit attendre. Si la vraye Science vniuerselle estoit en l'estat qu'elle doit estre, l'on connoistroit bien tost que l'on n'y pourroit estre trompé de sorte. Quãd l'on n'en verroit qu'vne seule piece, l'on remarqueroit facilement qu'elle seroit dans vne perfection que l'on n'a point encore veuë, & l'on pourroit iuger par là de tout le reste, car la Science Vniuerselle est enchaisnée de telle façon que l'on n'en sçauroit posseder pleinement aucune partie, sans auoir acquis le tout. L'esclat de tant de choses rares qui sont plus excellentes que ie ne vous les sçaurois exprimer dans vne simple promesse, doit estre capable de toucher vn esprit s'il n'est du tout imbecille. Tant plus vous vous appliquerez à cet estude, tant plus vous connoistrez son excellence. Vous y serez desabusez de toutes les erreurs du vulgaire, & l'vne des principales veritez que vous y apprendrez, c'est que la doctrine que l'on aura trouuée, est la Science veritable. O Hommes ! asseurez vous de cecy. Quiconque possedera la Science Vniuerselle, sera capable de toutes les choses du Monde. Son iugement sera espuré en vn poinct, qu'il aura les vrais sentimens que l'on doit

PROPOSITION DE LA SCIENCE VNIVERSELLE.

PROPOSITION DE LA SCIENCE VNIVERSELLE.

auoir de chaque chose qui se presente ; Il pourra parler & escrire sur le champ de quelque sujet que ce soit, & faire en vn iour ce que les autres ne feroient pas en vn mois; Il se connoistra luy mesme & les autres, & remarquera en moins de rien ceux qui auront l'esprit bon ou mauuais, & qui participeront à la fausse ou à la veritable Doctrine ; A l'abord mesme des personnes il iugera ce qu'elles ont dans l'Ame, & le sçaura plus parfaitement que ne feroient d'autres qui en auroient eu la frequentation vne année; Il tesmoignera cette viuacité en toute sorte de rencontres, & en ce qui est de la force de son Ame, elle sera suffisante pour le faire resister à tous les attraits des vices; Son corps sera exempt de plusieurs maladies, & son Ame sera encore plus saine; Il n'aura plus de passions iniustes, ny de mauuaises inquietudes; Bref il descouurira tout ce qui peut estre monstré en Terre, & ce sera luy qui sera l'homme parfait. Que si plusieurs se treuuent dans ce supreme degré, ils pourront faire changer de face au monde, & presque le renouueller. La felicité des premiers siecles au prix de celle-cy ne sera que mediocre ; Les Estats seront gouuernez auec vne temperature, qui iusques icy n'a pas esté seulement imaginée. Des hommes brutaux & insolens ne commanderont plus aux autres; Il n'y aura que les personnes capables qui soient appellées aux charges ; L'on verra les bons recompensez de leurs vertus, & il y aura si peu de vices à punir que les supplices ne seront presque plus en vsage. L'on croira peut estre qu'il est fort malaisé que tant de personnes s'accordent ensemble en vn mesme dessein, quoy qu'il soit si raisonnable & si vtile, d'autant qu'il y en a qui ne peuuent quitter leurs mauuaises habitudes, mais cela n'empesche pas que plusieurs ne se rendent aussi parfaits en leur particulier qu'ils le peuuent estre, & qu'ils ne possedent ces rares qualitez que nous leur promettons au milieu des imperfections publiques. Quand l'on ne seroit qu'à l'entrée & mesme aux auenuës de la vraye Science, l'on s'en peut bien figurer toutes ces merueilles. Pour moy qui en ay esté touché dés ma plus basse ieunesse, i'eusse bien voulu trouuer quelqu'vn qui m'en eust monstré les adresses asseurées & faciles; mais comme il ne me sembloit point que personne eust parfaitement reüssi en cette entreprise, ou au moins en eust publié quelque chose qui fust venu à ma connoissance, l'ardente affection que i'ay euë pour la Verité, m'a fait hasarder à sa recherche. De la mesme façon comme i'ay souhaité de voir la Science Vniuerselle escrite, i'ay tasché de la regler de cette sorte dans mon Esprit auec de la suite, & de la correspondance, & des sentimens les plus conformes à la vraye Raison que ie les ay pû imaginer, desquels i'ay mis par escrit vne grande partie, & en fait imprimer le commencement. Neantmoins ie n'entrepren pas de persuader que ce que i'ay trouué soit cette Vnique Science capable de mettre les hommes en vne entiere perfection; Ie rencontrerois bientost des gens qui se plairoient à me contrarier. Ie veux que l'on sçache seulement que i'ay fait cecy pour mon vsage & pour mon instruction particuliere, & que ie n'ay eu autre croyance en le publiant, sinon que si quelqu'vn estoit moins auancé que moy en de semblables recherches, il y feroit son profit, & qu'en ce qui est des autres, s'ils auoient plus de connoissance de la verité, cela seruiroit à leur faire sçauoir mon dessein, & que ie me pourrois instruire auec eux des choses dont ie suis en doute. Que si ie donne vne Preface à mon Liure, aux mesmes termes que s'il contenoit la Vraye Science que ie souhaite, ie veux bien que l'on pense que ie ne l'ay fait que pour monstrer quel commencement ie m'imagine que l'on pourroit donner à vn tel ouurage. En effet chacun dira que c'est vne entreprise fort grande de vouloir faire vn Liure de la Vraye Science de Toute Chose; Ie ne tascheray point à faire croire que ie l'aye accomply, ou que ie le puisse accomplir; Et si ie fay imprimer des Traitez qui en dependent, dans lesquels i'en promets encore d'autres, l'on croira si l'on veut, que ie n'ay fait que ceux que ie promets absolument, & non pas ceux que ie propose seulement comme necessaires pour rendre l'ouurage complet, & que ie n'ay donné commencement aux vns & aux autres que pour essayer la portée de mon esprit. Ma gloire sera retranchée en cecy d'vn costé, & de l'autre i'affermiray mon repos, si cela fait que l'on ne me presse point tant de donner des choses, qui quand elles seroient acheuées, ne deuroient pas estre données auec tant de promptitude & si peu de consideration.

    Ces deux Traitez precedens, & cette Preface de la Science Humaine Vniuerselle qui est en suite de cecy, sont mis en ce lieu, à cause que la Science des Choses Corporelles en depend, & afin que l'on voye qu'elle n'est qu'vne partie d'vn autre plusgrand dessein.

PRE-

PREFACE POVR LA SCIENCE HVMAINE, VNIVERSELLE, ET VERITABLE.

Oicy le Liure de la Vraye Science de toutes choses, qui peut conduire les hommes à vne parfaite felicité. Ie l'appelle aussi la Science Humaine, pource qu'elle est propre aux hommes, & qu'elle est selon leur portée, & il m'est permis encore de l'appeller Vniuerselle, pource qu'elle contient tout ce qu'ils peuuent sçauoir. Cette felicité qu'elle leur donne, vient de ce qu'elle leur apprend l'vnique Verité. Que si cette Verité preside à tout ce qui est au Monde, la Science qui la comprend doit auoir la mesme prerogatiue. Quiconque possedera la Science Vniuerselle, aura donc la Souueraine Verité, autant qu'elle peut estre connuë dés Esprits humains. Iusques icy les hommes n'ont osé monter si haut, & vne certaine timidité superstitieuse leur a fait imaginer qu'ils n'estoient capables que des Sciences particulieres; Ils ont creu aussi que la Verité ne se trouuoit que dans le Ciel, ou plustost au dessus du Ciel loin des empeschemens de toute matiere; mais qu'ils ne s'imaginent pas qu'il ne demeure sur la Terre que des menſonges & des illuſions : Le vray Eſtat de toutes les choſes du monde peut eſtre autant connû des hommes comme il eſt neceſſaire pour leur felicité. Leur Ame qui eſt leur plus belle partie dont le corps n'eſt que l'inſtrument & la couuerture, poſſede vn iugement qui peut comprendre tout ce qui s'offre à luy. Que ſi l'on a dit que les Sens le pouuoient tromper, c'eſt ſe meſprendre beaucoup, puiſqu'eſtant au deſſus d'eux, il ſçait connoiſtre ſi leur rapport eſt faux ou veritable, & bien ſouuent il ſe paſſe de leur aſſiſtance. Il eſt certain qu'il y a des ſecrets dans la Nature que l'on a de la peine à expliquer; & que l'eſſence des choſes qui n'ont point de corps eſt difficille à connoiſtre, & ſur tout que Dieu eſt incomprehenſible. Mais neantmoins la Verité n'eſt point bannie de deſſus la Terre, car s'il y a des effets dans le Monde dont l'on ne ſçauroit trouuer la vraye cauſe naturelle, c'eſt aſſez de remarquer la fauſſeté des raiſons qui en ont eſté données d'vne part & d'autre; & en ce qui eſt des choſes qui ſont tout à fait eſloignées de nos Sens, c'eſt eſtre fort ſçauant pour vn homme, ſi l'on ſçait que l'on ne les peut ſçauoir. Ie n'enten pas auſſi que l'on ait vne ignorance groſſiere & ſtupide : Il faut rendre la raiſon pourquoy l'on ignore, & iuſques à quoy les choſes ſe peuuent ignorer, & par ce moyen il ſe fera vne Doctrine de noſtre ignorance. Voila comment les choſes les plus cachées, n'empeſcheront pas que les hommes ne poſſedent la Verité, puiſqu'ils connoiſtront qu'il eſt veritable qu'elles ſont fort ſecrettes. Cela nous contraint bien d'auoüer que la Supreme Verité a plus de parties que nous n'en ſçaurions comprendre, & que des Esprits qui ne sont pas attachez à des Corps, ayans la liberté d'estre où il leur plaist, la peuuent posseder plus parfaitement ; mais les hommes ne laissent pas de voir en ces sujets releuez quelques reflexions qui leur paroissent, & leur donnent des tesmoignages de la grandeur des choses où ils ne peuuent atteindre. Il faut s'efforcer aussi d'aller plus outre que ceux qui nous ont deuancé, & móstrer que plusieurs choses qu'ils tenoiét pour inconnuës, ou pour tres-difficiles à connoistre, n'ont pas de si grands obstacles que l'on ne les puisse penetrer par vne diligente recherche, & que lors qu'vne Ame a l'intention pure & qu'elle est ardemment esprise de l'amour de la Verité, elle trouue enfin que les plus rares secrets luy sont diuinement reuelez. Il y a ie ne sçay quoy d'extraordinaire qui parle à son Esprit, & qui dans vn silence eloquent, l'instruict sur tous les objets qui se presentent. C'est par ce moyen que l'on surpasse le commun, & que l'on peut iouyr d'vne Verité qui n'a pas beaucoup de deffaux, selon ce qu'il est permis à l'homme de la posseder ; Et pource qu'elle comprend tout ce que l'Esprit humain se peut imaginer, il n'est point hors de propos de l'appeller Vniuerselle, & d'attribuer le mesme nom à la Science qui la contient. Il ne faut point douter aussi, que cette Verité estant composée de tant de diuerses parties, elle ne soit suffisante pour donner vne parfaite felicité à ceux qui la possederont.

Cette proposition est fort generalle, & l'on pourroit adiouster que pour rendre les hommes entierement heureux, outre la Verité l'on leur doit encore faire acquerir la Bonté ; mais il faut sçauoir que sous ce

d ij

mot de Verité tout est compris, car lors que les hommes seront capables de discerner les choses veritables d'auec les fausses, ils discerneront la vertu d'auec le vice, & fuiront les mauuaises actions pour ne faire que les bonnes. Toutefois ces façons de parler ne sont propres que pour declarer en bref ce que l'on pretend. Vn enseignement exact a besoin d'estre traité par des articles differens. Il y a beaucoup de distinction entre toutes les choses qui subsistent au Monde, desquelles il est besoin de sçauoir la verité. Il en faut faire icy vne diuision qui en souffrira encore plusieurs autres, car tant plus nous irons en auant, tant plus nous trouuerons de branches qui en sortiront. Toutes les choses sont donc premierement diuisées en celles qui sont hors des hommes & loin de leur pouuoir, & celles qui sont en eux mesmes & qu'ils peuuent changer à leur fantaisie. Les choses qui sont separées d'eux sont toutes celles qui sont subjettes à vn ordre superieur, & qui sont incessamment conduites à leur fin par leur propre nature. Ce qui reste au pouuoir des hommes, ce sont leurs mœurs & leurs intentions. Cela est compris sous ce tiltre general des Choses qu'il faut sçauoir, où ie mets encore de la distinction, puisqu'il y a des choses qu'il faut apprendre seulement pour auoir la satisfaction de sçauoir ce qu'elles sont, mais les autres doiuent estre apprises non seulement pour les sçauoir, mais pour les faire. L'on employe l'Ame par ce moyen à tout ce qui luy est propre, car elle a aussi deux parties dont l'vne est capable de comprendre la verité des choses, & l'autre est vne faculté qu'elle a de vouloir tout ce qui luy est agreable. Afin de porter cette derniere au bien, il luy faut faire connoistre les choses bonnes & iustes, & pour cet effet il est besoin que la premiere soit illuminée par l'aspect de la Verité, & qu'elle sçache si ce que l'on luy propose a veritablement de la Bonté & de la Iustice. Or celuy qui connoist la Bonté, conoist la Iustice. Tout ce qu'il est iuste de faire, est cópris sous la Bonté. Ainsi ces choses estans conjointes, nous voyons qu'il suffit de dire d'abord que pour se mettre en vn estat accomply, il ne faut que sçauoir la Verité de toutes choses, & que les hommes trouueront en cela ce qu'il faut croire, & ce qu'il faut faire. Ce sont les moyés de se rendre parfaits que de comprendre dans leur esprit tout ce qui se peut sçauoir, & d'estre portez à tout le bien qu'ils sont capables de produire. C'est ce qu'ils peuuent apprendre dans la Science vniuerselle, sous qui les preceptes de la Sagesse sont contenus, & par ce moyen ils possederont deux choses les plus excellentes du Monde, la Verité & la Vertu, qui seront les ornemens des deux facultez de leur Ame.

Il semble d'abord aux moins subtils, que pour les faire viure heureux, il suffiroit de leur donner des preceptes pour suiure la Bonté & la Iustice; mais en cela leur perfection ne seroit pas accomplie : Il y auroit beaucoup de choses qui leur manqueroient. Ce n'est pas en vain que leur Ame a vne faculté capable d'entendre toutes choses, & mesmes ils sentent bien en eux vne certaine affection qu'ils ont pour apprendre tout ce qui se peut sçauoir. Ils peuuent connoistre que les desirs que cela leur donne doiuent estre satisfaits, ou autrement que leur tranquilité seroit troublée, de sorte que cela peut nuire à la felicité où ils aspirent, laquelle

d iij

sera bien plus parfaite dans l'entretien de si belles considerations. D'ailleurs pour estre puissamment portez à toute sorte de vertus, leur esprit à besoin d'estre esclairé de diuerses lumieres, & de sçauoir la Verité vniuerselle. Il ne faut rien negliger dans vn si grand œuure où les moindres pieces seruent. Toutes les choses du Monde ont des chaisnes reciproques; Vne connoissance en ameine vne autre, & il faut prendre garde que ce qui est petit au iugement du vulgaire, ne laisse pas souuent d'estre grand en effet. Quand les hommes se seront instruicts à prendre des sentimens veritables sur les choses qui sont separées d'eux, ils auront beaucoup moins de peine à se bien gouuerner en ce qui leur appartient, veu que mesme il est fort vtile de traiter les choses par vn bon ordre, & n'entreprendre pas de voler tout d'vn coup iusqu'aux plus releuées, mais y monter par des degrez. Quoy que l'on vueille prendre garde à la dignité des choses, il n'est pas necessaire de parler premierement des plus nobles : l'on ne leur fait point de tort pour les mettre les dernieres; au contraire cela fait voir combien elles sont esleuées au dessus du reste. Cet ordre vient naturellement en l'esprit de l'homme, tellement qu'il n'en faut point chercher d'autre. Ainsi toute la Doctrine que ie veux escrire est trouuée par les regles de la Droicte Raison qui sont celles de la Nature. Comme la Science vniuerselle est vnique & ne cherche qu'vne Verité, elle ne se rapporte aussi qu'à la Raison, & cette Raison à la Nature. Pour faire que l'homme paruienne à vne connoissance asseurée, ie veux seulement le mettre au milieu du Monde, & luy faire examiner toutes choses l'vne apres l'autre, selon les sentimens naturels qu'il trouue en soy ; Il apprendra d'abord ce qui sera le plus aisé, & s'esleuera par ce moyen. Toutefois si vn homme ne connoissoit rien que par son raisonnement seul, il est certain qu'il se pourroit souuent tromper, mais en regardant les choses par cet ordre naturel, il ne faut pas laisser d'escouter les aduis des autres, afin qu'ils nous seruent d'aide pour atteindre à la Verité, car il y a en cela des obseruations differentes qui ne peuuent auoir esté faites que par plusieurs. Pour moy lors que ie me suis instruict par cette voye, i'ay consulté les escrits de tous les Autheurs qui m'estoient necessaires, & maintenant que ie veux tracer ce chemin, ie repeteray leurs principales opiniós, & ie chercheray aussi toutes celles qui se peuuent imaginer, afin que rien ne manque à nostre satisfaction. Il ne faut donc point trouuer estrange, si encore que ie donne vn ordre à la Science, de la mesme façon que si elle commençoit d'estre inuentée petit à petit, ie ne laisse pas de rapporter des choses qui appartiennent à vne plus exacte connoissance. Ces premiers degrez sont faits pour s'accommoder à la Nature, & cela n'empesche pas que ie n'y declare plus de secrets qu'vn homme sans estude n'en sçauroit connoistre dans le moment qu'il regarde toutes choses, autrement mes instructions seroient inutiles. Ie veux bien que les autres profitent en peu de temps de mes longues recherches. Neantmoins ie ne descouuriray que ce qui sera de chaque sujet, & qui pourra estre alors compris, reseruát les choses les plus difficiles pour les degrez les plus releuez. Si ceux qui m'écoutent ne suiuét la Nature & la Raison de leur propre mouuement, ils ne laisseront pas de les suiure lors que mes enseignemens les y conduiront. Ie ne les forceray point à croire des imaginations qui puissent estre changées à plaisir. Ie ne leur rapporteray que ce qui est reel, ou qui a vne apparence si grande d'estre vray, que c'est tout ce qui se peut estre dit des choses secrettes. C'est là s'instruire selon la Nature, non pas si l'on inuente des fables à faute de trouuer la Verité, ou si l'on se tient à celles qu'ont inuenté les autres. Il ne faut pas suiure les fantaisies des réueurs qui ont creu tout ce qu'ils ont forgé, ou qui tout au moins l'ont voulu faire croire à leurs Disciples. Si ie rapporte quelques vnes de leurs erreurs, ce ne sera que celles qui ont le plus de cours & qu'il est besoin de refuter. Ie ne m'y amuserois pas si tous les hommes estoient comme des Tables d'attente, où l'on pûst grauer ce que l'on voudroit; ie declarerois nuëment les choses de la sorte que l'on les doit croire; mais puisqu'il y a quantité d'esprits preoccupez, il faut tascher de les purifier; Et d'ailleurs comme il y a des choses qui ont differente face sur lesquelles on peut opiner diuersement, il est fort à propos de les descouurir, pour monstrer iusqu'à quoy les hommes peuuent atteindre. Ce seroit les tromper que de leur asseurer pour veritable ce qui est encore en doute; mais il leur faudra monstrer les sujets qu'il y a de douter, si bien que l'on peut dire qu'ils ne laisseront pas de trouuer la Verité en quelque sorte. Or puisque ie ne veux rien escrire qui ne soit conforme à la Nature, il s'ensuiura que mon discours ne sera point broüillé par des obscuritez affectées. L'on a assez de peine à comprendre la Science toute nuë qu'elle est, sans en augmenter la difficulté.

N'ayant

N'ayant autre desir que d'instruire chacun, ie n'ay garde de faire ce tour de malice où ie tesmoignerois de vouloir cacher ce que i'ay promis de descouurir. Si ie trouue aussi que ceux de mon temps ou ceux qui m'ont precedé, ayent approché de la Verité en quelque chose, ie ne tascheray point de persuader le contraire, afin de faire voir que la Doctrine que ie publie soit toute mienne. Ie declare icy que tout ce que i'escry appartient à la Nature: Si quelqu'vn la déja suiuie en quelques endroits, il ne faut pas s'en destourner pour auoir la gloire d'aller dans vn chemin à part. Neantmoins ie m'exempteray de nommer aucun des Autheurs, pour ce que la pluspart de ce qu'ils ont dit de vray, se trouuant dans les premiers raisonnemens naturels, m'appartient aussi bien qu'à eux & aux autres hommes, & que pour le reste qui est plus difficile, i'ay enchery dessus ce qu'ils en ont trouué, ou l'ay accommodé auec telle difference, que cela n'est plus entierement à eux pour leur estre attribué, outre qu'vne si longue suite d'allegations seroit ennuyeuse, & contreuiendroit à la majesté du stile d'vn Liure formé. Ce qui viendra de dehors sera souuent aussi en petite quantité au prix de ce que i'auray inuenté moy mesme. Mais soit que ie fasse des recherches nouuelles ou que ie suiue les anciennes, estant resolu de me tenir dans la plus certaine & la plus droite voye, il arriuera qu'il n'en sera pas si malaisé de m'accompagner à ceux qui auront vne bonne intention. Ie tascheray de fortifier l'Entendement de telle sorte que l'on sera seurement guidé à tout ce qui se doit faire, & que la volonté recherchera generallement tous les biens particuliers qui peuuent accomplir son bien vniuersel. Neantmoins ie vous declare qu'il faut auoir en soy les Principes de ce bien, & que l'Ame soit capable de le receuoir. Il faut que l'Entendement soit assez esclairé, & la volonté assez persuadée pour faire naistre vn desir d'atteindre à la perfection. Ce commencement suffit, & qui ne le peut obtenir doit lutter contre sa Nature iusqu'à tant qu'il l'ait domptée. Il ne faut point estre negligent & paresseux si l'on veut paruenir à quelque chose, & il ne faut pas auoir aussi vne opiniastreté qui resiste aux enseignemens. Estant diligent & attentif, & plein d'vne bonne volonté l'on sera trespropre à se conformer à la vraye Raison, & à comprendre ce que c'est que la Science Humaine, vniuerselle, & veritable. Vous receurez d'elle toutes les connoissances que doiuent auoir les hommes, & si tout ce que vous apprenez vulgairemét est compris sous le nom de diuerses Sciences & de plusieurs Arts, cela n'empesche pas que vous n'appreniez icy toutes ces choses qui n'estans que des parties de cette Science generalle, sont comprises dessous elle. Lors que l'on connoist plusieurs choses particulieres, l'on dit que l'on sçait plusieurs veritez, mais toutes choses estans considerées ensemble, ce que l'on en peut apprendre de certain est vne Verité vniuerselle, de sorte qu'il y a vne Science vniuerselle pareillement. Ie ne vous explique à cette Entrée que ce qui est de plus necessaire. Vous serez satisfaits sur tout dans l'estenduë de mon ouurage. Vous en sçauez assez maintenant pour connoistre mon dessein, ou tout au moins pour vous conuier à le voir. Considerez donc de quelle sorte ie l'execute, & comment ie vous meneray par

vn chemin facile pour vous faire obtenir voſtre felicité.

PREMIERE CONSIDERATION DES CHOSES.

IE vous ay dit qu'il ne faloit pas ſeulement ſçauoir ce qui dependoit entierement de vous, & qui eſtoit en vous meſme, mais auſſi les choſes exterieures ſur qui vous n'auez point de pouuoir, afin que vous ſoyez vniuerſellement ſçauans; C'eſt pourquoy il vous en faut faire vne deſcription entiere, & conſiderer toutes choſes en tant qu'elles ſont, auparauant que de venir au changement que vous y pouuez donner.

En conſiderant les choſes qui ſont, vous verrez auſſi ce qu'elles ſont, & comment & pourquoy elles ſont faites. Vous connoiſtrez toutes leurs Natures particulieres, car chacune a la ſienne, & neantmoins il y en a vne generalle pour toutes, d'où vient qu'il ne ſe faut pas eſtonner, ſi dans le fil du diſcours, ie me ſers auſſi quelquefois abſolument du mot de Nature. Enfin petit à petit vous ſçaurez tout ce qui ſ'en peut ſçauoir dedans la condition humaine.

DIVISION DES CHOSES.

SI vous conſiderez toutes les Choſes qui ſont au Monde, vous trouuerez qu'il y en a de Corporelles & de Spirituelles.

Les Choſes Corporelles ſont celles qui ont vne

substance grossiere qui fait qu'elles ne peuuent tenir que dans vn espace proportionné à leur grandeur, lequel elles occupent entierement; & comme elles sont de mesme matiere que les Organes de nos Sens, elles peuuent bien estre apperceües par eux, quoy qu'il faille tousiours que l'esprit en iuge, car son pouuoir est estendu sur tout.

Les Choses Spirituelles au contraire sont celles qui ont vne substance si desliée que l'on ne leur sçauroit prescrire vne place, & qu'il semble que plusieurs puissent tenir en vn mesme lieu sans se nuire; Aussi ne sont elles point sujettes à la consideration des Sens : L'on ne les comprend que par l'esprit qui leur ressemble en quelque sorte. Nous ne les contemplerons point encore, parce qu'il faut passer par des degrez plus bas.

Ie veux diuiser cet ouurage en plusieurs parties, dont la premiere se nomme, LA SCIENCE DES CHOSES CORPORELLES, laquelle est vne Science particuliere qui depend de la Science generalle.

TABLE DES TRAITEZ PRECEDENS.

Remonstrance aux Hommes sur les Erreurs & les Vices.   Page 1.

Proposition de la Science Vniuerselle, conforme à la vraye Raison, pour seruir de remede aux Erreurs & aux Vices.   15.

PREFACE de la Science Humaine, Vniuerselle, & Veritable.   25.

Premiere consideration des Choses.   35.

Diuision des Choses.   Ibid.

TABLE DES CHAPITRES ET SECTIONS DE LA SCIENCE DES CHOSES CORPORELLES.

De la Science des Choses Corporelles, & de leur premiere consideration. Chapitre I.   pag. 1.
Du nombre des Corps Principaux. Chap. II.   pag. 5.
De la Situation des Corps Principaux. Chap. III.   pag. 11.
    Du Vuide, A sçauoir s'il sert à la situation des Corps. Section I.   pag. 38.
    Du Rang des Astres. Sect. II.   pag. 65.
De la grandeur des Corps Principaux. Chap. IV.   pag. 70.
De la Figure des Corps Principaux. Chap. V.   pag. 77.
De la Couleur des Corps Principaux & de leur Lumiere. Chap. VI.   pag. 95.
Du Mouuement des Corps Principaux. Chap. VII.   p. 116.
    De l'Immobilité de la Terre. Sect. I.   pag. 118.
    Des diuers Mouuemens de l'Eau. Sect. II.   pag. 165.
    Du Flux & Reflux de la Mer. Sect. III.   pag. 179.
    Du Mouuement de l'Air. Sect. IV.   pag. 227.
    Du Mouuement des Astres. Sect. V.   pag. 228.
De l'Odeur & de la Saueur des Corps Principaux. Chapitre. VIII.   pag. 254.
    De la Saleure de la Mer. Sect. I.   pag. 258.
Des Qualitez des Corps Principaux connuës par l'Attouchement, A sçauoir la Dureté ou la Mollesse, la Seiche-

resse ou l'*Humidité*, la *Pesanteur* ou la *Legereté*, & la *Chaleur* ou la *Froideur*. Chap. IX.   pag. 273.
De la Matiere des Corps Principaux. Chap. X. pag. 285.
De la Distinction des Elemens. Chap. XI.   pag. 297.
Du Nombre des Elemens. Chap. XII.   pag. 318.
Du vray Feu du Monde. Chap. XIII.   pag. 345.
De la Matiere des Corps Celestes. Chap. XIV. pag. 357.
Aduertissement sur ce Liure, & sur quelques choses qui en dependent.   pag. 390.

DE LA SCIENCE DES CHOSES CORPORELLES, ET DE LEVR PREMIERE CONSIDERATION.

CHAPITRE PREMIER.

VOvs qui desirez d'estre instruits par vne voye naturelle & veritable, vous pouuez connoistre que les choses corporelles sont les premieres dont l'on s'efforce d'auoir la science, & qu'elles viennent tousiours d'abord en la pensée de l'homme, à cause qu'ayant les Sens au dehors pour luy rapporter ce qui se passe, ils luy apprennent incontinent tout ce qui est autour d'eux, & luy en font remarquer les distinctions par la difference de leurs qualitez & de tout ce qui leur arriue. Ce que nous appellons les Sens, c'est la veüe, l'oüye, l'odorat, le goust, & l'attouchement. Nous deuons les considerer en leur ordre dans les facultez humaines; mais cela n'empesche point que ie n'en parle dans cette introduction, puisque ce sont les portes de nostre connoissance, & que les hommes en ayant l'vsage si fre-

A

DE LA I. CONSIDERATION DES CHOSES CORPORELLES.

quent ne le doiuent pas ignorer. Il faut prendre garde que les corps n'ont point de qualitez ou d'accidens que les Sens n'apperçoiuent, & qu'encore qu'il y ait quelques qualitez plus cachées que les autres, elles sont enfin connuës à l'aide du raisonnement de l'esprit, qui se rend habile de luy mesme à tirer des consequences de toutes parts. Il est encore fort aisé de remarquer que la premiere action que l'on fait dans la recherche des choses, c'est de se seruir de la veüe, car l'on ne peut pas tousiours si promptement les toucher ny les entendre, ou les espreuuer par les autres Sens; nous les voyons donc d'abord & nous remarquons leur nombre & la difference qui est entre elles par leur grandeur, leur figure, leur couleur, leur matiere, leur mouuement, ou leur situation. Nous treuuerons de vray que le nombre n'est pas vne de ces qualitez qui sont attachées aux corps, & ne les abandonnent iamais. Ce n'est que ce qui se dit d'eux, en tant qu'il s'agist de leur quantité & s'il n'y en a qu'vn ou plusieurs, mais neantmoins cela est descouuert par la veüe, de sorte que cela est mis au rang de ce qui est appellé sensible. Or le nombre est à mon auis ce qui se remarque le pluftost; car il n'est besoin en cela que de voir en vn instant les differences les plus signalées. Il est aussi fort à propos de sçauoir premierement le compte des choses que l'on veut examiner. C'est pourquoy les hommes doiuent commencer par là à s'instruire. Quelqu'vn me pourroit dire que ie deurois mettre icy ce que c'est que la quantité, & de combien il y en a de sortes, & ce que c'est aussi que le nombre; Il demanderoit de mesme vne description entiere de tous les accidens, mais ce feroit troubler l'ordre que ie veux donner aux sciences. Tout homme qui a l'vsage de ses Sens & de sa raison naturelle, connoist la difference qu'il y a entre le grand nombre & le petit, & entre la figure ronde ou la quarrée. Les premiers raisonnemens humains suffisent pour comprendre les premieres choses qui se voyent en la nature. Il faut attendre que l'on soit plus esleué pour penser au reste. Quelque esprit pointilleux viendroit enfin iusqu'à s'informer de l'explication des mots; mais ie presuppose que vous ne l'ignorez pas, l'ayant pû apprendre en d'autres lectures ou par la frequentation des autres hommes. Neantmoins i'expliqueray quelquefois les noms des choses fondamentales, & si i'vse de quelques termes nouueaux, ie rendray leur signification si claire qu'elle ne laissera pas seulement de doute.

Ie retourne à ce que i'ay arresté touchant le nombre des choses corporelles, qui se connoist par des distinctions fort manifestes. Il faut qu'vn homme regarde de tous costez, & il treuuera à l'instant beaucoup de choses qu'il doit iuger estre corporelles puisqu'elles sont remarquées par les Sens, & apperceuant aussi leurs differences, il connoistra combien elles sont de chaque sorte. Il verra ce Corps qui le soustient, qui est la Terre laquelle est embrassée de l'Eau, ayant au dessus l'Air & les Nuées où l'on remarque quelquefois vn corps differend que l'on appelle le Feu. Il verra plus haut ces globes lumineux que l'on appelle les Astres, & cette grande estenduë du Ciel qui est comme la Couuerture du monde; Et s'il contemple encore exactement la Terre, l'Eau, & l'Air, il y trouuera quan-

A ij

DE LA I. CONSIDE-RATION DES CHO-SES COR-PORELLES.

tité d'autres petits corps adherens qui ont leurs qualitez particulieres.

Sous ce nom des Choses corporelles, ie compren tous les Corps de l'Vniuers, dont les vns sont les principaux & les plus grands ; les autres sont les deriuez & les moindres. Quelques vns ne sont aussi que des parties tirées des premiers ou des seconds corps ; & pource que la main des hommes leur a donné du changement, l'on les appelle des Corps Artificiels, à la difference des autres que l'on appelle des Corps Naturels, pource qu'ils n'ont rien que ce que leur a donné leur nature.

Il ne faut pas croire qu'il faille penser d'abord aux Corps seconds & deriuez: S'ils ont quelque chose de semblable aux principaux, l'on le comprendra beaucoup mieux ayant parlé auparauant de ceux qui les precedent ; Que s'ils ont des qualitez plus exquises, il faut par cette raison les garder pour les dernieres recherches. Quant aux Corps Artificiels, ce qu'ils ont de la nature depend de la consideration des autres corps, & pour ce qui est du changement que l'artifice y apporte, cela doit encore estre reserué pour la fin.

Les Corps principaux doiuent donc estre considerez les premiers, & vne legere connoissance de leur distinction suffira pour apprendre leur nombre. Direz vous encore que ie ne les doy pas compter d'abord, puisque cela ne se peut faire sans considerer leurs qualitez ? Cette consideration ne penetre pas plus auant que les apparences. C'est assez de sçauoir que la Terre n'est pas l'Eau, ny l'Eau l'Air, ny l'Air le Feu, & que le Ciel & les Astres sont aussi des corps separez, quoy que toutes ces choses s'entretouchent. Ayant veu leurs diuisions, l'on les examinera plus exactement. L'on ne pourroit pas faire connoistre ce qui est propre à chacun sans les auoir auparauant mis à part en diuerses classes, & reconnu le nombre des vns & des autres.

DV NOMBRE DES CORPS PRINCIPAVX.

II.

Nous voyons qu'il y a vn Corps espais & solide que l'on appelle la Terre, qui ne demande que le repos; l'Eau qui est bien plus subtile, a cette proprieté de couler sans discontinuation dans les fleuues, & d'estre sans cesse agitée en la Mer; l'Air qui est au dessus de l'vn & de l'autre est encore plus deslié & plus transparent; les Nuages sont plus obscurs & semblent autre chose que l'Air. Pour les feux que l'on y remarque, & ceux que nous voyons aussi sur terre, ils ont de la clarté en eux & consomment tout ce qu'ils touchent, ce qui les rend fort differens de l'Air, de la Terre, & de l'Eau. Pour les Astres, leur viue lumiere & leur chaleur les distinguent extremement des autres corps, & bien que les qualitez du Ciel ne puissent pas estre ainsi espreuuées, neantmoins l'on iuge qu'il doit estre d'vne matiere plus noble que l'Air inferieur, à cause de ces Corps excellens qui sont contenus en luy, & pource que mesme l'on connoist qu'il a vne grande subtilité, puisque tous ces Corps quoy que fort esleuez les vns au dessus des autres ne laissent pas d'y paroistre. Nous treuuons donc par ce moyen qu'il y a de sept sortes de Corps principaux au monde qui sont, la Terre, l'Eau, l'Air, les Nuages, les Feux, les Astres, & le Ciel.

C'est ce qui se treuue dans vne prompte consideration, mais ayant regardé plus long-temps toute l'œconomie du monde, l'on void qu'encore qu'il y ait tousiours quelque nuées dans l'air, ce ne sont pas les mesmes, car elles se dissipent bien-tost apres auoir esté esleuées, & le plus souuent elles retombent en pluye. Si elles ne sont point en vn estat permanent, elles ne peuuent constituer vn Corps principal. D'ailleurs puisque nous voyons qu'elles s'esleuent par vapeurs hors des Fleuues & de la Mer, & qu'elles retournent en Eau apres, ce n'est point vn Corps à part d'auec l'Eau. Tout l'Air inferieur estant mesme fort humide & fort grossier, il est euident qu'il n'est composé aussi que des plus subtiles fumées qui sortent de la masse des Eaux & mesme de celles de la Terre qui en plusieurs endroits a receu beaucoup d'humidité. Neantmoins il y a au dessus vn Air simple qui ne participe point à cela, & qui doit estre compté pour l'vn des Corps principaux. Quant à ces Feux esleuez, & ceux qui se voyent sur terre ils ne sont point tousiours en mesme consistence, & ne durent que tant qu'ils ont de la matiere pour s'entretenir ; C'est aussi le Soleil qui est cause de leur production par la chaleur qu'il communique à leur matiere. La pluspart de ceux qui ont escrit de ces choses ont eu si peu de raison, qu'ils ont crû qu'il y auoit au deſſus de l'Air vn vray Feu qui duroit touſiours comme originel & elementaire ; mais cela n'eſt fondé que ſur des imaginations qui ne preuuent rien. Il n'eſt pas beſoin d'en parler icy, puiſque noſtre premiere recherche ne nous en fait rien remarquer. Nous examinerons cela lors que nous ſerons paruenus à des raiſonnemens plus profonds. Il ſuffit que maintenant nous remarquions que les Nuées & les Feux ne ſont point permanens ; Que la Terre & l'Eau leur donnent leur compoſition, & que le Soleil fait paroiſtre en eux le changement qu'ils ont, & par conſequent qu'il n'eſt pas raiſonnable de les mettre au rang des Corps principaux dont ils dependent.

Il y a encore de fortes attaques contre ce grand Corps eſtendu que nous appellons le Ciel. Pluſieurs tiennent que ce n'eſt autre choſe que l'Air ; mais c'eſt à dire le vray Air qui eſt fort different de l'inferieur & le ſurpaſſe plus en ſubtilité que celuy là ne ſurpaſſe l'Eau. En effect l'on ne treuue point de matiere plus deſliée que le vray Air, & ſi le Ciel eſt vne ſubſtance la plus deſliée de toutes, il faut croire qu'il eſt compoſé de celle là. Toutefois puis qu'au deſſus des plus baſſes regions de l'Air il y en a vn autre plus pur, qui a vn eſpace aſſez grand ſans qu'aucun Aſtre y ſoit contenu, l'on peut dire que cet autre Air qui eſt encore au deſſus où les Aſtres ſont logez, peut eſtre diſtingué d'auec luy par la diuiſion d'eſtage, & meſme par vne pureté plus parfaite, quoy qu'il ſoit d'vne meſme eſſence. C'eſt pourquoy afin de le reconnoiſtre l'on luy peut bien donner vn autre nom, l'appellant l'Ether ou le

Ciel. Si l'on le compte donc à part d'auec l'Air qui est au dessous des Astres les plus abaissez, l'on trouuera cinq Corps principaux, la Terre, l'Eau, l'Air, le Ciel, & les Astres; & si l'on met l'Air & le Ciel ensemble, il n'en faudra compter que quatre.

L'on void d'abord le nombre des Corps en tant qu'ils sont diuers, & cela donne incontinent le desir de sçauoir combien ils sont de pareils. En ce qui est de la masse de la Terre & celle de l'Eau, nous ne remarquons point qu'il y ait quelque autre chose de semblable; Pour le Soleil il surpasse tous les Astres en grandeur & en clarté, tellement qu'il est vnique de son espece. Il n'y en a point aussi qui reçoiue si bien sa lumiere que la Lune. En ce qui est des autres Astres, il y en a beaucoup qui sont semblables en grandeur & en lumiere. Il s'en treuue aussi qui paroissent fort sombres & qui sont comme des taches dans le Ciel. L'on a de la peine à les descouurir, de sorte qu'il y en a peut estre vn grand nombre que nous ne pouuons apperceuoir, & il seroit inutile d'en faire la recherche. Les Astres lumineux se font mieux connoistre : Outre la Lune & le Soleil l'on en compte cinq qui changent comme eux de diuerses places, & pour ceux qui demeurent tousiours en mesme distance, l'on en compte iusqu'à mille-vingt deux que l'on appelle des Estoilles fixes, lesquelles sont encore diuisées selon leurs grandeurs en six ou sept sortes. L'on les range aussi sous quarante huict figures ou Signes pour remarquer les diuers endroits du Ciel. Il n'y a point de doute qu'il y en doit auoir dauantage ; Quand l'on se sert de ces instrumens qui donnent du secours à la veuë, l'on en remarque tousiours

iours quelques nouuelles que l'on n'auoit pas apperceuës encore; & il est croyable qu'outre cela il y en a de si petites & de si esloignées, que les hommes ne les sçauroient voir par quelque artifice que ce soit.

Pour ce qui est de ce grand Air que nous appellons l'Ether ou le Ciel, où tous ces Corps sont placez, il est certain qu'il est vnique, car comment se pourroit il faire qu'il y en eust de diuers, quand mesme nous voudrions nous imaginer d'autres mondes que celuy cy? S'il y auoit plusieurs grands Corps semblables à cet Ether qui continssent des Astres & des Terres, quelle separation pourroit estre entre eux? S'ils estoient ronds ils ne se toucheroient qu'en vn poinct, si bien qu'entre eux il y auroit beaucoup de Vuide & de Neant; car quelle matiere pourroit estre au delà des Corps qui enfermeroient toute matiere? Or de dire que le Vuide ou le Neant en fist la separation, cela semble tres-absurde; les matieres se ioindroient bien-tost par vne affection qu'elles ont entre elles. De quelque autre figure que vous puissiez bastir chaque monde, il y aura tousiours du Vuide entre-deux aux endroits où ils ne se toucheront point, si ce n'est que l'on se les represente d'vne figure quarrée, dont tous les costez soient esgaux; mais quand cela seroit, quelle sorte de muraille se pourroit-on imaginer pour en faire la diuision? Ces grands Corps contenans les autres plus massifs, ne pourroient pas estre appellez Cieux s'ils n'estoient tres-simples, & par ce moyen ils sont donc tous semblables, & se ioignent sans separation aucune. C'est à quoy il faut conclurre & n'admettre qu'vn Ether. Ceux mesme qui tiennent qu'il y a plusieurs mondes en parlent ainſi: car ils croyent que les Terres ſont ſituées d'vn coſté & d'autre auec des Aſtres autour, ſans qu'il y ait qu'vn ſeul Continent. Toutefois quoy qu'ils en diſent nous ne comptons qu'vne Terre & vne Eau, par ce que nous ne voulons pas nous fonder ſur des imaginations. De verité il y a quelque apparence que ces Aſtres obſcurs que nous voyons au Ciel ſont des Corps maſſifs, mais que ce ſoient des Terres comme la noſtre, c'eſt vne temerité de le ſouſtenir. Nous croyons de meſme qu'il n'y a qu'vn Soleil & vne Lune, & pour ce qui eſt des Eſtoilles nous nous pouuons tenir ſans commettre de faute à ce qui eſt de viſible, ou bien nous en figurer preſque autant de cachées comme de connuës; mais quand nous leur donnerions vn nombre qui ſurpaſſeroit de beaucoup celuy-là, ſi eſt ce qu'il faut auoüer qu'il ſeroit finy. Ie ſçay bien qu'il y en a qui ne ſe ſont pas contentez de dire, qu'il y a pluſieurs autres Terres pareilles à la noſtre, mais qui ont ſouſtenu encore que leur nombre eſt ſans limites, & qu'il en eſt de meſme des Aſtres qui ſont faits pour les eſclairer. Ils penſent que quand l'on auroit trouué cent millions de Terres & de Soleils, il y en auroit encore vne fois autant, & puis deux & quatre fois, & que l'on les pourroit multiplier ſans fin. Ils ont de la peine à ſ'imaginer que ces diuers Corps ſoient en nombre arreſté, & qu'au delà de ce Corps ſimple qui les contient, il n'y ait que le Vuide. Ils veulent que l'Vniuers n'ait point de bornes. Ie n'approuue pas que les eſprits humains ſ'embaraſſent dans les penſées infinies de cet Infiny. Nous voyons vn certain nombre de Corps qui eſt celuy dont nous pouuons parler aſſeurément. S'il eſt moindre que la verité, cela n'empesche point nos considerations. Il suffit que nous croyons que tant les choses connuës que celles qui sont cachées, sont finies, & qu'il n'y a qu'vn seul Ether qui les contient, au delà duquel il n'y a plus rien.

DV NOMBRE DES CORPS PRINCIPAVX.

DE LA SITVATION DES CORPS PRINCIPAVX.

III.

Nous ne pouuons pas chercher le nombre des Corps, sans remarquer quelque peu de leurs accidens & de leurs proprietez. Nous voyons quelque chose de leur espaisseur, de leurs couleurs ou de leur lumiere, & specialement de leur situation ; car il n'y à rien qui fasse si tost treuuer le nombre que les diuers lieux où les corps sont assis. Cela n'a pourtant esté consideré qu'en gros ; Il faut maintenant l'examiner à part, & treuuer la raison de chaque qualité qui sera attribuée aux Corps principaux, afin que leur nature soit mieux connuë. Nous verrons qu'elle est leur place apres auoir veu leur nombre, puisque ces deux accidens ont tant d'affinité.

Quand à ce Corps qui contient la Terre & les Astres, n'ayant rien au delà de luy, l'on n'en sçauroit dire autre chose sinon qu'il est placé dans le Vuide, & si outre cela l'on luy veut chercher quelque autre remarque de situation, l'on ne luy en peut donner de meil-

DE LA SI-
TVATION
DES CORPS
PRINCI-
PAVX.

leure sinon que c'est en luy que les autres Corps sont situez; Il reste à chercher en quel ordre ils y sont establis. Quelques anciens tenoient la Terre comme la base du monde, & croyoient que le Ciel n'estoit qu'vne voûte pour la couurir. Ils disoient qu'elle estendoit ses fondemens iusqu'à l'Infiny; mais les autres attribuoient cette infinité à l'Eau à laquelle ils dónoient aussi vne largeur excessiue, voulans monstrer que la Terre n'estoit rien au prix d'elle & qu'elle estoit soustenuë dessus cóme vn basteau. Ces deux opinions estoiét aussi absurdes l'vne que l'autre, quoy que les plus moderez arrestassent peut estre qu'au delà d'vne tresgrande profondeur de l'Eau ou de la Terre, il ne se trouuoit plus rien, ostant par ce moyen cette infinité de matiere si difficille à conceuoir. Neantmoins il n'est pas besoin d'estre fort subtil pour les conuaincre. Que les plus grossiers d'entre les hommes aiguisent icy leur esprit. Que s'imaginent ils voyant que le Soleil les esclaire l'espace de douze heures, & que s'estant caché à vn bout du monde, il reuient à l'autre douze heures apres? Croyent ils qu'il s'allume tous les iours vn nouueau feu pour esclairer le monde? Il y a eu de ces vieux réueurs qui ont osé dire de mesme, que les Astres s'allumoient à vn bout de l'Occean, & s'alloient esteindre à l'autre. Les plus rustiques auroient aujourd'huy de la peine à croire cela. Ils croyent bien que l'on void tousiours le mesme Soleil, & s'il reuient du mesme costé que l'on l'auoit déja veu sortir, ils iugent facilement qu'il doit auoir passé par dessous la Terre. Or si la Terre ou l'Eau estoient infinies ou extremement profondes, comment cela se feroit il? Ce seroit alors qu'il faudroit penser qu'il naistroit tous les iours de nouueaux Soleils & de nouuelles Estoilles, ou bien il faudroit croire que cette masse d'Eau & de Terre seroit percée, & que le Soleil passeroit au trauers auec toute sa suite. Cela peut seruir à monstrer qu'elle est la situation, la forme & la grandeur de ces Corps, & specialement en ce qui concerne la Terre, & comment elle est suspenduë en l'Air, car il faut croire que l'autre Hemisphere que nous ne voyons point, est tout pareil à celuy que nous voyons, & qu'il est borné de mesme, estant enuironné de l'Air & du Ciel où se fait le cours du Soleil.

Il est donc certain que la Terre & l'Eau composent vne masse finie qui n'est point le fondement des autres, à la maniere que les anciens l'ont declaré. Que si l'on tient qu'elle l'est d'vne autre sorte, parce qu'elle est située au milieu du monde, c'est à sçauoir si à cause de cela elle peut obtenir cette qualité, & l'on reuoque aussi en doute qu'elle ait cette place.

Ceux qui se font appeller Philosophes, disent que l'on doit croire que la Terre est au centre du monde, puisque toutes les choses pesantes descendent tousiours en bas, & que nous voyons que tout ce qui est massif retombe en ce lieu apres auoir esté esleué en l'Air par violence. Mais qu'ils nous declarent s'ils ne croyent pas que la Terre est vn globe ou vne masse suspenduë en l'Air, & que de l'autre costé de l'endroit où nous sommes, cette masse se tient en vne mesme consistence. Si nous jettons vne pierre en l'Air ne retombe t'elle pas vers nous, & si l'on en jette vne de ces lieux que nous appellons nos Antipodes, n'y reuiendra t'elle pas aussi? cependant c'est par vn mouuement contrai-

DE LA SI-
TVATION
DES CORPS
PRINCI-
PAVX.

re; l'vne reuient d'vn cofté & l'autre de l'autre; mais ce n'eft pas pourtant que celle de nos Antipodes monte; elle defcend à fon vray lieu: De quelque cofté que ce foit elle en feroit autant. Que fi la terre eftoit percée à iour & que l'on iettaft vne pierre dans ce trou, l'on croid que quand elle feroit au milieu elle s'y arrefteroit, pource que c'eft là qu'eft le centre du monde, & fpecialement des chofes pefantes. N'eft ce point vne erreur que cecy, & toutes ces raifons font elles bien appliquées? A entendre parler ces naturaliftes toutes les chofes pefantes tendent au centre du monde à caufe de l'inclination qu'elles ont pour ce lieu; mais quel en eft le fujet? Quelle force y a il en cet endroit pour les y attirer? Ce n'eft pas la matiere qui s'y trouue qui a cet effet: Quand elle n'y feroit point, cela ne laifferoit pas d'eftre executé. C'eft donc vn Vuide & vn Neant vers lequel toutes chofes tendent. Le Vuide ou le Neant ont ils tant de pouuoir? Il fe faut auffi figurer ce centre fi petit que ce n'eft qu'vn poinct; Or le poinct eft infenfible; & vn homme raifonnable ne fe peut imaginer que le poinct qui eft en vn Vuide ait quelque proprieté, c'eft à dire que la moindre partie d'vn Neant foit quelque chofe. L'on dit que fi les corps pefans ne treuuoient où s'arrefter, ils defcendroient toufiours de toutes parts iufques à ce centre: mais l'on refpond que pofé le cas qu'ils ne trouuaffent rien dequoy s'appuyer à ce milieu & qu'il y en euft plus outre, neceffairement ils pafferoient iufques là pour s'y repofer; & qu'il ne faut pas croire qu'ils fe tinffent fufpendus dans vn Vuide à caufe que ce feroit le milieu. Si la Terre eftoit percée d'outre en outre, & que le trou allaft iuftement passer par le centre, ie ne croy point aussi qu'il y ait aucune force en ce lieu pour arrester la pierre que l'on y jetteroit. Elle s'iroit peut estre reposer sur l'vn des costez de cette ouuerture lors qu'elle seroit fort auant, & elle n'y seroit point penchante, pource que de quelque costé que ce soit la terre est en vne situation droite. Peut estre aussi que cette pierre ne touchant à rien ne s'arresteroit pas, c'est pourquoy il faudroit de necessité qu'elle tombast iusqu'aux Antipodes, & elle iroit aussi fort auant dans l'air qui les enuironne, à cause de la violence dont elle auroit esté jettée, mais ne pouuant tenir en l'air elle retomberoit en bas & s'attacheroit à la terre. Cela n'est non plus estrange qu'vne pierre allast ainsi & reuint, que de la voir jetter extremement haut en l'air & retomber en bas. Que l'on s'imagine qu'estant jettée de cette sorte, elle passe au trauers d'vn trou qui auroit esté fait à quelque grosse masse terrestre. Si elle y passe iuste sans toucher à rien, elle n'y trouuera aucun empeschement, & ne s'arrestera que là où elle se pourra reposer. Mais l'on m'objectera que la pierre jettée au trauers de la terre pourroit retomber dans le mesme trou, ayant passé nos Antipodes, & reuenir à nous, & puis refaire encore le mesme voyage iusqu'à l'infiny, au cas qu'elle ne trouuast rien qui l'arrestast. C'est supposer vne chose impossible, car la violence du coup estant appaisée, la pierre n'ira plus si ferme, & en vacillant elle retombera vers vn costé où elle s'arrestera. Toutefois il semble que la violence sera tousiours pareille, pource que la cheute donnera tousiours de la force au mouuement. Mais imaginez vous qu'il n'y a point de masse terrestre; la pierre sera t'elle balancée

DE LA SI-
TVATION
DES CORPS
PRINCI-
PAVX.

eternellement à cause qu'elle ne rencontrera plus ce lieu de repos? Ie pense qu'enfin elle treuuera vn lieu de l'Ether qui sera capable de la suporter. Si les pierres retombent à la terre, c'est qu'elle interrompt la force de cet Ether qui dedans sa plenitude est capable de soustenir de plus grands fardeaux. Que si cette cheute se fait de tous costez, c'est qu'il n'y a ny haut ny bas au monde, & que pour les corps pesans ils trouuent seulement le bas vers les lieux où ils se peuuent reposer; joint que l'on peut dire que l'Ether renuoye les fardeaux vers la terre, qui est le lieu où il se treuue assez ample pour soustenir quelque chose de solide:

Ie ne pense pas que l'on puisse inuenter vne meilleure raison pour la cheute des corps pesans. S'ils estoient attirez au centre auec vne esgalle affection, il faudroit que la masse de la terre fust parfaitement ronde & qu'vne partie n'auançast point plus que l'autre en sa superficie, parce que les montagnes se jetteroient promptement dans les vallées & mesme dans les precipices, afin d'approcher plus prés du lieu où seroit cette inclination, mais cela ne se fait point, & cette masse demeure en de grandes inégalitez. Ne dira t'on pas semblablement que si la terre estoit le centre de tous les corps pesans comme elle, ces astres tenebreux & espais qui doiuent auoir quelque chose de terrestre, ne pourroient durer longtemps au lieu où ils sont? Ne viendroient ils pas incontinent à elle? Mais ayant esté placez ailleurs par l'ordre de l'Vniuers, ils y demeurent tousiours; & l'on peut bien croire mesme que si vne pierre estoit jettée si fort qu'elle allast plus prés d'eux qu'elle ne seroit de nostre terre, elle iroit s'y reposer

plus-

pluſtoſt que de retomber icy, pource que les choſes pe-ſantes s'arreſtent au lieu le plus proche qu'elles peu-uent rencontrer, & où elles peuuent treuuer leurs ſem-blables.

DE LA SI-TVATION DES CORPS PRINCI-PAVX.

Si l'on dit qu'il faut croire que noſtre Terre eſt au milieu du monde, ce n'eſt qu'à cauſe que nous voyons tous les Aſtres aux enuirons ; mais qui peut aſſeurer qu'elle ſoit iuſtement au milieu ? L'on n'en donne point d'autre raiſon finon que toutes les choſes lour-des tendent au Centre, & que ſans cette inclination elle ne pourroit demeurer au lieu où elle eſt. Mais eſt il beſoin de ce Centre pour aider à ſa ſuſpenſion ? Pour-quoy eſt ce donc que tant d'Aſtres demeurent ſuſpen-dus de toutes parts ? Ie veux bien que leur matiere ſoit moins lourde, mais eſtans de beaucoup plus grands ils doiuent auoir pour le moins autant de peſanteur, s'il eſt ainſi qu'il n'y ait point de corps qui ne ſoit peſant ; & meſme y en ayant quelques vns de plus opaques, il ſemble qu'ils ont quelque choſe de terreſtre. Or ils n'ont point d'appuy non plus que la Terre, tellement qu'il n'eſt pas beſoin d'eſtablir ce Centre pour autho-riſer la ſuſpenſion d'vn Corps, & encore que la Terre ſoit ſuſpenduë, l'on ne peut pas conclurre de là, qu'elle ſoit au milieu de l'Vniuers. Toutefois puiſqu'il eſt queſtion de donner icy vn ordre aux choſes au regard de l'eſprit de l'homme auquel il ſe faut accommoder, ie poſe encore la ſituation de la Terre au milieu des au-tres Corps, c'eſt à dire de ceux que nous voyons & dont nous pouuons parler, mais ce n'eſt pas que ce ſoit leur Centre & le poinct de leur inclination ; C'eſt qu'à noſtre eſgard, c'eſt le lieu le plus bas du monde, & que

C

DE LA SI-
TVATION
DES CORPS
PRINCI-
PAVX.

de quelque costé que nous soyons, nous pouuons esleuer nos yeux esgalement.

Toutefois en ce qui est des Corps plus prochains & qui ont quelque affinité auec cette lourde masse, comme l'Eau & l'Air, ils tiennent tousiours le dessus, & pource qu'ils l'enuironnent de toutes parts, l'on peut dire qu'elle est leur milieu. Mais l'on veut monstrer qu'elle a aussi le sien pour elle mesme, puisque de quelque costé que ce soit, ses parties se rejoignent autour. Que dirons nous sur ce mouuement contraire, si le Centre n'a point de faculté? Les pierres qui se destachent de dessous nos Antipodes deuroient tousiours tomber à l'infiny; Au contraire elles s'en esloignent contre leur gré & y reuiennent apres, de sorte que cet esloignement est vne esleuation de mesme qu'en cette autre partie, & puis il se fait vne cheute. Quelques vns ne pouuans pas attribuer de pouuoir au Centre qui n'est rien, en ont donné à toutes les parties de la Terre, croyant qu'elles s'attiroient l'vn' l'autre par vne similitude d'essence; mais cela est tresfaux, car si cela estoit, l'attraction se deuroit aussi bien faire de costé que de bas en haut; & quand vne pierre tombe dans vn puits elle deuroit pluftost s'attacher aux autres pierres dont il est construict, que d'aller au fonds. Les choses legeres deuroient aussi estre attirées plus facilement que les lourdes, ce qui ne se fait point, car les fueilles des arbres ou les fétus seront longtemps en l'air sans retomber à terre, & il ne sert à rien de dire que le vent les empesche d'y aller, ou bien qu'ils ne sont pas si susceptibles de cette attraction à cause de leur petitesse, car si la terre auoit cette force attractiue elle violenteroit toutes choses, & nous aurions mesme de la peine à leuer les pieds en marchant. L'on me dira neantmoins que toutes les choses du monde ont de l'affection pour leur semblable; Que la flamme se joint promptement à vne autre voisine; Que l'air se joint à l'autre air, & qu'vne goutte d'eau estant mise auprés d'vne autre, il ne s'en fait qu'vne de deux; Que plus les corps sont desliez, plus ils font parestre cette disposition, & que si elle ne se void point en la terre, c'est à cause de son espaisseur, mais que pourtant cela s'y fait, quoy qu'auec moins de puissance. I'accorde bien la liaison de l'Eau, de l'Air, & du Feu, à cause que ce sont des corps fluides, mais pour ce qui est de la Terre qui ne consiste qu'en atomes, ie nie qu'elle se puisse assembler sans estre meslée auec l'eau, & encore moins qu'elle ait aucune attraction. Ie concluds donc que les corps lourds ne descendent que par leur propre poids, cherchant de se reposer sur vn corps plus ferme que l'air, & parce que de tous endroits ils retombent sur la terre, il en faut demeurer à cette opinion commune, que de quelque costé que l'on soit, la terre est tousiours le lieu le plus bas. Si cela n'estoit, & qu'vne pierre se trouuast fort haut en l'air, elle ne retomberoit pas en terre, par la regle qui dit que les corps lourds ont vne cheute droite; car il semble que pour tomber droitement, elle passeroit plustost à costé de la terre, & que si elle tomboit sur cette masse, ce seroit par vne cheute oblique. Pour comprendre cecy, que l'on trace vn cercle auec force lignes qui passent par le centre; il n'y en aura qu'vne qui nous semblera droite si nous le tenons fixe, & nous croirons que pour tomber droitement il se de-

DE LA SI-
TVATION
DES CORPS
PRINCI-
PAVX.

uroit faire d'autres lignes qui n'entrecouperoient le cercle que par les coftez inégaux. Mais faifons tourner la machine, ou bien tournons autour d'elle; nous verrons que toutes les lignes font droites, & par ce moyen nous refoudrons cette objection.

En tout cas l'on ne peut donc nier que la Terre ne foit le lieu où tendent les chofes lourdes qui l'enuironnent. A tout le moins elle eft leur Centre, fi elle n'eft le Centre de tout l'Vniuers. Or elle a encore vn autre Centre pour elle, & cela s'entend fi l'on veut, qu'elle a vn milieu cóme tout corps doit auoir. L'on luy attribuë mefme deux diuerfes fortes de Centres ou milieux; l'vn eft celuy qu'elle a felon fa pefanteur, lequel l'on f'imagine eftre pareillement celuy de tous les corps, puifque celuy là y tend de tout fon pouuoir; & l'autre eft felon fa grandeur, lequel eft vn poinct efgalement diftant de toutes fes parties extremes. La Terre a des endroits plus refferrez les vns que les autres, & par confequent plus lourds; f'il f'y en treuue auffi où il y ait des cauernes qui ne contiennent que de l'air ou des vapeurs enflammées, ils ne doiuent pas auoir tant de poids, ce qui fait que toutes fes parties tendent vers le Centre inefgalement, & que le Centre de la grandeur eft autre que celuy de la pefanteur. Afin qu'ils fuffent efgaux, il faudroit que toutes les parties de la Terre fuffent efgales. D'ailleurs f'il eftoit certain felon cette maxime, que le cofté le plus lourd panchaft le plus pres du Centre qui feroit le milieu du monde, celuy qui feroit le moins lourd f'en efloigneroit dauantage & f'efleueroit d'autant plus vers le Ciel, fi bien qu'il ne feroit pas vray que le Ciel fuft efgalement diftant de la Terre de toutes parts ainsi que l'on pretend; Mais la responce est aisée en ce que la Terre est fort petite à comparaison du Ciel, de sorte que si elle s'en approche plus d'vn costé que d'autre cela ne paroist aucunement. J'approuue fort cette opinion, pource qu'encore qu'il n'y ait point de Centre qui attire cette Terre où nous sommes plus qu'aucun autre lieu, si est ce que l'on peut dire qu'elle demeure au milieu du monde, sa place y ayant esté ordonnée; Et il est croyable qu'ayant esté balancée dans l'Ether qui la soustient, sa plus lourde partie a esté celle qui s'est rangée vers le milieu, afin que par ce moyen elle fust portée également, car ses parties moins lourdes quoy que plus grandes n'ont pas esté plus difficiles à sousleuer toutes ensemble que cette autre : c'est pourquoy l'on peut bien auoüer que la Terre a deux sortes de milieux, à sçauoir celuy qu'elle a pour sa grandeur, & celuy qu'elle a pour son poids qui est le milieu de tout ce qu'il y a de sensible.

Si l'on considere l'Eau auec la Terre comme ne faisant qu'vn globe, il faut treuuer encore vn autre milieu à cette masse qui sera le troisiesme, & pour sçauoir en quel endroit il est, il faut apprendre de quelle façon l'Eau est jointe à la Terre. Nous auons rejetté l'erreur de ceux qui disoient que la Terre ou l'Eau s'estendoient en vne profondeur incomprehensible, & auoient leur racine ou leur source dans l'Infiny; mais il y en a eu d'autres qui ont tenu que la Nature de l'Eau estant de se tenir en rond, elle faisoit vn demy globe qui estoit joint à celuy de la Terre pour faire vn globe accomply. Si cela estoit, le Centre de ce Continent deuroit estre à l'extremité de la Terre, fort different de celuy de sa

DE LA SI-
TVATION
DES CORPS
PRINCI-
PAVX.

pesanteur, & peut estre encore dauantage de celuy de sa grandeur. Ceux qui ont publié cette faulseté, se sont essayé de monstrer que la Mer estoit estenduë en rond de mesme que la Terre, mais cela ne prouue pas pourtant qu'elle ait cette profondeur qu'ils se sont imaginée. Si elle estoit esleuée ainsi, l'on n'y verroit pas tant d'Isles de tous costez & mesme vers son milieu, lesquelles ont leurs fondemens fort proches. Que si l'on tenoit que les Eaux allassent en penchant vers chaque Isle, il y auroit donc quantité d'enflures diuerses en la Mer, ce qui ne se peut faire, car si la nature vniuerselle de l'Eau estoit de s'esleuer entierement, il ne s'y feroit qu'vne seule tumeur qui submergeroit toutes les Isles. D'ailleurs s'il y auoit ainsi des esleuations en la Mer, les Nauires iroient sans comparaison plus viste de haut en bas, que de bas en haut, & tomberoient promptement aux riuages, d'autant plus que la tumeur seroit grande, ce qui seroit apperceu par ceux qui nauigent. L'on nous respondra que l'on nous pourroit faire la mesme objection, quand nous auoüons que la Mer tire sur le rond pour embrasser la Terre, mais cela n'est pas de mesme, car nous ne donnons pas tant de profondeur à l'Eau, au lieu qu'en la sousleuant si prodigieusement, estant mobile comme elle est, elle deuroit auoir vn grand bransle qui porteroit en peu de temps les vaisseaux vers les costes de la Terre, outre que mesme ils y descendroient incessament, n'estans pas beaucoup retenus dedans vne masse si molle. Apres tout, il est certain que l'on a treuué qu'encore que la Mer soit fort profonde en quelques endroits vers son milieu, elle ne l'est pas plus qu'en d'autres qui aprochent des riuages.

Ce qui a esté l'occasion de luy donner tant de hauteur, c'est que plusieurs se sont imaginé que la place de l'Eau deuoit estre au dessus de la Terre, & qu'elle n'auoit pas besoin d'estre enfermée entre des bornes. Les vns ont allegué qu'elle se pouuoit sousleuer en rond ainsi que quelques gouttes qui ne coulent pas dessus vne table vnie, ny mesme lors qu'elles pendent aux toits des maisons, ce qui fait connoistre que la Nature de toute l'Eau est de s'amasser en rondeur. Neantmoins ce n'est pas à dire qu'vn si grand amas d'Eau puisse estre suspendu sans se desassembler, pource que sa lourde charge l'empesche de se soustenir, ce qu'on void aussi en ces gouttes d'eau lesquelles commencent à tomber & à couler dés qu'elles deuiennent plus grosses. Quelques autres ont dit qu'il y a certains Astres au Ciel qui ont vne telle puissance qu'ils font sousleuer la Mer & la soustiennent pour empescher que la Terre n'en soit toute couuerte; mais il faudroit donc qu'il y eust quátité de ces Astres disposez de toutes parts pour auoir cet effet, dont les vns soustinssent vn costé & les autres vn autre, & ils deuroient pareillement estre immobiles; car leur circulation iournaliere y seroit dommageable, & feroit qu'vne partie seroit tantost haussée & tantost abaissée. Toutes ces choses n'ont point d'apparence, outre que l'on ne sçauroit monstrer que les Astres ayent cette vertu. Ie sçay bien que l'on a esté iusques dans cette réuerie, de dire que le Ciel pouuoit faire tenir l'Eau en cette hauteur, l'empeschant de tomber par la rapidité de son mouuement; Si cela estoit l'on remarqueroit cette violence dans l'Air inferieur qui deuroit estre l'instrument de cette esleuation ; mais quand le

DE LA SITVATION DES CORPS PRINCIPAVX

Ciel le feroit tourner d'vn pas efgal au fien, il feroit trop foible pour fouftenir apres vn corps plus pefant que luy.

Il faut auoüer pourtant, que les Eaux ont vne autre fufpenfion merueilleufe. L'on ne s'eftóne pas tant de la Terre de nos Antipodes qui fe tient toufiours en vne mefme confiftence; car nous voyons qu'vne maffe liée d'vne humeur gluáte, fe ramaffe bien de telle forte qu'il n'en tombe pas vn feul grain de poudre. Il ne femble point par l'efpreuue, que l'Eau fe puiffe tenir ainfi fufpenduë, & cependant ceux qui ont fait le tour du monde, rapportent qu'en l'autre partie il y a encore de l'Eau. Si nous demandons comment elle ne tombe point, ceux qui font en ce lieu peuuent faire la mefme demande de l'Eau que nous auons icy. Les pierres eftans jettées de ce cofté là y retournent encore ; l'Eau y peut auffi eftablir fon fondement ; & c'eft pour ce que de quelque endroit que ce foit la Terre eft comme au lieu le plus bas où les corps pefans qui l'enuironnent puiffent defcédre. L'on ne doit pas dire pourtant, que l'Eau fe tient en vne hauteur exceffiue, afin d'efgaler la maffe de la Terre, & ne faire qu'vn globe auec elle. Il faudroit pour cet effet qu'elle euft vn Centre particulier au milieu d'elle où elle fuft attirée. Quoy qu'elle fe tienne en tous les coftez de la Terre, ce n'eft qu'en tant qu'elle eft refferrée par des riuages. Si elle ne l'eftoit point elle s'efcouleroit de toutes parts. La Mer ne va point au deffus des bornes qui l'enfermét, fi ce n'eft en fes vagues que la tépefte fait fouſleuer, ce qui eft de peu de cófideration. Tous les Fleuues qui vont porter leurs Eaux auec les fiennes, nous font voir qu'elle n'eft point plus haute que

que la Terre dont ils sortent. Quantité d'Isles qui sont aussi des parties de la Terre plus esleuées que la Mer, nous apprennent qu'elle est logée dans vn creux qui est son propre lieu. L'experience nous instruict aussi en cela, pource que si la Mer alloit ainsi en haussant, les riuages ne seroient pas si tost perdus de veuë, & l'on les verroit possible mieux lors que l'on seroit en vne certaine distance, comme estant sur vne montagne d'Eau. L'on preuue encore que la Mer doit auoir son lict aussi bien qu'vn Lac, pour y estre retenuë, à cause qu'estant lourde comme elle est, elle a de l'inclination à tendre tousiours au plus bas, & qu'elle cherche le Centre du monde, qui est aussi le Centre de la pesanteur de la Terre, sans se soucier du Centre de la grandeur, & que c'est pour ce sujet que la Terre demeure descouuerte en de certains endroits, toute l'Eau s'estant ramassée vers le plus creux pour s'approcher plus prés du lieu où tendent toutes les choses lourdes. I'accorderois cecy, excepté en ce qui est de cett'amour lequel on dit que toutes choses ont pour vn seul Centre. L'eau estant placée icy auec la Terre, cherche vn lieu pour se reposer, & lors qu'elle en treuue vn où elle peut estre arrestée elle s'y tient. Que si l'on s'imagine qu'elle a vn Centre de grandeur auec toute la Terre, & qu'il y a aussi vn Centre de pesanteur pour tous les Corps, il faut encore conclurre que tout cela ne se dit que pour remarquer le lieu où les Corps pesans sont supportez. En effet si l'Eau coule, ce n'est qu'à cause du penchant qu'elle treuue, & non point par vne attraction qui soit faite d'ailleurs, & c'est aussi quelquefois quand ses parties se poussent l'vn l'autre, & en ce cas là elle monte

D

quelquefois. C'est pourquoy elle n'est pas seulement reduite en ce grand amas que l'on appelle la Mer, mais elle est resserrée sous Terre en beaucoup de canaux, & venant à sortir elle coule par les lieux qui luy sont les plus propres. Ce qui fait qu'elle se diuise de cette sorte, c'est qu'elle se jette promptement dans toutes les ouuertures; & si elle n'en treuue elle s'en fait, minant petit à petit la Terre aux endroits où elle est moins espaisse.

C'est la commune opinion que la Terre est plus pesante que l'Eau, & pource qu'elle est aussi plus ferme, elle est propre à en estre le fondement. Que si l'on s'imagine vn temps que toutes les matieres n'ayans point encore agy l'vne contre l'autre, demeuroient en leur place naturelle sans aucune alteration, l'on peut dire que le Soleil n'auoit pas encore conuerty vne grande partie des Eaux en ces vapeurs subtiles qui composent nostre Air inferieur, ny en ces autres plus grossieres qui font les nuées, & vne autre partie n'auoit pas aussi creusé la Terre en beaucoup de lieux pour s'y engouffrer, de sorte qu'il y en auoit assez pour en couurir toute la surface. Mais enfin le Soleil agissant a fait esleuer beaucoup d'Eau attenuée, & le reste a pris place comme il a pû dans les lieux les plus creux, où la Mer en a esté faite, & quelques parties solides demeurans plus esleuées ont fait plusieurs Isles. Cette Mer s'est rangée au milieu d'vn des costez de la Terre où pour ce sujet l'on l'appelle Mediterranée, & s'est mise tout autour de ce Continent, allant aussi enuironner vne autre partie du monde que l'on appelle les Indes Occidentales. Cette grande estenduë s'appelle l'Ocean, qui n'a point de communication auec la Mediterranée que par le deſtroit de Gibaltar. Ainſi la Mer eſt encore reſſerrée en quelques endroits où elle n'a ſceu gagner autre choſe qu'vn petit paſſage, comme au deſtroit de Magellan entre la Terre Auſtrale & l'Amerique. En d'autres endroits elle s'eſt ſeulement auancée entre deux coſtes l'eſpace de quelques lieuës, comme au ſein Arabique & au ſein Perſique. Elle fait d'autres auances en beaucoup d'autres regions leſquelles ſont fort grandes, & le long de tous ces bords elle s'approche touſiours plus d'vn coſté que d'autre, tellement qu'ils ont pluſieurs inégalitez, à cauſe que les roches & les bordages releuez qui ſont capables de la retenir, ne ſe tiennent pas poſez droitement. L'Eau s'eſt encore jettée bien auant dans Terre aux endroits qu'elle a treuué poreux, & faiſant retirer ailleurs par ſa violéce les corps qui luy reſiſtoient, elle s'y eſt fait des canaux qui ſe diuiſent en pluſieurs branches, par où elle eſt portée juſqu'à des ouuertures où il ſe fait des ſources eternelles. L'Air humide ſe changeant auſſi en neige ou en pluye enfle les riuieres & fait beaucoup de torrens. Eſtant meſme retenu en quelques cauernes il y peut faire des reſeruoirs d'Eau qui coulans par de petits canaux vont produire des fontaines ſur Terre. Toutes ces choſes ſe ſont faites petit à petit, ſi l'on s'imagine vn commencement au monde, & quand l'on ne luy en attribueroit point, l'on deuroit croire qu'elles n'auroient pas laiſſé de ſe faire inceſſamment de la meſme ſorte, (en ce qui eſt de cette circulation des Eaux qui viennent de la Mer & qui y retournent, & de ces vapeurs qui ſortent de la Terre & qui y retombent apres) ſans que l'on ſe figuraſt qu'il y euſt iamais eu vn temps que la Terre euſt eſté toute couuerte des Eaux.

Nous voyons la place que le corps humide & coulant tient auec celuy qui eſt ſec & maſſif. Quelques eſprits ayant voulu ſubtiliſer, ont penſé que l'on ne deuoit pas donner place à la Terre au deſſous de l'Eau, pour eſtre la plus peſante. Ils ont ſouſtenu que c'eſtoit l'Eau qui auoit le plus de poids, & que cela eſtoit aiſé à connoiſtre puiſqu'elle ſe jettoit au deſſous de la Terre, & que l'on l'y treuuoit par tout; Que ſi l'on vouloit auſſi peſer vne meſure de terre contre vne autre ſemblable meſure d'eau, l'on treuueroit que l'eau eſt la plus lourde; Que la Terre n'a auſſi de peſanteur en aucune partie que ce que l'Eau luy en donne eſtant meſlée auec elle, & que ſi elle en eſt ſeparée, elle n'eſt qu'vne poudre fort legere. Voicy qui eſtonne d'abord ceux qui ne ſont pas bien reſolus. Cela eſt eſtrange de voir reuoquer en doute vne choſe qui a eſté creuë iuſques aujourd'huy vniuerſellement. Neantmoins quelqu'vn peut reſpondre promptement auec plus d'aſſeurance que d'artifice, que l'on ſ'eſt touſiours fié ſur ce que l'on voyoit qu'vne pierre ne pouuoit eſtre ſouſtenuë ſur l'Eau, & prenoit incontinent le fonds, comme eſtant vn corps terreſtre qui eſt plus peſant. A cecy l'on repliquera, que ce n'eſt pas la peſanteur qui fait aller la pierre au fonds de l'Eau, & que c'eſt ſa maſſiueté; Que les corps liquides cedent touſiours aux corps maſſifs, encore qu'ils ſoient plus lourds, & que l'or eſtant fondu en eau ſi l'on y jettoit vne boule de plomb qui n'eſt pas vn ſi peſant metal, elle tomberoit neantmoins au fonds à cauſe de ſa ſolidité. Mais cela ne deſtruit pas beaucoup la premiere opinion; car bien que le corps maſſif penetre le liquide, c'eſt autant pour ſa peſanteur que pour ſa maſſiueté. Si vne boule eſtoit ſeulement maſſiue & compacte, vn metal fondu ne luy cederoit pas. L'Eau meſme ne cede point à la cire bien qu'elle ſoit plus maſſiue qu'elle, & c'eſt parce que l'Eau à plus de peſanteur. D'ailleurs nous voyons encore en autre choſe que la maſſiueté n'eſt pas abſolument neceſſaire pour faire qu'vn corps aille au fonds, & qu'vne liqueur plus lourde qu'vne autre prendra le deſſus, ainſi qu'elles font toutes auec l'huyle. En ce qui eſt de la pierre qui va au fonds de l'Eau, il eſt certain que c'eſt pource qu'elle eſt plus lourde comme eſtant vn Corps Terreſtre. Mais ce n'eſt pas de la vraye Terre à ce que diront les aduerſaires. Si l'on en prend auſſi gros que cette pierre, voire dauantage, elle nagera toute ſur l'Eau, n'eſtant compoſée que de petits corps ſi legers qu'ils ne peuuent aller à fonds; car l'on n'entend pas que l'on prenne vne motte ou vn gazon qui ſont de verité plus lourds eſtans liez par le moyen de l'Eau, & où la Terre n'eſt pas pure. Quelques vns ont beaucoup de peine à ſe deſpeſtrer de cela: Bien qu'ils croyent que la Terre eſt plus lourde que l'Eau, ils ne ſçauent comment le prouuer contre ces objections. Arreſtons icy ce que l'on en doit penſer. Ie dy qu'en effet la vraye Terre doit eſtre deſtituée de toute humidité qui eſt ce qui la lie, & que par conſequent elle ne doit eſtre que poudre tres-menuë: Neantmoins ce n'eſt pas à dire qu'elle ſoit moins lourde que l'Eau; car ſi l'on peſe vne meſure d'eau contre vne meſure de cette poudre, & que celle d'eau ſemble la plus lourde, cela vient de ce que cette terre n'est pas assez pressée, & qu'elle a trop de pores en elle. Si on pese vn caillou de cette grosseur, il pesera plus que l'eau, d'autant que la terre y est parfaitement condensée. L'on me dira que c'est l'humidité qui la liée de cette sorte. Il est vray, mais elle est en si petite quantité que ce n'est pas elle qui donne ce poids. L'on peut bien presser de la poudre autant que cela par quelque artifice, & ce sera alors qu'elle pesera autant & plus que l'eau. Le Corps liquide a toutes ses parties assemblées, tellement qu'il n'est pas besoin de le presser. Il est fait aussi pour l'vnion des Corps secs lesquels il rassemble, mais cette puissance ne fait pas qu'il doiue estre plus lourd que la Terre. L'on espreuue le contraire en son tout & en ses parties, pourueu que l'on les mette en l'estat qu'elles doiuent estre. La Masse entiere de la Terre est assez pressée de tous costez pour garder sa pesanteur, & si estant diuisée elle semble moins lourde, cela ne doit point nous estonner, puisque tout Corps paroist leger en sa petitesse au prix d'vn autre fort grand, quoy que cettuy là fust beaucoup moins lourd de sa Nature, s'il estoit en mesme proportion. L'eau paroist dóc en quelques lieux plus lourde que la Terre, quoy qu'elle ne le soit pas, & peut treuuer passage au dessous d'elle, mais c'est à cause des pores & des ouuertures qu'elle rencontre, & en ce cas là l'Air qui manifestement est moins lourd que tous les deux, se foure bien au dessous des Corps les plus solides. D'ailleurs quoy qu'il y ait beaucoup de canaux & de reseruoirs d'Eau dedans la Terre, cela ne preuue point que l'Eau doiue tousiours aller au dessous, car en quelque lieu qu'elle soit nous voyons qu'elle a encore de la Terre au deſſous d'elle. Elle ne ſouſtient pas auſſi la Terre qui eſt au deſſus, ce qu'elle deuroit faire ſi elle eſtoit la plus lourde, & ſi c'eſtoit ſa vraye place que les lieux les plus bas. Au contraire c'eſt la Terre qui la ſouſtient, & tant s'en faut qu'elle ſouſtienne celle de deſſus, qu'il y a d'ordinaire de l'eſpace entre-deux où il ne ſe peut loger autre choſe que des vapeurs & de l'air. Nous treuuons par ce moyen que l'ordre de la Nature eſt touſiours obſerué contre l'admiration du vulgaire qui ſ'eſbahit comment l'Eau peut auoir place au deſſous de la Terre ſi elle n'eſt plus lourde. Quoy qu'il y ait du meſlange en cela ſelon l'action de chaque Corps, ſi eſt ce qu'il ne ſe fait rien que par des regles eternelles & inuiolables. En quelque lieu que ſoit l'Eau, elle eſt deſſus quelque Terre. Et quant à noſtre Air inferieur, il ſe repoſe touſiours ſur l'vn ou ſur l'autre, pource qu'il n'eſt pas ſi lourd n'eſtant rien qu'vne Eau eſtenduë. Cela ſe treuue ainſi dans tous les lieux cachez, & pour ceux qui ſont à deſcouuert, comme aux riuieres & aux eſtangs, quoy que l'Eau y ſoit dans des creux, c'eſt qu'elle n'a pû eſtre reſſerrée qu'en des endroits où il y auoit des bornes; mais nonobſtant cela elle a touſiours ſa place au deſſus de la Terre, quelque hauteur qu'ayent les riuages puiſqu'il n'y a que de la terre ſous elle. La place de l'Air eſt ſi connuë qu'elle ne luy peut eſtre diſputée. D'ailleurs comme la chaleur le touche ſouuent, il ſemble eſtre fort leger, & doit prendre le haut. De meſme que les Corps peſans ne s'arreſtent que lors qu'ils en treuuent de plus peſans qu'eux, ceux que l'on appelle legers ſ'eſleuent au deſſus des autres ſelon leur legereté. Cettuy cy ſe contente de se reposer sur la Terre & sur l'Eau dedans sa moindre subtilité, mais s'il est dilaté dauantage, il monte iusqu'à d'autres regions plus esleuées. Il y a pourtant vn terme à son Continent qui embrasse nostre monde inferieur; il n'est permis de le passer qu'à quelques vapeurs plus chaudes que les autres.

Au delà de cet Air il y a vn autre Corps, qui est l'Ether, lequel semble à plusieurs n'estre aussi autre chose qu'vn Air, mais de beaucoup plus subtil que le premier. Quelques vns le mettent entre l'Air inferieur & le Ciel, comme moyen entre-deux, mais les autres tiennent qu'il n'y a point d'autre Ciel que luy. S'ils le faisoient d'vne substance solide & claire, l'on n'auroit pas beaucoup de peine à iuger comment tant de Corps y pourroient estre placez; mais ils tiennent que les matieres vont tousiours en se subtilisant par degrez, & que celle de ce grand Corps doit estre plus simple que celle de l'Air commun, de sorte que si les Astres qui y sont placez paroissent estre plus massifs, cela donne de la difficulté pour iuger comment ils y peuuent estre soustenus. Mais, ce disent les plus hardis d'entre les Philosophes, le vulgaire a t'il peur que les Astres ne tombent? Quand cela seroit, s'apperceuroit on de ce changement de lieu? Quelques anciens ont bien crû que ny les Astres ny la Terre ne se pouuoient tenir fixes, & qu'ils alloient tousiours en tombant dedans les espaces infinis. Si l'on s'informoit comment ils le pouuoient connoistre, ils demandoient aussi comment l'on pouuoit voir que cela ne fust point, veu qu'ils tenoient que le mouuement continuel estoit semblable au repos, & n'estoit aucunement apperceu.

De

De surplus, ils disoient que les Corps ne se pouuoient pas plustost tenir en vn lieu qu'en l'autre, tellement qu'ils deuoient tomber incessamment. Mais ils seront pris icy. Pourquoy y aura t'il vn haut & vn bas en vne chose infinie ? S'il n'y en a point, pourquoy la machine de l'Vniuers tombera-t'elle plustost d'vn costé que d'autre ? Il est certain qu'elle doit demeurer fixe par cette raison ; mais outre cela n'y ayant point d'espace au delà propre à la receuoir, elle doit garder son lieu. L'on tient qu'au delà du monde il n'y a rien, & que c'est parler improprement de dire qu'il y a vn Vuide, car le Vuide suppose vn lieu qui a déja receu quelque Corps, ou qui en peut receuoir. Or quelques vns disent qu'il est impossible qu'il y ait iamais aucune chose au delà de l'Vniuers, puisque naturellement il ne s'y trouue rien. L'on leur respond que si vn homme estoit au bout du Ciel & qu'il estendist le bras, il faudroit bien qu'il trouuast place, mais ils disent absolument qu'il n'en trouueroit point. L'on leur peut representer que s'il rencontroit quelque chose qui luy resistast, il faudroit que ce fust quelque Corps, & par consequent ce ne seroit point la fin des choses corporelles, & que s'il n'y a point de corps, il y doit auoir du Vuide, & rien ne doit resister. Ils repliquent à cela qu'auecque l'Vniuers il a esté fait vn lieu ou espace capable de le contenir, & qu'il n'est point necessaire qu'il y en ait au delà, d'autant que le tout ny les parties ne sçauroient abandonner ce lieu cy. Ils soustiennent que puisque l'on demeure d'accord qu'au delà du monde il n'y a rien, il faut auoüer aussi qu'il n'y peut auoir de Vuide, comme si le Vuide estoit quelque chose, &

E

s'il auoit eu besoin de production de mesme que toute matiere. A ce compte là nous auons failly d'abord de dire que l'Ether soit placé dans le Vuide, puisqu'il n'y a rien autour de luy. Mais ne nous arrestons point à ces subtilitez qui ne s'attachent qu'aux mots & ne recherchent point l'essence des choses. Il faut considerer mesme que quand l'on dit qu'au delà de l'Ether il n'y a plus rien, il faut entendre qu'il n'y a aucune chose corporelle, & l'on laisse apres à iuger s'il y en peut auoir quelque autre. Si l'on accorde que cela peut estre, cela seruira encore dauantage à faire que tout l'Vniuers demeure ferme, & tous ses Corps principaux pareillemét; car ils n'iront ny d'vn costé ny d'autre, à cause que ce n'est pas leur place, & qu'il y a quelque chose de plus excellent qui les enuironne. Ie reuien à mon premier discours, & ie demande à ceux qui doutent de la stabilité des Astres & de la Terre, quelle cheute ils s'en imaginent, & où ils pensent qu'ils doiuent aspirer. Se mettront ils tous en vn, pour ne faire qu'vne masse ? Le Centre du monde n'est qu'vne chose imaginaire : ils ne peuuent estre mieux que là où ils sont. Ce sont des corps accomplis qui demeurent fermes; Il n'y a que les pieces qui en sont destachées qui puissent aller d'vn costé & d'autre, iusques à ce qu'elles ayent treuué leur lieu. Chercherons nous aussi vne raison dans la nature & dans la liaison des causes qui nous sont connuës, afin de monstrer comment ces Corps peuuent estre soustenus dedans vn autre si simple ? O que nous entrons icy en vne question difficile ! Neantmoins voyons ce qui s'en peut resoudre. I'espere que sur vn si beau sujet nous treuuerons des choses rares. Il est vray que tant qu'vn Corps est entouré d'vn autre moins pesant, il le trauerse tousiours; mais ce corps moins pesant pourroit estre en telle quantité que tout ensemble il seroit plus pesant que l'autre, tellement qu'il semble que le moindre y deuroit estre sans aucun effort. Vn grain de terre se tient esleué en l'air encore qu'il deust tomber s'il estoit plus gros; car le corps qui le soustient se treuue alors le plus puissant. Ainsi tous les globes qui sont placez dans l'Ether, n'estans que des Atomes aupres de luy, y peuuent bien estre supportez. Il y a pourtant icy quelque difficulté, c'est que si l'Ether est capable de soustenir vn corps fait comme la Terre, à plus forte raison peut il soustenir les parties qui en sont destachées, & qui sont beaucoup moindres; de sorte qu'il semble que les pierres esleuées ne deuroient iamais retomber, & il y a sujet de s'estonner pourquoy il ne les soustient pas. N'y a t'il qu'en vne certaine position que l'Ether peut faire cecy? N'est ce que quand toutes les parties pesantes sont ramassées vers vn certain poinct où sa force est en sa vigueur. Si cela est, il faut adiouster cette consideration à ce que nous auons commencé d'en proposer. Nous treuuons maintenant dequoy satisfaire ceux qui croyent qu'vne pierre s'arresteroit au milieu de la Terre s'il y auoit vn trou qui passast d'vn bout à l'autre. Il faut dire que si cela se faisoit, ce ne seroit pas par vne vertu particuliere qui seroit au centre où les choses lourdes seroiét attirées, mais d'autant que le fardeau seroit là soustenu par l'Ether, ayant treuué le poinct où il faloit estre pour receuoir ce support. Si toute la Terre n'y estoit pas encore rangée, elle ne seroit balancée guere longtemps sans y venir. Or quelques vnes de ses parties sont en ce milieu, & n'y pouuans pas estre toutes, les autres s'approchent le plus qu'elles peuuent de celles qui y sont. Voila la cause de leur assemblage, & du mouuement de celles qui retombent vers la masse entiere. Neantmoins cela n'est bon à dire qu'en tant que les parties seroient fort grandes ; car en ce cas là elles ne pourroient pas estre soustenuës eu tous les endroits de l'Ether, & iusqu'à ce qu'elles fussent arriuées à ce lieu qui y seroit propre, elles n'auroient point de repos. Nous ne dirons pas le mesme des pierres qui estans si petites qu'elles sont, deuroient estre facilement soustenuës dans vn Corps si puissant & si vaste. Ne nous y trompons point, elles le peuuent estre de verité, quoy que nous les voyons retomber icy : C'est qu'elles n'ont pas esté iusqu'à la plenitude de cet Ether, & n'ont point passé l'Air inferieur. Or cet Ether ne soustient pas seulement la masse de la Terre & des Eaux, mais aussi tout l'Air qui les enuirône, lequel est vn membre de ce Corps, tellement qu'encore que tous les globes soient ainsi tenus en vn estat permanent, cela n'empesche pas qu'ils n'ayent leurs loix particulieres ; c'est pourquoy ils sont chacun comme vn Vniuers à part. La pierre que nous esleuons est enfermée par la couuerture de l'Air, qui n'est pas capable de la soustenir. Que si l'on pense que l'Ether le peut penetrer & luy communiquer sa force, ie veux bien accorder cela : mais il faut considerer encore que la puissance de ce premier Corps ne se treuuera assez ample que d'vn costé, à cause de l'opposition de la Terre, si bien qu'il s'ensuit que la pierre ne doit pas demeurer en l'Air. Or de quel costé ira-t'elle ? ce ne sera pas vers les lieux plus esleuez ; il y a là trop de force pour souffrir qu'elle y passe. Il faut donc qu'elle retombe vers la Terre, puisqu'elle n'est point soustenuë de ce costé ; mais lors qu'elle y est, la solidité qu'elle y treuue l'y arreste. Voila vne raison tres claire & tres sensible pour monstrer pourquoy les pierres retournent à la Terre de tous les costez, car le mesme obstacle se treuue tout autour, au lieu que la Terre demeure ferme n'y ayant rien qui luy oste son support, & qui empesche que l'Air ne la soustienne dedans son immensité, puisque l'Air est penetrable à ce Corps plus subtil & coopere auecque luy ; & c'est par ce moyen que l'on peut croire que si la Terre estoit percée, vne pierre seroit suspenduë en l'Air au milieu, ayant de chaque costé vne assistance conuenable, sans qu'il soit besoin d'establir vne force attractiue au Centre du monde.

Plusieurs diront qu'vn Atome est soustenu en l'Air, à cause que les moindres parties de l'Air sont aussi lourdes que luy ; mais qu'vn fardeau plus lourd n'y sçauroit estre suspendu, si ce n'est par le vent ou les vapeurs qui montent, tellement que l'on ne peut croire que l'Éther ait la force de supporter la Terre quelque grandeur qu'il ait, si ce n'est qu'il ait quelque puissance particuliere & inconnuë. Il le faut accorder ainsi, ou bien en reuenir là, que chaque globe demeure où il est, parce que c'est son lieu, & que pour les pieces qui en sont destachées, elles y retournent aussi de toutes parts, afin de treuuer leur repos, se tenans les vnes au dessus des autres selon qu'elles ont plus ou moins de pesanteur. Ceux qui ne peuuent auoir des raisonnemens plus hauts s'arrestent à ceux cy. Mais l'on peut dire encore que l'Ether a vne subtilité extreme, & qu'il ne penetre pas seulement l'Air, mais aussi l'Eau & la Terre iusqu'en leurs plus petites parties, de sorte que de quelque matiere que soient les Corps principaux, ils se peuuent tenir facilement suspendus en luy, d'autant qu'il est meslé auec eux plus qu'en esgalle proportion, & ce n'est pas comme l'Air qui a seulement ce pouuoir d'enuironner vn corps & non pas de le penetrer pour le posseder pleinement. Toutes ces choses estans assemblées se donnent de l'aide l'vne à l'autre, & nous doiuent faire treuuer la verité, nous apportant toute la satisfaction que l'on peut auoir apres estre paruenu à des connoissances si peu communes. Nous quitterons icy la consideration des Astres & des autres globes, & nous acheuerons de voir quelle doit estre la vraye situation des Corps qui sont ioints à la Terre, & ce sera sur ce sujet que l'on verra beaucoup de curiositez qui ne sont pas de moindre prix, encore qu'elles regardent vne matiere plus basse.

L'On n'accorde pas sans exception que ce soit la pesanteur qui donne lieu à la Terre, à l'Eau, & à l'Air. Les Philosophes vulgaires veulent que ce qui les rend si prompts à succeder en la place l'vn de l'autre, vient aussi de ce que la Nature abhorre le Vuide. Si l'on oste de la terre d'vn lieu & qu'il y ait de l'eau proche, elle remplit cette ouuerture; Que s'il n'y a point là d'eau, l'Air se glisse promptement en ce lieu, & il coule de mesme aux endroits dont l'eau est ostée: mais cela ne se fait qu'au cas que le lieu soit tout ioignant & qu'il aille en pente, car s'il y faut monter, l'Air mesme ne le fera pas s'il n'est poussé d'ailleurs, ou s'il n'est eschauffé; C'est pourquoy il me semble qu'il ne faut pas soustenir qu'il n'y a iamais de Vuide en la Nature; car quand tous les corps se plairoient à empescher qu'il ne se treuuast en aucune part, si est ce qu'ils n'ont pas tousiours le pouuoir de le faire. Le Vuide se peut rencontrer parmy eux, de telle façon que l'on peut dire mesme qu'ils sont quelquefois bornez par luy ou situez prés de luy, & bien que cela soit il ne s'en faut imaginer aucun inconuenient. Ils ne laissent pas tousiours d'estre ce qu'ils sont, & n'en perdent point leurs facultez. Imaginons nous que l'on peut esleuer vn morceau de terre, & qu'il demeure vn creux au dessous sans que l'air y puisse entrer; il est certain que cet espace demeurera vuide, & neantmoins quel accident en peut il arriuer ? Lors que mesme quelque place se vuide au dessus de la terre & qu'elle est soudain remplie d'air, il faut que cet air quitte vn autre lieu qui ne peut pas estre remply si tost. Il est vray qu'à cause des lieux qui se peuuent remplir incessamment par des corps grossiers ou autres, pour les changemens qui arriuent en la matiere, l'air est en vn mouuement continuel, & celuy qui sort d'vn lieu quoy que fort esloigné peut suffire à remplir vn autre qui se vuide, ses parties estans attirées successiuement, outre qu'il n'importe point iusqu'à quelque endroit cet air soit esleué, puisque l'Ether remplit tous les lieux de l'Vniuers où il ne se treuue point d'autre corps. Mais il est besoin d'admettre aussi du Vuide dedans cet Ether. Il faut necessairement qu'il ait des pores où le Vuide se treuue, & i'en diray de mesme de tout autre air : Si cela n'estoit, nous trouuerions que deux corps pourroient estre au mesme temps en vn mesme lieu, ce qui est contre la raison? S'il sort quantité de vapeurs de la Terre & qu'elles s'esleuent extremement haut, il faut bien que l'Éther leur fasse place, ce qu'il ne peut faire sans se resserrer & mettre en ses pores les parties les plus estenduës. Nostre Air inferieur doit faire le mesme, & l'on l'esprouue par experience. Quand il est resserré dans vne Canonnerie & qu'il n'a pas le quart de la place qu'il auoit, il faut bien que ce soit qu'il ait eu du vuide; autrement il ne pourroit tenir en si peu d'espace ou bien vne partie penetreroit l'autre. L'on a aussi espreuué que l'Eau se pouuoit condenser & qu'elle estoit poreuse. L'on en a enfermé dans vne caisse de plomb que l'on a pressée apres sans qu'elle s'entrouurist pour en laisser escouler vne partie. Ainsi l'on a connu que l'Eau s'aplatissoit auec elle, mais fort peu de verité. Pour la Terre cela est commun de la resserrer à force de cogner dessus, de sorte que nous connoissons qu'il y doit auoir par tout du vuide en si petite quantité que ce soit, & cela est necessaire pour la conseruation des substances & pour leur donner la liberté d'agir en beaucoup de manieres. Les premiers Philosophes s'en vouloient rapporter à leur veüe. Ils disoient que les lieux où l'on ne voyoit rien estoient vuides; mais l'on a bien tost remarqué que l'Air peut estre par tout, encore que l'on ne le voye point; Si l'on remuë la main l'on le sent venir contre le visage, & l'on connoist qu'il existe par beaucoup d'autres moyens. Cette objection est trop grossiere, si ce n'est que l'on vueille dire que l'Air ne se void point, pource qu'il est trop subtil & qu'il a trop de pores où

il

il est certain qu'il y doit auoir du Vuide. Ie ne me sers *DV VVIDE.* point pourtant de cette preuue, ny de celle des autres, qui disoient que le Vuide estoit necessaire pour le changement de lieu, & que s'il n'y auoit des pores en l'eau pour se resserrer, vne partie penetreroit l'autre quand les poissons y nagent. L'on sçait bien que quand vn corps s'auance, tout ce qui est au deuãt de luy, s'écoule derriere successiuement. Il s'en fait de mesme dans l'Air quand les oyseaux volent, & quand nous marchons sur terre. L'on a allegué vne autre impertinente raison des corps qui croissent, de qui l'alimét ne pourroit s'escouler par toutes les parties s'il ne treuuoit du Vuide. Il est aisé de respondre qu'il s'y treuue des esprits qui se retirent & qui luy font place, & que de plus si l'aliment est conuerty en la substance du corps, il ne doit point estre pris pour vn corps separé qui en penetre vn autre, d'autãt que ce n'en est qu'vn mesme, qui s'estend en dehors fort facilement. C'est vne follie aussi de s'amuser au vase plein de cendres qui ne laisse pas de contenir beaucoup d'eau. Qui est ce qui ne sçait point qu'il est demeuré beaucoup d'air entre les cendres qui ne sont pas fort pressées. L'on respond pareillement que les cendres se prennent quelquefois toutes chaudes, si bien qu'vne partie de l'eau que l'on y verse s'esleue en vapeurs, ce qui fait paroistre que l'on y en met dauantage. D'vne part & d'autre ie ne connoy en cela que de faulses subtilitez. Le Vuide y est aussi mal prouué que mal deffendu.

Le fruict que l'on peut tirer de là, c'est que l'on y treuue occasion de repartir à ceux qui diroient, que de mesme que les cendres contiennent de l'air, toute autre

DV VVIDE. terre en peut contenir aussi, de sorte que si elle est pressée & condensée, ce n'est pas qu'elle ait eu du Vuide; mais il se treuue de la terre si compacte, qu'il n'y a point d'apparence que l'air y ait pû auoir entrée, & neantmoins l'on la resserre quelque peu, ce qui fait connoistre qu'elle a eu des pores où il n'y auoit ny air ny aucune autre chose. Mais ces Naturalistes n'ont point ces considerations. Ils n'employent ces exemples que pour vne seule fin, à laquelle ils ne paruiennent pas. Cela est ridicule de voir comme ils ont tous rapporté ces mesmes experiences pour le Vuide, pensans gagner beaucoup en les refutant, sans s'auiser qu'il s'en treuue d'autres plus fortes. Mais il ne faut pas s'estonner de cela, puisqu'ils ont tasché par ce moyen d'affoiblir le party contraire, au lieu que de leur costé ils ont allegué tout ce qu'ils ont iugé capable de leur seruir. Il faut examiner les raisons dont ils nous veulent prouuer que les corps se portent mesme au contraire de leur propre mouuement, pour empescher qu'il ne se treuue du Vuide. Ils rapportent que si l'on touche à quelque liqueur du bout d'vn chalumeau, & que l'on attire l'air de l'autre bout, l'eau vient incontinent de peur qu'il n'y demeure du Vuide; Que la ventouse des Chirurgiens estant appliquée sur le dos d'vn malade auec vne petite bougie dedans, ou des estoupes allumées, l'air est incontinent euaporé ou consumé, de sorte que la chair s'esleue pour remplir le lieu; Que si l'on renuerse vne phiole sur vne bougie allumée & qu'il y ait de l'eau au dessous l'on verra de mesme monter l'eau dedans la phiole; Que si vn vase fermé est mis sur le feu, & qu'il n'y puisse entrer ny eau ny air, il se cassera pour ne point

DV VVIDE.

souffrir le Vuide; Ils adiouftét que l'eau ne fort pas fort facilement des phioles qui ont l'ouuerture petite, à caufe que l'air n'y peut entrer pour tenir la place de l'eau qui fortira; Que le vin ne fort pas aifément d'vn tonneau fi l'on ne luy donne vent par enhaut, & qu'vn fouflet fe rompra pluftoft que de s'eflargir fi l'on bouche le trou par où il reçoit de l'air. Toutes les experiences que l'on ameine fur ce fujet, fe reduifent à peu prés à celles là. Ie refpon premierement que noftre Air a beaucoup de conformité auec l'Eau, veu qu'il n'eft qu'vne Eau eftenduë. Or toutes les matieres du monde ont vne certaine inclination à fe lier les vnes auec les autres, & encore plus celles qui font de mefme nature, fi bien que quand l'on attire l'Air, l'Eau eft auffi attirée à fa fuite : mais pour monftrer qu'il y a de la violence fi l'on ne perfeuere à l'attirer par le chalumeau, elle retombe incontinent fans craindre que le lieu demeure vuide. Il eft vray qu'il y a des tuyaux courbez en cheuron qui font couler l'eau inceffamment, depuis que l'on en a mis vn bout dans vn vafe & que l'on a attiré l'air par l'autre bout; mais il faut que l'vn des bouts foit vn peu plus long que l'autre, afin que le poids de l'eau qui tombe attire plus facilement le refte à fa fuite, autrement l'eau retomberoit dedans le vafe fans pouuoir monter, le poids eftant plus grand de ce cofté là. L'attraction qui fe fait par fimilitude de fubftance eft ainfi aidée. Il y en a qui difent qu'il fuffit que les deux bouts foient d'efgale proportion; afin que l'eau retombe auffi bas que le lieu dont elle vient; car cela fe fait auffi facilement cóme quand elle monte auffi haut que le lieu dont elle eft defcenduë. En ces deux tranf-

DV VVIDE. ports, quoy que differents, elle garde son desir de continuité, & coule de mesme que dans vn lieu vny, pource qu'il ne semble pas qu'elle change de situation, puisqu'elle retourne tousiours à vn mesme poinct. Ce corps qui n'aime pas à se déjoindre, coule ainsi continuellement depuis qu'il a cómencé de couler; Et pour ces mesmes raisons, quand on met vn linge moüillé sur vne escuelle, ou bien vne petite piece de drap coupée en long, & qu'vn bout trempe dans l'eau, l'eau est enfin toute attirée. Nous voyons donc que l'air attire l'eau, & que les parties de l'eau s'attirent l'vn l'autre lors que cela leur est facile. Tout ce qui se fait de pareil dans les machines des fontaines artificielles, n'est point par autre moyen. C'est vne erreur d'en donner pour principe, la haine du Vuide. Il n'y en a point d'autre que l'attraction d'vne semblable substance, si ce n'est quelquefois l'effort qu'vne partie fait contre vne autre en la poussant, parce qu'elle est aussi poussée d'ailleurs. Toutes ces choses seront descouuertes plus à plein, lors qu'il sera besoin de traiter du pouuoir de l'artifice sur les Corps naturels, ce que le vulgaire appelle les Mechaniques. Quand nos aduersaires auroient encore parlé de ces instrumens, que l'on appelle des Thermometres, par où l'on connoist la temperature de l'air, ils n'auroient pas gagné beaucoup; car si lors que l'air s'y resserre, l'eau monte auec luy, cela ne se fait que par cette attraction dont nous parlons, & non point pour euiter le Vuide; Ioint que l'on peut inferer par là qu'il y a de la vacuité parmy cet air, lors qu'il s'eslargit, & qu'il fait descendre l'eau, puisqu'il n'a pas plus de quantité qu'il auoit lors qu'il tenoit moins de place. I'ay déja consideré quelque chose de semblable, & le feray encore par cy apres. Mais pour reuenir à l'attraction, l'Air en a vne si puissante, que ce qu'il exerce dessus l'Eau, n'est point considerable au prix de ce qu'il fait sur des corps plus lourds. Que l'on mette vne petite masse de fer ou de plomb dedans vn tuyau, l'on l'attirera auec l'haleine; cependant cela ne se fait pas pour crainte du Vuide, c'est que l'air qui enuironne cette petite masse estant attiré fortement, l'esleue aussi auecque soy. Si l'air pouuoit sortir de ce lieu sans cette attraction, l'on verroit que ce corps massif ne s'esleueroit pas contre sa nature. Ces raisons sont assez fortes pour monstrer que les esleuations se font d'ordinaire par attraction, & que si l'Air peut attirer des corps si differents de sa nature, à plus forte raison il peut attirer l'Eau, auec laquelle il a de l'affinité, si bien qu'il n'y a point d'autre inclination à remarquer: mais voyons encore les autres experiences.

Celle des ventouses est tenuë pour tres-certaine, quoy qu'elle ne prouue rien moins que ce que l'on veut prouuer; l'on pretend que la bougie allumée consume l'air qui s'est treuué enclos dans la ventouse, & que pour ce sujet, la chair est contrainte de s'esleuer, afin de remplir cette place. Mais pourquoy s'imagine t'on qu'il y ait là du Vuide? Au contraire que ne s'estonne t'on comment le vaisseau est capable de contenir ce qu'il contient? Ce que le vulgaire nóme vne consommation est vne dilatation. Tant plus l'Air est eschauffé, tant plus il se dilate; de sorte qu'il ne faut pas craindre le Vuide dans la ventouse où il est enfermé. En tout ce qui brusle, il se fait vne dissolution de parties, ou

F iij

quelques-vnes s'eslargissent, qui sont celles qui ont le plus d'humidité, lesquelles se changent en air. Vne si petite bougie ne sçauroit brusler qu'il n'en sorte de la fumée, si bien que cela peut empescher qu'il ne demeure du Vuide dans le vaisseau. Il y a plusieurs personnes qui n'ont point encore pris garde à cela, qui s'estonneront de leur erreur. Quelques autres diront pour la deffendre que l'Air est tellement subtilisé là dedans, qu'il peut sortir entre la chair & les bords de la ventouse, mais il n'en sçauroit guere sortir, parce que cela est trop bien joint. De dire que les corps solides ont des pores par où l'air se peut transmettre, il est fort difficile qu'il fasse cela dans le verre des ventouses, qui est vne matiere trop compacte & trop condensée. Mais accordons à ces esprits simples, que l'air treuue quelque issuë par vn costé ou par l'autre, il est certain neantmoins qu'il n'en doit sortir que ce qu'il y a de trop, & que la ventouse demeurera tousiours pleine. Que s'ils croyent qu'il sort entierement à cause de sa legereté, c'est contre leur maxime, car il doit demeurer là contre son naturel pluftost que de souffrir qu'il y ait du Vuide. Vous me demanderez que deuient tout cet air qui s'estend dans ce vaisseau; Ie dy que rencontrant là couuerture qui luy sert d'obstacle, il se ramasse apres, & qu'il peut demeurer là facilement à cause qu'il n'y a rien d'estranger, & que toutes les parties qui sont estenduës sont celles là mesmes qui y tenoient en plus petite consistence, & se peuuent encore rassembler. L'on est bien en peine icy de quelle sorte l'esleuation de la chair se peut donc faire, si ce n'est pour euiter le Vuide. Que l'on sçache que cela se fait par la chaleur de cet air enfermé qui eschauffe la chair & le sang, & leur communique cette puissance qu'il a de s'enfler & de s'esleuer; car comme dans l'ardeur où il est, il aspire tousiours au plus haut, il fait aussi esleuer tout ce qu'il touche, & specialement ce qui a de l'affinité auec luy, comme la chair & le sang, à cause de leur chaleur interne & de leur humidité. Que si l'on appliquoit la ventouse sur vne chair morte, ou sur quelque matiere seche & froide, on ne verroit point vne semblable esleuation; & ie voudrois bien demander à ces abusez, pourquoy cela ne s'y treuue point, car si cela se faisoit pour empescher le Vuide, cela deuroit arriuer à toute sorte de corps. Nous voyons donc que la disposition du corps attiré se doit rencontrer auec le corps attirant. Il s'esleue quelquefois sur le visage de petites tumeurs lors que l'on a esté à quelque mauuais air : Dirons nous que cela s'est fait pour empescher le Vuide? L'enflure qui se fait par les ventouses est presque pareille, sinon qu'elle se fait par artifice, & qu'elle est renduë plus large & plus haute à cause que l'on retient violemment vne plus grande quantité d'air chaud & estouffé.

Quant à la phiole renuersée où l'on void monter l'eau, cette experience est encore ruinée par les raisons que i'ay dites; le feu de la bougie ne reduit point l'air à neant, & il se peut moins euader que dans la ventouse, car il ne sçauroit passer au trauers de l'eau ; au contraire c'est luy qui la doit faire esleuer par sa chaleur, au cas qu'elle s'esleue : mais ie croy que mesme il n'est pas besoin de prendre la peine de respondre à cette experience, pource qu'elle n'est aucunement faisable, car si tost que l'on met la phiole sur la bougie, elle

DV VVIDE. s'esteint, & par consequent ne peut faire aucune esleuation. Quand elle en feroit ce ne seroit pas l'eau qu'elle esleueroit, mais les vapeurs qu'elle en feroit sortir. Que si l'on chauffe le cul d'vne phiole, & que l'on luy tienne le col dans l'eau, il ne faut pas penser aussi que l'on y voye monter l'eau comme quelques vns disent: Il n'y montera que des vapeurs, & cela ne se fera point pour euiter le Vuide, mais pource que la chaleur passe iusques à l'eau, & en fait euaporer les parties les plus subtiles.

Que si vn vase fermé se casse au feu, il s'y casseroit presque aussitost s'il estoit ouuert; C'est que le feu a le pouuoir de separer les parties les mieux assemblées. Il fait cela promptement sur les corps qui n'ont pas beaucoup d'humidité pour occuper son ardeur, & l'air qui se repose dans le vase ne sert de rien contre cet effort: Il faudroit que ce fust de l'eau. Si les vases se deuoient casser plustost que de souffrir le Vuide, lors que l'on auroit attiré l'air auec l'haleine hors d'vn vaisseau, & que l'on l'auroit rebouché promptement, il se deuroit donc rompre, puisque l'on dit que les vaisseaux se cassent plustost par la crainte du Vuide que par l'action du feu.

Pour ce qui est de l'eau qui ne sçauroit tomber par vn trou estroit, cela procede de ce qu'elle est vn Corps d'vnion qui se tient attaché en soy autant comme il luy est possible. Il faut bien qu'elle tombe par son poids quand l'on renuerse la phiole; mais ce n'est que quand le goulet est large; car s'il est estroit, il s'y arreste vne petite tumeur qui ne peut passer, d'autant que l'eau qui tasche tousiours de se rassembler, n'en sçauroit

faire

faire d'elle mesme vne plus petite, & ne fait pas des
gouttes moindres, estant capable de se soustenir à la
renuerse dedans cet estat, tellement qu'il faut secoüer
la phiole, & faire amenuiser cette eau auec violence
pour la faire sortir; Et pour monstrer que ce n'est
point la crainte du Vuide qui empesche que l'eau
ne sorte par vn trou si petit, nous voyons mesme que
lors que la phiole est à moitié vuide, & que l'air y a
pû entrer, l'eau a encore de la peine à en sortir. C'est
la mesme chose si l'on veut emplir cette phiole. Les
Philosophes disent que la difficulté que l'on y treuue
vient de ce que l'air n'en peut sortir au mesme temps
que l'eau y entre: Mais la vraye raison est que l'eau ne
peut souffrir de separation en vne si petite partie, &
pour voir l'abus qu'il y a en cecy, que l'on fasse vn petit trou en vne peau, l'on trouuera que l'eau aura tout
autant de peine à y passer, quoy que ce lieu soit libre de
toutes parts. I'ay déja monstré combien l'Eau aime
l'vnion, qu'elle garde en ces petites gouttes suspen-
duës, & ne perd que quand le poids deuient plus
grand. Ayant consideré cela l'on peut respondre facilement à nos aduersaires, s'ils rapportent encore l'e-
xemple des arrousoirs anciens, qui ne se vuidoient
point par leurs petits trous, que celuy d'enhaut ne fust
desbouché. L'eau y estoit arrestée par ce desir de liaison, & possible estoit il necessaire pour la faire tomber
que le vaisseau fust couuert par en haut; mais ce n'e-
stoit pas pource que l'eau craignoit d'y laisser du Vuide, s'il n'y auoit de l'air tout prest à luy succeder: Il y a
là aussi vn autre secret; c'est que l'air entrant dans l'ar-
rousoir, poussoit l'eau dauantage, & l'incitoit à couler

G

en bas. Si i'alleguë ces inftrumens, c'est parce que plufieurs liures en parlent ; l'vfage en eftant tout à fait aboly, l'on ne fçait pas mefme, fi ce que l'on en raconte eft fort affeuré.

Pour ce qui eft du tonneau dont le vin ne fort pas facilement s'il n'a de l'air par deffus, ie demande pourquoy il eft befoin de faire vn autre trou que celuy par où le vin doit fortir. L'air n'y peut-il pas entrer à mefure qu'il en fortira, auffi bien que dans vne bouteille à mefure que la liqueur en fort? Vous me direz qu'vne maffe plus grande empefche l'entrée de l'air au tonneau ; Neantmoins quand le vin a commencé de couler, quoy que veritablement fa violence doiue empefcher l'entrée de l'air, il ne laiffe pas de couler toufiours. Faifons icy vne recherche plus certaine. Ne croyons point que le vin ne puiffe fortir pour la crainte du Vuide; Cela fe fait pluftoft pour auoir trop de repletion. Les parties fe pouffent à qui fortira la premiere, & pas vne ne fort à caufe que l'vne fait retirer l'autre dés qu'elle fe veut auancer. Il y a là vne chaleur qui agite cette maffe & qui la renfle, faifant neantmoins qu'elle fe contient en elle mefme. Si l'on fait vn trou par deffus, c'eft pour donner iffuë à ces vapeurs, & non pas pour donner entrée à d'autres comme l'on pretend ; car il ne faut pas craindre le Vuide en vn tonneau plein de cette liqueur, qui a tant de fumées, que c'eft affez pour remplir la place de ce qui eft forty. L'on fe peut eftonner comment des fumées feules peuuent remplir le lieu où eftoit vn plus grand corps, car elles ne fortent que de cette partie qui demeure, & par confequent elles l'amoindriffent ; Toutefois nous tenons qu'elles rempliſſent tout, & qu'il n'y a non plus de Vuide, que ſi au lieu de cela le vaiſſeau eſtoit tout plein de vin, bien que de ce vin que l'on y pourroit mettre, il y auroit aſſez pour faire de la vapeur qui rempliroit cinquante vaiſſeaux. Mais il faut conſiderer que cette repletion n'eſt pas ſi parfaite, que ſi cela ſe faiſoit auec vn corps plus preſſé, d'autant qu'il y a touſiours de la vacuité dans les pores. Cette plenitude eſt pourtant fort aſſeurée ſelon les paroles meſmes de nos aduerſaires, puiſqu'ils n'auoüent pas que l'air le plus ſimple ſoit aucunement poreux. Nous nous deſgagerons icy fort aiſement de cette erreur; mais il faut reconnoiſtre au reſte que ceux qui rapportent l'exemple du vin qui ne coule pas pour euiter le Vuide, ſont fort ſots & fort ignorans; car ils n'ont pas l'eſprit de remarquer que le vin a d'autres qualitez que les autres liqueurs, eſtant ſur tout extrememement fumeux, & que lors qu'il eſt queſtion de faire vne experience auec vne liqueur, ſans que l'on cherche autre choſe en elle que ſa premiere qualité, qui eſt celle qui la rend fluide, il ſe faut adreſſer à la liqueur la plus ſimple, afin qu'il n'y ait point de tromperie : C'eſt pourquoy en ce qui eſt de cecy, il faut prendre de l'eau. Or ſi l'on en remplit vn muid, & que l'on le perce, l'on verra qu'il n'y faudra pas donner du vent comme au vin, & que c'eſt vne abſurdité de dire qu'vne liqueur ne puiſſe ſortir d'vn tonneau ſ'il ne prend de l'air par deſſus pour remplir les eſpaces vuides. A quoy a t'il tenu que ces Philoſophes qui font tant les ſubtils n'ont conſideré cela pluſtoſt que d'alleguer tant de faulſetez?

Quant à ce qu'ils diſent que le ſouflet ſe rompra

G ij

plustost que de s'eslargir, ayant bouché le trou dont il reçoit l'air, il faudroit donc aussi que toutes les bourses ou les sacs de cuir bien fermez, se rompissent lors que l'on les voudroit eslargir apres auoir esté aplattis, de peur de demeurer vuides. Ie pense bien que le souflet s'eslargit auec moins de facilité que ne feroit vn sac; mais ne void on pas que c'est sa forme qui doit estre cause de cela, & que ces replis qui demeurent soustenus par des demy-cercles, le tiennent plus ferme estant bouché, que quand l'air y entre à grande puissance.

C'est se tromper lourdement que de s'arrester à ces choses. Contre toutes ces allegations, nous voyons que le Vuide se peut treuuer en beaucoup de manieres; comme par exemple en retenant nostre haleine, cela est suffisant de retirer l'air d'vne petite phiole, que l'on peut boucher si promptement, qu'il faut croire qu'elle demeurera vuide. Si l'on fait sortir aussi du vin d'vne Outre, & que l'on presse en mesme temps le bout d'enhaut, & que l'on l'estende apres en bouchant mesme le trou par où le vin sort, il faut croire que la plusgrande partie de cette peau sera vuide pareillement. Si l'on foure vne planche extremement iuste iusqu'au fonds d'vn coffre, & que l'on la retire apres auecque peine par vne anse, il y doit auoir du Vuide au dessous. Si l'on plonge aussi vn verre renuersé dans vn seau d'eau, lors que l'on le rehauffera, il y doit auoir du Vuide. Mais l'on dit que le verre estant plongé ainsi, l'eau ne sçauroit monter iusqu'au fonds, pource que l'air s'y presse, & y demeure contre l'effort de l'eau. Il faut auoüer pourtant que la plus grande partie de l'air se mesle parmy l'eau, & qu'en retirant le verre il y demeure du Vuide, & pour faire qu'il n'y ait rien à redire, que l'on l'agite dans l'eau tant que l'on voudra; Dira t'on qu'à mesure qu'il sort de l'eau, il s'en esleue des vapeurs qui s'y estendent pour le remplir? Cela ne se peut faire en si peu de temps. Que si l'eau pouuoit monter de sa seule force pour empescher le Vuide, ainsi que l'on pretend, il faudroit qu'elle se haussast dans le verre à mesure que l'on l'esleue, iusques à ce qu'il fust tout à fait dehors, & que l'air y pûst entrer. Regardons encore l'eau qui est dans vn vase bien bouché où elle se glace; elle y occupe moins de lieu qu'auparauant, & par consequent il y a quelque espace à remplir. Nos Philosophes disent, que le vase se casse aussi incontinent, à cause que le Vuide n'y peut estre souffert; mais cela ne se fait que pource que l'eau estant resserrée par le froid, le presse par trop, & s'il n'est point d'vne matiere fragile il ne se cassera pas, tellement qu'il y demeurera tousiours du Vuide. C'est vne estrange affaire que tant de personnes qui ont recherché iusques à cette heure les choses naturelles, ne se soient pas auisez de ces espreuues qui se peuuent faire auec tant de facilité, & qu'ils soient demeurez dans l'erreur. O que voicy des operations communes, dont nous tirerons neantmoins des secrets peu communs!

L'on monstre par plusieurs autres inuentions que le Vuide peut estre, mais sans vser de tant d'artifice, il y a apparence qu'il se treuue naturellement en plusieurs choses, specialement entre les corps qui sont fort estendus, & qui peuuent estre apres ramassez; autrement il est impossible de dire de quelle sorte vn corps de grande estenduë pourroit estre reduit en vn petit. Il

DV VVIDE. faudroit que les parties se penetrassent l'vn' l'autre, ce qui ne se fait point en la Nature, & ce qui est contre toute raison : car si l'on accorde cecy, il faut donc croire que toute la Mer pourra estre reduite à vn verre d'eau, & à moins encore, ce qui est plein d'absurdité; l'on croira aussi reciproquement, que d'vne goutte d'eau, il se pourra faire assez de vapeurs pour remplir tout le monde. Ceux qui ont soustenu cela, se sont figuré qu'il n'y auoit point de quantité si petite qu'elle ne pûst estre diuisée; mais n'accordent ils pas que cette diuision ne subsiste que dans leur esprit, & que l'on ne void point qu'elle se fasse naturellement? Pourquoy nous alleguent ils des imaginations pour raison des choses apparentes? D'ailleurs quand vn corps si petit que ce soit pourroit estre diuisé à l'infiny, diroit on aussi qu'vn corps si grand qu'il pûst estre pourroit estre reduit à vne petitesse extreme? Il me semble que cela se contredit, & que les choses ne sçauroient estre extremement grandes & extremement petites. N'adioustons point de foy à ces réueries. Toutes les choses ont des limites qu'elles ne peuuent passer. Il y a des corps si solides qu'ils ne peuuent estre ramassez dauantage, & d'autres si subtils qu'ils ne peuuent estre plus estendus. Or si les parties d'vn corps solide sont estenduës, de necessité il faut que de cette extension il reçoiue beaucoup de pores & de vuide, & cela se fait aussi remarquer aux corps estendus qui peuuent estre ramassez. Si cela ne se faisoit ainsi en remplissant les pores, leurs parties seroient penetrables. L'exemple de cela est frequent en l'eau qui est rarifiée, & en l'air qui est changé en eau ; Mais ie veux chercher quelque chose de plus subtil pour monstrer mesme que l'air inuisible a des parties plus desliées les vnes que les autres, & qu'il y a par tout des pores. Prenez vn balon desenflé & l'estendez tant qu'il vous plaira. Ne soustiendrez vous pas qu'il est tout plein d'air pource que l'air s'est glissé promptement par la languette, ou bien mesme qu'il s'y est mis auparauant qu'il ait esté cousu ou fermé, & qu'il n'y a rien de Vuide en la Nature. Or il n'est pas pourtant enflé ce qu'il peut estre; vous le pouuez encore enfoncer du bout du doigt. Prenez vne syringue, & en tirant & repoussant, faites y entrer tant d'air qu'il soit ferme & resistant: Dites moy comment cet air a pû tenir auec l'autre; n'est ce pas qu'il y estoit demeuré du Vuide? Il faut m'accorder cela, ou quitter la qualité de raisonnable: Ne vacillons point là dessus; Il est certain que tous les corps se pressent ainsi, & que leurs parties rentrent dans le Vuide qui est en leurs pores. Les corps solides en ont le moins, & les corps fluides en ont le plus. L'on croid mesme qu'il y a au monde autant de Vuide comme de Plein, & que cela est necessaire pour les changemens eternels des corps.

De verité il y a icy vn secret à connoistre, par lequel on peut contenter ceux qui sont les plus opiniastres; C'est que nous nous imaginons, que toute la masse de la Terre & des Eaux, & tout cet Air grossier qui les enuironne, sont placez dans l'Ether qui est vn autre corps plus subtil qui se fait place au trauers des choses les plus solides, & ne se mesle pas seulement parmy l'air & l'eau, mais aussi dans la terre, de telle sorte que c'est luy qui remplit tout ce que nous pensons estre vuide, & n'y a aucun artifice qui l'en puisse empescher, d'autant

que les pores les plus petits sont assez grands pour luy liurer passage. Toutefois il n'est pas besoin qu'il y entre successiuement comme vn air commun ; car il est en toutes choses, & toutes choses sont en luy. Si l'on se represente donc ce qu'il est, l'on ne croira point qu'il y ait rien de Vuide au monde. Ie pense bien que cela repugnera au sentiment de plusieurs, qui ayans déja entendu que l'Ether n'est autre chose que le Ciel, s'estonneront comment le Ciel peut estre meslé ainsi auecque la Terre. Ceux cy ne sont pas encore dans le haut progrez de la conneissance, & parlent du Ciel sans sçauoir ce que c'est. Peut-estre auroient ils moins de scrupule s'ils se pouuoient representer que la Terre est dans le Ciel, aussi bien que les autres Astres. Il y a icy vne autre difficulté plus notable que ie treuue moy-mesme, c'est que i'ay asseuré par cy deuant, que toutes choses auoient des pores, & que l'Ether en deuoit auoir aussi pour faire place aux vapeurs, tellement que cela semble contrarier à ce que ie dy qu'il remplit toute sorte d'espaces puisqu'il a luy mesme du Vuide. Toutefois cela n'empesche pas qu'il ne le fasse tout au moins à la maniere des autres corps comme l'eau ou la terre, qui estans dans vn vaisseau le remplissent à ce qu'on dit, quoy qu'ils ayent beaucoup de pores ; mais il faut penser qu'il s'y peut aussi resserrer de telle sorte qu'il n'y a rien qui ne soit plein. Que si l'on a de la peine à croire cela de luy, l'on se doit figurer quelque Substance spirituelle qui penetre facilement dedans les corps, & se treuuant par tout, fait que l'on peut soustenir qu'il n'y a point de Vuide en l'Vniuers. Ces choses sont fort belles à remarquer, mais
ou-

outre qu'elles appartiennent aux plus hautes inſtru-ctions de la Science, il faut auoüer que ce n'eſt pas entierement ce que l'on cherche icy, car ny l'Ether ny cette Subſtance ne ſont pas ce qui ſert à placer les autres corps ; Au contraire il ſemble qu'ils y nuiroient en rempliſſant tous les eſpaces, d'autant que l'Eau & l'Air ne tiendroient plus compte d'y aller s'ils les trouuoient occupez ; c'eſt pourquoy encore qu'ils ſoient diffus par tout, puiſque l'on ne reconnoiſt point qu'ils doiuent empeſcher que les autres corps n'ayent la meſme inclination à remplir les lieux où ils ne ſont point ny les vns ny les autres, l'on peut eſtimer ces endroits là vuides, ſelon noſtre façon de parler qui ne concerne que les choſes corporelles & connuës, & non point les ſpirituelles & cachées. Or pour reuenir à ce que i'ay ſouſtenu, y ayant beaucoup de lieux où ny la Terre, ny l'Eau, ny l'Air, ne ſe peuuent rencontrer ſelon nos experiences, l'on peut donc croire qu'il y a du Vuide au monde, & que c'eſt vne erreur d'aſſeurer qu'il n'y en peut auoir.

Ie veux adiouſter encore icy quelques conſiderations. Quand meſme le Vuide ſeroit à fuïr ſur toutes choſes, ſi eſt ce que ie dirois que les violences extraordinaires qui ſe feroient en chaque corps, auroient encore vne cauſe particuliere, qui ne ſeroit pas tout à fait contre la proprieté de leur nature; car de donner cette raiſon vniuerſelle de la fuite du Vuide, c'eſt vouloir que tous les corps particuliers prennent incontinent vne meſme qualité & vn meſme poids, lors qu'il ſera beſoin de remplir quelque eſpace, & l'on voudra meſme que les corps les plus peſans s'eſleuent ſou-

DV VVIDE. dain pour remplir le lieu qui aura esté vuidé. Il y a là vne abſurdité la plus grande du monde, & où perſonne neantmoins n'a encore pris garde; c'eſt que lors qu'vn corps ſortiroit de ſa place pour en remplir vn autre, il laiſſeroit le ſien tout vuide. Or chaque corps doit auoit plus d'affection à remplir ſon lieu que celuy d'vn autre, & il violeroit bien plus les Loix de la Nature par cette eſleuation, que s'il ſe faiſoit du vuide. Que ſi les corps n'ont point la force de s'eſleuer ainſi, il faudroit que ceux qui ſe deſplaceroient euſſent cette proprieté de les attirer auec eux: Mais ſi l'air peut attirer l'eau, cela ne ſe fait que par l'artifice des hommes, & il eſt bien difficile qu'il ait le meſme pouuoir ſur quelque corps terreſtre s'il n'eſt en fort petite quantité. L'on peut iuger de meſme, que ces corps que l'on appelle legers, à cauſe qu'ils ſemblent s'eſleuer de leur bon gré, n'auroient garde de deſcendre contre leur nature pour remplir vne place vuide. Lors qu'vne vapeur monte en haut, l'air de deſſous pourroit eſtre tout oſté ſans qu'elle euſt l'affection de retourner en bas, ſi ce n'eſt lors que ſa chaleur l'aura abandonnée & qu'elle deuiendra plus lourde. Puiſqu'il eſt queſtion de parler du deſir que tous les corps naturels ont à remplir le vuide, l'on peut bien conſiderer en cela les Corps Deriuez. Quant aux feux qui s'eſleuent en l'air, ce ſeroit vne eſtrange choſe, ſi l'on les voyoit deſcendre pour ſucceder à l'air qui ſeroit oſté de quelque lieu. La deſcente ne ſe fait point que quand les corps deuiennent plus lourds que ceux qui ſont au deſſous d'eux, & l'eſleuation auſſi ne ſe fait, qu'à cauſe de la rarefaction du corps qui ſe treuuoit abaiſſé. C'eſt ce qui se passe tous les iours dans l'ordre du monde: mais si DV VVIDE. nous faisons l'espreuue de quelques autres esleuations, bien qu'elles se fassent par artifice, elles se rapportent tousiours à cette attenuation, ou bien cela se fait par l'attraction d'vne semblable substance. Or encore que cette attraction ne soit pas entierement contraire à la Nature, si est ce qu'il y faut employer les forces naturelles auec quelque violence, ce qui ne se feroit pas sans nostre aide. L'on void par ce moyen que les corps ne troublent point leur ordre naturellement pour remplir le Vuide; mais voicy vne tresbelle consideration que l'on n'auoit point encore euë; C'est qu'il ne se fait point aussi de Vuide naturellement dans l'Vniuers; ce n'est que par nos experiences que nous taschons de l'introduire. Si nous auons monstré que le Vuide ne se remplit que par artifice, aussi ce mesme Vuide n'a esté fait qu'artificiellement. Laissez le monde comme il est, vn corps ne sortira point d'vn lieu qu'vn autre ne soit tout prest à luy succeder. Il est vray que quand l'eau se glace dans vn vase fermé, il y demeure du Vuide, & cela pourroit estre estimé naturel: mais pource que l'on a fait cette closture par artifice, le Vuide qui s'y treuue n'y est aussi qu'artificiellemét. Toutefois l'on se pourroit bien imaginer, qu'il y auroit de l'eau enfermée naturellement en quelque lieu, & que le froid la viendroit saisir. Quoy qu'il en soit, il est plus croyable que le Vuide se fasse naturellemét en quelque lieu que d'y auoir des corps lourds qui s'esleuent naturellement pour remplir le Vuide, car ce seroit agir naturellement contre la Nature, au lieu qu'il n'y a point de raison qui nous preuue que le Vuide ne soit pas naturel.

H ij

Rien n'empesche donc que nostre proposition ne soit vraye, qui a esté que le Vuide se pouuoit trouuer, & que cela arriuoit sans aucun dommage des choses, & que la haine que les corps luy portent, n'ordonne point leur situation, qui n'est establie que selon leur pesanteur.

L'on peut encore monstrer par raisonnement, que les corps n'ont point cette inclination à se mouuoir pour euiter le Vuide, car il faudroit qu'ils eussent deux puissances pour cet effet, l'vne de tendre vers leur vray lieu (que quelques vns ont appellé leur centre,) & l'autre de se porter promptement aux lieux qui seroient vuides, ce qui ne sçauroit estre, car vne faculté seroit contraire à l'autre, & vn mesme corps n'en sçauroit auoir plus d'vne. Pour remedier à cela, l'on se deuroit imaginer qu'outre cette faculté de chercher le lieu de sa pesanteur qui est toute materielle, les corps en auroient vne autre plus excellente qui seroit comme vn instinct ou plustost vn certain iugement dont ils seroient poussez à remplir les lieux qui seroient vuides, & qui les aduertiroit mesme quand il en seroit de besoin. Mais l'on sçait bien que cela n'est point receuable, & que les premiers corps sont despourueus de ces qualitez qui se treuuent aux choses animées. Il reste à dire que c'est vne force vniuerselle qui est espanduë dans le monde, qui les peut conduire à cette operation; mais elle ne leur feroit pas quitter le deuoir qu'ils ont selon leur essence, pour aller à vn lieu qui leur est contraire. D'asseurer aussi que les corps changent de place, afin de remplir le Vuide, l'on dit que c'est amener la cause finale pour la cause efficiente, & que c'est mal raisonner de iuger des choses par la fin pour laquelle elles se doiuent faire, au lieu qu'il faudroit voir premierement si elles sont possibles.

Le Philosophe qui a le plus eu de sectateurs ne s'est pas contenté d'alleguer des experiences sensibles pour monstrer qu'il n'y pouuoit auoir de Vuide au monde; il a voulu aussi employer en cela ses raisonnemens les plus subtils. Il pense prouuer que s'il y auoit du Vuide, il ne se feroit aucun mouuement. Il dit que le Vuide n'a ny largeur ny profondeur, & par consequent qu'vn corps ne s'y peut mouuoir d'vn costé ny d'autre, ou de haut en bas, & qu'vn mouuement pareil à celuy des animaux, ne s'y peut faire aussi. Mais s'il y a vn endroit de la terre ou de l'air qui soit vuide, il ne laisse pas d'estre terminé, & d'auoir vne largeur & vne profondeur selon ce qui l'enuironne. Ce Philosophe entend fort peu ce qu'il veut dire, & dequoy il s'agit. Il parle du Vuide de la mesme façon, comme si c'estoit vn Vuide qui fust exterieur à l'Vniuers, car en ce cas l'on ne pourroit dire qu'vn corps allast plustost du costé droit que du gauche, & les animaux ne s'y pourroient reposer : mais quand nous disons qu'il y peut auoir du Vuide au monde, nous entendons que ce soit au milieu de quelque matiere. D'vn autre costé il s'efforce de prouuer que le mouuement ne se peut faire dans le Vuide, à cause que les corps qui s'y rencontreroient n'auroient affection pour aucun centre, tellement qu'ils demeureroient en l'estat où ils se treuueroient. Quelques vns y mettent vne exception, & disent que s'il y auoit de la violence comme en vne flesche que l'on tire, elle iroit iusques à tant que la force du coup seroit passée: Mais au contraire plusieurs souftiennent qu'elle ne s'arresteroit iamais si iamais elle ne treuuoit le lieu de son inclination, de sorte qu'il semble qu'au rebours de ce qu'a dit le Philosophe, il n'y a rien plus propre au mouuement que le Vuide, comme en effet cela est, & quand mesme l'on supposeroit vn vuide infiny qui n'auroit ny haut ny bas, ie ne croy pas qu'il faille dire qu'à cause de cela vn fardeau demeureroit fixe, ne pouuant aller plustost d'vn costé que de l'autre, car s'il estoit jetté de quelque costé, ie pense qu'il continueroit tousiours d'y tomber; Que s'il demeuroit immobile, ce seroit au cas qu'il fust mis en ce lieu sans aucune violence, pource que le moindre effort seroit capable de luy donner du mouuement. Il n'est point à propos de s'y figurer des obstacles, outre que d'alleguer cecy, c'est s'esloigner de son sujet auec fort peu de iugement. Il est question de sçauoir s'il y a du Vuide au monde, & l'on dit qu'il n'y en peut auoir, parce que le mouuement ne s'y pourroit faire. L'on entend donc parler du Vuide qui se pourroit treuuer entre les corps, & en ce cas là c'est vne impertinence de dire qu'il n'y auroit ny haut ny bas, ou que les corps ne sçauroient de quel costé tourner, à cause qu'il n'y auroit point de centre ou de lieu de repos vers lequel ils aspirassent. C'est parler du Vuide comme s'il auoit esté substitué au lieu de la machine de l'Vniuers, & cela n'est bon qu'aux considerations du Vuide Infiny. Le comble de la sottise du Philosophe vulgaire, c'est qu'il dit que si le mouuement se faisoit dans le Vuide il se feroit en vn instant, & n'y auroit pas de difference d'vn grand espace à vn petit. Il se fonde sur ce que le Vuide ne peut estre dit auoir des parties, & qu'il n'a rien qui reſiſte au corps qui ſe remuë. Mais quand l'on ne pourroit nombrer les parties du Vuide, les corps qui le terminent en ont ils pas de faciles à connoiſtre. Si l'on ſ'imagine vn puits tout vuide, & que l'on y jette vne balle, ne ſera t'elle pas tantoſt à la premiere aſſiſe des pierres, & puis à la ſeconde & à la troiſieſme, & ainſi des autres iuſques à la fin? Si l'on dit que le mouuement ſe fait en vn inſtant dans le Vuide, il ſ'en enſuit encore de grandes abſurditez. Poſez le cas que l'on jette vne balle dedans vn grand eſpace vuide, & qu'elle aille d'vn coſté & d'autre comme par bondiſſement, il faudra dire que de monter & de deſcendre, ce luy ſera meſme choſe. Pource qui eſt de la difference des eſpaces, il eſt certain qu'il n'y en auroit pas ſi le mouuement ſe faiſoit en vn inſtant. Mais prenons garde qu'encore que veritablement rien ne reſiſte dedans le Vuide, cela ne fera pas pourtant qu'vn fardeau ſoit tombé auſſi toſt au fonds d'vn puits creux de mille toiſes, que d'vn autre qui n'en auroit que quatre. Il y a plus de parties à trauerſer à l'vn qu'à l'autre. D'ailleurs il ne faut point argumenter ainſi, que plus la reſiſtance eſt grande, plus le mouuement eſt tardif, & que moins il y a de reſiſtance, moins il y a de peine pour le mouuement, de ſorte que l'on pretend que n'y ayant point de milieu entre la cheute du fardeau & ſon repos, ſon mouuement ſe deuroit faire d'vne promptitude infinie. L'on peut reſpondre que la reſiſtance de l'air qui eſt oſtée, n'alloit pas iuſqu'à l'infiny, & que pour l'auoir oſtée l'on n'acquiert pas vne legereté imperceptible. L'on peut iuger de là que c'eſt vne erreur de penſer que le corps qui auroit plus de chemin à faire n'y mist pas plus de temps que l'autre. Tout ce que l'on peut inferer de là, c'est qu'vn corps si lourd que ce soit, ne tomberoit pas plus promptement qu'vn leger, à cause qu'il n'y auroit point d'air à fendre où il fust necessaire d'auoir plus de force. Mais cela ne sert de rien neantmoins à monstrer qu'il n'y puisse auoir de Vuide, ou que le mouuement ne s'y puisse faire. Il ne se void rien de plus impertinent que cette sorte de Philosophie qui veut regler toutes choses par les surprises du langage, & qui ne songe point à la verité de ce qui est. Il n'y peut auoir que des esprits niais qui s'y laissent attraper.

L'on connoist aisément qu'il y a du Vuide entre les plus petites parties de chaque corps à cause des pores, & qu'à plus forte raison il y en peut auoir entre les corps separez, & encore plus entre les dissemblables, soit que l'on les diuise par artifice ou qu'ils se diuisent naturellement. I'ay assez prouué qu'ils n'ont point cet extreme desir que l'on dit d'empescher qu'aucun lieu ne se treuue vuide dans le monde, & que ce n'est point ce qui sert à leur situation, veu qu'ils ne se placent iamais que selon leur pesanteur, & ne violent point cette Loy sans qu'il y ait de l'artifice. Tant s'en faut que la haine du Vuide leur soit necessaire, qu'au contraire il ne faut pas qu'ils soient tous extremement Pleins, pource que cela les empescheroit d'agir les vns enuers les autres, & leur osteroit la liberté de se presser quand il en seroit besoin, ou d'accorder l'entrée à ceux qui s'estendent. La fuite du Vuide ne leur donne point aussi leur situation, puisqu'ils sont quelquefois placez dans le Vuide ou aupres du Vuide.

DV RANG DES ASTRES.

SI les Corps qui sont joints ensemble & qui s'entretouchent, comme la Terre, l'Eau, & l'Air, gardent entre eux de certaines loix mutuelles, ils ne sont pas obligez de mesme sorte enuers ceux dont ils sont separez par vn grand esloignement, à cause qu'ils ne se peuuent pas faire sentir l'vn à l'autre leurs diuerses qualitez. L'Ether qui les contient tous, leur prescrit des bornes, & bien que tout le Monde puisse estre pris pour vn seul Corps, dont chaque globe ou chaque masse finie est comme vn membre, si est ce que tous ces globes & tous ces amas de diuerses matieres, sont en effet des Corps accomplis de toutes leurs parties, lesquelles se rendent l'vne à l'autre les deuoirs les plus proches & les plus necessaires; & quoy que chacun de ces Corps en rende aussi de sa part à ce grand Tout (comme il n'en faut point douter,) ils ne nous peuuent pas estre si connus, & sont d'vne autre sorte que de se faire place l'vn à l'autre : car estans fort diuisez, & se treuuans en vn lieu où ils ne sont point à charge, ils ne sont point en peine de surmonter leurs voisins, ou de leur ceder. Neantmoins ils sont dans vn certain rang qu'ils ne quittent point, & gardent tousiours vn mesme ordre, quoy qu'ils changent de place dedans leur mouuement. Il y a donc deux choses à considerer en leur situation; l'vne est de chercher par quel moyen ils sont suspendus, ce qui a déja esté fait; & l'autre de sçauoir quel est leur rang en cette suspension, ce que nous auons maintenant à faire. Nous auons compris l'Eau & l'Air auec la Terre dans le nombre des Corps Principaux; mais cela ne se doit dire, qu'en tant que l'on les treuue d'vne differente matiere, & qu'estans fort pro-

I

ches de nous, ils nous semblent fort considerables. Estans liez ensemble comme ils sont, ce tiltre ne leur appartient pas, comme à la Lune & aux autres Astres. Il faut que ce soit leur globe entier qui entre au nombre des Corps Principaux, n'estant compté que pour vn. Si nous estions en l'estage de la Lune, & que de là nous vissions cet assemblage, il ne nous paroistroit pas plus d'vn Corps. Aussi n'y en a t'il qu'vn qui est diuisé en trois membres. Il est bien aisé à connoistre que ce n'est qu'vn Corps, si nous considerons qu'encore que ses parties ayent de certaines proprietez differentes, elles conspirent toutes à se tenir iointes, & à s'esloigner des autres Corps pour en faire vn complet. Neátmoins pource que nous sommes logez parmy elles, & que nous voyons mieux leur diuersité que celle qui peut estre en quelques vns des Astres obscurs, il n'a pas esté hors de raison de les tenir pour des Corps Principaux, ce que ie continueray encore quand il ne sera pas besoin de leur situation generalle; car nous cómençons à connoistre qu'il y a deux sortes de situation, dont l'vne est generalle, & l'autre particuliere. La generalle est celle que tient chaque Astre ou chaque Corps dans l'ordre de l'Vniuers; & pour la particuliere, c'est celle que l'Air, l'Eau & la Terre ont l'vn au dessus de l'autre, & il en doit estre ainsi des parties diuerses qui peuuent estre aux Astres obscurs. Il semble que ce soit le vray ordre des choses de parler des generalles auant les particulieres, & l'on nous objectera que nous y auons contreuenu; mais il faut considerer que c'est nostre methode de commencer par les choses les plus proches & les plus connuës. D'ailleurs ie me puis deffendre en ce que les vnes n'ont pas esté sans les autres, & que cherchant la raison de la situation de la Terre & de l'Eau, i'ay eu soin en mesme temps de celle des Astres. Ce que i'ay aussi à considerer dauantage, ne doit estre qu'en suite. Auparauant que de voir quel est l'ordre des Corps en leur situation, il a esté necessaire de sçauoir par quel moyen ils peuuent estre situez. Ayant déja fait cela, nous verrons donc maintenant quel est leur rang.

Nous auons déja arresté que la Terre est au milieu de l'Vniuers, ou au moins detout ce qu'il y a de visible. Si nous la considerons auec l'Eau & l'Air, comme ne faisant qu'vn Corps, il luy faut encore conseruer cette place. Il est question de sçauoir à cette heure quel rang tiennent les Astres au regard de nous & d'elle. Ie diray ce que les hommes en ont remarqué iusques aujourd'huy. Ils ont treuué que l'Astre de la Lune est plus bas que le Soleil, ce qui se connoist en ce qu'il passe par dessous, & nous empesche de le voir pour quelque temps. L'on loge encore au dessous du Soleil, l'Astre que l'on appelle Venus, & puis celuy de Mercure, parce que l'on les a vûs tous deux au dessous de luy, & l'on les met au dessus de la Lune pour d'autres raisons. Le Soleil est au quatriesme rang, Mars au cinquiesme, Iupiter au sixiesme, & Saturne au septiesme. En ce qui est des Astres qui jettent des rayons comme le Soleil & la Lune, l'on iuge encore leur hauteur par les ombres, car celuy qui fait l'ombre plus grande est le plus haut, pourueu que l'on les obserue en mesme degré sur l'horizon. Quant aux autres dont la lumiere n'est pas assez forte pour jetter des rayons iusques en terre, l'on connoist leur hauteur par la diuersité d'aspect qui est plus grande tant plus ils sont bas, c'est à dire que l'on les void plus loin du lieu où ils sont veritablement. L'on a encore iugé leur distance par le mouuement, pource que l'on s'est imaginé que tous ces Astres alloient à peu prés aussi viste l'vn que l'autre, & l'on a conclud qu'il estoit necessaire que ceux qui estoient plus longtemps à faire leur cours, fussent les plus esloignez. Mais cela n'est pas si certain, n'estant qu'vne supposition. La regle de la diuersité d'aspect est celle dont l'on s'est le plus seruy. Pour ce qui est des Estoilles qui vont toutes d'vn mesme train & plus lentement que les autres, l'on les a mises en vn mesme estage au dessus de tous. Les sept estages premiers ont esté establis assez facilement ; mais pour cettuy cy il y a de la difficulté ; car comment sçait on que toutes ces Estoilles sont d'vne mesme hauteur ? Il se peut faire que celles qui paroissent les plus petites sont les plus grandes, & qu'elles paroissent plus petites, parce qu'elles sont de beaucoup plus esloignées. De dire qu'elles sont en vn mesme estage, pour ce qu'elles vont d'vn mesme train, ce n'est pas vne raison certaine : Car si les Estoilles cheminent d'elles mesmes sans estre portées dans vn cercle, que sçait on si celles qui sont les plus hautes ne vont point plus viste, tellement qu'elles s'accordent aux plus basses ; Et quant mesme elles seroient arrestées en des cercles, ne se pourroit il pas faire qu'il y en auroit qui seroient attachées de beaucoup plus haut que les autres, & qui neantmoins feroient le mesme chemin, estant emmenées par vn corps continu ? La diuersité d'aspect ne nous peut pas iuger icy ; car quand l'on vient aux corps fort esleuez, il ne s'en fait plus, si bien qu'il n'y a icy que des conjectures. Laissons donc cela parmy les choses que nous ne pouuons pas connoistre. La situation des Astres obscurs est encore plus malaisée à descouurir, s'ils ne passent au dessous de quelque Astre lumineux, ou s'ils n'en sont fort proches. L'on a descouuert qu'il y en auoit au dessous du Soleil, lesquels faisoient paroistre en luy comme des taches. Il est vray que l'on a remarqué qu'ils faisoient leur reuolution tout autour, tellement qu'ils prennent quelquefois le dessus. Il y en peut auoir encore en beaucoup d'autres endroits que les yeux des hommes ne peuuent descouurir : mais tant des vns que des autres, il semble que l'on ne sçauroit rapporter la vraye cause de leur rang, puisque nous ne pensons pas qu'ils se cedent rien l'vn à l'autre dans leur situation. C'est neantmoins excuser son ignorance de dire qu'il n'y a aucune raison en cela, & qu'ils pouuoient estre aussi bien en vn lieu qu'en l'autre. Ils n'ont point esté placez par hasard, mais par vne Prouidence eternelle, qui sans doute ne la pas fait aussi sans les rendre conformes aux Loix qu'elle a données à la Nature. Cela pourra estre remarqué ailleurs, & nous auons encore à considerer icy seulement, que si nous les mettons les vns au dessus des autres, c'est au regard du lieu où nous sommes que nous prenons pour estre le plus bas : Mais lors qu'ils passent en l'autre partie du Ciel qui regarde nos Antipodes, l'on pourroit dire que ceux que nous mettions au dessus sont alors au dessous, & que tout l'ordre estant renuersé, c'est Saturne & les Estoilles fixes qui sont les plus bas alors. L'on pourroit asseurer de mesme que nostre

I iij

Terre est plus haute que le Ciel, parce que de tous les costez qui nous sont opposites, il nous semble que l'on n'y sçauroit venir sans y monter. Les noms que nous dónons à ces differences de situation, ne sont que pour nous faire mieux entendre. Il n'y a là aussi ny deuant ny derriere que selon ce que nous voyons du lieu où nous sommes, & cela n'est point au regard des Corps Principaux. Ils n'ont pas mesme de costé droit & de gauche. Cela n'a esté imaginé qu'à comparaison des Corps humains. Quelques vns ont establi le costé droit où le mouuement commence, mais c'est vne simplicité, puisque le mouuement circulaire n'a ny commencement ny fin. Ils s'opiniastreront contre cecy, & diront que l'on connoist tousiours de quel costé les Astres montent, & où ils prennent leur pente : Mais qu'ils s'imaginent d'auoir esté transportez à nos Antipodes, ils se trouueront extremement trompez ; ils verront là, que le costé qu'ils prennent pour l'Occident, y est l'Orient, & que nostre Orient, est leur Occident.

DE LA GRANDEVR DES CORPS PRINCIPAVX.

IV.

AYANT sceu combien il y a de Corps Principaux, & qu'elle est leur situation, il y a encore d'autres choses à regarder en eux, & specialement la grandeur. Si l'on ne tient la Terre pour vn Corps Principal, qu'en tant qu'elle est considerée auec l'Eau & l'Air inferieur qui en sont les parties, il semble qu'il faille dire absolument la grandeur de leur masse, & puis venir à celle des Astres, laissant la consideration particuliere pour la fin. Mais comment dira t'on la grandeur de ce Continent sans que les parties en soient examinées? Quand la Terre, l'Eau & l'Air seroient tenus pour des Corps Particuliers, qui tous ensemble en feroient vn Principal, si est ce qu'il faudroit que le Principal allast apres le Particulier, afin de garder vn meilleur ordre. Nous considererons donc la grandeur de chaque partie.

C'est vne question si l'Eau est plusgrande que la Terre. A cause qu'elle est faite pour auoir le dessus, il semble qu'elle doiue estre plusgrande. Neantmoins vne superficie estant comparée à l'autre, elles ne se doiuent guere chacune. L'on treuue bien autant de Terre que d'Eau. Il y a vn grand Continent d'vn costé & d'autre, & beaucoup d'Isles paroissent en la Mer: Mais si l'on veut mesurer la profondeur, il n'y a point de comparaison de l'Eau à la Terre; car la Terre estant le fondement de l'Eau, & estant aussi son fondement pour elle mesme, l'on peut connoistre par son circuit qu'elle a vne tresgrande massiueté, au lieu que la Mer qui est estenduë sur elle, laisse treuuer son fonds assez aisément, excepté aux endroits où il y a des gouffres. Toutefois s'il est vray que dessous la Terre il y ait encore de grands reseruoirs d'eau & de grands canaux pour fournir à tant de sources, cela est considerable en quelque sorte, outre les riuieres & les lacs qui sont par toute la Terre; Ioint qu'il n'y a point de Terre si pure où il n'y ait quelque humidité meslée, & que toutes les plantes & les autres corps adherens en ont leur part. Ce qui fait plus que tout cela, c'est que tout ce qui est au dessus de la Mer & de la Terre, iusques à vn estage bien haut, n'est rien que vapeur ou plustost vne Eau estenduë, & la quantité en est telle, qu'elle surpasse la Terre en grandeur. Neantmoins si elle estoit resserrée, peut estre ne la surpasseroit elle pas de beaucoup ; mais à tout le moins elle l'esgaleroit ; car il est croyable que pour faire vn Corps Principal dont la composition fust fort accomplie, il y a eu autant de matiere humide que de seiche, & que les parties seiches estans assez bien liées par l'humidité, le reste de l'humide s'est ramassé en des lieux particuliers pour tenir ce Corps en estat, & qu'il s'en est esleué apres en vapeur vne bien grande partie, pour luy apporter de la commodité de tous costez, le rafraischissant quelquefois & quelquefois aussi l'eschauffant par vne chaleur receuë de plus haut ; car la matiere humide s'insinuë parfaitement bien dedans la seiche qui la reçoit auecque plaisir.

Or il faut maintenant considerer à part la quantité de cette Eau estenduë pour ne rien obmettre. Ie pense qu'elle monte quelquefois presque iusqu'à l'estage de la Lune, mais cela s'entend du costé où se treuue seulement cet Astre, car du costé où se treuue le Soleil les vapeurs ne sçauroient monter si haut ; Elles s'estendent incontinent plus loin, & fuyent son aspect. Que s'il en demeure proche de luy, il les rend plus deliées qu'elles n'estoient ; & par tout où se portent la violence de ses rayons, elles ne peuuent longtemps demeurer si grossieres qu'elles estoient à leur origine. Il n'y a donc

donc pas tant de cet Air espais au dessus des lieux que le Soleil regarde directement, qu'au dessus de ceux qu'il ne regarde que de costé: car bien que ce soit luy qui fasse esleuer les vapeurs, il les dissipe apres par sa chaleur vehemente, tellement qu'elles ne peuuent estre en abondance que sous les lieux où il ne va iamais, comme aux deux bouts du monde que l'on appelle les Poles, ausquels il y a assez de chaleur pour attirer l'humidité en haut, mais il n'y en à pas assez pour la faire resoudre. Pendant que le Soleil est absent d'vn lieu, cette humidité s'y peut aussi esleuer en grande quantité, mais non pas telle ny si durable que vers les Poles ausquels elle est encore renuoyée du milieu. Ie concluds donc que cet Air humide & espais se peut estendre sous les Poles iusqu'aux deux tiers du chemin de l'estage de la Lune: mais vers le milieu du monde, ie croy qu'il ne luy faut donner iamais que la moitié de cette hauteur. De verité, i'ay fait icy mention des vapeurs dont se forment les nuées, quoy qu'ailleurs i'aye dit que ie ne les mettois point au nombre des Corps Principaux; mais c'est que l'on ne sçauroit parler de cet Air espais qui est au dessus de la Terre, que l'on ne parle aussi des nuages, à cause qu'ils viennent de ces vapeurs dont les vnes se ramassent, & font des nuages visibles, & les autres s'attenuans extremement, composent cet Air parmy lequel nous sommes, qui encore qu'il ne s'apperçoiue guere, est fort grossier au prix de l'Air veritable. Au delà de tout cecy est le vray Air; I'enten bien pourtant qu'il soit par tout; & ie veux dire qu'il n'est point en sa pureté que par delà cet Air inferieur. Or en ce lieu l'on l'appelle l'Ether ou le Ciel; mais nous ne sçaurions apprendre sa mesure, ny celle des parties plus basses, que nous ne sçachions combien il y a depuis vn estage iusqu'à l'autre, & pour paruenir à cela il faut connoistre auparauant, ce que la Terre & l'Eau ont de tour & de profondeur, & la distance qu'ils ont d'auec les autres corps, car cela sert à faire voir l'estenduë de ce qui les enuironne. Or cela seroit superflu de les mesurer chacun à part en toutes leurs auances & leurs pointes aiguës ou arrondies, & supputer la distance qu'il y a entre la diuersité des lieux. L'on iuge plus à propos de se représenter la Terre & l'Eau, comme ne faisant qu'vne masse, & de mesurer ainsi leur circuit. De mesme que les degrez que l'on a establis au Ciel ont esté à l'imitation de ceux de la Terre, ceux du Ciel ont seruy aussi enfin à reigler ceux de la Terre & ce qu'elle contient; desorte que les voyages que l'on a faits par Mer, ont eu leur mesure aussi bien que ceux que l'on a faits sur Terre. Quelques vns tiennent donc que la Terre considerée auec l'Eau a 5400. lieuës de circuit. Il y en a qui en mettent dauantage, & les autres moins. La controuerse vient de ce que les vns ont eu des mesures plus longues que les autres, & ne s'accordent point à la grandeur du Pas; mais pour le plus seur il se faut tenir dedans l'opinion mediocre.

La grandeur des Corps Superieurs a esté iugée par toutes les inuentions dont l'on s'est pû auiser. L'on a pris garde iusques où paruient l'ombre de la Terre qui fait Eclipser la Lune, & va encore au delà. L'on a supputé de quelle grandeur peut estre vn corps qui est caché d'vn tel ombre. Sçachant aussi la hauteur des Corps par la diuersité d'aspect & les autres reigles, l'on s'est efforcé de connoiſtre combien vn Aſtre placé en vn certain lieu pouuoit eſtre grand pour paroiſtre encore tel qu'il fait à nos yeux, à quoy l'on s'eſt ſeruy de l'Aſtrolabe & de pluſieurs autres inſtrumens ſelon que les hommes les ont inuentez. L'on a treuué que la Lune eſt 32. fois plus petite que la Terre; Que Mercure eſt moindre de 21952. parties, & Venus de 37. Que le Soleil eſt 166. fois plus grand qu'elle; Mars vne fois & demie, & Iupiter 95. fois, & Saturne 91. Que pour les Eſtoilles de la premiere grandeur elles ſont plus grandes 107. fois que cette meſme Terre, celles de la ſeconde le ſont 86. fois, de la troiſieſme 72. fois, de la quatrieſme 550. fois & vn peu dauantage, de la cinquieſme 31. fois, & pour celles de la ſixieſme de 18. fois. Or c'eſt à dire qu'elles paroiſſent telles, & qu'elles ſont de cette meſure, au cas qu'elles ſoient toutes en meſme diſtance, & que ce ne ſoit point l'eſloignement qui les faſſe treuuer ſi petites. Voila ce que les Aſtronomes en ont pû dire. Il y a bien pourtant de la côtrouerſe parmy eux, non ſeulement en cela, mais en ce qui eſt de la meſure des Aſtres plus abaiſſez, à cauſe de la varieté de leurs obſeruations, ſurquoy il ſe faut arrreſter à ceux qui ſont les plus ſuiuis; car en ce qui eſt de ces choſes cy, qui ne ſont pas connuës par vn ſimple regard, mais par des obſeruations que chacun ne peut pas faire, il s'en faut rapporter à ceux qui les ont déja faites. Bien qu'il y ait là quelque diuerſité, ſi eſt ce que l'on y connoiſt touſiours la proportion que les Aſtres ont les vns auec les autres. La pluſpart n'ont parlé que des Aſtres lumineux, ne tenans compte de ceux qui ſont obſcurs, parce que meſme l'on a beaucoup de peine à les voir, ſi est ce que l'on peut dire que quelques vns de ceux qui sont vûs prés de la Lune, sont 20. fois plus petits qu'elle, & que ceux qui sont vûs autour du Soleil, sont cent fois moindres que luy ou enuiron.

Ayant treuué la grandeur de tous ces Corps à quoy la consideration de leur hauteur sert en partie, l'on peut par ce moyen sçauoir la grandeur de celuy qui les contient. L'on remarque donc que de la Terre iusqu'à la Lune, il y a 33. fois autant d'estenduë comme d'icy au Centre, ce que l'on appelle le Demidiametre ; Que de la mesme Terre iusques à Mercure, il y a 64. tels Demidiametres; iusques à Venus 167. iusques au Soleil 1121. iusques à Mars 1216. iusques à Iupiter 7852. iusques à Saturne 14373. & aux Estoilles fixes 22612. Cecy pouuoit estre consideré dans le chapitre de la situation, mais il semble que cela ne se deuoit faire qu'apres auoir parlé de la mesure de la Terre qui sert à mesurer les autres Corps. Toutes ces hauteurs nous font aussi remarquer la grādeur de l'Air inferieur, & puis celle de l'Ether, dont l'on peut treuuer la circonference par les reigles que nous aprend l'Art de mesurer. Mais il faut bien prendre garde de ne se pas tromper icy. Il y a des Philosophes & des Astronomes qui parlent de l'estage où sont les Estoilles fixes, de la mesme façon que si c'estoit l'extremité du Ciel, & si les Estoilles y estoient attachées comme des plaques. Ils ne considerent pas qu'elles ont beaucoup d'espaisseur, ce qui monstre que l'on doit augmenter la grandeur de ce Corps qui les contient, & dauantage il faut croire que pardelà, il doit estre encore continué pour le moins d'autant que nous auons déja dit, afin de soustenir tant de corps diuers ; Ioint qu'il n'eſt pas certain que ces Eſtoilles fixes ſoient toutes en meſme degré, & que les pluſpetites ſont peut eſtre beaucoup plus eſloignées que les plusgrandes, & ne paroiſſent moindres qu'à cauſe de cela, & que meſme il ſe peut faire qu'encore qu'elles ſoient les bornes de noſtre veuë, il y en a encore pardelà d'autres ſi eſloignées que l'on ne les ſçauroit remarquer. Voila vne grandeur merueilleuſe pour ce Continent : mais telle eſt la grandeur de l'Ether, telle eſt celle de l'Vniuers. Nous eſtonnerons nous que l'Vniuers ſoit grand, puiſqu'il comprend toutes choſes ?

DE LA FIGVRE DES CORPS PRINCIPAVX.

V.

EN recherchant la grandeur des Corps, l'on remarque auſſi leur figure, de ſorte qu'il eſt à propos d'en faire mention apres. Si nous croyons vne imagination groſſiere, nous penſerons que la Terre ſoit toute plate, excepté en ce qui eſt des montagnes qui s'eſleuent en beaucoup de lieux, & nous ne ſongerons pas qu'eſtant poſée au milieu du Ciel & des Aſtres qui l'enuironnent, elle doit auoir vn autre coſté que celuy où nous nous treuuons, auquel l'on ne ſçauroit aller imperceptiblement comme l'on fait, ſans qu'elle approche de la rondeur. Pluſieurs qui ont voyagé tant ſur Mer que ſur Terre, ont reconnu aussi qu'ils auoient fait le tour du Monde, & cela nous a fait croire que la Terre & l'Eau ne faisoient qu'vne masse, & qu'il y auoit beaucoup d'apparence qu'elles tiroient sur la figure ronde. Cela se confirme en ce que le Soleil & les Estoilles n'apparoissent point à mesme heure à tous ceux qui habitent autour de ce Continent, mais se monstrant plustost aux vns qu'aux autres, de sorte que les iours & les nuicts ont pour eux des reigles certaines, ce qui ne seroit pas s'il n'y auoit vne rondeur esgale où se fait l'Orient & l'Occident. Pour ce qui est de l'autre Circuit qui se fait d'vn Pole à l'autre, d'autant que l'on y void tousiours les Astres en mesme distance du Pole, il faut vser d'autre inuention, & si l'on chemine en auant, l'on verra que tant plus l'on s'esloignera du premier lieu, tant plus l'on treuuera des Estoilles plus basses & d'autres plus hautes, & à vn esgal espace de chemin, respondra vne esgale varieté de hauteur, ce qui fait dire qu'il y a par tout vne parfaite rondeur en la Terre, car c'est que petit à petit que nous sommes en vn lieu plus esleué, ce que nous voyons auparauant nous est caché, & ce que nous n'auions point veu encore, nous est descouuert.

Les Anciens n'ont sceu dire autre chose contre cela, sinon que la Terre a tant de montagnes & de vallées si creuses, que l'on ne doit pas croire qu'elle soit ronde; mais c'est peu de chose en vn si grand Corps, & c'est comme les rudesses que nous pourrions treuuer en vne boule, lesquelles ne luy osteroient pas pourtant sa rondeur. Il faut aller plus loin que les Philosophes vulgaires. Quelqu'vn dira que l'on pourroit faire le tour de la Terre & de l'Eau sans qu'elles composent vne masse ronde; Qu'outre ces pointes de montagne que l'on remarque en ses moindres parties, elle en a quelques vnes de plus considerables en tout son Corps qui luy donnent vne figure à plusieurs angles, & qu'il n'y a rien qui empesche qu'elle n'ait vne figure à sept angles, à huict ou à neuf; Que peut estre ces angles sont aussi fort inesgaux; Que les vns sont plus grands & les autres plus petits, & qu'encore que cette masse ait cette forme irreguliere, l'on ne laisse pas de voir les Astres se leuer successiuement en chaque lieu, de mesme que si elle estoit ronde, parce que dans le grand esloignement qu'elle a d'auec le Ciel, ces pointes sont de peu d'effet, & ne sont point capables d'oster cette diuersité de iours & de nuicts si bien reiglée, ny l'apparence successiue des Eclipses. Vn autre pourra s'enquester si la pointe de ces angles ne deuroit point nous estre connuë, & si quand nous sommes au bout nous ne voyons point vne descente d'vn costé & d'autre: mais il se faut representer que l'on entend que la Terre peut approcher de quelque vne de ces figures, non pas qu'elle l'ait aussi certaine, que si l'on en auoit dressé tous les costez auec vne esquierre ou vne reigle, Toutes les pointes de ces angles doiuent estre rabbatuës, tellement qu'elles n'apparoissent pas sensiblement aux hommes. Elles ne s'esleuent aussi que petit à petit, & l'on treuue tant de montagnes, de collines, & de plaines si voisines, que lors que l'on est aux vnes l'on perd la connoissance de ce qui est aux autres. Or l'on ne sçauroit nier que la figure entiere de la Terre ne puisse estre fort diuerse, puisqu'elle s'esleue aux môtagnes & aux collines, & mesmes en quelques câpagnes dont il y en a qui sont bossuës encore qu'elles ne le paroissent pas. L'on void que cela n'est point côtre sa nature & qu'elle peut bien s'esleuer ainsi de toutes façons en son plus grand Continent. En effet estant meslée cóme elle est auec l'Eau qui joint ensemble ses plus petites parties, elle peut demeurer auec diuerses bosses & angles, puisqu'il n'y a point de milieu vers lequel il soit necessaire qu'elle se ramasse en vne parfaite rondeur, & qu'en l'estat qu'elle est, elle est soustenuë de l'Ether. Neantmoins puisque toutes les choses qui se ramassent en vn, approchent plus prés de la rondeur que de toute autre figure, il y a plus d'apparence qu'elle approche de celle là que d'aucune autre, & que si elle a beaucoup de bosses & d'angles, cela n'est que pour ses moindres parties, & n'empesche point que sa masse entiere ne soit estimée ronde.

Passons maintenant à vne autre question. Si l'on accorde que la Terre est ronde, c'est à sçauoir si l'Eau fait vne partie de sa rondeur. Mais puisque l'Eau se repose sur elle & l'embrasse de toutes parts, il semble qu'elle doit faire vne partie du globe. Ie pren icy ce mot pour signifier vn Corps tout rond, comme il signifie d'ordinaire, & non pas seulement pour vn amas de diuerses pieces comme i'ay fait aux discours precedens, lors que ie n'auois encore rien arresté de la figure des Corps. Or si l'on tient que l'Eau tire sur la rondeur en se reposant sur la Terre, cela ne contrarie pas à ce que i'ay dit qu'elle n'alloit point en haussant, & qu'il falloit qu'elle fust enfermée entre des bornes. I'ay entendu qu'elle ne pouuoit estre suspenduë, & qu'elle deuoit auoir son lict, mais cela n'empesche pas que dans vne
lon-

longue estenduë, elle ne tire sur la rondeur pour se conformer à la Terre qui la souſtient. Quelqu'vn demandera cóment ce qui eſt au milieu du cercle, ou du quart de cercle, ne tombe point d'vn coſté ou d'autre, à cauſe de la pente; mais cela n'eſt pas poſſible, à raiſon de l'eſgalité qui ſe treuue de toutes parts en cette grande maſſe, de qui toute la circonference eſt en eſgale poſition. Il n'y a qu'en ſes plus petites parties où ſe treuue le haut & le bas, & c'eſt là que l'Eau coule dedans les pentes qui ſont plus abaiſſées. Auſſi eſt il neceſſaire qu'à l'extremité de l'Eau il y ait des bordages qui la retiennent, pource qu'elle n'a point là vne ſemblable force qu'en tout ſon Continent. Toutefois l'on dit meſme que la Mer qui eſt le plus grand amas d'Eau du monde, a vne force naturelle qui la fait ſouſleuer de toutes parts, non ſeulement en petites ondes, mais en toute ſa maſſe, & qu'elle a auſſi des mouuemens qui l'abaiſſent & la rehauſſent par interualles, ſi bien qu'elle peut auoir la puiſſance de ſe tenir en rondeur parmy ſes agitations L'on remonſtre de ſurplus qu'elle deſdaigne d'auoir des riuages en beaucoup de lieux, & que ſi elle n'auoit ce pouuoir de ſe ſouſtenir d'elle meſme, elle noyeroit beaucoup de païs. Pour moy, ie ne nie pas qu'elle ne ſe puiſſe tenir en quelque hauteur, mais non pas telle que l'on penſe. Que ſi elle ſemble en quelques lieux plus haute que la Terre, ce n'eſt qu'à cauſe des boüillons qu'elle ſouſleue; mais la Terre va touſiours en s'abaiſſant depuis les coſtes iuſques en vn fonds. Neantmoins ſa maſſe entiere peut bien eſtre courbée, & cela vient de la poſition de la Terre pluſtoſt que de ſon agitation.

L

DE LA FI-GVRE DES CORPS PRINCI-PAVX.

Il y a eu quelqu'vn qui a voulu esprouuer la hauteur de l'Eau, & qui voguant dans vne barque sur vn Lac, a obserué qu'vne Tour qui estoit au riuage de la hauteur de 72. pieds, ne paroissoit plus du tout dans l'esloignement de mille pas. Cet Autheur ne peut croire que dans si peu d'espace, l'Eau se soit haussée de telle sorte qu'on ne puisse plus voir la Tour, & il rapporte mesme la hauteur de l'Eau en cet endroit ; mais vn autre luy respond que ce n'est pas l'Eau seule qui se hausse, mais la Terre aussi : Cette espreuue estoit fort inutile, de quelque façon que ce soit, car il ne faut pas croire que dans vn lac qui est si petit à comparaison de la Mer, la hauteur soit sensible. L'on dit mesme qu'il y a quelque costé de la Mer qui ne tire point sur la rondeur ; & que si la Terre est d'vne figure irreguliere, elle peut auoir quelque costé plat où l'Eau se tient platte aussi, & à plus forte raison l'Eau des lacs & des estangs le sera, estant de beaucoup moindre.

Il faut joindre icy vne autre obseruation presque semblable. Tous nos Philosophes & nos Cosmographes voulans monstrer la rotondité de l'Eau, ont rapporté cet exemple les vns apres les autres ; Qu'vn vaisseau estant sur Mer en vne certaine distance, ceux qui sont dedans perdent de veuë les edifices des riuages, s'ils se treuuent au pied du mast ; mais que s'ils montent au haut, ils les voyent encore. Ils ne considerent pas que l'esloignement rapetisse tousiours les objets, & que dans vne planure de Terre, la mesme chose se feroit. Or cela est encore bien plus faisable en la Mer, de qui les vagues cachent ce que l'on pourroit voir encore vers les bords, & c'est à cause de cela que l'on les descouure mieux lors que l'on eſt monté, n'ayant plus cet obſtacle deuant les yeux. Ce qui aide à tromper ces gens cy, ce ſont les figures qu'ils en tracent ſur le papier, où ils font vne Tour d'vne hauteur deſraiſonnable à proportion de la Terre, & le vaiſſeau de meſme ſorte, ce qui tient le quart du cercle, & par ce moyen il ſe treuue qu'ils ont raiſon. Ils ne prennent pas garde que la Tour & le vaiſſeau ſont preſque inſenſibles au prix de la grandeur de l'Eau & de la Terre, & que la diſtance dans laquelle vn des plus hauts edifices peut eſtre caché, eſt ſi petite que la rondeur y doit eſtre imperceptible.

L'on ne ſçauroit monſtrer la rondeur de l'Eau par de telles experiences; l'on la iuge ſeulement parce que le Soleil ſe leue pluſtoſt en vn endroit qu'en l'autre, & que de l'autre coſté, tant plus l'on s'approche du Pole, tant plus l'on le treuue eſleué, ainſi que l'on obſerue ſur la Terre. L'on dira que cela ne vient que de l'approchement, mais que ſera-ce lors que l'on ſe verra entierement en vn autre Hemiſphere? L'on s'y void auſſi ſur la Terre, mais l'on peut dire que cela n'empeſche pas qu'elle ne ſoit d'vne figure à pluſieurs angles. Pour ce qui eſt de l'Eau qui eſt vn corps fluide, il n'en eſt pas de meſme; il faut qu'elle ſe ramaſſe en rondeur pour tourner ainſi. Neantmoins il y en a qui croiroient pluſtoſt que la Terre fuſt ronde, que non pas l'Eau, pource que la Terre peut garder toute ſorte de figures ſe tenant en ſa cóſiſtence; au lieu qu'il leur ſemble que l'Eau coule touſiours, & n'aſpire qu'à ſe tenir de niueau. Cela eſt bon à dire des petites mares & des eſtangs, & de quelques riuieres, mais la raiſon nous doit faire connoistre que les plus grands fleuues participent à la rondeur de la Terre, & le font aisément, à cause que tous les costez sont esgaux; Ioint que l'Eau ayant commencé de couler, poursuit tousiours son chemin, d'autant qu'vne partie pousse l'autre; & ce qui est fort considerable, elle ne monte là que pour descendre en vn lieu aussi bas que celuy de sa source, tellement qu'elle ne vible point sa nature, ainsi que l'on treuue qu'elle peut faire aussi par artifice dans des tuyaux courbez. Cela ne plaira pas pourtant à chacun. Quelques vns diront, que dans l'estenduë des fleuues toute la Terre doit estre vnie, & que leur lict n'est pas plus haut en vn lieu qu'en l'autre. Il faut terminer ces controuerses. N'accordons nous pas qu'en nos Antipodes il y a encore de la Mer & des fleuues? Cela est indubitable. Pourquoy donc l'Eau ne se tiendra t'elle pas aussi bien sur vn quart de cercle, ou sur vn demy cercle? car si nous auoüons qu'elle se peut tenir aux lieux qui nous sont opposez, il faut accorder aussi que si ses bornes luy estoiét ostées de toutes parts, elle pourroit s'escouler circulairement tout autour de la Terre: I'adiouste à cela, que si la Terre & l'Eau sont vers le poinct de l'Ether où ils peuuent estre mieux soustenus, l'Eau est encore plus propre à s'y ranger que la Terre à cause de sa fluidité, & ne peut faire cela qu'en rond, d'autant qu'elle y aspire esgalement de toutes ses parties. Neantmoins sa rondeur peut estre interrompuë aux endroits où elle treuue des bornes qui la resserrent; mais l'on peut croire que si toute la masse de la Terre estoit ostée, l'Eau n'ayant plus besoin de ce fondement se tiendroit ronde de toutes parts sans aucune inesgalité. C'est icy que l'on peut parler de ces gouttes qui se tiennent en rondeur le plus qu'elles peuuent, & ne sont plattes que du costé que la Terre leur resiste. I'ay condamné cela lors qu'il s'agissoit de l'opinion de ceux, qui pour monstrer que l'Eau se pouuoit tenir suspenduë en rond, ramenoient l'exemple des gouttes rondes; car elles ne se peuuent esleuer que jusqu'à vne certaine grosseur, n'ayant rien qui les soustienne. Il n'en seroit pas de mesme en cet endroit où l'Ether est capable de suporter les corps les plus lourds. Toute l'Eau y pourroit demeurer en rond, se pressant esgalement pour tendre à ce milieu, & se treuuant aussi esgalement pressée par dehors. Il est pourtant en doute, si c'est sa vraye figure que la ronde, puisqu'elle ne s'y tient principalement qu'à cause d'vne force estrangere qui l'y porte, & que d'elle seule elle ne fait que couler en ligne droite. Que dirons nous là dessus? Ce n'est pas vn corps lié indissolublement pour juger de sa figure. S'il n'est retenu, il tombe de toutes parts. Neatmoins iugeons de luy en l'estat que nous le treuuons. L'on ne demande pas autre chose. Nous voyons que l'Eau enuironne la Terre; tenons la donc pour ronde, mais il est vray qu'elle ne laisse pas de couler sans cesse, & quoy que ce soit en des lieux qui tirent sur la rondeur, si est ce que c'est comme si elle couloit en ligne droite, à cause qu'elle ne treuue point vn lieu plus bas que l'autre. Elle peut estre courbée en quelques Mers, & en quelques fleuues de grande estenduë, & si elle coule plus vniment en quelques autres, ce n'est qu'en ceux qui sont fort petits & qui sont posez sur vne certaine partie de la Terre, qui encore qu'elle s'abaisse droitement dans le lict qu'elle leur donne, ne

DE LA FI-
GVRE DES
CORPS
PRINCI-
PAVX.

laisse pas de faire que ses montagnes & ses costes qui sont aux enuirons s'accordent ensemble à la rondeur par leurs diuerses pentes. Au reste l'Eau est diuisée en beaucoup de riuieres & de ruisseaux, dont les vns vont d'vne course droite, & les autres en serpentant, selon la rencontre des montagnes & des terres fortes. Quant aux Mers elles sont plus larges ou plus estressies en de certains endroits, selon qu'elles ont exercé leur puissance, & par ce moyen l'Eau a quantité de figures diuerses & bigearres en ce qui est de son estenduë: mais en ce qui est de sa superficie l'on la doit estimer ronde, puisqu'elle se repose sur la Terre, laquelle nous deuons tenir pour estre fort approchante de la rondeur, ayant plus de preuues de cette figure que de toute autre. L'on dira bien que la Terre peut estre autre que ronde, à cause qu'elle se peut tenir en telle consistence de figure que ce soit; mais cela n'empesche pas qu'elle n'ait la figure qui luy est la plus conuenable, ainsi que ie m'en vay encore monstrer. Quelques vns pensent que si elle estoit ronde, les hommes ne seroient pas dessus en vne situation droite, pource que l'on ne sçauroit toucher vne chose ronde qu'en vn seul poinct; mais quand elle auroit cette parfaite rondeur, le corps de l'homme est si peu de chose au prix de sa grandeur, que cet abaissement ne seroit pas sensible. Cette objection est inutille d'ailleurs, puisqu'on demeure d'accord que la Terre n'a pas vne parfaite rondeur qui continuë en toutes ses parties, & qu'elle en a de plus abaissées les vnes que les autres, tellement que les hommes y demeurent de cette sorte en chaque endroit comme si c'estoit vn lieu vny, d'autant que ce sont des lieux plats en eux mesmes, quoy qu'ils ne le soient pas au regard des autres. Il y a d'autres personnes qui d'autant que l'on marche tousiours sans s'apperceuoir de la rondeur, croyent que la Terre est vne masse platte comme vn tourteau, & que cela est plus propre pour l'habitation des animaux. Ils pensent bien qu'elle est soustenuë en l'air, mais ils ne peuuent comprendre comment il y a des hommes qui habitent de l'autre costé ; Toutefois puisque nous auons prouué que l'Eau s'y tenoit bien, & que l'on ne pouuoit pas mesme dire qu'elle y fust suspenduë, mais qu'elle reposoit sur la Terre comme au lieu le plus bas, il s'ensuit que les hommes n'y doiuent point aussi treuuer de differente situation. Or s'il est certain qu'il y a des hommes qui habitent de ce costé là, comme ceux qui ont voyagé l'ont reconnu par le changement de Ciel où ils se sont trouuez, il faut inferer de là qu'il est bien plus probable que la Terre soit ronde que non pas d'estre platte ; car estant ronde, c'est ce qui fait que l'on passe en ces lieux sans l'apperceuoir au respect de la Terre, laquelle par ce moyen l'on croiroit n'estre qu'vne seule estenduë, & que d'icy au Peru il n'y auroit qu'vn chemin droit, n'estoit que l'on remarque là d'autres Estoilles que l'on ne void pas de ce costé cy. Or de dire que la Terre approche de la figure triangulaire ou de la quarrée, cela n'est pas si conuenable à cet effet que la figure ronde. Mais il y a encore à remarquer vne chose qui est infaillible, c'est que si la Terre auoit toutes ces autres figures, l'Eau ne passeroit pas si facilement d'vn costé à l'autre de la mesme façon comme si elle couloit tousiours dans vne plaine, & la Mer ne se pourroit tenir que dessus quelque lieu vny, car il

DE LA FI-
GVRE DES
CORPS
PRINCI-
PAVX.

n'y auroit point d'apparence qu'elle se tinst sur quelque angle, & qu'elle seruist à en faire la pointe, ce qu'elle seroit pourtant cõtrainte de faire si toute la masse de la Terre & de l'Eau auoit quelque autre figure que la ronde; car la Mer ayant vne si grande estenduë, il ne se pourroit autrement qu'elle ne se rencontrast à quelques vnes de ces pointes. En establissant la rondeur pour cette machine, toutes difficultez sont ostées. L'Eau garde aisément cette figure en s'estendant petit à petit sur la Terre, & cela n'est point contre sa nature, au lieu que s'il luy faloit accomplir vn angle, il seroit besoin qu'elle se sousleuast, ce qu'elle ne pourroit faire, puisqu'elle coule tousiours quand elle n'a pas de soustien. Il faut donc croire qu'elle se tourne en rondeur, & que pour la Terre elle en approche fort pareillement, de sorte que l'Eau treuue cette facilité de s'estendre sur elle, & par ce moyen encore qu'ils ayent tous deux quelques inesgalitez à cause des montagnes & des collines, & de quelques endroits où l'Eau n'estant pas en grande quantité se tient fort platte, ils font ensemble vn globe qui est estimé tresparfaict, d'autant que les obstacles sont de petite consideration, & que de loin il sembleroit estre fort arrondy. L'on allegue vne preuue de cela, c'est que quand l'ombre de la Terre ne fait Eclipser qu'vne partie de la Lune, l'on void alors que cet endroit obscurcy tire en rondeur, & l'on iuge que tel est l'ombre, tel est le Corps. Il faut remarquer icy pourtant que l'ombre de la Terre passe au delà de la Lune, & parce qu'il vient d'vn corps plusgrand, il la peut Eclipser tout a fait, & la cacher en soy, sans qu'il soit iamais limité en elle, pour faire connoistre absolulument s'il est entierement rond, de sorte que l'on peut dire que s'il y a quelque costé de la Terre qui paroisse de cette sorte, ce n'est pas à dire que tout le reste soit de mesme. D'ailleurs ce que nous prenons pour vne rondeur, est peut estre la representation d'vne ligne droite, qui ne sçauroit se monstrer autrement, à cause que la Lune est ronde, & que l'ombre qui s'y forme prend le mesme tour. L'on peut espreuuer cela sur vn globe où l'on fera aller l'ombre de quelque chose droite; mais quand cela ne se feroit pas ainsi; cela ne destruiroit pas entierement cette raison, veu que la Lune est peut estre vn corps inesgal, où l'ombre est rompu par vne maniere que nous ne pouuons pas connoistre. Neantmoins comme cela n'est pas certain, nous ne nous y arresterons pas, & nous croirons ce que nous voyons. Dauantage il y a encore vne raison tresforte pour nous faire croire que la Terre soit ronde, c'est que la Lune nous paroist telle & tous les autres Astres aussi. Il y a apparence que si tous les autres Corps Principaux ont cette figure, elle l'a semblablement. I'enten qu'elle l'a en qualité de vray Corps Principal, estant consideree auec l'Eau & l'Air autour, mais aussi n'estant consideree qu'auec l'Eau; car non seulement le total du Corps tend à la rondeur, mais aussi les parties. Quant à cet Air qui enuirone toute la masse, estant fluide comme l'Eau dont il a pris son origine, il garde cette proprieté de se rassembler de toutes parts, & il ne faut point douter qu'il ne s'estendist en forme ronde, n'estoit qu'en de certains endroits il y a vne chaleur si grande qu'il n'y peut durer, & cela aduient sous ces degrez que le Soleil regarde tousiours; c'est pourquoy à cause qu'il se

M

hausse dauantage aux deux costez, l'on luy peut donner pour l'ordinaire vne figure d'oualle, quoy qu'il aspire tousiours au rond parfait, & qu'il regagne souuent quelques contrées qu'il a perduës; de maniere que si nous estions au globe de la Lune, celuy cy nous paroistroit extrémement rond, d'autant que cette succession de parties nous feroit voir vne rondeur continuë dedans l'esloignement.

Nous connoissons bien que les autres Corps sont ronds; mais il ne faut pas croire comme le simple peuple qu'ils soient seulement plats, & finis en rondeur; C'est vne imagination grossiere: Il faut que les Astres ayent de l'espaisseur, & en ayant ils ne peuuent estre autrement que comme des boules. Nous voyons aussi de quelle sorte la Lune reçoit la lumiere du Soleil du costé qu'il la regarde. Cela ne paroistroit pas de cette sorte si elle n'estoit vn vray globe. Nous iugerons par elle de tous les Astres, qui ont aussi quelque apparence de cela. Ils nous semblent donc estre ronds, & la raison nous persuade qu'ils le doiuent estre. C'est beaucoup pour nous obliger à le croire. De quelque matiere qu'ils soient composez ils aspirent à cette forme, puisque toutes les matieres semblables ou liées, se ramassent tousiours autant qu'il leur est possible, & le font auec vne esgale affection de toutes parts.

Pour ce qui est du Ciel qui est ce grand Air estendu qui contient les autres corps plus solides, l'on luy peut aussi attribuer la rondeur, pource qu'il est croyable qu'il suit la Loy generalle de toutes les choses corporelles. Neantmoins pource que nous ne pouuons nous imaginer aucune chose au delà de luy qui le retienne, l'on pourroit penser qu'il auroit de l'inesgalité; car il y en a qui asseurent que ce qui rend la Terre, l'Eau & l'Air si approchans de la rondeur, c'est qu'ils se sont tousiours pressez l'vn l'autre de cette sorte, & qu'vn Corps superieur les presse aussi esgalemēt de toutes parts. C'est à sçauoir si des corps massifs peuuent estre pressez par d'autres plus deliez. En tous cas l'on peut attribuer cela au dernier corps dont nous parlons qui a vne vertu particuliere sur les autres. Mais quoy qu'il en soit ils se peuuent bien ramasser de leur propre nature, & ne guere s'esloigner de la rondeur. Que si la Terre le fait bien, ce Corps si excellent dont nous parlons le peut faire aussi, & n'y a point d'apparence de croire que dans la liberté qu'il a de s'estendre en sa superficie, il fasse vne figure quarrée ou quelque autre. La figure ronde est plus naturelle; Ioint que nous deuons encore considerer qu'il peut estre retenu esgalement par quelque Substance Sureminente.

Voila les raisons par lesquelles on peut prouuer sa rondeur, & non point par celles que les Philosophes alleguent d'ordinaire; Que la figure ronde est la plus digne de toutes, & la plus capable de contenir quelque chose, & qu'elle est la plus propre au mouuement circulaire ; Que nous connoissons aussi que le Ciel est rond en le regardant, & que tous les instrumens que l'on fait pour obseruer son cours, sont ronds de mesme. C'est premierement vn abus de mettre quelque ordre de dignité entre les figures, & croire que le Ciel ait esté fabriqué sur nos imaginations. Nous ne tenons la figure ronde plus excellente que les autres, qu'à cause que nous la voyons aux Astres, & que nous croyons

M ij

DE LA FIGVRE DES CORPS PRINCIPAVX.

que le Ciel l'ait auſſi, ce qui eſt tout au rebours, car ils ſ'imaginent que le Ciel a dû l'auoir à cauſe qu'elle eſt plus digne qu'vne autre. Pour eſtre capable de côtenir quelque choſe, elle ne l'eſt pas plus que la quarrée, & quand meſme le Ciel tourneroit comme la pluſpart des Philoſophes ont touſiours ſouſtenu, il pourroit bien auoir vne ſuperficie octogone & tourner continuellement. Mais il faut comprendre leurs penſées. Ils donnent deux ſurfaces au Ciel, l'vne Conuexe, & l'autre Concaue. Or ils entendent que ſi la Conuexe eſtoit de quelque figure à pluſieurs angles, la Concaue le ſeroit auſſi, & qu'à cauſe de cela elle ne tourneroit pas facilement, à cauſe qu'elle rencontreroit dedans ſes angles de l'Air qui luy reſiſteroit, mais diſons pluſtoſt du feu puiſqu'ils le placent en ce lieu. Outre cela ſeparant ce Ciel en pluſieurs eſtages qui ſont des Cieux à part chacun, leſquels ont leur reuolution particuliere, ils croyent que ſ'ils auoient autre figure que la ronde, ils ne ſe pourroient mouuoir aiſement; car ils craignent plus qu'ils ne ſe caſſent que ſ'ils leur auoient eſté donnez en garde. Arriere toutes ces ſottes imaginations. Ie leur monſtreray bien tantoſt qu'il n'y a qu'vn Ciel, & les deliureray de ſoucy. Mais encore qu'il n'y en ait qu'vn, qu'ils ne penſent pas nous auoir fort bien prouué la rondeur de ſa concauité. Si en le regardant il nous ſemble rond, c'eſt pource qu'il ne ſçauroit paroiſtre autrement, car noſtre regard ſ'eſleue le plus haut qu'il eſt poſſible, & puis retombe apres vers les extremitez. En quelque lieu que l'on ſoit, il ſe fera ainſi pluſieurs demy-cercles. Poſons le cas que la ſurface Concaue ſoit quarrée ou de quelque autre figure, l'on ne verroit pas

pourtant le Ciel d'autre façon, d'autant qu'il est d'vne matiere subtile & transparente, & que quand il auroit vne concauité terminée, l'on ne la pourroit apperceuoir; & pource qui est de sa derniere surface elle est si esloignée, que quand il seroit infiny, l'on ne le verroit pas non plus d'vne autre sorte que l'on le void. Ie pense auoir assez bien monstré, que la rondeur que l'on remarque en luy, n'est qu'vne tromperie de la veuë. Si l'on l'estime rond, ce n'est que par conjecture. Quant aux instrumens qui seruent pour faire diuerses obseruations, si l'on les fait ronds, ce n'est pas pour le regard du Ciel, mais en consideration des Astres dont l'on considere les mouuemens, qui de verité se font en rondeur; & cela ne conclud pas que le Ciel ait vne telle figure. Il ne faut plus vous tenir en attente. Peut estre pensez vous du Ciel, ce que ce n'est pas. S'il est vray que ce ne soit que l'Ether, il doit estre estendu par tout, & c'est vne follie de croire qu'il ait vne concauité arrestée, ny en rondeur, ny en aucune maniere. Ie sçay bien que c'est vne sotte imagination que la pluspart des hommes ont euë iusqu'à cette heure, croyant que ce fust comme vne boëste où la Terre, l'Eau, l'Air & le Feu estoient enfermez. Mais ie m'efforceray de leur faire connoistre la verité par tous mes discours, & leur declareray dés maintenant qu'ils ne doiuent point croire que l'Ether ait de bornes, si ce n'est que l'on vueille dire que sa pureté finit à l'endroit où l'Air inferieur arriue. Vous me repartirez icy que les vapeurs montent sans cesse inesgalement & puis se resoudent, & qu'elles luy font donc prendre à leur gré toute sorte de figures, ce qui vous semble estre bien loin de la dignité d'vn tel

DE LA FI-GVRE DES CORPS PRINCIPAVX.

Corps. Mais ie ne vous affeure pas auffi que ce foient là fes limites; Au contraire ie fouftien qu'il ne laiffe pas d'eftre toufiours meflé parmy cet air groffier, puifqu'il peut mefme penetrer des matieres plus folides. Au refte ces raifonnemens de l'Eminence d'vn Corps au deffus d'vn autre ne font guere valables. Tous ceux qui font voifins font obligez de fe ceder mutuellement. Neantmoins quand nous le prendrions par là, l'Ether a toufiours vne prerogatiue excellente, car il fe tient bien feul fans aucun meflange d'Air, mais l'Air n'eft iamais fans luy; & fi l'on f'eftonne de ce que l'Air f'eftendant ou fe refferrant, augmente ou appetiffe fa pureté, il faut croire pourtant qu'il y a vn certain eftage iufques auquel cela ne fe fait plus du tout, & c'eft là que l'on peut affigner les vrais limites de fa pureté naturelle, & contenter ceux qui defirent que l'on leur monftre qu'il en peut auoir de permanens; C'eft là auffi qu'il faut chercher la figure de fa concauité, & parce que i'ay déja arrefté que l'Air f'eftendoit en oualle iufques à luy, il f'enfuit que fa pureté finit de mefme. Quant à la figure de fa fuperficie exterieure, nous auons trouué que nulle autre ne luy conuenoit que la ronde. C'eft ce qui peut eftre dit de veritable fur ce fujet, & nous pouuons bien paffer à vn autre.

DE LA COVLEVR DES CORPS
PRINCIPAVX, ET DE
LEVR LVMIERE.
VI.

IL ne faut pas reseruer pour vn autre endroit cette aparence auec laquelle les Corps sont vûs, que l'on nomme Couleur ou Lumiere. Elle est de verité la principale qualité visible, mais elle ne deuoit pas preceder les autres dans l'ordre de l'instruction, parce qu'il a falu sçauoir premierement le nombre des choses dont l'on traitoit, & puis leur situation, & delà l'on a recherché tout d'vn train leur grandeur & leur figure. Qui doute neantmoins que dés la premiere contemplation du monde l'on ne la remarque pour le moins aussi-tost que les autres qualitez? mais puisqu'elles ne peuuent pas estre desduites toutes ensemble par le discours, celle cy n'ira qu'en ce rang, joint que quand elle seroit partie de l'essence des choses, nous ne descouurons icy que petit à petit ce qu'elles sont. I'accorde bien pourtant que si elle ne fait partie de leur essence, au moins elle en resulte, & l'on vient par elle à descouurir la diuersité de tout ce qui a l'Estre.

De verité tout ce qui nous apparoist en la surface des choses peut estre appellé Couleur; mais il y a vne couleur Sureminente accompagnée d'vn tel esclat, que c'est elle qui fait voir toutes les autres, de sorte que l'on

DE LA COVLEVR DES CORPS PRINCIPAVX, ET DE LEVR LVMIERE.

luy donne son rang à part, & l'on l'appelle Lumiere. Nous verrons le progrez de son pouuoir, & en attendant nous parlerons des couleurs simples. Il faut prendre garde que celles qui paroissent en la superficie des corps, ne sont pas tousiours celles qu'ils ont en effet. Elles sont changées en eux par leur distance, & par l'opposition des autres corps transparents, ou d'autant que les corps que l'on regarde sont transparents eux-mesmes, ou qu'ils ont souffert quelque changement ou quelque meslange. La Terre nous paroist rouge ou noire, & d'autres diuerses couleurs; L'Eau & l'Air nous paroissent bleus, la pluspart des Astres iaunes, & quelques vns rouges; Toutefois ie puis dire que tous les corps simples sont blancs, & ie ne leur demande point pour cela vne simplicité absoluë: I'enten qu'ils ayent cette constitution où il y a si peu d'estrange que cela ne change point leur matiere. Tant plus la Terre est abbreuuée, tant plus elle paroist noire, & plus elle est recuite, plus elle se rougit. C'est pourquoy il faut donc qu'elle soit blanche estant simple, & vous verrez que celle qui naturellement a le moins d'Eau, & n'a point passé par le feu, est de cette couleur. L'Eau des fleuues estant fort transparente, nous ne pouuons connoistre la sienne. Si elle n'est pas fort esleuée au dessus de la Terre, elle nous semble vn peu noire, & de loin elle nous semblera bleuë à cause du Ciel qui se represente dedans; & pour l'Eau de la Mer si elle paroist verte, c'est qu'elle a beaucoup de parties terrestres meslées parmy elle, qui changent ainsi la representation du Ciel; Mais de prés, & sans que le Ciel se represente dans l'eau telle qu'elle soit, & dans vne tresgrande profondeur

deur elle paroiſtra auſſi pluſtoſt noire que blanche, à cauſe que ſes parties ſont dilatées, & qu'elles ne ſe ramaſſét point pour faire voir ce qu'elles ſont. L'on tient pourtant que ſi l'Eau ſe pouuoit eſpaiſſir de telle ſorte, qu'elle ne fuſt point tranſparente, ou que noſtre veuë ſe pûſt arreſter en ſa ſuperficie, nous y treuuerions de la blancheur, & nous auons vne preuue de cela puiſqu'elle paroiſt blanche quand elle eſt glacée. Quant à l'Air de quelque ſorte qu'il ſoit ſi nous le regardons dans ſa profondeur, il nous ſemble bleu à cauſe du voiſinage de la Lumiere; Si la Lumiere en eſtoit loin il deuroit ſembler noiraſtre comme l'Eau; mais de cette noirceur illuminée il ſe fait du bleu. Or il faut croire que s'il ſe pouuoit condenſer, il ſeroit blanc pareillement. Nous n'eſprouuons point cela du vray Air; Quant à l'Air inferieur nous voyons que plus il s'eſpaiſſit, plus il approche de cette couleur qui eſt la ſienne propre. Si nous auons aſſez bonne veuë pour ſupporter quelque temps le regard du Soleil, nous treuuerons qu'il eſt blanc, & que s'il nous paroiſt pluſtoſt iaune, c'eſt la viuacité de ſes rayons qui nous eſbloüyt, & qui eſt ainſi changée en paſſant au trauers de l'Air. Auſſi ſelon que les vapeurs ſont grandes à ſon coucher ou à ſon leuer, il ſemble eſtre ou plus iaune ou plus rouge. S'il n'y auoit point du tout de vapeurs, il ne ſeroit pas veu de cette ſorte. Pour ce qui eſt des Eſtoilles, parce qu'elles n'ont pas vne matiere ſi pure que la ſienne, elles ne ſont pas poſſible ſi blanches, neantmoins elles viennent toutes à cette couleur. Ie ne parle point des globes eſpais qui encore qu'ils ſemblent noirs, doiuent auoir la meſme couleur que la Terre, car leur noirceur ne ſe

DE LA COVLEVR DES CORPS PRINCIPAVX, ET DE LEVR LVMIERE.

fait qu'à cause de l'ombre qu'ils se donnent à eux mesmes. Quant à la Lune, elle est apparemment blanche, & ce n'est pas qu'elle n'ait possible en elle beaucoup de matiere meslée qui la deuroit rendre d'vne autre couleur; mais elle ne nous sçauroit paroistre autrement, estant esclairée comme elle est de la lumiere du Soleil, & nous paroissant de si prés qu'elle fait; Et il faut remarquer aussi qu'encore qu'vn corps soit blanc, la blancheur qui paroist en luy par le moyen de la Lumiere qui le touche, n'est pas sa vraye blancheur, mais celle qui vient de l'esclat de cette Lumiere; & en ce cas là, il y a mesme des corps terrestres où l'humidité est meslée qui doiuent estre noirs, & neantmoins estant ainsi esclairez, ils peuuent paroistre blancs. La blancheur que nous voyons donc en la Lune, ne nous doit point asseurer de sa couleur naturelle, mais nous pouuons iuger que si toute matiere est blanche en sa simplicité, l'on doit attribuer la blancheur à la sienne, pourueu que l'on se la figure simple.

Le discours de la Lumiere se mesle ainsi insensiblement auec celuy des couleurs; Aussi nulle couleur ne seroit veuë sans la Lumiere. Le Soleil nous semble estre le premier de tous les Corps lumineux. Les Estoilles ne nous paroissent point auec vne Lumiere si parfaite. Il n'y a que celle de cet Astre qui ait vn fort grand effet iusqu'en nostre Terre. C'est elle qui ne fait pas seulement voir le corps où elle est, comme celle des autres Astres, mais qui nous fait aussi remarquer tous les autres corps. Elle donne de la clarté à ceux qui n'en ont point d'eux mesmes, & non seulement elle en fait voir quelques vns en la maniere

DE LA COVLEVR DES CORPS PRINCIPAVX, ET DE LEVR LVMIERE.

qu'ils sont, mais elle cause aussi en d'autres diuers changemens de couleur selon les oppositions qui s'y rencontrent; & neantmoins l'on peut tousiours sçauoir par conjecture quelles sont les veritables couleurs, & quelle est la raison des faulses. Cela pourra estre esclaircy quand il sera besoin de parler des Corps Particuliers; mais maintenant qu'il s'agist des Principaux, il ne faut pas laisser d'en parler, puisqu'il y en a quelques vns qui souffrent ces diuersitez, & specialement la Lune qui reçoit tant de blancheur quoy que ce ne soit pas la sienne que l'on void, & qui a encore quelques taches obscures en elle qui ont fort occupé les esprits pour deuiner ce que pouuoit estre. Quelques vns ont dit que c'estoit des endroits où sa matiere n'estoit pas si resserrée; mais l'on les a fait taire d'abord, à cause qu'ils ne pouuoient dire qu'elle estoit cette matiere. L'on a plustost presté l'oreille à ceux qui prenans cet Astre pour vn Monde comme le nostre, soustenoient que cette obscurité estoit la Terre, & que ce qui receuoit la lumiere du Soleil estoit l'Eau. L'on leur a bien accordé que la Lune pouuoit estre vn Monde, mais l'on a corrigé leur opinion, leur remonstrant que si la clarté du Soleil frappoit sur toute l'estenduë de l'Eau, il n'en sortiroit qu'vn rayon; tellement que quelques autres ont dit que cette grande superficie estoit plustost la Terre que l'Eau, parce que c'est le propre du corps solide de renuoyer la Lumiere. Les premiers auoient lieu de respondre, que l'Eau estant agitée incessamment a plusieurs inesgalitez, de sorte qu'elle peut representer le Corps du Soleil en plusieurs endroits, & toutes ses reflexions ramassées ne font qu'vne splendeur. Ie dirois

DE LA COVLEVR DES CORPS PRINCIPAVX, ET DE LEVR LVMIERE.

bien contre tous les deux partis, qu'ils mettent ou trop peu de terre, ou trop peu d'eau, & que ce monde là ne seroit pas fait auec vn mesme ordre que le nostre; mais ce n'est point par là que ie pense les destruire, car l'on se peut imaginer de semblables inesgalitez dans les corps differens. Accordons que la Lune est vn autre globe où la Terre & l'Eau se treuuent; là dessus il y aura beaucoup de contestations, à sçauoir qui a gagné la victoire, mais ny l'vne ny l'autre des deux opinions n'est encore la vraye. Ie m'en vay declarer icy vne chose que iamais personne ne s'est imaginée, & lors que l'on la sçaura l'on la trouuera si naturelle & si vray-semblable, que l'on s'estonnera de n'y auoir point pensé. Ie veux bien accorder à nos Philosophes, que la Lune soit vne Terre pareille à celle où nous sommes. En effet, si tout au rebours nous estions dans la Lune, & que de là nous vissions ce globe cy, il est croyable qu'encore que ce ne soit point vn Astre lumineux, il rendroit quelque lumiere par la reflexion des rays du Soleil. Mais dites moy, beaux esprits, pensez vous que l'on pûst voir l'Eau ou la Terre de ce Continent? Ne sçauez vous pas que la chaleur du Soleil y fait tousiours de toutes parts de grandes attractions, & que nostre globe doit estre tout enuironné de nuages au trauers desquels il seroit impossible de voir ny l'Eau ny la Terre? O que de clarté nous paroist à cette heure, & que la representation de ces nuages dissipe parfaitement bien ceux de nostre esprit! Vous adherez déja à mon opinion, & reformant la vostre, vous dites que la Lune semble aussi estre vn Corps entouré de nuages. Il reste vn scrupule, qui est que toute l'estenduë du Ciel nous paroiſt quelquefois deſcouuerte depuis la Terre iuſqu'aux Eſtoilles, ſi bien qu'en cet inſtant là il ſemble que ceux qui ſeroient en la Lune deuroient voir noſtre Eau & noſtre Terre, & que de meſme il y a des temps que l'on deuroit apperceuoir le vray Corps de la Lune ; mais conſiderons que ce que nous pouuons voir de noſtre Air inferieur, ne contient pas plus de trente lieuës, & qu'au delà il y peut auoir beaucoup de broüillards, & meſme ce qui nous ſemble ſi tranſparent, n'eſt qu'à cauſe que nous y ſommes enfermez & que la clarté y paſſe. Si nous eſtions au dehors, nous verrions cela dans vne eſpaiſſeur plus grande, & meſme (ce qui ſemblera à pluſieurs vne grande merueille ou vne contradiction, quoy que ce ſoit vne choſe tres vraye) les lieux où l'Air ſeroit plus rare, nous paroiſtroient plus obſcurs, à cauſe que la lumiere s'y perdroit ſans eſtre ſi bien refleſchie. Cela nous inſtruict en ce qui eſt des apparences de la Lune dont il y a des endroits plus obſcurs les vns que les autres, ce qui peut eſtre, pource que les nuages n'y ſont pas ſi fort condenſez, & ne renuoyent que fort peu la lumiere. Voila ce qui doit arriuer neceſſairement de la Lune, ſi c'eſt vne Terre comme la noſtre. Mais il ſemble que nous n'auons pas encore trouué vne verité infaillible. L'on peut m'objecter que l'eſleuation des vapeurs ſe fait touſiours ineſgalement, & que ſi les endroits plus obſcurs ſont les lieux où l'Air eſt le plus ſimple, ils deuroient quelquefois s'ouurir dauantage, & puis ſe refermer ſelon que les nuages y ſuruiendroient, au lieu que les obſcuritez qui ſont en la Lune paroiſſent touſiours en meſme endroit & de meſme grandeur, & que

DE LA COVLEVR DES CORPS PRINCIPAVX, ET DE LEVR LVMIERE.

dans le tour de son cercle l'on void tousiours vn esclat de lumiere quand elle est en son plein ; car quand elle n'est regardée du Soleil que d'vn costé, l'on sçait bien que l'autre partie doit estre entierement obscure. Ie respondray que pour voir la Lune telle qu'elle est, il ne suffit pas de la regarder simplemét sans aucune aide, & qu'il la faut regarder auec ces lunettes qui grossissent les objets, & que tant plus elles seront bonnes, tant plus l'on remarquera de taches, les vnes plus obscures que les autres, ce qui fait connoistre qu'encore qu'il y ait des diuisions plus claires que le reste dans les endroits obscurcis, elles se perdent en cette obscurité. Que si les bordages du cercle nous paroissent tousiours illuminez, c'est qu'encore qu'il y puisse auoir là de l'Air aussi peu espais qu'en autre lieu, la lumiere du Soleil s'y represente fort viuement, pour ce que ses rayons frappent sur les extremitez où le globe ne se fait pas ombre à luy mesme. Cecy a quelque raison, mais que dirons nous pour conclusion de ce qu'en regardant la Lune auec des lunettes tres-excellentes, l'on y void tousiours des obscuritez qui sont de mesme sorte? De verité, cela ne ressemble point à vn nez & à des yeux, comme croid le vulgaire ; Il se void en haut deux ou trois grandes taches qui sont en trauers, & quantité d'autres au dessous qui sont en long, & c'est ce qui a causé cette illusion : Mais quoy que l'on s'y figure, si est ce que les taches n'y changent iamais de lieu. L'on persistera de soustenir que si les apparences de la Lune se faisoient par des nuages esleuez de l'eau & de la terre, ainsi que les nostres, il y deuroit auoir quelquefois plus de clarté en vn lieu qu'en l'autre, selon que les nuages se rendroient plus espais & plus capables de soustenir la Lumiere, ce qui ne se remarque point en ce globe. Il y a peut estre encore icy quelque moyen de se deffendre. Il faut dire que les taches de la Lune paroissent tousiours d'vne mesme sorte, à cause que le Soleil la regarde tousiours de mesme quand nous la voyons, & si elle a des endroits plus obscurs, c'est que les vapeurs qui la couurent y sont tousiours plus rares. Ainsi sous le milieu de nostre Terre, l'Air y est plus attenué qu'ailleurs. Mais si l'on dit qu'il ne laisse pas de s'y esleuer souuent des nuages, & qu'il s'en peut faire de mesme en la Lune, il faut auoüer cela, mais il faut se representer qu'ils n'y durent pas si longtemps, & n'y sont iamais si grossiers qu'aux lieux où la chaleur du Soleil ne se fait pas si viuement sentir, & qu'ils n'y montent pas si haut; de maniere qu'encore que dans les obscuritez de la Lune, il s'esleue quelque blancheur, elle est confonduë dans cet air moins espais qui semble estre continu. Les endroits où il paroist sont fort irreguliers, & ce n'est pas comme vers nostre Terre qui doit estre seulement enuironnée par le milieu d'vn Air plus attenué, car la Lune estant en vne autre position, est regardée du Soleil d'vne autre maniere, & nous la regardons aussi d'vn autre biais. C'est ce qui peut estre imaginé sur ce sujet, & i'aimerois encore mieux asseurer que la Lune est vne Terre entourée de nuages, que de dire qu'elle ne fust en tout qu'vn amas de nuages condensez, comme quelques Philosophes nous ont voulu persuader. Les nuages ne sont pas d'vne si longue durée. Il faudroit qu'ils eussent esté congelez pour demeurer ainsi; mais il semble que la chaleur continuelle des autres Astres seroit capable de les dissoudre. Quant à ceux qui disent qu'il faut que la Lune soit composée des parties les plus espaisses du Ciel meslées inesgalement, ils ne nous apprennent point comment cela se peut faire, ny de quelle matiere est le Ciel, tellement que cela nous laisse encore dedans l'incertitude.

Pour establir leur opinion ils ne laissent pas d'alleguer, que l'on void ailleurs que le Ciel a des parties plus espaisses les vnes que les autres, dequoy peuuent tesmoigner ces longues marques blanches que l'on appelle le chemin de Laict : mais chacun n'en est pas d'accord. Quelques vns disent que c'est vne multitude de petites Estoilles qui fait cela, & les autres que c'est vn amas d'exhalaisons. Ie n'allegue point les fables qui ont esté dites sur ce sujet ; Que ce chemin soit encore des marques d'vn temps que le Soleil sortit de sa route ordinaire, & brusla vne partie du Ciel, ou que cela ait esté fait comme vne iointure des deux Hemispheres, de mesme que s'ils auoient besoin d'estre soudez. Ces vieilles réueries ne meritent point de responce. Examinons plustost les opinions des Philosophes que celles des Poëtes, qui sont en possession de mentir. De dire que ces marques soient des parties plus espaisses du Ciel, cela n'est pas fort vray-semblable, parce que le Ciel doit estre d'vne matiere subtile qui ne s'espaissit point ; Que cela vienne aussi d'vn amas d'Estoilles, cela n'a apparence aucune, puisque nous voyons que les Estoilles ont vne couleur dorée & non point blanche ; & pour estre des exhalaisons, cela sembleroit estrange qu'elles montassent si haut, d'autant que par le moyen des Parallaxes qui manquent en celieu, nous

con-

connoissons que cela est mesme plus haut que les Planettes, ioint qu'il seroit impossible que des exhalaisons se tinssent tousiours en mesme endroit & en mesme quantité. Les obseruations que l'on a faites enfin auec l'aide des lunettes ont osté toute sorte de doute à ceux qui maintiennent que ce sont des Estoilles; l'on les y a veües en grand nombre; mais si l'on ne dit que cela, ce n'est pas encore pour nous satisfaire. Ie veux bien que la clarté de tant de petites Estoilles estant ramassée, semble estre continué à cause de leur proximité; ie cherche encore neantmoins la cause de cette paseur. Ce qui m'en semble est qu'il faudroit dire que tous ces Astres ne sont pas d'vne mesme sorte, & que parmy vne quantité de petits Astres lumineux, il y en a d'autres qui n'ont point d'autre lumiere que celle qu'ils empruntent d'autrepart. Ils se la renuoyent l'vn à l'autre, & reçoiuent aussi celle qui se treuue alors dans le Ciel, car la nuict n'est iamais si grande qu'il n'y ait quelque peu de clarté. C'est ainsi que cette blancheur se fait, & mesme ceux qui ont veu toutes les parties du monde asseurent qu'il y a des endroits où ce chemin blanc est taché de rouge, ce qui monstre qu'en ce lieu il y doit auoir vn plus grand amas d'Estoilles lumineuses entremeslées d'obscures. Ils ont remarqué aussi qu'en quelques signes du Ciel, l'on void comme de petites nuées qui en effet sont des Astres ramassez.

Icy l'on peut auoir vne difficulté, à sçauoir pourquoy il y a de ces Astres espais qui renuoyent la Lumiere, & les autres ne la renuoyent point ; Et pour auoir vne parfaite instruction, il faudroit connoistre pourquoy il y a des Corps qui sont pourueus d'vne lumiere

O

DE LA COVLEVR DES CORPS PRINCIPAVX, ET DE LEVR LVMIERE.

origineile, & d'autres qui ne le font pas: mais pour cet effet il faudroit apprendre qu'elle est leur matiere, ce qui est reserué pour vne consideration à part, qui doit estre precedée par d'autres connoissances. Il suffit de iuger maintenant qu'il y a des Corps lumineux comme le Soleil & les Estoilles, & d'autres qui ne le sont pas comme sont tous les autres corps. Ceux qui ne sont pas lumineux souffrent encore vne autre diuision. Les vns n'estans pas lumineux d'eux mesmes, le sont neantmoins par emprunt, & receuant la clarté la renuoyent encore ailleurs ainsi que fait la Lune ; les autres ne sont point lumineux d'eux mesmes ny par autruy; mais ils sont seulement visibles comme sont tous ces Astres obscurs que l'on a remarquez en beaucoup d'endroits du Ciel. Or l'on doit iuger par les obseruations que nous auons faites tantost sur la Lune qui renuoye si bien la lumiere à cause de ses inesgalitez, que de necessité ces Astres obscurs n'en ont point, & qu'ils sont dans vne polissure extreme. Toutefois ce n'est pas assez, car ils rendroient tout au moins vn rayon qui sortiroit du poinct où l'image du Soleil tomberoit, & en tout le reste de leur corps, encore auroient ils quelque petite lueur. Il faut donc dire que c'est qu'ils ne sont pas fort solides, & que la clarté s'y perdant ne peut estre renuoyée. Mais l'on me dira icy qu'encore que la Lune fust vne Terre cóme la nostre, s'il estoit ainsi qu'il n'y eust que les nuages qui l'enuironnent qui pûssent paroistre, l'on auroit de la peine à s'imaginer pourquoy ils renuoyeroient la lumiere, veu qu'ils n'ont pas assez de solidité. Cette question est curieuse & merite d'auoir vne belle solution. Il faut sçauoir qu'encore que les nuées ne soient point solides, si est-ce qu'à cause que la lumiere du Soleil treuue au delà d'elle la solidité de la Terre, elle peut estre refleschie ; car il n'y a point de nuage si obscur que quelque lueur ne penetre tousiours iusqu'en bas, & la Terre est au dessous de cela comme vne fueille d'estain ou quelque autre chose de solide, qui arreste les images dans le verre & les autres matieres transparentes. Mais i'ay dit tantost que les lieux où l'air humide estoit le plus rare, & s'esleuoit le moins, estoient ceux où la Lumiere du Soleil estoit le moins refleschie, & pourtant cela ne contrarie pas à cecy ; car c'est que ces endroits estans fort enfoncez reçoiuent de l'ombrage ; & si nous y prenons garde auec la lunette, cela ne nous paroistra pas si obscur que par vn regard simple ; cela se monstre seulement comme des nuages plus rares que les autres, lesquels ne laissent pas de rendre quelque lumiere, à cause du voisinage de la Terre qui leur aide à la reflexion. Que si le reste esclatte dauantage, & si l'on ne pense point que cela se puisse faire par le moyen de la Terre qui reçoit la lueur au trauers des plus gros nuages, d'autant qu'il semble qu'elle ne doiue pas mesme auoir là tant de force qu'aux lieux descouuerts, il faut croire que les nuages y contribuent, & qu'encore qu'ils ne soient pas si solides que la Terre, si est ce qu'il y en a entre eux qui le sont assez pour donner vn terme à la lumiere, & de tout cela ensemble il se doit faire vne reflexion accomplie. Ces choses peuuent arriuer ainsi en nostre Terre, & quelques vns le penseront aussi de la Lune ; mais qu'elle soit vne Terre ou vn corps ramassé inesgalement, il faut auoüer que les Astres qui ne renuoyent point la lumiere cóme

O ij

elle, ne sçauroient auoir tant d'espaisseur. Ie vous diray bien qu'il n'y a Astre si vny ny si peu espais entre eux, qui ne reçoiue de la lumiere, mais c'est si peu que l'on ne la sçauroit voir que fort proche de luy, aussi ne les sçauroit on remarquer que lors qu'ils sont fort proches du Soleil ou de la Lune, & qu'ils paroissent au trauers du plus grand esclat de leur lumiere. Quelques vns sont donc vûs au dessous du Soleil, & les autres à costé de la Lune, mais encore ne les sçauroit on voir qu'auec des instrumens propres à cela.

L'on peut bien dire qu'il n'y a corps si peu espais qui ne reçoiue la Lumiere; car mesme l'Air dans sa plusgrande subtilité la reçoit aussi; mais parce qu'elle y est diuisée en trespetites parties, nos yeux ne l'y peuuent remarquer si ce n'est lors que nous la voyons dans son origine, lors que le Soleil dardant ses rays sur la Terre où nous sommes, elle est refleschie en haut: car quand le Soleil est de l'autre costé, encore qu'il soit de beaucoup plusgrand que la Terre, & que par consequent sa lumiere doiue encore aller contre la partie du Ciel que nous voyons, si est ce qu'elle ne s'y remarque point, pource que s'espandant en des espaces infinis sans estre arrestée d'aucune solidité, elle ne sçauroit estre apperceuë. Quelqu'vn pourroit dire, qu'encore que le Soleil soit plusgrand que la Terre, si est ce qu'estant fort esloigné d'elle, il ne paroist pas fort grand, & agit de mesme enuers elle que s'il estoit fort petit, de telle sorte qu'il semble que quand il est dessous elle, elle cache entierement ses rays qui ne peuuent passer iusqu'à la partie du Ciel qui la couure. Neantmoins nous voyons tousiours vne moitié du

Ciel, & quand le Soleil luit sur nostre Hemisphere, il nous semble que le Soleil l'esclaire entierement, de maniere que l'on a de la peine à croire que l'autre costé ne soit point esclairé aussi. Si l'on n'est pas encore satisfait de la premiere raison, il faut adiouster, Que lors que cet Astre est sur vn Hemisphere, la viuacité de ses rayons y penetre la plus grande espaisseur de l'Air, esclattant de toutes parts par la reflexion de la Terre; mais que de l'autre costé où la Terre n'a plus autre action que celle de se faire ombre à soy-mesme, & d'enuoyer cette obscurité iusqu'au delà de l'estage de la Lune, elle n'a garde d'auoir vne clarté pareille. C'est alors qu'arriue ce temps que nous appellons la Nuict, & quand nous voyons luire le Soleil, nous appellons cela le Iour. Or la Nuict n'est pas pourtát si noire que nous ne voyons quelque lumiere, si les broüillards ne couurent point nostre Terre, car outre que la Lune receuant la lumiere du Soleil nous esclaire quelquefois, les autres Astres peuuent esclairer, mais de verité c'est fort peu à cause de leur éloignement, & ie croy que cette lueur qui se void au Ciel en l'absence du Soleil vient encore de luy, & que bien que l'Ether soit d'vne subtilité extreme, si est ce que dans son immensité toutes ses petites parties, mises l'vne au deuant de l'autre, sont capables de renuoyer quelque lueur à nós yeux; & cela se fait parce que tout corps est solide, soit beaucoup ou peu. Cettuy-cy nous paroist bien sous vne couleur bleuë, quoy qu'il soit le plus transparent de tous les Corps, car en effet pour ne parestre point sous aucune couleur, & ne point renuoyer la Lumiere, il faudroit que ce fust le Vuide & le Rien. L'air qui est dans vne chambre, & qui est de

DE LA COVLEVR DES CORPS PRINCI-PAVX, ET DE LEVR LVMIERE.

beaucoup plus espais que l'Ether, ne paroist pas de vray, mais c'est qu'il est besoin pour cela d'vne extreme profondeur.

Nous voyons icy que plus vn corps est solide, plus il fait refleschir la lumiere, & plus sa couleur est certaine. Mais i'enten qu'il soit solide & opaque; car le cristal & la glace peuuent estre appellez solides, & neantmoins ils ne sont pas illuminez ny colorez si parfaitement que ce qui est entierement resserré comme la terre. Ce sont des corps qui tiennent de l'eau. Or quoy que tous les Corps qui sont transparents comme eux soient capables de receuoir la lumiere & la couleur, cela s'espand dedans leurs parties auec peu de force; Au contraire cela se ramasse sur les corps veritablement solides; de telle maniere que cela y paroist autant comme il en est de besoin. Au reste les Corps transparents ont vne faculté qui leur est aussi augmentée plus ils sont transparents, c'est qu'ils n'empeschent en aucune façon de voir les corps solides qui sont fort esloignez, & faisant place à la lumiere luy laissent jetter son esclat iusques dessus eux. La Terre estant le corps le plus resserré & le plus solide, n'est aucunement transparente. L'on connoist bien qu'elle est faite pour receuoir la lumiere & la renuoyer; l'Eau qui est destinée à tenir le dessus, est transparente, mais l'Air l'est bien dauantage, & l'Ether encore plus, tellement qu'ils seruent de support & de milieu à la lumiere. Pour ce qui est de ceux dont la lumiere deriue, ils ne sont point transparents, car autrement ils n'auroient pas tant de lumiere ramassée en eux, qu'elle peust s'espandre de toutes parts. Sçachant quels sont les corps qui sont

DE LA COVLEVR DES CORPS PRINCIPAVX, ET DE LEVR LVMIERE.

plus ou moins solides ; nous connoissons ceux qui sont plus ou moins capables d'estre lumineux ou colorez. Ceux qui sont lumineux d'eux mesmes, n'ont pas vne solidité pareille à celle de la Terre, ny ne sont pas si simples que l'Ether. Leur solidité est mediocre, & à n'en point mentir, c'est qu'ils sont seulement solides ou resserrez de telle sorte, que l'on ne peut pas dire qu'ils soient transparents. Pour ceux qui en empruntent leur lumiere, plus ils ont de solidité, plus ils y sont propres, & c'est en leurs superficies que les couleurs se monstrent, car il faut bien qu'ils en ayent quelqu'vne, & qu'ils apparoissent de quelque façon que ce soit, ou bien ils ne seroient pas visibles. Nous n'auons attribué qu'vne seule veritable couleur aux Corps Principaux, qui est la blanche; C'est pourquoy il faut reseruer la consideration de toutes les autres pour d'autres endroits où il sera parlé des changemens & du meslange des Corps, & il viendra aussi en sujet ailleurs de traiter de la Lumiere. Il faut encore dire icy seulement ce que c'est que de son contraire qui est l'Obscurité ou les Tenebres ; car la consideration des choses differentes nous meine à vne connoissance plus parfaite.

La pluspart ont arresté que les Tenebres n'estoient autre chose qu'vne priuation de clarté, & que l'on ne les pouuoit voir. Mais d'autres pensent que les Tenebres existent, & que l'on les peut voir pareillement. Pour deffendre cecy, l'on dit qu'il y a de deux sortes de priuation, l'vne qui est absoluë comme quand toutes les choses du monde sont opposées à Rien, & l'autre quand il se fait seulement priuation d'vne qualité, car en ce cas là, l'vne ne cesse point qu'il n'y en ait vne autre au lieu d'elle, comme quand vne chose est priuée de son espaisseur, elle a au mesme temps son attenuation; quád elle est priuée de sa hauteur elle a sa bassesse. Il faut croire de mesme que si vn lieu est en Tenebres, c'est vne qualité qui succede à vne autre; Et pour en donner vn exemple presque tout semblable, Qu'est-ce que la priuation de la blancheur qui est la premiere de toutes les couleurs? Ce n'est pas le iaune, car il approche encore vn peu d'elle, ny le rouge ny le tanné; mais c'est le noir veritablement, qui de quelque obscurité que l'on se le figure, est pourtant estimé couleur. Cela n'a t'il pas du rapport auec la lumiere & les tenebres? Ainsi quand la lumiere n'est plus en vn lieu, les tenebres y sont. Ces deux qualitez concernent l'apparence des choses; l'vne pour les faire voir, l'autre pour les cacher. Nous connoissons par ce moyen que les Tenebres ont vn estre, & ceux qui l'ont nié se sont figuré que l'on vouloit dire que ce fust vne substance, au lieu que ce n'est qu'vne qualité accidentelle. Ils pensoient que quand l'on disoit que les Tenebres estoient quelque chose, l'on voulust mesme inferer que ce fust quelque chose de palpable. Pour ce qui est de les voir, l'on a soustenu que cela ne se pouuoit faire, à cause qu'elles empeschent que l'on ne voye toutes les autres choses, & qu'il a semblé que cela se contrarioit de dire qu'elles se pûssent faire voir elles mesmes. Mais cela n'a rien de repugnant à la raison, car si elles se font voir, c'est en ce qu'elles empeschent que les autres choses ne soient veües. Quelqu'vn voulant deffendre cecy, a dit que quand l'on est au deuant d'vne cauerne extremement

ment profonde & tenebreuse l'on espreuue si les tenebres peuuent estre veuës, & que l'on void aisément celles là: mais cela n'est pas sans repartie, car l'on peut dire que l'exterieur de la cauerne est enuironné de lumiere, ce qui fait remarquer le lieu; mais que dedans vne entiere obscurité, l'on ne void rien du tout. Ie ne rapporte point aussi l'exemple de l'Ombre qui se laisse voir, & qui encore qu'il noircisse vn peu les couleurs aux endroits où il touche, permet que l'on remarque leur difference, car ce n'est qu'vne lumiere sombre, ou des tenebres imparfaites. L'on sçait bien refuter cela, & pensant monstrer plus pertinemment que les Tenebres ne sont pas visibles, l'on dit qu'estant en vn lieu tenebreux, soit que l'on ferme les yeux ou que l'on les r'ouure, c'est tousiours de mesme, & que si les Tenebres pouuoient estre veuës, l'on les verroit mieux ayant les paupieres haussées. Mais ne les voyons nous pas ayant les yeux ouuerts? N'est ce pas cette apparence noire qui se presente à eux? Si elle est toute semblable quand nostre paupiere est abaissée, c'est qu'vne autre obscurité se presente à eux dedans ce petit espace. Que penserions nous autre chose? Croirions nous que dés que nous sommes dans vne cauerne, nos yeux ne voyent plus rien? Ce seroit la mesme chose s'ils n'estoiét pas des yeux. Ne nous figurons donc pas que les Tenebres ne puissent estre veües à cause qu'elles empeschent de voir les autres choses. Il y a là vne merueille de la Nature. La Supreme Lumiere qui fait voir toutes choses ne peut pas estre veuë distinctement, & les Tenebres qui cachent toutes choses sont veües. Oüy en effet, elles sont veuës, & ne peuuent mieux l'estre que

P

DE LA COVLEVR DES CORPS PRINCIPAVX, ET DE LEVR LVMIERE.

sous l'apparence la plus obscure du monde. Que si l'on est si desraisonnable de demander quelque petit esclat lumineux pour les mieux voir, ce ne seroit plus les voir en leur perfection.

Il faut joindre icy vne question qui touche à ce sujet; C'est à sçauoir si dans les Tenebres les couleurs demeurent ce qu'elles sont. Quelques vns disent qu'elles perissent dans l'obscurité; Qu'elles sont les filles de la Lumiere, & que c'est elle qui les fait paroistre; Que comme la vraye couleur de tous les corps simples est le blanc, c'est aussi celle de la Lumiere qui paroist blanche, & colore de cette sorte tout ce qu'elle esclaire, seruant aussi à faire voir toutes les autres couleurs; Que le contraire du blanc est le noir, qui sont les Tenebres, lesquelles au lieu que la lumiere blanchit toutes choses, les noircissent du noir le plus obscur qui se puisse imaginer, & font mourir par cõsequent toutes les couleurs diuerses. L'on peut respondre à cela, que si l'on confesse que la Lumiere sert à faire voir les diuerses couleurs, & que la blanche est la sienne propre, il y en a donc d'autres que la sienne, qui demeurent aux autres corps. Si l'on allegue que l'on ne les void point que de fort prés, & que de loin tout ce qui reçoit son esclat paroist blanc, cela ne renuerse point l'autre opinion, & l'on accorde que chaque Corps demeure auec sa couleur particuliere que luy a donné son meslange; mais que la Lumiere en dõne vne faulse par l'esloignement; Et l'on peut conclurre subtilement de là, que comme la Lumiere cõmunique sa blancheur à tous les Corps, & ne les empesche pas de paroistre autrement colorez; ainsi les Tenebres qui les couurent tous de noir, ne leur oſtent pas non plus leurs couleurs particulieres qui demeurent en eux, encore que l'on ne les apperçoiue point. De verité il faudroit de la Lumiere pour les voir; mais n'eſt ce pas pourtant vne eſtrange choſe de dire qu'vn corps n'a point de couleur, parce que la Lumiere ne la fait pas voir? Si les couleurs ne venoient que de la Lumiere, elles ne ſeroient pas diuerſes. D'ailleurs ſi l'on accorde qu'elles dependent de ce qui les fait voir, l'on dira meſme enfin que s'il n'y auoit point d'yeux au monde, il n'y auroit point de couleurs. Cela eſt extremement faux, & comme toutes les qualitez corporelles n'ont point cette ſubjection de naiſtre ou de mourir, ſelon que nous les conſiderons, il ne faut pas croire auſſi que les couleurs ne ſoient qu'en la ſuperficie, parce que l'on ne void que cela. L'on diroit de meſme qu'il n'y auroit autre ſolidité ou chaleur en vn corps que celle que l'on y trouueroit en le touchant. Si l'on pretend que les couleurs meurent par la venuë des Tenebres, cela ne ſe doit dire que des faulſes couleurs qui arriuent par les renuois de la Lumiere, & qui n'exiſtent pas veritablemét dedans les corps. Toutefois il faut auoüer que les couleurs ne peuuent eſtre veües ſans que la Lumiere les touche, & que ce que nous voyons eſt vn meſlange de la Lumiere & des couleurs, de façon que voila vne treſgrande dependance. C'eſt comme l'on void de ces drogues qui dans l'attouchement ſimple paroiſſent froides, mais quand vne chaleur exterieure a excité la leur, elles eſchauffent extremement. La Lumiere eſt vne couleur principale qui reſſuſcite toutes les autres, qui ſans elle demeurent enſeuelies dans leur matiere. Elles ont la puiſſance de

DE LA COULEUR DES CORPS PRINCIPAUX, ET DE LEUR LUMIERE.

paroistre selon la diuersité de chaque corps, pourueu qu'elle y coopere, tellement qu'elle fait vne grande partie de ce qu'elles sont; car quand les Tenebres les couurent, elles sont & ne sont pas, & pour treuuer vn exemple familier de cela, il se faut imaginer qu'vne poudre de treshaute couleur a esté abbreuuée d'vne eau noire & subtile qui penetre dans toutes ses parties, & qui neantmoins estant escoulée les laisse en leur naïueté. Quand l'eau y est, toute la poudre est noire, & pourtant elle garde sa couleur pour la remonstrer apres. Mais toutes ces experiences nous sembleront foibles & imparfaites; Il en faut demeurer dans les raisonnemens.

DV MOVVEMENT DES CORPS PRINCIPAVX.

VII.

IL est temps de parler du mouuement des Corps Principaux. Cela deppend en quelque sorte de leur situation, mais cette entreprise a esté difficile iusqu'à cette heure, pource qu'auant que d'y venir, il est fort à propos de sçauoir quelle grandeur, & quelle figure ont les corps qui se meuuent, & de quelle sorte ils communiquent leur lumiere. Cela nous donnera de l'aide en beaucoup de difficultez. D'ailleurs la consideration de ces qualitez a bien pû marcher la premiere, d'autant que la plufpart font connuës d'vn fimple regard, & quant au mouuement il confifte en plufieurs obferuations. Nous y venons donc en fon rang. Or nous fçauons bien que les Corps vont tous en ligne droite, & ne ceffent de tomber que lors qu'ils ont trouué vn Corps plus pefant qu'eux pour s'arrefter, ou bien lors qu'ils font en vn lieu qui leur eft auffi conuenable qu'aucun autre qu'ils puiffent chercher, eftant celuy qu'ils doiuent poffeder dans l'ordre du monde. Ce mouuement droit eft veritablement celuy qui eft naturel à tout corps, & qui donne à chacun fa fituation felon fa pefanteur, mais pourtant il ne paroift pas beaucoup que dans les parties feparées lefquelles n'ont autre force que celle qu'elles ont primitiuement. Si l'on efleue quelque morceau de terre, il retombe droit en bas, & l'eau en fera de mefme; l'air auffi fe pofe droictement fur l'vn & l'autre, & s'il s'efleue quelquefois, & s'il eft porté inefgalement, ce n'eft que par la violence que luy fait la chaleur, & par la refiftance qu'il trouue à la rencontre d'vne region froide. I'ay déja efté contraint par cy deuant de parler du mouuement de l'Eau & de la Terre, & lors qu'il fera befoin vn iour de parler des Corps Deriuez & Changez, ie feray vn traicté affez grand des diuerfes émotions de noftre Air inferieur; C'eft pourquoy ie pafferay icy à d'autres chofes. Ie ne preten parler maintenant que des Corps Complets qui font les vrais Corps Principaux, & non point de ceux qui ne font que les parties des autres; Comme par exemple ayant à traiter du Mouuement de la Terre, i'enten celuy de la Terre totalle, & non pas d'vne petite portion, qui ne fe meut que comme eftant vn morceau de terre, & non pas comme estant vn Corps Principal; car bien que les Corps Principaux soient capables en effect de ce mouuement droit, qui fait treuuer l'ordre de la situation à leurs parties differentes, ils n'en ont iamais affaire, à cause que tout leur globe est situé dans le lieu de l'Vniuers où il pouuoit estre mieux soustenu. Ils n'ont en cet estat que des mouuemens particuliers qui prouiennent des diuerses forces que leur donne leur composition, & ils les font tous en ligne circulaire, mais les vns les font plustost, & les autres plus tard. Les vns prennent aussi vn grand tour, & les autres vn plus petit. Il y a de la difficulté à connoistre leurs diuers chemins, & à en rendre les raisons; & mesme il y en a qui estans comparez les vns aux autres, donnent de la peine à iuger lesquels ce sont qui se meuuent. Toutefois il en faut apprendre tout ce qui s'en peut sçauoir.

De l'Immobilité de la Terre.

IE parle tousiours de la Terre la premiere, à cause que c'est nostre habitation; mais il faudra aussi considerer le Ciel & les Astres auec elle. Il a semblé iusques icy aux hommes les mieux sensez, qu'elle ne bougeoit d'vne place; mais depuis vn certain temps il y a eu des Astronomes & des Philosophes, qui publiant vne vieille opinion renouuellée, nous ont voulu persuader que le Soleil est immobile, & que c'est la Terre qui tourne. La disposition que l'on auoit trouué plus raisonnable auparauant, estoit que la Terre se tenoit fixe au milieu des autres Corps auec l'Eau & l'Air qui l'enuironnent, & que le Firmament qui est le dernier estage du Ciel où l'on place toutes les Estoilles, excepté les Planettes, faisoit en vingt & quatre heures le tour du

monde, & emportoit tous les autres estages auec soy, DE L'IM-
& que delà venoit que les regions de la Terre estoient MOBILITE'
esclairées du Soleil successiuement; Qu'outre ce mou- DE LA
uement iournalier, les Planettes auoient chacun leur TERRE.
mouuement à part dans leur cercle, & que le Soleil faisoit le sien en douze fois plus de temps que la Lune, ce
que l'on appelle vn An, & que par son changement de
lieu il causoit la diuersité des Saisons. Voila comme
l'œconomie du Monde estoit reglée, mais l'on a voulu
la reformer. En effet il faut que les vns ou les autres de
ces Corps soient mobiles si les autres sont immobiles,
car s'ils estoient tous immobiles il y auroit des endroits
où la nuict seroit eternelle. Si le Soleil est immobile, il
faut que la Terre soit mobile, afin d'aller chercher sa
lumiere. L'on l'a fait donc changer de lieu, & l'on met
le Soleil au Centre du Monde où l'on auoit dit qu'elle
estoit, & elle est mise au lieu où l'on auoit mis le Soleil.
L'on tient qu'elle fait son tour entier en vingt & quatre heures sur son propre Centre, pour estre esclairée
successiuement en toutes ses parties, & que delà vient
le iour & la nuict, & qu'en outre elle fait encore son
cours en vn An autour de cet Astre, par la mesme voye
que les autres ont dit que le Soleil le faisoit autour d'elle, tellement que l'on y treuue le mesme ordre qu'auparauant sans aucune difficulté. L'on pretend que cela
est bien plus plausible que la Terre se tourne chaque
iour en elle mesme pour estre esclairée du Soleil, que
de dire que le Soleil fasse son cours autour d'elle en si
peu de temps; Que pour elle, elle fait bien le tour du
Soleil, mais que ce n'est qu'en vn An ; Que si l'on rapporte le mouuement iournalier du Soleil au Firma-

ment qui emporte auecque soy les cercles inferieurs, cela est encore plus estrange qu'vn si grand Corps fasse tant de chemin en si peu d'heure, & entraisne tant d'autres globes pour esclairer seulement vn petit Corps qui n'est qu'vn Atome au prix de luy; Que tant plus les Corps sont esleuez, tant plus ils ont de tasche à faire; Que la Terre en a tout le moins qu'il se pourra imaginer, & qu'il luy est bien plus facile de se tourner ainsi en vn iour sur son Centre, que non pas à ces Cercles spatieux de faire leurs cours autour d'elle; Qu'auec cela, c'est à celuy qui a besoin d'vn autre de l'aller chercher, & que la Terre ayant besoin de la lumiere du Soleil, il est plus à propos qu'elle se mette en mouuement pour la receuoir, que non pas luy pour la luy donner; Et qu'au reste si nous ne nous apperceuons point de ce mouuement, & s'il nous semble au contraire que c'est le Soleil & le Firmament qui tournent; c'est de mesme que ceux qui sont dans vn basteau lesquels se persuadent que le basteau ne bouge d'vne place, & que c'est le riuage qui s'enfuit.

L'on respond à tout cecy qu'encore que le Firmament soit d'vne merueilleuse grandeur au prix de la Terre, si est ce que l'on se peut imaginer sans difficulté qu'il fait tout ce circuit en vingt & quatre heures; Que quand il seroit vn million de fois plus grand, il ne luy seroit pas plus malaisé de faire vn tel tour, qu'à chaque partie de la Terre de faire en vn iour 5400. lieuës, que contient le circuit de toute sa masse; Que si elle se tourne bien ainsi en soy, le Firmament en peut faire de mesme; Que la puissance de chaque Corps est augmentée selon sa grandeur; Qu'il ne se faut pas figurer cela

com-

comme si quelque petit Corps estoit en l'estage du Firmament, & qu'il luy en falust faire le tour par sa propre force, pource qu'en effet il seroit longtemps à faire ce chemin, ou bien s'il alloit fort viste & s'il estoit visible, nous descouuririons cette vistesse, qui n'est pas pourtant sensible aux Astres que nous connoissons bien auoir changé de lieu, mais que nous ne voyons pas pourtant cheminer; Qu'il en est de mesme de cecy que de l'aiguille d'vn horloge qui a esté faite aussi pour representer ce mouuement; Nous voyons bien quand elle auance sur dix ou sur onze, mais son mouuement est imperceptible. Or imaginez vous que cette aiguille continuë iusques au Firmament: Quand cela seroit, elle feroit vn tour aussi lent & aussi aisé, & neantmoins il faudroit qu'en vingt & quatre heures elle fist le tour du monde si c'estoit là sa mesure, car de necessité estant vne ligne continuelle, elle se deuroit mouuoir tout d'vn temps aussi bien en haut comme en bas, & toutefois ce mouuement ne se verroit pas dauantage; Aussi ne void on point mouuoir toute cette grande estenduë du Ciel depuis l'estage de la Lune iusqu'à celuy du Firmament, & quoy que le cercle de la Lune soit fort petit au prix de celuy où l'on loge tant d'Estoilles, si est ce que l'on ne doit pas plustost voir cheminer le plus haut & le plus grand, que le plus bas & le moindre. Quelque grand que soit vn corps Spherique, il doit tourner en aussi peu de temps qu'vn plus petit : car si c'est vn corps continuel ses parties extremes respondent directement à celles qui sont les plus proches de son milieu, tellement que tout se doit mouuoir ensemble. En ce qui est de la facilité ie rapporte cecy, qu'en-

DE L'IM-
MOBILITÉ
DE LA
TERRE.

Q

DE L'IM-
MOBILITÉ
DE LA
TERRE.

core que le tour d'vn cercle soit fort grand à comparaison d'vn plus petit, si est ce que de quelque grandeur qu'il soit, il n'est point plus grand pour le corps qu'il contient, que quelque autre plus petit tour de cercle pour vn moindre corps, de sorte que l'on ne doit pas s'estonner s'il a vn mouuement aussi prompt. Il est certain mesme que sa promptitude doit estre plus facile, à cause de la multiplication des forces. De verité si le Corps commençoit à estre remué par son Centre, il en seroit de beaucoup plus difficile à tourner; mais le mouuement commençant par sa circonference, il en est plus aisé à mouuoir, & tant plus il seroit grand, tant plus il y auroit de facilité. Cecy se connoist aux roües que nous auons de la peine à tourner par le moyen d'vn aissieu, mais qui tournent legerement, lors que l'on les touche en leur superficie, & cela se fait d'autant mieux que leur circonference est grande; c'est parce que dés qu'elles sont tant soit peu esmeües, vne partie pousse l'autre, & puis l'autre vne autre, iusques à en esmouuoir tant, qu'elles tendent toutes contre bas, & à cause qu'elles ne peuuent tomber, elles sont contraintes d'aller en rond estans chassées par celles qui les suiuent. Mais quand l'on commence à les agiter par le milieu, ce n'est pas auec cette aide, & l'on est contraint de porter presque toute la roüe. Bien que ces machines soient faites par art, si est-ce que la raison de leur mouuement est prise de la Nature, tellement que l'on les peut donner pour exemple, afin de paruenir à la connoissance de ce qui arriue aux Corps Naturels. Le Firmament estant donc fort esloigné de la Terre qui est son centre, l'on croid que cet esloignement sert plustost à rendre son cours plus aisé & plus prompt, & qu'il se doit mouuoir plus facilement que la Terre qui est si petite à comparaison de luy. Toutefois l'on peut repartir qu'il n'est pas de mesme du Ciel que d'vne roüe massiue, & que le Ciel est vn Corps si leger, qu'il ne sert de rien de dire que ses parties se poussent l'vn' l'autre; mais s'il n'y a point de Corps qui n'ait de la pesanteur si peu que ce soit, cettuy-cy en peut auoir assez dans vne si grande estenduë pour le rendre mobile. Si l'on accorde d'ailleurs que les Estoilles soient les parties les plus espaisses du Ciel, & qu'en effet elles soient plus massiues, que luy, soit qu'elles soient ou non d'vne autre matiere, cela fera beaucoup encore pour monstrer que le Firmament doit tourner plus viste qu'aucun autre cercle inferieur; car contenant en soy tant de corps, cela doit augmenter son poids & la force de son mouuement, si bien que cela le rend capable d'entraisner tous les estages inferieurs. L'on peut dire ces choses pour soustenir la croyance ancienne, & quoy que ceux qui la gardent ne les alleguent point, & ne se seruent que de discours friuolles touchant la dignité de la matiere celeste, & le pouuoir de quelques Intelligences superieures, ie leur ay voulu prester plus de deffence qu'ils n'en ont eu encore, ainsi que ie fay tousiours pour chaque opinion, afin que l'on sçache tout ce qui se peut imaginer de plus fort sur chaque sujet, & que la verité soit plus soigneusement cherchée. Il n'y a plus qu'vne raison ciuile à contrepointer, qui est que la Terre doit chercher la lumiere dont elle a besoin, & se remuer pour la receuoir. Ne doit-on pas dire plustost que c'est à faire au Soleil & à tous les Astres de se pourmener autour

DE L'IM-
MOBILITÉ
DE LA
TERRE.

d'elle, puisqu'ils ne sont faits que pour luy donner la lumiere? Toutes ces raisons de bienseance ne determinent rien; l'on en treuue tousiours autant d'vne part que d'autre, pource qu'elles prennent leur exemple de quelques vsages differens & incertains. Il faut s'arrester à la proprieté essentielle des choses, & non point à ce qui en est si esloigné. Quant à la derniere raison de nos aduersaires, qui est que nous nous trompons à iuger du mouuement, ce n'est qu'vne deffence de leur opinion qui ne destruict point la nostre : car encore qu'il semble que ce soit la chose immobile qui tourne quand nous sommes placez sur la chose qui se meut, si est-ce que nous voyons de mesme remuer la chose mobile quand nous sommes sur l'immobile.

Outre que l'on a tasché de refuter les raisons dont l'opinion nouuelle estoit appuyée, l'on a cherché d'abord tout ce que l'on pouuoit encore inuenter contre elle. Mais aussi ces subtils Astronomes ne se sont pas tenus à la simple proposition des anciens. Ils en ont tellement augmenté les forces qu'ils pensent estre à l'espreuue de toute sorte d'attaques. Il faudra mettre icy tout ce qui a esté allegué de plus spetieux de part & d'autre, à quoy ie ne manqueray pas d'adiouster tousiours ce qui conuiendra le mieux. L'on leur a objecté premierement que si le Soleil estoit au Centre où doit estre la Terre, & que la Terre fust au lieu où est le Soleil, il ne se feroit presque point d'Eclipse de Soleil, & la Lune seroit quelquefois opposée à cet Astre sans le cacher; & tout au rebours les Eclipses de Lune seroient plus frequentes qu'elles ne sont; Mais ceux qui se sont figuré ce nouuel ordre ont pourueu à tout, & n'ont pas mis la Terre & la Lune chacun dans vn cercle dont le Soleil fuſt le Centre. Outre qu'ils ont placé la Terre ſur vn cercle qu'elle accomplit en vn an, ils l'ont miſe dans vn autre qui l'enuironne auec l'Eau & l'Air pour faire leur tour enſemble en vingt & quatre heures, & ce cercle eſt encore dans vn autre pluſgrand qui eſt celuy où la Lune eſt placée, dans lequel elle fait ſon cours en vn mois autour de la Terre, de ſorte que par ce moyen l'on ſouſtient que les Eclipſes arriuent de la meſme façon que par l'ancien ordre que l'on donnoit aux Cieux, & que la Lune paſſant au deſſous du Soleil cache ſa lumiere, & que quand la Terre eſt droictement oppoſée entre le Soleil & la Lune, ſon ombre la fait Eclipſer. Ils taſchent auſſi de rendre cette ſuppoſition neceſſaire pour excuſer certains inconueniens qui ſe trouuent aux demonſtrations du mouuement des Planettes ſelon la voye ordinaire, ſpecialement en ce que l'on n'auoit point gardé de proportion en ces Cercles que l'on appelle Epicycles, dans leſquels les Planettes font leur cours tandis qu'elles ſont portées par eux dans d'autres pluſgrands Cercles; comme par exemple en celuy de Venus que l'on ſ'eſtoit imaginé d'vne telle eſtenduë, que lors que cette Planette eſtoit au bas, elle ſe deuoit monſtrer ſeize fois pluſgrande qu'alors qu'elle eſtoit au plus haut, & que meſme elle deuoit deſcendre iuſqu'au deſſous de la Lune, ce qui ne ſe feroit pas ſans que l'on ſ'en apperceuſt. L'on a voulu deffendre cecy, feignant que les Aſtres auoient encore d'autres cercles qui les portoient d'vn coſté & d'autre par des chemins irreguliers, & les eſloignoient du lieu d'où l'on penſoit qu'ils deuſſent approcher; mais les nou-

DE L'IM-MOBILITE' DE LA TERRE.

ueaux Astronomes ont crû qu'ils auoient mieux osté le desordre en s'imaginant vne nouuelle disposition celeste où le Soleil est au milieu, Mercure apres qui fait son cours autour de luy, & Venus au dessus qui l'enuironne encore, & mettant apres vn grand Cercle autour duquel la Terre fait son cours en vn An, ayant pour Epicycle le Cercle de la Lune qui fait son cours autour d'elle. Son grand Cercle est enuironné de celuy de Mars, de celuy de Iupiter, & de celuy de Saturne, qui font chacun leur cours particulier. Apres cela est le Firmament, mais qui demeure aussi immobile que ses Estoilles selon leur opinion. Il est fort asseuré qu'ils ont rendu raison par ce moyen de toutes les apparences des Planettes, en ce qui est de leurs courses & de leurs rencontres, & c'est mal à propos que des gens qui ne comprenoient pas cela, ont mis en doute que les iours pûssent croistre & decroistre comme ils font, & que l'on vist ce changement des Saisons successiues par toute la Terre, car l'on suppose que la Terre faisant chaque iour vn degré, auance ses parties successiuement prés du Soleil, & quand elle en est regardée iustement par le milieu, c'est alors que les iours sont esgaux aux nuicts. Tout le reste se peut regler suiuant le mesme ordre.

Il y a encore vne preuue assez ingenieuse pour soustenir cette nouuelle disposition des Astres. L'on sçait que si la Terre est dans vn Epicycle au dessus des Cercles de Venus, de Mercure, & du Soleil qui est au Centre, cet Epicycle ayant vne circonference assez considerable, puisque c'est celuy où la Lune fait son cours, il faut necessairement que la Terre qui est au milieu soit

tousiours bien plus esloignée des Planettes d'vn costé **DE L'IM-**
que d'autre ; Et l'on a dit aussi que cela se remarquoit **MOBILITE'**
manifestement auec vn grand auantage pour la nou- **DE LA**
uelle opinion, & que Mars & ses compagnons parois- **TERRE.**
sent estre plus prochains lors qu'ils se leuent sur le soir
que lors qu'ils se leuent le matin, ce qui arriue de ce que
la Terre où nous sommes estant tournée vers le Soleil,
est fort esloignée des Cercles où ces trois Astres superieurs font leur cours, y ayant plusieurs autres Cercles
entre elle & eux où le Soleil est compris, au lieu qu'a-
pres auoir fait sa reuolution qui luy donne la nuict, elle
est fort proche de ces derniers Cercles. L'on conclud
de là que la Terre est au quatriesme estage, & le Soleil
au milieu du Monde : mais quoy que cela semble fort
subtil d'abord, l'on rend cette preuue non receuable
par cette consideration, Que lors que les Planettes se
leuent sur le soir, elles monstrent plus de lumiere que
quand elles se leuent le matin, pource qu'elles luisent
dauantage estant esloignées du Soleil aupres duquel
elles paroissent peu, & voila pourquoy les vnes semblent estre plus proches que les autres, quoy qu'elles ne
le soient pas. Au reste cela n'est pas fort asseuré, veu que
les vapeurs qui se leuent au matin peuuent quelquefois
faire paroistre les Astres plus grands, ayans ce pouuoir
de dilater la representation des choses. D'ailleurs si la
Terre estant au quatriesme rang, vn de ses costez se
trouue tantost fort esloigné des estages superieurs, &
tantost fort proche ; il faut prendre garde que cet esloignement est tel que les Estoilles du Firmament deuroient paroistre dauantage sans comparaison, lors
que le costé de la Terre qui auroit quitté le Soleil, leur

DE L'IM-
MOBILITÉ
DE LA
TERRE.

seroit opposé, & de telle sorte qu'elles sembleroient dix fois plus grandes, ce qui ne se fait point pourtant, si bien que l'on peut iuger que cet esloignement ne se fait point aussi, & que la Terre estant au milieu du Monde, les Estoilles du Firmament sont tousiours en vne esgale distance. Ie veux alleguer icy vne subtile response, c'est que l'on ne peut considerer d'autres Estoilles fixes que celles qui paroissent la nuict, & que si l'on pouuoit remarquer celles qui sont en la partie du Ciel où nous auons le iour, nous treuuerions que cet esloignement est fort sensible, & que mesme la cause de ce qu'elles ne luisent point, vient de ce qu'elles sont trop esloignées, & que si cela n'estoit elles pourroient bien luire quelquefois aux endroits dont le Soleil s'est retiré, ayans vne clarté assez considerable, puisqu'elles ne semblent pas moins grandes que quelques Planettes qui se font bien quelquefois remarquer de iour, comme l'on a rapporté que fait celle de Venus. Mais l'on peut repliquer à cela, que si l'Astre de Venus paroist, c'est qu'il est de mesme nature que la Lune, receuant sa lumiere du Soleil. Ceux qui ne luisent que de leur propre feu ne paroissent point deuant ce grand Astre dont la Lumiere fait perdre celle des autres.

L'on objecte encore aux nouueaux Astronomes, qu'en quelque partie de la Terre que l'on puisse estre, & à quelque heure que ce soit, l'on peut tousiours voir la moitié du Ciel, ce qui prouient de ce qu'elle est située au milieu de tous les Cercles dont elle est le Centre, & que si elle estoit où est le Soleil, l'on ne verroit pas la quatriesme partie du Ciel lors qu'elle auroit la nuict, & l'on verroit tout le reste lors qu'elle auroit le iour.

Ils

Ils pourront respondre à cecy, que l'on se trompe à ce que l'on void dedans l'estenduë du Ciel, où n'y ayant que des bornes imaginaires, l'on ne connoist pas la diuerse distance qui s'y fait le iour ou la nuict. L'on leur remonstrera que tous les Liures de Sphere rapportent comme vne chose toute espreuuée, que l'on void tousiours la moitié du Ciel, à cause que la Terre n'est qu'vn poinct au prix du Firmament; Mais il semble qu'il y a lieu de repartir, que cette demonstration est faulse, & que cela n'arriue pas de la façon que l'on le trace sur le papier, & que quand mesme la Terre seroit au milieu du Monde, vn homme ne pourroit pas voir iustement cette moitié du Ciel, pource qu'encore que la Terre soit fort petite au prix de ce grand Corps, elle est fort grande au regard de nous qui sommes dessus elle, & nous ne sçaurions voir les bouts du Demycercle, qui de tous les costez respondent à son Demydiametre, ou bien il faudroit que nous fussions montez pour le moins à la hauteur du Quart de ce Demydiametre, afin de faire que le rayon de nos yeux portast de toutes parts iusques à cette ligne qui diuise le Monde par le milieu. Ie pense bien que l'on peut repliquer que cela seroit certain si le Ciel estoit quelque Cercle qui fut fort proche de la Terre, mais qu'estant en vne fort grande distance, la ligne qui part de l'œil peut de tous costez aller iusques au milieu, & que si nous estions en quelque hauteur considerable au dessus de la Terre, nous en verrions encore dauantage. Toutefois les inégalitez de la Terre doiuent oster ce parfait aspect, & il seroit à souhaiter pour cet effet qu'elle fust ronde de toutes parts, outre que sa grandeur qui

DE L'IMMOBILITÉ DE LA TERRE.

nous est si sensible nous apporte tousiours vn grand empeschement. I'auoüeray bien que l'on peut voir toutes les Estoilles que l'on s'est establies pour regles & pour signes, mais cela n'empesche pas que les bouts du Demycercle du Ciel ne soient cachez. Or ce que nos aduersaires pourroient tirer de cecy, est que si en establissant la Terre au milieu, l'on ne doit point voir la moitié du Ciel, il ne faudroit pas trouuer estrange que l'on ne la vist point aussi en la mettant au quatriesme rang ; mais si elle y estoit, & que du costé de la nuict on ne vist que fort peu de Ciel, l'on en verroit beaucoup pendant le iour, ce qui ne se remarque point ; car si le Ciel est diuisé en douze parties esgales, l'on treuue que l'on en void six la nuict, & par consequent l'on en doit voir autant de iour sans qu'il y ait aucune tromperie à craindre. C'est là dessus que voulant couper chemin tout d'vn coup à quantité de difficultez, ils ont asseuré que l'estage où sont les Estoilles fixes est tellement esleué au dessus des autres Cercles, que non seulement celuy de la Terre, mais aussi ceux de Venus, de Mercure, & du Soleil, sont fort peu de chose en comparaison, de façon que l'approchement que la Terre a d'vn costé, n'est guere plus considerable que celuy qu'elle a de l'autre, & que si l'on a déja crû que pour elle seule, elle n'estoit qu'vn poinct au prix du Firmament, elle n'est pas beaucoup dauantage auec tous ces autres Cercles ensemble, tellement que cela n'empesche pas qu'elle ne puisse tousiours voir la moitié des Estoilles, aussi bien comme elle les verroit si elle estoit au Centre du Monde ; Ceux qui auront bon sens pourront dire qu'en vain ces Astronomes ont donc allegué, que l'on connoist que la Terre est au quatriesme rang, d'autant qu'il y a des Planettes qui semblent plus proches la nuict que le iour, & que si celles qui sont du costé du Soleil ne luisent point, c'est qu'elles sont trop esloignées. Puisque cela contrarie à ce qui est rapporté maintenant, il faut que ces raisonnemens viennent de personnes differentes ; mais quoy qu'il en soit, ils quitteront volontiers chacun, la premiere opinion pour cette derniere, qui est la deffence la plus asseurée qu'ils ayent. En effet, si leur supposition est receuable, l'on leur doit accorder que l'on ne void point le Ciel dauantage d'vn costé que d'autre, & que les Estoilles sont tousiours en esgale distáce cóme si la Terre estoit au milieu du Monde : mais qui est-ce qui ne trouuera point estrange d'esloigner les Estoilles de telle sorte que le Soleil qui nous semble déja si petit à cause d'vn autre grand esloignement, & tous les Cercles qui l'enuironnent auec la Terre, ne soient quasi rien au prix ? Si ces Estoilles peuuent paroistre encore, elles sont donc de beaucoup plus grandes que l'on n'auoit dit, & quelques vnes surpasseront mesme le Soleil. Qu'est ce que l'on logera dans vn si grand espace qui doit estre entre elles & les autres Cercles ? Ces opinions ont de la peine à s'introduire dans l'esprit ; car pour faire que ces Astres ne paroissent pas plus d'vn costé que d'autre, il faudroit que l'esloignement fust outre mesure, & il n'y auroit aucune Symmetrie entre les Cercles.

Il y a encore vne autre raison tres-pertinente contre ceux qui ont renuersé l'ancienne Oeconomie du monde, c'est qu'il semble que si la Terre outre son mouuement iournalier, faisoit son cours autour du Soleil, de

DE L'IM-
MOBILITÉ
DE LA
TERRE.

la mesme façon que l'on a tousiours crû que le Soleil faisoit le sien autour d'elle, elle changeroit tous les iours de Pole, & l'on ne le trouueroit pas fixe comme l'on le trouue, pour se guider en toutes sortes d'obseruations. Mais ils se mocquent encore de cecy, pource qu'ils croyent auoir fort bien pourueu à tout par l'asseurance qu'ils ont donnée que tout ce grand Cercle que la Terre enuironne, n'est qu'vn poinct au prix du Firmament, & que soit en vn costé ou en l'autre, l'on ne s'y trouue point plus esloigné de l'endroit où le Pole est estably, en quoy l'on connost plus qu'auparauant que cette distance doit estre merueilleuse. Toutefois ils vous diront que rien ne peut empescher que cela ne soit encore de beaucoup plus grand; Que si l'on met vn terme à ces choses, l'on se figure qu'il n'y ait plus rien au delà; Qu'il vaut mieux s'imaginer que le Ciel & les Astres se trouuent encore plus loin, & qu'il ne faut pas craindre qu'ils y manquent d'espace pour les contenir, puisque l'on y met bien du vuide; Que puisque nous trouuons déja au Monde vne grandeur fort considerable, nous pouuons encore nous en representer vne autre plus immense.

Contre toutes ces choses nous nous tenons à ce que nous auons déja allegué, & bien que nous accordions que le Ciel des Estoilles peut estre encore plus grand & plus esloigné qu'il n'est; l'espace qui doit estre entre elles & Saturne est si desmesuré, que l'on s'estonne qu'il n'ait aucun Astre, & qu'vne si grande partie du Monde demeure inutile & oysiue. Respondront ils à cela, qu'il y a là des globes obscurs que nous ne sçaurions apperceuoir? Cela ne nous contente point comme des propositions qui sont connuës à nos Sens. D'ailleurs si les aduersaires monstrent que la Terre peut estre au quatriesme estage, sans que les apparences du Ciel soient changées, ce n'est encore rien de fait, car il faut sçauoir si le Soleil est propre à tenir la place que l'on auoit donnée à la Terre, & si elle peut tenir celle du Soleil; Si la Nature de cet Astre souffre qu'il demeure fixe, & si celle de la Terre permet qu'elle soit mobile. Les Astronomes se sont contentez d'auoir monstré que dans leur supposition, tout ce qui paroist au Ciel se fait de mesme sorte, & n'ont pas songé à se fortifier autrement que par les regles de leur Art; mais il faut voir s'ils l'ont pû faire, & si sans troubler l'ordre des choses naturelles, leur opinion peut subsister. Les Naturalistes n'ont point recherché ce qui se pouuoit dire sur ce sujet; car ils s'arrestent à leurs axiomes qu'ils veulent faire passer pour absoluts, & condamnent entierement ces nouueaux Docteurs comme gens qui ont renuersé les fondemens du Monde, qui ont precipité le Soleil dans vne fondriere indigne de luy, & mis la Terre en vn lieu esleué où elle ne sçauroit estre soustenuë. Toutefois quel moyen de resister à l'effort de ces nouueaux Geans dont la main est si puissante? Il est vray que tout ce qu'ils en font n'est que sur le papier & par imagination. Les Philosophes vulgaires croyent auoir assez empesché leur dessein, ayant dit que la Terre doit estre au Centre du Monde, pource que c'est le plus lourd de tous les Corps, & qu'elle ne peut auoir tous les mouuemens que l'on luy attribuë, d'autant qu'il est impossible qu'vn corps naturel ait plus d'vn mouuement qui luy soit propre. Nous verrons si cela peut nuire aux nouueaux Astronomes, mais auparauant il se faut representer tout ce qu'ils peuuent dire pour se deffendre.

Pour commencer par le Centre où ils rangent le Soleil au lieu de la Terre, ne doit ce pas estre sa place? Si cet Astre esclaire & eschauffe toutes choses, l'on connoist que tout depend de luy, & qu'il est composé de la matiere la plus parfaite de toutes, tellement qu'il doit gagner le plus haut lieu; mais en effet y est il pas aussi puisque la Terre s'abaisse au dessous de luy de tous costez, & que toutes les Planettes en font de mesme à leur tour? Il est vray que l'on dira, que si d'vn costé elles sont en bas, elles doiuent donc estre en haut quand elles sont de l'autre; L'on respondra si l'on veut, que la Terre fait son cours autour du Soleil d'vn costé à l'autre sans se hausser ny baisser, & non point du haut en bas, ce qui semble estre plus raisonnable de la voir en cette position. Toutefois si vne partie du Monde n'est point plustost la hauteur que la largeur, l'on peut croire que d'vne façon ou d'autre elle monte tousiours au dessus du Soleil, mais nous trouuons icy nostre responfe, c'est qu'il y a vne telle esgalité en la rondeur du Monde, que ce n'est ny monter ny descendre, & neantmoins si nous establissons le Soleil au milieu, l'on peut dire que de quelque costé que ce soit l'on est tousiours au dessous, & que ce seroit monter que d'aller droitement vers luy. Ie sçay bien que l'on nous representera encore, que la hauteur se prend à la circonference du plus grand Cercle, & non pas au dernier qui tend vers le Centre, tellement qu'à ce compte là le Soleil deuroit voler au dernier estage du Ciel pour estre logé selon sa dignité. Mais nous auons déja pû apprendre, que les Corps Principaux qui sont dans l'Ether sont separez par de si iustes espaces, qu'ils ne combattent point à qui tiendra le dessus en ligne droite, ainsi que les diuerses matieres qui se touchent en chaque corps particulier. Outre cela si le Soleil est au milieu du Monde, il est en vn lieu de repos, & par consequent il est impossible qu'il change de place, pource qu'il ne sçauroit de quel costé il iroit le plustost. Il y est fort bien aussi, puisqu'estant la source de la lumiere, de la chaleur, & de la vigueur, il peut departir de là ses bienfaits à tout le monde. S'il auoit gagné le haut du Ciel où l'on pretend que doit estre la place des Substances les plus legeres, & qu'il touchast à la circonference du dernier Cercle, il y auroit des parties qui seroient fort esloignées de luy, & qui languiroient faute de son assistance. Puisque les anciens l'ont mis au quatriesme Cercle, ils n'ont point entendu qu'il eust vne viuacité qui l'incitast à suppediter tous les estages du Ciel, autant comme il en trouueroit pour se porter iusqu'au dernier. Ils ne luy ont point attribué cette qualité que nous voyons à l'Air le plus subtil & le plus chaud qui passe au dessus de l'humide. Quand il l'auroit euë au plus eminent degré, l'on auroit dit qu'il se pourroit bien tenir neantmoins au lieu qui luy auroit esté ordonné, & que sa viuacité seroit assez tesmoignée par son tournoyement. Mais si l'on a crû qu'il pouuoit demeurer en ce quatriesme estage, il est encore plus croyable qu'il demeure au milieu; car l'on connoist par là que ce n'est point sa place que l'extremité du Ciel, & que s'il y estoit il s'en retireroit incontinent. Or il ne faudroit pas dire que cette retraite fust vne cheute d'vn lieu haut en vn bas; Le Soleil est vn Corps trop subtil pour se laisser tomber; il montera plustost. Le lieu où il se treuue est donc haut à l'esgard de la superficie du Ciel, car il ne s'y tiendroit pas autrement. C'est icy que ie treuue vne raison aussi subtile que la matiere qu'elle regarde. Si le bout du Ciel est vn lieu bas au prix de celuy où est le Soleil, ie dy qu'il faut qu'il soit au Centre, car s'il est venu d'vn costé en montant tousiours, il a falu qu'il se soit aresté à ce milieu, d'autant que s'il eust passé plus outre il n'eust pas monté alors & eust commencé de descendre, puisque le bas ne doit point estre plustost d'vn costé que d'autre. Mais il a esté dit ailleurs, que si la Terre est au Centre, l'on va tout autour sans trouuer de changement, parce que de tous costez le Ciel est le lieu le plus haut. Cela est vray, mais accordez moy donc qu'il n'y a ny haut ny bas au Monde que pour nostre regard, & en ce cas là le Soleil subsistera encore en quelque lieu que l'on le mette. Vous le voulez mettre au quatriesme lieu, comme pour estre au dessus de la Terre; Que ne va t'il donc encore plus haut? Que ne monte t'il à l'extremité du Ciel? Mais si le haut est du costé qu'il sera monté, l'autre costé de l'extremité sera donc le bas. Cela nous fait connoistre encore qu'il n'y a point d'endroit où il doiue estre mieux qu'au milieu. Dauantage si l'on croid qu'il doiue tousiours estre au dessus de tout ce qu'il y a de terrestre & de massif, pourquoy souffre-il qu'il y ait des Astres obscurs qui facent leurs cours autour de luy, lesquels l'on ne sçauroit dire estre au dessous, que l'on ne confesse qu'ils sont aussi quelquefois au dessus. Pour ce qui est de l'immobilité

qu'il

qu'il doit auoir s'il se treuue au Centre, pourquoy cela ne se fera t'il pas encore que l'on le tienne pour estre tres-leger, veu que ce qui n'a aucune pesanteur ne se peut mouuoir? Neantmoins il n'est pas leger absolument, si tout corps a quelque poids; Il est vray qu'il en peut auoir fort peu à comparaison des autres, de sorte que n'estant pas besoin qu'il cherche vn lieu plus bas, comme font les corps qui en rencontrent de moins lourds qu'eux, l'immobilité luy peut demeurer encore.

DE L'IMMOBILITÉ DE LA TERRE.

Mais ce n'est pas tout de l'auoir logé là; Il faut monstrer si la Terre se peut tenir au lieu où il estoit. Le plus fort argument que l'on puisse donner pour cecy, c'est que la Lune, & beaucoup d'autres Astres obscurs, qui ne sont guere plus petits que la Terre, nous paroissent dans le Ciel, & puisque nous auoüons qu'ils sont suspendus d'vn costé & d'autre dedans le vague de l'Ether, nostre Terre le peut estre aussi, & s'ils font leur cours comme nous voyons, elle le peut bien faire pareillement. Mais quelques vns s'imaginent que ces Astres sont d'vne matiere plus subtile & plus legere que celle d'icy bas, c'est pourquoy ils ne se veulent point rapporter à ces exemples. Ils desirent que l'on leur monstre par quel moyen nostre Terre peut auoir cette suspension & ce mouuement. Pource qui est de la suspension, elle est aussi facile à s'imaginer en vn lieu qu'en l'autre, car de dire que la Terre se doit tenir au milieu du Monde, parce que c'est son Centre, c'est vne pure réuerie; Il faudroit qu'elle aimast ce lieu plus qu'vn autre, & qu'il y eust là quelque attraction pour elle, ce qui ne se peut faire, car ce n'est pas la Terre qui attire l'autre terre lors que les pierres retom-

S

bent sur elle. Quand la masse entiere ne seroit point en ce lieu, les pierres ne lairroient pas d'y venir au cas qu'elles s'en trouuassent proches; Ce ne seroit pas aussi l'Air qui y succederoit qui les attireroit, & quand l'on s'imagineroit qu'il n'y auroit rien en cet endroit, l'on pourroit croire que les corps massifs s'y viendroient ranger. Or l'on a déja monstré qu'il n'y a point de force en vn vuide, & que si la Terre se tient en vn endroit, c'est pource que c'est le lieu où elle peut estre mieux soustenuë. Il y a d'autres endroits où les globes peuuent estre soustenus encore dedans l'immensité de l'Ether, & si leurs parties en estoient diuisées elles y retourneroient incontinent, comme au lieu vers lequel elles sont balancées, & s'en iroient y reposer. Que si l'on croyoit que les choses massiues ne retombassent sur la Terre qu'à cause qu'elle est au Centre auquel tendent les Corps les plus lourds, il faudroit donc dire que les matieres auroient diuers Centres, car il est croyable que ce qui est de plus massif en la Lune se met au dessous de ce qu'elle a de plus deslié, & nous le connoissons mesme à l'œil si nous treuuons que ce qui paroist en sa surface, ce sont les vapeurs de ses eaux. Il n'y a donc point vn Centre particulier pour les corps massifs, & c'est vne chose certaine qu'ils peuuent estre suspendus en diuers lieux, de sorte qu'en ce qui est de nostre Terre, il n'y a rien qui empesche qu'elle ne soit au quatriesme estage au dessous du Soleil.

En ce qui est des deux mouuemens dont l'vn s'accomplit en vingt & quatre heures, l'autre en trois cens soixante & six iours, l'on a douté que cela pûst estre attribué à la Terre, parce que la raison nous dicte qu'vn corps ne sçauroit faire deux chemins à la fois & estre agité par deux mouuemens qui mesme semblent estre contraires; car il faut que la Terre s'auance sans cesse pour aller autour du Soleil, & cependant lors qu'elle fait tourner toutes ses parties sur son propre aissieu pour les illuminer chacune à leur tour, il semble que si elle s'auance d'vn côsté, elle recule de l'autre. L'on a treuué vn expedient à cela. C'est elle qui se donne (à ce que l'on dit) ce mouuement qui l'a fait tourner en son propre lieu dans l'espace de vingt & quatre heures, mais pour l'autre qui la fait cheminer autour du Soleil, l'on l'attribuë à vn Epicycle qui la porte, autour duquel la Lune fait encore son cours.

C'est à sçauoir si la Terre peut auoir elle mesme vn mouuement de Circulation, car il semble que tous les corps apparemment pesans, n'ont point de mouuemét naturel que le droict. Cela se cónoist en ses parties qui estant jettées en l'air, tombent droitement en bas; L'Eau en fait de mesme, mais il est vray qu'elle coule apres en penchant, voire en tournát, si elle est au dessus d'vne terre voûtée. Ne peut on pas dire aussi que la Terre ayát trouué vn lieu où elle s'arreste en masse, sans ne pouuoir passer plus outre, ne laisse pas de se mouuoir encore, & qu'elle se meut en rond, ne se pouuant mouuoir autrement? L'on la fait extremement pesante, c'est pourquoy elle en est d'autant plus propre à se mouuoir. Comme la legereté est immobile, la pesanteur est tousiours mobile. Si l'on croid que tant plus vn corps est pesant, tant plus il est difficile à estre remué, cela est bon à dire quand vne force estrangere le veut faire mouuoir; mais de luy mesme il en trouue plus de facilité au mouuement qui luy est propre ; c'est pourquoy nous voyons que les fardeaux les plus lourds tombent le plus viste. L'on peut dire que la Terre ne pouuant aller ny en haut ny en bas, pource qu'elle seroit hors de son lieu, est contrainte d'aller en rond, & que c'est côme si elle tomboit incessamment, puisque toutes ses parties s'abaissent les vnes apres les autres. Que si cela ne suffit, l'on adiouste qu'elle a vne certaine vertu en elle, qui non seulement la soustient, mais qui la fait aussi continuellement tourner. Il y a de petits corps en ses moindres parties qui ont la faculté de croistre & de se mouuoir selon les termes que la Nature leur a accordez ; Elle ne doit pas estre de pire condition. Quelques vns ont dit que c'estoient des feux cachez qui l'agitoient ainsi, les autres que c'estoiét simplement des vapeurs lesquelles estoient excitées par la chaleur du Soleil ; mais pour l'ordinaire l'on a tenu que cela venoit de sa seule force, & d'vne proprieté particuliere qu'elle auoit en elle, sans pouuoir definir ce que c'estoit. Or si elle a cette faculté, ces Philosophes Naturalistes qui se font appeller Physiciens, diront ils que cela repugne aux loix de leur Maistresse la Nature, qui ordonne qu'vn corps naturel ne puisse auoir deux mouuemens, & que celuy de la Terre estant le mouuement droict, elle ne peut auoir le Circulaire ? C'est là vne bestise fort estrange ; Ne void on pas que les Corps complets ont d'autres puissances que n'a leur matiere separée ? Le corps de l'Animal tend tousiours en bas ; ce n'est que par cette force qu'il se soustient sur Terre, & bien qu'il ne tombe point, l'on peut dire qu'il est tousiours en puissance de tomber sil n'estoit retenu, mais cela n'empefche pas qu'il n'ait auffi la puiffance d'auoir vn mouuement de cofté en marchant. De mefme la Terre cóme eftant vn corps lourd, pourroit tomber de fa place fi elle n'eftoit retenuë en l'Ether, & fes parties diuifées tefmoignent cette cheute droite; mais eftant arreftée en vn lieu, elle y exerce la puiffance qu'elle a de fe mouuoir comme vn Corps complet. Ces efprits groffiers fe font voulu feruir icy de leur faulfe maniere de raifonner; Ils ont dit que ce qui conuient aux parties conuient au Tout; Que les parties de la Terre ne fe meuuent qu'en ligne droite; & par confequent que la maffe de la Terre ne fe peut mouuoir que de la mefme façon, & non point circulairement. Mais fi l'on coupe le pied à vn homme, veulent ils que ce pied foit capable luy feul de marcher, ou bien parce qu'il ne marche pas & ne fe hauffe ny baiffe, penfent ils que le refte du corps ne fe puiffe remuer? Ne fçauent ils pas qu'vn membre eftant coupé n'a pas la mefme faculté qu'il auoit auparauant, n'eftant plus fouftenu de cette ame qui eft demeurée au corps? De mefme les pierres qui font feparées de la maffe de la Terre, font des membres morts qui retombent droict fans auoir ce mouuement Circulaire, qui n'appartient qu'aux corps animez, ou aux corps accomplis. Toutefois il y a eu des curieux qui ont bien tafché de leur monftrer que les parties de la Terre participent à ce mouuement. Ils ont pendu vne petite boule à vn filet, & ont confideré fi en vingt & quatre heures elle accompliroit fon cercle deffus fon centre, & mefmes quelques vns penfans eftre plus auifez l'ont fufpenduë par fes Poles fous le Meridien, felon l'efteuation du Pole du lieu, afin que cela eust vn meilleur succez. Mais ces gens cy n'estoient pas moins sots que nos Philosophes, quoy qu'ils ayent voulu passer pour doctes parmy le vulgaire. Ils meritoient bien que l'on se mocquast d'eux de les voir attentiuement fichez en cette impertinente contemplation. Si le Corps entier de la Terre a des fumées ou des esprits qui l'agitent en rond, il ne faut pas penser que cette petite boule que l'on en a tirée en ait de mesme ; aussi verra t'on que quand elle aura cessé de bransler, elle ne bougera d'vne place. Que si quelques vns ont pensé qu'il ne faloit pas prendre de la terre cómune, mais vne boule d'Aymant, ils ne se sont pas moins abusez s'ils asseurent que cette pierre a cette reuolution, & que la Terre la doit auoir aussi, car encore que cette pierre ait cette proprieté de tourner, cela ne doit pas faire conclurre que toute la Terre en ait vne semblable. Si cela se faisoit à cause de la faculté de se mouuoir qui seroit empreinte en toute la Terre, les autres parties le deuroient faire aussi, & tous les metaux & les cailloux se deuroient tourner comme l'Aymant. Ils repliquent à cela, que cette pierre a des perfections que les autres n'ont pas, & que c'est elle qui peut representer la Terre complette, qui est vn corps tout plein de sympathies & de correspondances, si bien que ses parties se voulans joindre encore plus qu'elles ne font, causent vn mouuement Circulaire, dont elles ne peuuent s'abstenir ny en prendre vn autre, puisqu'elles s'attirent & s'entresuiuent continuellement de toutes parts ? Qui nous donnera des asseurances de cecy ? Plusieurs nient que l'Aymant fasse ce tour, & quand il le feroit, est ce à dire que la Terre en faſſe vn ſemblable? mais quand il ne le feroit point auſſi, eſt il certain que la Terre ne le faſſe pas non plus, puiſque quelque pierre que ce ſoit n'eſt conſiderée que comme vne petite piece de cette maſſe, qui ne doit point participer aux proprietez du total?

 Ce mouuement que l'on cherche ne ſe treuue donc qu'en des Corps Complets qui en ont beſoin pour la perfection de leur nature. L'on dit que la Terre qui en ioüyt ſe tourne ainſi ſur ſon Centre, c'eſt à dire ſur ſon poinct du milieu ; nous ne l'entendons point autrement. Cependant l'Epicycle où elle eſt enfermée, eſt conſideré cóme vn autre Corps accomply qui chemine autour du Soleil par vne faculté qui luy a de meſme eſté donnée. Ainſi la Lune fait ſon cours en vn mois par ſa propre vertu, autour du meſme Epicycle, de ſorte que chaque corps a ſon mouuement particulier. Les plus ſcrupuleux de nos Aſtronomes donnent ainſi des ſeconds Cercles aux Planettes pour les porter d'vn lieu à l'autre. S'ils perſiſtent à s'enquerir par quelle vertu le Cercle de la Lune au milieu duquel on a mis la Terre, ſe peut mouuoir autour des Cercles de Venus, de Mercure, & du Soleil, il leur faut demander par quelle vertu tous les Epicycles qu'ils ont auſſi donnez aux Planettes font leur cours, car ce ſont eux qui les ont inuentez les premiers pour regler le mouuement des Aſtres. L'vn doit eſtre auſſi toſt crû que l'autre, tellement que ceux qui ſouſtiennent l'opinion des deux mouuemens de la Terre, ne peuuent eſtre rebuttez en cecy. Mais ſans tout cela, pourquoy la Terre n'ira-t'elle pas autour du Soleil ſans eſtre portée dans vn Epicycle, encore qu'elle faſſe ſon tour en vingt & quatre heures,

DE L'IM-
MOBILITE'
DE LA
TERRE.

ce qui luy donne le iour & la nuict? Les Philosophes vulgaires veulent faire valoir icy dauantage leurs maximes: Ils disent que c'est à ce coup qu'ils ont raison de se plaindre, & que l'on veut introduire deux mouuemens, non seulement l'vn en puissance & l'autre en acte, mais tous deux actuels. Ie leur auoüeray bien que deux mouuemens diuers ne se peuuent pas faire ensemble, estans tous deux en leur extreme perfection; mais rien n'empesche qu'ils ne se fassent en vn moindre degré, & qu'ils soient meslez; C'est à quoy ils deuroient auoir pris garde. Par exemple, si vn homme s'esleue en sautant en ligne droite, il n'auancera point, mais s'il saute par dessus vn banc il faut qu'il s'esleue, & qu'il s'auance pareillement. Nous voyons donc que les Corps peuuent auoir en mesme temps deux mouuemens meslez, & cecy est bien plus aisé à croire du globe de la Terre que de toute autre chose; car l'on peut dire qu'en tournant elle auance chaque iour d'vn degré, de mesme qu'vne boule qui tourne, & ne laisse pas d'auancer. L'on y treuue par ce moyen vne grande facilité, & c'est vne mesme force qui cause ce mouuement double. Si cela se fait ainsi, il ne faut pas dire que la Terre tourne tousiours en vingt & quatre heures sur vn mesme Centre, & que c'est vn Epicycle qui la porte. En tournant elle s'esloigne petit à petit de chaque degré, & le Centre que l'on s'y peut figurer n'est qu'en elle mesme. Cela semble tres-faisable de cette sorte. Mais les Astronomes ordinaires n'ont donné le mouuement iournalier à l'estage des Estoilles fixes, que par la communication d'vn autre superieur qu'ils ont appellé le premier Mobile, d'autant qu'ils ont trouué

que

que les Estoilles s'auancent d'elles mesmes par vn cer- DE L'IM-
tain nombre d'années, d'vn autre costé que celuy où MOBILITÉ
elles sont emportées chaque iour par l'estage supe- DE LA
rieur; & c'est là le mouuement que l'on a estimé pro- TERRE.
pre à la Sphere qui les soustient. Pour monstrer que
ce mouuement ne se treuue point en elles, & que ny
elles ny le Firmament, ny le premier mobile, ne bougent de leur place, il faut attribuer vn troisiesme mouuement à la Terre, ce que nos Naturalistes auront bien
de la peine à souffrir, puisqu'ils ne peuuent pas mesme
en admettre deux. Mais pourquoy ne croirons nous
pas que la Terre tournant en elle mesme, s'auance par
ce moyen autour du Soleil, & qu'elle auance aussi petit
à petit le lieu de sa Circulation vers vn certain endroict
qui l'esloigne de quelques Estoilles, & qui l'approche
des autres, ainsi que les nouueaux Astronomes ont
proposé? Voila comme les trois mouuemens sont deffendus, car en effet ce n'en est qu'vn seul meslé des deux
autres.

Si l'on vouloit apporter quelque diuersité dans cette nouuelle opinion, l'on pourroit dire que tout ce qui
seroit au monde auroit du mouuement excepté le Soleil qui est au milieu comme la Lampe eternelle de l'V-
niuers; car ce dira t'on, pourquoy l'estage des Estoilles, ne se remuera t'il pas aussi bien que celuy de Saturne, de Iupiter & de Mars? Il n'y a que ce qui est au Centre qui doiue estre immobile. Le Firmament peut
auoir ce mouuement qui fait faire vn degré à ses Estoilles en plusieurs années, & cela s'accommodera bien
à l'opinion de ceux qui veulent que plus les corps sont
esloignez, plus ils soient lents en leur course. Qui vou-

T

droit oster la difficulté que l'on a treuuée en la varieté des Poles sans qu'il fust besoin de donner à ce dernier estage vn esloignement immense, l'on diroit qu'il auroit encore au dessus de luy vn premier mobile qui le feroit tourner en trois cent soixante & six iours du mesme costé que la Terre. L'on n'auroit plus besoin alors de s'imaginer ce grand espace entre Saturne & les Estoilles ; mais aussi l'on trouueroit peu de conuenance en ces mouuemens, pource que l'on donne trente ans au cours de Saturne, & qu'il ne sembleroit pas à propos que des cercles superieurs pûssent accomplir leur cours en vn an. Mais l'on peut dire auec vne grande apparence de verité, que si l'on fait mouuoir le premier Mobile en vn iour selon l'ancienne croyance, quoy que les cercles inferieurs ne fassent leurs cours qu'en plusieurs années, à plus forte raison l'on doit croire qu'il employe vne année seulement à faire le sien. Neantmoins ceux qui sont de la nouuelle opinion, aiment mieux esloigner extremement les Estoilles fixes pour faire perdre la varieté des Poles, que de leur dóner aucun mouuement, afin de n'estre point en peine de chercher tant de discours subtils pour soustenir les irregularitez qui s'y rencontreroient.

Nous voyons comment ils se peuuent deffendre de nos Physiciens qui n'ont eu garde de les refuter entierement, car ils n'ont pû s'imaginer les principales raisons dont ils estoient appuyez. Toutefois il ne se faut pas laisser surprendre. Si i'ay declaré ce qu'ils ont de plus ingenieux, ie ne veux pas que les esprits en demeurent preoccupez. Pour parler premierement de ce qui doit estre placé au milieu du Monde, il est certain que ce doit pluſtoſt eſtre la Terre que le Soleil. Quoy que l'on rapporte que les globes maſſifs ſe peuuent tenir de tous coſtez ainſi que l'on les void eſpars, l'on peut dire que cela ne peut eſtre de la Terre qui eſt vn corps plus maſſif que les autres, qui par conſequent ne ſçauroit eſtre ſouſtenu qu'au milieu du Monde, encore qu'il n'y ait point de Centre attractif, pource que ce n'eſt qu'en ce lieu là que l'Ether a la force de le tenir ſuſpendu, ce qui peut eſtre donné pour certitude au Traicté de la Situation. Quant au Soleil, ſi l'on veut abſolument qu'il ſoit au milieu des Corps Principaux, il faut dire qu'il eſt en effect au milieu des ſept Planettes, puiſqu'il eſt au quatrieſme eſtage, & toutes ces paroles dont l'on ſe ſert pour monſtrer que le milieu du Monde eſt l'endroit le plus haut, & que c'eſt celuy où il doit eſtre, ne ſont que des ſubtilitez que l'on peut tourner comme l'on veut. L'on attribuera auſſi la mobilité au Soleil auec autant de facilité comme à la Terre, & l'on donnera à la Terre l'immobilité. Bien qu'vn corps lourd ſoit fort propre à ſe mouuoir, il doit demeurer fixe lors qu'il a trouué vn lieu où il peut eſtre ſupporté. Quant au Soleil il a des qualitez ſi viues & ſi promptes, qu'il n'eſt pas fort malaiſé de faire croire qu'il a de l'inclination au mouuement. Voyant meſme que les autres Aſtres qui ſont autour de luy ſe meuuent, cela ſeroit pluſtoſt eſtrange ſi l'on croyoit qu'il fuſt immobile, au lieu que la Terre d'elle meſme nous ſemble eſtre dans vn eternel repos. L'on luy attribuë des facultez cachées pour la faire tourner, mais bien que l'on puiſſe nier qu'elle en ait aucune, cela ne ſe doit pas faire de vray aux termes que les Phyſiciens l'ont entrepris. Ils ne peuuent pas monstrer qu'vn corps ne doiue auoir qu'vn mouuement, ainsi que nous auons declaré. Il est besoin de prendre cela d'vne autre sorte. Il faut asseurer que les corps ont plusieurs mouuemens selon leur meslange & leur perfection; Qu'outre celuy qu'ils ont de tomber droictement en bas qui est selon la nature de toute chose lourde, il y en a qui vont de costé & d'autre & qui tournent aussi, ayans encore en eux le pouuoir de s'estendre & de croistre; Que d'autres qui sont moins parfaits & moins meslez, n'en ont pas tant; mais quant à la Terre de qui tous ces corps tirent leur composition auec le meslage de l'Eau, qu'elle est vn corps simple qui par consequent ne doit auoir qu'vn simple mouuement. C'est ce que les plus doctes peuuent dire, & neantmoins l'on leur respond, que de considerer la Terre comme corps simple, c'est regarder seulement ses parties qui entrent en la composition des corps meslez, qui en effet n'ont point d'autre pouuoir elles seules que de tomber droictement. Nous reuenons tousiours à nostre premiere proposition, qui est que la Terre comme Corps Principal peut auoir vn autre mouuement de surcroist qui la fait tourner en rond. Icy les plus subtils Philosophes diront, qu'il faudroit pour cela, que la Terre fust animée, & que ce fust vn corps composé d'organes, ce qui n'est point, & ie m'en vay vous le prouuer. C'est qu'elle peut changer de face de tous costez, ayant toutes ses parties renuersées, & estre tousiours au lieu qu'elle est pour y faire les mesmes fonctions. Il n'en est pas de mesme de l'animal; Si l'on luy coupe les membres, il cesse d'estre ce qu'il estoit; mais que l'on mesle ce premier corps tant que l'on voudra, ce sera toufiours la Terre ; les fleuues & les mers prendront poffible d'autres places, mais tout cela eft indifferend. L'on peut repartir que la Nature a donné aux Corps complets ce qui leur eftoit neceffaire, & que n'eftant befoin à la Terre que d'vn tournoyement, il n'eft pas à defirer qu'elle ait des organes fi parfaits que ceux d'vn animal; Que des Atomes piroüettent en l'air fort facilement, & fi cela n'eft point durable, c'eft que la caufe qui les fait tourner ceffe, au lieu que celle qui fait tourner la Terre ne ceffe point; Et puis l'on nous amenera encore l'exemple des autres Aftres qui ne font point animez, & qui ne laiffent point de tourner. Mais ie diray que ce font des Corps plus accóplis & plus parfaitement meflez au lieu que la Terre fe lie autant de tous coftez par fa pefanteur, que par l'humidité qui n'y eft pas efgalement meflée. Apres tout puifque nous la mettons au Centre, il n'eft pas neceffaire qu'elle tourne, mais qu'elle foit fixe, comme le plus groffier de tous les corps.

L'on peut ainfi conferuer la place de la Terre & affeurer fon immobilité, par des raifons naturelles, outre celles que l'on a prifes des apparences des Aftres. Il nous en refte d'autres que nous prenons de la confideration de la chofe mefme. L'on dit que fi la Terre faifoit vne reuolution entiere en vingt & quatre heures, & fi elle tournoit inceffamment, vn hóme qui fauteroit en l'air ne retomberoit pas au mefme lieu d'où il fe feroit efleué; Qu'vne pierre qui feroit jettée du haut d'vne Tour ne tóberoit point iuftemét au bas, pource que la Tour s'efloigneroit toufiours, & que c'eft ainfi qu'vn fardeau jetté du haut du maft d'vn nauire qui

DE L'IM-
MOBILITÉ
DE LA
TERRE.

vogue, ne tombe pas au pied, mais vn peu plus auant; Qu'vn traict ou vne balle d'arquebuze n'iroient pas si loin d'vn costé que d'autre, & ne pourroient pas tant s'auancer du costé vers lequel la Terre tourneroit, pource qu'elle esloigneroit ses parties en mesme téps; & qu'enfin ce mouuement deuroit paroistre quelque part, & tout au moins au milieu de la Terre, où elle doit faire en vingt & quatre heures 5400. lieües des plus grandes, qui sont celles d'Allemagne, au lieu que cet espace va tousiours en appetissant vers les Poles à cause de sa rondeur. Mais ie fay icy respondre ceux qui suiuent la nouuelle supposition, que tout cela n'est aucunement à propos, & que pour faire les choses que l'on pretend, il faudroit que la Terre se tournast de beaucoup plus viste qu'elle ne fait, & qu'elle fist sa reuolution en moins d'vn quart d'heure ; Que si le tour de l'aiguille d'vn Quadran est imperceptible, n'ayant que trois pieds de long, il le seroit de mesme s'il en auoit cinquante, voir cent & dauantage, parce qu'il faudroit tousiours que le bout allast d'vn mesme train que le milieu, tellement que l'on ne le verroit pas cheminer; Que les plus hautes parties de la Terre roulent insensiblement comme si elles estoient plus petites, & comme peuuent faire celles qui approchent de son Centre; Que ce mouuement estant si lent, vne personne qui saute peut donc reuenir en sa place qui n'est pas encore escoulée; Qu'vn fardeau peut tomber aussi fort droict, & que le trait ne s'auance point plus d'vn costé que d'autre, à cause que tout cela se fait quasi en vn moment, & que s'il y a quelque difference elle est si petite que l'on ne la sçauroit remarquer; Que l'on se sert de ces choses comme fort certaines, pource que l'on ne sçauroit auoir d'experience plus longue; Que s'il estoit possible de monter à vn estage qui eust vne conuenable hauteur, & que de là l'on jettast vne pierre, l'on verroit qu'en effet elle ne tomberoit pas iuste, à cause que la partie de la Terre opposée auroit notablement changé de lieu tandis qu'elle auroit tombé, & que les autres espreuues nous feroient de mesme connoistre la verité si l'on les pouuoit faire comme il seroit besoin, & non pas selon la foiblesse des hommes. Cecy est grandement dans la vray-semblance, & tous ces Docteurs qui ont fait tant de bruit auec leurs objections, n'ont pas songé que l'on leur deuoit respondre cela. Ils persisteront neantmoins à nous vouloir persuader, que l'on doit remarquer le tournoyement de la Terre à cause de sa grandeur. C'est vne chose estrange qu'ils veulent bien que la grande Sphere du Firmament fasse son cours sans que l'on la voye tourner, & qu'ils ne le veulent pas accorder de ce petit Atome de la Terre! Mais ie leur dy encore que l'on se doit imaginer vn globe le plus grand qui puisse estre entre les mains des hommes, posé sur vn aissieu qui luy fasse faire son tour en vingt & quatre heures, & ie leur soustien que l'on ne le verra pas tourner, & que l'on ne connoistra son mouuement que par les marques que l'on y aura faites, qui seront hautes ou basses, & que s'il estoit d'vne grandeur aussi spatieuse que le monde, l'on ne le verroit pas aller plus promptement, pource qu'en en effet, si l'on auoit tracé vn cercle autour de son pole qui eust quatre pieds de Diametre, l'on ne le verroit pas tourner non plus que la maistresse roüe d'vn Horloge. Or le grand Cercle du milieu qui auroit vn tour si grand qu'il luy faut donner beaucoup de centaines de lieües, ne deuroit pas aller plus viste, ce globe estant vn corps continu qui chemineroit d'vn mesme pas, de maniere que l'on ne remarqueroit point aussi son mouuement que par les signes qui en seroient establis. L'on dira que puisqu'il luy faudroit faire tant de chemin vers son milieu, necessairemét il y deuroit aller plus viste, & i'auoüray bien que tant plus ses parties approcheroient des Poles, tant moins elles auroient de chemin à faire, de sorte que leur circulation y pourroit estre insensible ; mais il faut considerer aussi que si les parties du milieu alloient si viste que l'on s'imagine, il faudroit de necessité que celle des bouts suiuissent cette loy, & que l'on les vist tourner manifestement. Que l'on se represente ces choses comme si l'on les voyoit, & l'on trouuera ce qui en peut estre. La comparaison de l'aiguille du Quadran nous a menez petit à petit à des choses plus semblables. C'est ainsi que la Terre tourne sans que l'on la voye remuer. Que si elle alloit beaucoup plus vistement, cela se deuroit aussi remarquer aux cercles de ses Poles, mais ne faisant son tour qu'en vingt & quatre heures, ce que nous voyons tous les iours n'estre pas sensible en vne roüe de quatre pieds de Diamettre, cela ne le doit pas estre aussi dans la continuité du globe, & mesme iusqu'au cercle de son milieu. Cela conclud infailliblement que le tournoyement de la Terre ne doit point estre veu, mais l'on n'accorde pas que cela empesche d'en voir l'effet, lors que l'on se seruira de quelques espreuues pour en faire la remarque, & l'on a choisi pour

DE L'IMMOBILITÉ DE LA TERRE.

pour cela celle de la balle de Canon. L'on dit donc que si l'on en tire vn du costé du Midy, & apres du costé du Septentrion, la balle tombera tousiours en mesme distance à cause que la Terre ne s'esloigne pas plus d'vn Pole que de l'autre, & cela seruira à regler l'autre costé où la cheute est inesgale. Or l'on nous represente que la Terre ayant 5400. lieuës de circuit, & faisant sa reuolution en 24. heures, il faudroit qu'elle en fist 225. dás vne heure, & si l'on diuise l'heure en 60. minuttes, l'on trouuera que ce seroit presque quatre lieües pour chaque minutte, & que si vne balle de canon met cette espace de temps à courir, & qu'elle ne fasse pourtant qu'vne lieuë de sa propre force, il semblera que du costé que la Terre quitte l'Occident, elle en ait fait cinq, & si l'on tire le mesme canon du costé de l'Orient où la Terre se tourne, il sera emporté plus viste que sa balle ne pourra aller, tellement qu'elle se trouuera en arriere à trois lieuës de luy. Pour voir la certitude de cette experience, l'on la peut faire premierement dans des Isles flottantes qui sont sur quelques Lacs, & l'on void de quel costé la balle porte le plus loin, ou de celuy que l'Isle abandonne, ou de l'autre qu'elle va treuuer. Pour auoir encore vn exemple de cecy, deux hommes se mettent dans vn vaisseau qui vogue, & se jettent vn estœuf l'vn à l'autre auec vne pareille force, & connoissent si le vaisseau ne fait pas gagner beaucoup de chemin à l'estœuf du costé de derriere, de telle sorte qu'il pourra tomber en la Mer de ce costé là. Toutes ces choses nous apprennent que si la Terre tournoit, l'on le deuroit connoistre par de semblables experiences accommodées à sa grandeur, &

V.

particulierement par celle du canon de qui la balle va extremement droict. Que si pour regler son mouuement quelqu'vn s'est seruy de la minutte & des quatre lieuës, il faut croire que ce n'a esté que par vne supposition, car puisque la balle ne se tient pas tant de temps en l'Air comme peut durer l'espace d'vne vraye minutte, qui est la soixantiesme partie d'vne heure, il en faut faire d'autres sousdiuisions. Mais c'est aussi ce que les aduersaires y trouueront à reprendre, car ils persisteront à dire que la balle fait son cours en vn instant, & que dans cet instant la Terre ne fait pas tant de chemin que cela puisse estre sensible; ioint que les canons ne tirent pas tousiours auec vne esgale force, & que le peu d'espace qu'il y aura de difference n'estant pas bien remarqué, l'on l'attribuera à leur inesgalité ordinaire. D'ailleurs ils peuuent dire que l'on les combat auec des experiences non esprouuées ; Que l'on leur dit bien que si la Terre tournoit, la cheute seroit inesgale ; mais que l'on ne leur monstre point que cela ne se fasse pas. Ils auroient aussi plus d'esperance au fardeau qui tomberoit d'enhaut, & qui ne s'iroit pas reposer sur vn lieu qui fust perpendiculaire à celuy dont il auroit esté jetté. Sa cheute ne seroit pas si prompte, mais l'on ne sçauroit trouuer de Tour qui fust assez haute, & mesme l'on diroit que le fardeau auroit esté jetté de biais, ou bien qu'il auroit esté balancé en l'air. D'vn costé & d'autre il y a des deffaux, & ces espreuues sont si difficilles que l'on auroit bien de la peine à treuuer par leur moyen que la Terre tourne, ou qu'elle ne tourne pas.

Toutefois les Astronomes qui ont publié que la

Terre tournoit pour establir vne nouuelle disposition celeste, ont eu si peur d'estre conuaincus par plusieurs experiences, qu'ils ont respondu de la mesme sorte à ceux qui leur contrarioient, comme s'ils fussent demeurez d'accord que toutes ces choses eussent esté bien auerées, en quoy ils se sont monstrez trop faciles; mais il est vray que pour se despestrer de ces difficultez, ils n'ont pas seulement asseuré que la Terre tourne, mais aussi l'Air qui est autour d'elle, & toutes les choses qui luy sont voisines; que l'Eau participe à ce mouuement, parce qu'elle repose sur la Terre, & l'Air fait la mesme chose, & tout ce qui s'y treuue esleué est aussi emmené auec luy, de sorte que les balles ne peuuent auoir vne diuerse portée, & les fardeaux ne peuuent tomber qu'au bas du lieu d'où ils ont esté jettez; mais cela n'est point conforme aux experiences & à la raison; car l'on connoist bien que quand l'Air seroit emporté circulairement, les corps plus pesans qui y seroient esleuez ne seroient pas entraisnez aussi. L'on void qu'il n'a de la puissance que sur ceux qui sont plus legers, & qu'il cede tousiours aux corps terrestres, de maniere que quand il tourneroit auec la Terre, cela n'empescheroit pas que les balles de canon ne tombassent de beaucoup plus loin du costé que la Terre quitteroit, que de celuy où elle s'inclineroit. Les fardeaux ne tomberoient pas aussi droitement au pied d'vne Tour, car il n'y a point d'apparence de croire que l'Air pûst porter auec soy des corps plus lourds que luy, puisque cela est contre la maxime naturelle, ioint que cela seroit estrange qu'il transportast vn corps auquel il se laisse fendre, n'ayant pas le pouuoir de luy resister.

DE L'IMMOBILITÉ DE LA TERRE.

V ij

*DE L'IM-
MOBILITÉ
DE LA
TERRE.*

Pour se deffendre de toutes façons, ils disent que ce transport se fait par vne force de sympathie, qui possede toutes les choses qui dependent de la Terre, lesquelles ont ensemble vn desir de s'employer à faire ce tour; mais quand tout le corps de la Terre auroit en soy vne certaine puissance qui le feroit tourner incessamment, seroit il croyable que toutes ses parties en eussent vne pareille lors que mesmes elles en seroient separées? Bien que le corps d'vn animal puisse sauter en l'air, & marcher en auant & en arriere, verra t'on que si l'on luy coupe vn bras, il s'esleue apres de la mesme sorte, & qu'il fasse tout ce qu'il fera? Ceux qui vouloient que les parties de la Terre tournassent comme sa masse entiere, ont déja esté refutez; mais l'on veut dire icy que l'on n'entend pas seulement que chaque partie fasse vne reuolution sur son propre Centre, mais qu'elle s'accorde à celle de la Terre comme en estant attirée. Il est vray qu'ils pretendent que l'vne est la marque de l'autre, & que le petit globe se tourne sur son aissieu en vingt & quatre heures, pource qu'il y est arresté, & que sa propre force luy fait faire cela, au lieu que s'il estoit laissé libre, il se contenteroit de suiure la reuolution generalle : mais c'est à sçauoir s'il luy est necessaire de tourner ainsi de luy mesme, puisqu'en quelque lieu qu'il soit attaché, il tourne tousiours auec tout le reste de la Terre. Ces pretendus sçauans qui ont escrit là dessus, n'ont point consideré cela, & n'ont pas eu le courage d'asseurer qu'vne boule de terre n'auoit point cette circulation, ny aucune pierre que l'on pûst trouuer, non pas mesme celle d'Aymant. Si quelques vns l'ont escrit, ce n'est que pour l'auoir oüy dire. Toutefois il y en a qui se fondent là dessus, & qui veulent que cela se fasse pource que ces deux corps, quoy que fort differents en grandeur, ont des qualitez semblables, & cela leur sert de beaucoup à leur aduis pour monstrer que l'on ne doit point voir d'inesgalité de cheute aux corps qui retombent sur terre. Ils ont attribué aussi vne force attractiue à cette masse entiere, comme à la pierre d'Aymant, afin que tous les corps qui l'enuironnent tendent à elle ; mais que l'on prenne garde que lors qu'ils seroient esleuez en l'air, cela ne seroit pas capable de les faire mouuoir circulairement : car quand la Terre les attireroit esgalement de toutes ses parties selon qu'elles s'offriroiét en tournát, cela n'empescheroit pas qu'vne pierre ne tombast de droict fil, & par ce moyen elle iroit plus loin que le lieu dont elle auroit esté jettée, lequel auroit changé de place; car il n'importeroit pas à quelle partie de la Terre elle fust attachée. Quelqu'vn pourroit dire aussi que si le corps entier de la Terre auoit la vertu de l'Aymant qui attire le fer sur toutes choses, il s'en seruiroit de mesme sur les corps qui luy seroient les plus amis, & il auroit fort peu d'attraict pour les autres, tellement que les corps qui seroient plus esloignez de sa nature, n'y seroient pas portez si viuement. Mais si les choses terrestres retombent plus promptement que celles qui ne le sont pas, ce n'est qu'à cause de leur plus grande pesanteur, qui fend toute sorte d'obstacles, & c'est ce qui les empesche de tomber en ligne circulaire, tant s'en faut que cela leur y serue : car quelle apparence y auroit il que des choses si massiues pûssent estre soustenuës en l'air, pour estre conduittes à vn poinct de la Terre qui respondist directement à celuy dont elles tombent. Cela seroit plus croyable des corps qui ont moins de ressemblance auec la Terre, lesquels sont quelquefois assez longtemps soustenus en l'air à cause qu'ils n'ont pas beaucoup de poids. Mais en parlant ailleurs de cette pretenduë attraction, i'ay dit que si la masse de la Terre auoit cette force, elle la deuroit faire plustost paroistre sur les corps les plus petits & les plus legers, que sur les plus grands & les plus lourds qui sont plus malaisez à attirer, & cela se fait mesme ainsi en l'Aymant; Et si l'on dit que ces corps qui sont si peu massifs ne vont pas si librement à elle à cause qu'ils ne sont pas de sa nature, c'est vne erreur; car il n'y a point de corps qui ait quelque consistence arrestée, sans estre mesle de quelques parties terrestres; & mesme quand ils seroient meslez d'eau, l'eau ne retombe t'elle pas assez promptement sur la Terre? Mais prenons de vrais corps terrestres fort petits, n'est il pas vray qu'ils ne retombent pas si tost que les grands, bien qu'ils deussent faire le contraire? Cela monstre qu'il n'y a aucune attraction, mais qu'ils retombent seulement selon leur pesanteur; & c'est d'ailleurs vne estrange absurdité de croire que pendant leur cheute ils se tiennent en suspens, afin de retomber en vn lieu droitement opposé à celuy dont ils sont partis pour les attirer en cette circulation. Il faudroit qu'il n'y eust qu'vn costé de la Terre qui fust Aymanté, car si elle l'est de toutes parts, la pierre qui tombera n'aura pas plus d'inclination pour vn lieu que pour l'autre, si bien qu'elle gardera le mouuement droict, & tombera inesgalement à cause du mouuement de la Terre. Cette bigearre imagination est donc ainsi destruicte. Au reste si cette force attirante estoit espanduë par toute la Terre, l'on verroit d'estranges merueilles. Vn nauire auroit de la peine à quitter le port, & s'il estoit en pleine Mer, il seroit promptement attiré du plus prochain riuage. Que si l'on dit que le bois n'est pas si puissamment attiré par la Terre, à tout le moins les pierres seroient attirées par les autres pierres, & les edifices seroient incontinent ruinez. Ne croyons donc point que les corps terrestres se puissent mouuoir autremét par leur nature que du haut en bas, pour s'aller reposer sur vn corps qui les puisse soustenir. Tant s'en faut que la Terre leur donne ce mouuement circulaire, à cause qu'ils luy ressemblent, qu'au contraire il n'y a que ceux qui luy sont dissemblables qui le puissent obtenir, & qui sont beaucoup moins pesans, comme les nuées & les autres Corps Deriuez qui se forment en l'air. Les corps pesans retombent donc droitement au dessous du lieu dont ils ont esté jettez, & font voir que la Terre est stable, puisque si elle tournoit ils ne pourroient pas tomber de cette sorte.

Ceux qui se sont imaginé le tournoyement de l'Air, n'ont pas crû satisfaire seulement aux objections que nous auons dites, mais presque à toutes les autres que l'on sçauroit faire. Quelques vns leur ont dit, que si la Terre tournoit, l'Air qui se trouueroit enfermé entre les montagnes & les autres diuerses hauteurs, ou bien entre les arbres des forests, feroit vn terrible bruit, veu que mesme celuy qui est touché du tournoyement d'vne petite toupie en fait vn qui est assez considerable pour sa quantité. Ils se mocquent de cela, puisqu'ils ont déja asseuré que l'Air doit tourner auec la Terre, mais

DE L'IM-MOBILITÉ DE LA TERRE.

il faut voir si cela se peut. Quand la Terre auroit en elle la puissance de tourner, pourquoy l'Air seroit il agité de mesme? C'est vn corps moins solide qui luy cede par tout, & nous sçauons qu'vn corps n'en fait point mouuoir vn autre, s'il n'y treuue quelque prise & quelque resistance. L'Air pourroit bien estre entraisné, mais ce ne seroit qu'en sa plus basse partie, & c'est ce qui seroit cause qu'il s'y feroit plus de bruit, mais ils repliquent que ce qui est emmené va iusqu'au dessus des plus hautes montagnes, tellement que s'il y a quelque emotion ce n'est que par vne diuision d'air qui ne fait pas le tumulte que l'on pense, ioint que c'est vn mouuement si naturel qu'il ne se peut qu'il n'ait de la douceur. L'on ne se figure pas aussi que la Terre roule auec cette vistesse que quelques vns pretendent. L'on a déja prouué que sa circulation doit estre imperceptible. Pour refuter le mouuement de la Terre, l'on dit encore que s'il se faisoit, le son d'vne cloche ne seroit pas porté si loin dans l'Air du costé où la Terre iroit, que de l'autre, & que n'y trouuant point de difference au temps le plus serein, l'on doit iuger que la Terre est stable, & que l'Air l'est aussi par consequent ; Mais les aduersaires se peuuent seruir de cela, pour monstrer que c'est que l'Air tourne esgalement auec elle. En ce qui est des nuées que l'on deuroit tousiours voir aller vers l'Occident, laissant tourner la Terre à sa mode ; ils disent encore que l'Air les entraisne auec luy, & qu'outre cela elles ont leur mouuement particulier qui les agite d'vn costé & d'autre, selon qu'elles sont touchées de la chaleur celeste, & que ce mouuemét ayant de la violence, il paroist dauantage que l'autre qui est tout naturel.

Pour

DE L'IM-
MOBILITÉ
DE LA
TERRE.

Pour vne derniere attaque que l'on pense estre la plus puissante de toutes, l'on leur obiecte que ce tournoyement seroit capable de renuerser tous les edifices, mais aussi qu'vne partie de la Terre se separeroit d'auec l'autre, pource que n'estant pas liée en beaucoup d'endroits par le moyen de l'humidité qui la rassemble, elle tomberoit aussi tost qu'elle seroit panchée. Ils ne tiennent compte de cette obiection, & disent que l'on auroit autant de sujet de craindre que tout ce qui se treuue desassemblé d'auec la masse terrestre en nos Antipodes ne tombast, & specialement que l'eau qui s'y rencontre ne coulast vers la partie du Ciel qui est de cet autre costé, puisque c'est vn corps malaisé à retenir luy seul, bien qu'estant meslé auec la Terre ils soient retenus ensemble. En quelque partie du monde que l'on soit, l'on treuue tousiours que la Terre est vne ferme assiette pour les corps. Si le costé qui est au rebours du nostre, estoit le bas, le Ciel qui le couuriroit seroit donc le bas aussi ; mais il n'y a au Ciel ny haut ny bas; Il est situé dans vne estenduë incomprehensible où il a autant deplace qu'il luy en faut, & ses parties sont tellement esgales que l'on n'y peut mettre de difference. La Terre participe à cette egalité tirant sur la rondeur, & les animaux s'y treuuent droicts de tous costez. Ce n'est qu'à nostre esgard que nous establissons le haut & le bas, & ceux qui sont aux Antipodes auroient autant de suiet de s'estonner comment nous pouuons nous tenir icy tous droicts, que nous de le penser d'eux. Les exemples familiers ne nous peuuent pas instruire en ce qui est de l'Eau & des corps qui ne sont pas liez lesquels ne se respandent point. Si nous faisions ainsi

X

DE L'IM-MOBILITÉ DE LA TERRE.

tourner de petites masses, nous verrions le contraire, mais ces petites parties ne peuuent pas aussi auoir les mesmes prerogatiues que le total; Toutefois en ce qui est du marcher des animaux, nous y en voyons quelque image, car les mouches & les autres petites bestioles cheminent tout autour d'vn globe auec pareille facilité, & nous leur voyons souuent la teste en bas & les pieds en haut; mais c'est qu'ayant plusieurs pieds elles s'agraffent de tous costez à toutes choses, pourueu qu'il y ait quelque peu de prise. Il ne faut pas dire pourtant que de quelque costé de la Terre que ce soit il y ait des animaux qui ayent besoin d'en faire de mesme, puisque tout le circuit est semblable. I'ay déja esclaircy cela ailleurs. Quand la Terre tourneroit, donc il est certain que l'on s'y pourroit soustenir de toutes parts ainsi que l'on fait déja, car si les exemples ne le peuuent monstrer la raison le monstre & l'experience que l'on en fait par les voyages. Rien n'auroit garde de se rompre aussi par sa circulation, puisque l'on pretend qu'elle est si douce que les edifices n'ont garde d'estre abatus ny les montagnes renuersées en tournant auec leurs fondemens d'vne esgale mesure.

L'opinion du mouuement de la Terre est ainsi deffenduë contre toute sorte d'attaques, & de verité il y a des articles qui rapportent des choses qui semblent estre possibles, mais il n'est pas certain que tout ce que l'on monstre qui peut estre, soit. Il y a mille choses qui ne seront iamais, & neantmoins l'on peut prouuer qu'elles sont possibles. C'est ainsi qu'il le faut prendre du mouuement de la Terre, qui ne se fait pas, encore que l'on ait monstré en de certains poincts qu'il se puisse faire. Il est certain qu'vn corps peut auoir deux ou trois mouuemens meslez, & qu'il se peut mouuoir si doucement que cela ne paroist point; mais il est plus probable pourtant qu'vn corps pesant cóme la Terre soit immobile, & que ce soit le Soleil qui tourne. Le prodigieux esloignement des Estoilles fixes est aussi fort malaisé à nous persuader; Et de tous costez i'ay fait voir qu'encore que la nouuelle opinion eust des deffences fort subtiles, elles n'estoient pas capables de troubler l'ancienne croyance. Il est vray que ce que i'ay dit à son auantage, tient peut estre plus de place que ce que i'ay dit pour l'immobilité; mais c'est que les suppositions ont besoin de plus de paroles que les veritez reconnuës, & i'ay pris plaisir à les estaller, afin que les esprits curieux n'ignorent rien de ce qui se peut sçauoir pour se mettre au chemin de la perfection. Il est vray que ie ne me contente pas quelquefois seulement de dire ce que les nouueaux Astronomes peuuent alleguer, mais que ie refute aussi fort asprement tout ce qui se peut dire contre eux. Si ie ne le faisois, ce traicté seroit imparfait; & d'ailleurs ie n'ay pû souffrir que l'on leur ait si mal respondu. Si ie n'eusse point dit ces choses, plusieurs penseroient que les raisons de nos Philosophes vulgaires fussent capables de les vaincre, & demeureroient dans cette erreur qui les meneroit à d'autres plus grandes. Ie monstre donc que ce n'est pas auec de telles armes qu'il les faut combattre, & qu'il n'est pas besoin de tant d'appareil, mais d'vn peu de vigueur & de resolution. Toutefois quelques raisons que nous puissions alleguer pour faire connoistre, que de deux choses possibles, celle qui l'est dauátage doit estre tenuë

DE L'IMMOBILITÉ DE LA TERRE.

pour certaine, les nouueaux Astronomes ne pensent point que cela destruise leur proposition ; car ils ne la veulent pas seulement faire passer pour possible, mais pour necessaire, afin de treuuer la raison des approchemens & des reculemens de quelques Planettes. Ce pretexte leur sera osté lors qu'il sera temps de regler le cours de tous les Astres. Apres tout, la meilleure raison que ie treuue pour soustenir que la Terre ne tourne point, c'est que l'on ne l'experimente pas, & que cela repugne à nos sens, & ie vous dy en verité qu'il est bien plus à propos de croire ce que nous voyons, & qui se preuue facilement, que non pas de s'aller imaginer des choses dont l'on n'a aucune certitude. Les dernieres raisons où l'on à recours contre les argumens les plus pressans des aduersaires, sont tirées ordinairement des Liures Sacrez de la Religion, mais ie ne mesle point icy les choses corporelles auec les spirituelles, & ie ne parle encore qu'auec les Philosophes, & non point auec les Theologiens. Les raisons naturelles sont suffisantes pour nous monstrer que la Terre n'a point de mouuement circulaire, & qu'en ce cas là mesme l'on pourroit s'exempter de parler d'elle dans le chapitre du Mouuement, n'estoit qu'il faut examiner les raisons de ceux qui luy en ont attribué. Elle a de vray quelques emotions que l'on appelle des Tremblemens, mais ce sont des mouuemens particuliers qui ne luy arriuent pas comme Corps Principal, & qui dependent aussi de quelques Corps Deriuez, & ne luy sont pas fort ordinaires. Il en faudra parler en vn autre lieu.

DES DIVERS MOVVEMENS DE L'EAV.

IL semble qu'il depend de l'ordre du Monde que la Terre soit immobile, afin que toutes les autres choses qui l'enuironnent, & qui ont vn mouuement apparent l'ayent pour fondement, & specialemét l'Eau & l'Air inferieur qui l'embrassent. Quand il a esté besoin de voir si la Terre tournoit, l'on la consideree cóme vn Corps complet à la maniere des Astres, faisant que tout ce qui l'enuironne estoit pris pour estre de ses membres; & en ce cas là l'on faisoit mouuoir l'Eau & l'Air auec elle, ou bien l'on les faisoit participer à son repos. Mais d'vne façon ou d'autre, ils ne laissent pas d'auoir des mouuemés particuliers qu'il faut examiner chacun en leur lieu. Or il vient maintenant à propos de parler de ceux que l'Eau peut auoir. Il faut donc sçauoir que quand la Terre ne seroit pas immobile en son lieu, si est ce qu'elle le paroist à nos sens, & est comme telle à l'esgard de l'Eau, & cela luy conuient fort bien, parce qu'elle sert de support à cet autre corps qui en a besoin. Si la Terre tournoit auec vne grande vistesse, elle ne pourroit tenir l'Eau dessus elle; incontinent elle la dissiperoit, la faisant rejallir de toutes parts. Mais ceux mesme qui luy ostent son immobilité, disent qu'elle tourne si doucement que l'Eau est emmenée auec elle sans qu'il s'y apperçoiue de violence. Encore que cela fust, cela n'empescheroit donc pas que l'Eau eust vn mouuement particulier ainsi qu'elle a, car le tournoyement de la Terre sembleroit tousiours vn repos au prix de cette agitation inesgale. Que si la Terre est fixe comme nous la tenons, il n'en est que de mieux pour l'Eau, qui en est plus asseurée de ne souffrir point de violence, & de n'auoir que les mouuemens que luy donne sa

X iiij

Nature, lesquels il faut maintenant considerer.

Le mouuement de toute Eau se doit faire droitement selon la Nature attribuée à tout corps simple, toutefois les corps peuuent aller d'vne autre sorte suiuant leur meslange & les accidens qui leur arriuent; c'est pourquoy l'Eau a diuers mouuemens. Le plus simple qu'elle ait, c'est lors qu'elle est diuisée en plusieurs branches qui coulent dessus & dessous la Terre. Si elle est en vn lieu plat, elle y coule fort vniment, & en vn lieu panchant elle tombe en ligne oblique, mais il y a des lieux esleuez où elle monte pour retomber apres. Pource qui est de tomber en bas, l'on en treuue la raison dans sa pesanteur, & quoy que cela ne se fasse pas tousiours en ligne droite, l'on connoist que c'est l'obstacle d'vn corps plus solide qui en est cause. Les autres mouuemens ne sont pas non plus contre sa premiere Nature. Si elle monte en vn lieu haut, c'est qu'elle est déja descenduë d'vn autre lieu encore plus haut, de sorte qu'en cette premiere cheute, elle s'est acquis assez de force pour remonter apres. Que si la hauteur est esgale, il se peut faire encore qu'elle monte, car elle peut tousiours remonter aussi haut que le lieu de son origine. Les canaux estroits où elle est resserrée, l'aident à cela & la soustiennent; Si elle n'estoit point enfermée, elle ne monteroit que fort peu, & se diuiseroit incontinent au rencontre de quelque butte. Il y peut auoir des riuieres dont l'eau monte quelque peu, ce qu'il faut accorder puisque la Terre est ronde, mais cela se fait petit à petit, & dans vne longue estenduë de païs qui rend cette montée presque insensible. Que si l'on dit que tout cela se fait neantmoins contre la Nature de l'Eau qui incline toufiours au bas, il faut refpondre qu'vn flot pouffe l'autre par vne fuite perpetuelle, dans vn lict que cette Eau s'eft eftably, tellement qu'il faut toufiours qu'elle marche. Le lieu de fon origine eft auffi peut eftre de beaucoup plus haut que l'on ne penfe, & l'on ne sçait pas par quels secrets conduits elle s'eft acquis de la vigueur auant que de paroiftre fur la Terre.

Les mouuemens des riuieres & des fontaines se reglent ainfi fuiuant la Nature des Corps fluides; & en effet elles n'ont guere d'autre proprieté que celle qui eft commune à toutes les autres Eaux, eftans des parties feparées qui approchent fort de la fimplicité de la vraye Eau. La Mer eft vn Corps complet qui ayant plus de meflange, & ayant receu d'autres impreffions fait paroiftre des mouuemens particuliers. Quand il a efté queftion du mouuement de la Terre, l'on a dit que l'on la confideroit comme vn Corps complet qui faifoit mouuoir toutes les parties qui luy font jointes, & qui entraifnoit l'Eau par fa circulation; mais quand cela feroit, cela n'empefcheroit pas que la Mer ne fuft auffi confiderée comme vn Corps complet en elle mefme. Quoy que chaque membre fuiue la Loy de tout le Corps, il ne laiffe pas d'en auoir en foy quelque particuliere, & cóme l'Eau eft d'vne nature affez differente de la Terre, elle peut bien auoir d'autres mouuemens, eftant aidée par quelque caufe furuenante. Il eft certain que la fluidité la rend propre à des agitations plufpromptes que la Terre, & la Mer ayant quelque chofe de plus que l'Eau fimple, doit auoir vne augmentation de facultez comme de verité elle en poffede plufieurs.

Si les eaux des riuieres ou des estangs ont quelque mouuement outre celuy qui les fait tendre en bas, ou qui les fait couler de long lors qu'elles ne peuuent descendre, c'est qu'elles ont quelquefois vn mouuement forcé qui les agite d'vn costé & d'autre, & les fait sousleuer par ondes. Cela se fait contre leur Nature & ne dure pas tousiours; C'est par le moyen d'vn agent exterieur ; c'est le vent qui les maistrise de cette sorte. Cela n'est non plus considerable que si l'on les frapoit auec de petites houssines & que l'on les sist mouuoir ainsi. Si le vent agite la Mer de cette façon, il ne faut point mettre cela au nombre de ses propres mouuemens. Il est vray qu'elle en est poussée bien plus fort que les eaux communes, mais c'est à cause de sa grandeur & du bransle qu'elle se donne aussi à elle mesme, de sorte qu'il faut rechercher specialement par quel moyen elle aide à cette violence, & c'est là que l'on treuuera l'vn de ces mouuemens naturels qui sont effectiuement en elle, suiuant les facultez secondes qu'elle a obtenuës, sans deroger aux premieres qu'elle peut auoir en qualité d'Eau simplement. Pour ce qui est des mouuemens qui ne sont pas naturels, ils luy viennent de l'exterieur, & peuuent quelquefois cesser, comme l'on void souuent qu'elle demeure assez calme sans qu'aucune haleine souffle, & que si elle ne laisse pas tousiours de s'esleuer vn peu par ondes, il faut de necessité que cela luy vienne de sa propre force. C'est en cela qu'elle fait paroistre qu'elle est autre chose que les riuieres & les lacs; & puis encore en ces autres mouuemens particuliers. L'on tient qu'en quelques endroits elle se porte d'Orient en Occident, & en d'autres du Septen-

Septentrion au Midy, & que presque partout elle flotte circulairement le long des riuages, & ce qui estonne beaucoup, c'est qu'en de certaines costes elle s'esleue & se rabaisse successiuement & par des interualles reglez qui ne manquent iamais. Voila des merueilles qui ne sçauroient se trouuer en l'eau commune.

Plusieurs qui ont dit que la Mer a vn cours perpetuel de l'Orient à l'Occident, n'en ont point donné d'autre raison sinon que de mesme que le supreme estage du Ciel emporte tous les autres auec soy, il donne aussi la Loy aux choses d'icy bas qui se conforment à ce mouuemét autant qu'elles peuuent, & que la Sphere du Feu que l'on s'est imaginée au dessous de la Lune, comme aussi vne grande partie de l'Air suiuent ce tour iournalier dont tout le Ciel & les Astres sont emportez, mais que l'Air inferieur ne pouuant estre si legerement esmeu va apres fort lentement, & ne touchant pas aussi la Mer auec assez de force, il ne luy sçauroit faire prendre vn mouuement si prompt qu'elle fasse son cours en vingt & quatre heures, & que neantmoins l'on s'apperçoit bien qu'elle se meut en tournant du mesme costé que le Ciel. L'on adiouste encore que cela se connoist au grand Ocean qui a plus de liberté de suiure la Loy celeste, & particulierement en cette plage qui est esgalement esloignée des deux Poles & qui est le milieu du mouuement, où le premier Mobile ayant plus de tour à faire, semble aller plus viste, de sorte que c'est là qu'il y auroit bien peu de violence s'il n'y en auoit assez pour esmouuoir la Mer, & luy donner vne inclination à faire le tour de la Terre aussi bien que les Corps Superieurs. Si ces gens cy

Y

disent vray, cela peut estre amené pour raison contre ceux qui tiennent que la Terre tourne du costé de l'Orient pour estre esclairée; car cela sembleroit estrange que l'Eau allast d'vn autre costé, tellement que l'on peut inferer de là, que la Terre ne bouge, & que c'est le Ciel qui tourne, donnant aussi la Loy à l'Eau. Mais quelqu'vn dira tout au contraire, que cela monstre que la Terre tourne, & que l'Eau ne la pouuant suiure, prend son cours d'vn autre costé. Cela seroit bon si l'Eau n'auoit pas son fondement asseuré sur la Terre, & si l'on ne feignoit pas que la Terre tourne si doucement, qu'elle l'emporte auec soy sans la laisser derriere, comme elle pourroit faire en tournant trop viste. D'ailleurs l'on monstre assez pertinemment que la Terre est immobile. La Mer doit donc auoir vne autre cause de son mouuement. Quant à celle que l'on allegue de la force du premier Mobile, elle n'a guere de vray-semblance. Encore que l'on accorde que le Ciel fait le circuit du monde en vn iour naturel, il n'est pas croyable que l'Air qui est au dessous soit entraisné de la mesme sorte, quoy qu'il n'y ait point de Sphere du Feu entredeux. L'Air est trop fluide pour donner quelque prise sur soy à vn corps qui le voudroit faire mouuoir. Il en peut estre esmeu en ses extremitez, mais iusques à vne profondeur si petite, que cela n'est pas sensible plus outre, tellement que cet effort finissant là, il ne peut pas estre porté iusques aux Eaux. Si tout l'Air estoit esmeu, l'on s'en deuroit apperceuoir en sa partie du milieu encore plustost qu'en la Mer, mais l'on ne void pas que les nuées soient portées incessamment vers l'Occident, c'est pourquoy il n'y a pas d'apparence que l'effort de ce Mobile eternel paruienne iufques icy. La deffence qui eft donnée là deffus, c'eft que ce mouuement ne fe fait pas par l'attouchement d'vn corps voifin qui foit déja meu de la forte, mais qu'il eft communiqué par vne influence du Ciel auec qui la Mer doit auoir vne fecrette correfpondance. Si cela eft, il faut donc eftablir de certaines Eftoilles que les Eaux fuiuent, lefquelles foient feulement placées au milieu du monde, car fi tout le Ciel auoit cette force, toutes les Eaux en feroient efgalement conduittes. Toutefois l'on a remarqué auffi que la Mer Mediterranée prend fon cours manifeftement en quelques endroits deuers l'Occident, c'eft pourquoy cela n'eft pas referué à l'Ocean pource qu'il eft placé fous le milieu du Ciel. Cela eft donc communiqué aux autres regions par vne correfpondance generale qu'elles ont toutes auec les Corps Superieurs. Si cela eft certain, pourquoy toutes les Eaux ne participent elles point à ce mouuement ? L'on repliquera que celles qui font refferrées en des bornes eftroites, ne fçauroient obeïr à cette conduite. Mais toutes ces paroles ne monftrent point la force d'vne telle influence, à qui l'on a recours faute d'vne meilleure raifon. L'on ne confent pas auffi que la Mer prenne perpetuellement fon cours vers l'Occident fous la Zone du milieu. Ceux qui ont voulu le prouuer, ont dit que l'on nauigeoit bien plus facilement, & en moins de iours de l'Orient à l'Occident, que de l'Occident à l'Orient, & que cela vient de ce que la Mer porte librement les vaiffeaux auec elle d'vn cofté, & leur refifte de l'autre, mais l'on pourroit objecter que fi quelques vns ont reconnu cela quelquefois, il y a des temps qu'ils ne le verroient pas, ce qui fait croire que ce mouuement ne depend pas du premier Mobile, ny de l'influence des Astres, qui sont continuellement au dessus de la Mer, d'autant que si cela estoit, il ne deuroit iamais cesser. Il n'est pas aussi tellement sensible, que l'on apperçoiue que les Eaux coulent vers cet endroit que l'on pretend; l'on le iuge plustost par la facilité de la nauigation, & c'est ce qui a donné sujet à quelques vns de chercher ailleurs la cause de la promptitude de leur voyage, laquelle ils ont attribuée à de certains vents qui soufflent d'ordinaire sous la Zone Torride, de l'Orient à l'Occident. Le Soleil estant enfermé dans cet espace, fait qu'il y a beaucoup de chaleur, & que mesme durant la nuict il s'esleue quantité d'exhalaisons, qui à son leuer se resoudent en vn air subtil qui a vn cours violent, & par tout où cet Astre marche, il chasse ainsi cet air deuant soy. Cela ne se fait pas si souuent hors de cette Zone, pource que le Soleil n'y a pas vne action si puissante & si durable, & pource qu'il ne s'y trouue pas aussi tant de matiere propre à de telles exhalaisons, & qu'il y a des montagnes & d'autres obstacles qui rompent la force du vent. Il y a mesme des temps que ces vents d'Orient ne soufflent pas si frequemment sous la Zone Torride, tantost en vn endroit & tantost en l'autre, pource qu'encore que ce soit l'espace autour duquel le Soleil roule tousiours, sans outrepasser les deux Tropiques qui le bornent, si est ce qu'il y a vne largeur assez grande pour faire que lors qu'il est esloigné d'vn bout il se trouue quelque changement en l'autre. Il y peut aussi auoir d'autres diuerses esleuations comme celles des vapeurs trop humides qui empeschent que le vent ne se forme; neantmoins cela dure si peu que l'on ne s'en apperçoit pas, & la nauigation s'y trouue aisée vers l'Occident, car les voiles des vaisseaux sont presque tousiours enflez par ce vent qui vient de l'autre costé, & la Mer qui en suit la Loy, n'y resiste point. Ceux qui attribuent la cause de ce mouuement au supreme estage du Ciel se peuuent sauuer icy; Ils diront que c'est luy qui emporte les autres, & le Soleil pareillement; & que si cet Astre fait esleuer des vents par tout où il va esclairer, lesquels font aussi mouuoir la Mer, l'on doit donc accorder que c'est le premier Mobile qui dône le mouuement à l'Air & aux Eaux; mais il y a distinction, car à prendre cela absolument, il faudroit entendre que toute la masse de l'Air seroit esmeuë par le tournoyement du Ciel & la Mer semblablement; Cela n'est pas de cette sorte, car le premier Mobile fait tourner le Soleil, & le Soleil cause le vent qui n'est pas l'Air veritable, & n'est qu'vne esleuation qui fait paroistre sa violence en de certains lieux. Toutefois pour prouuer que le premier Mobile y a quelque pouuoir sans le Soleil, l'on remonstre que l'on nauige aussi bien la nuict que le iour sous la Zone du milieu, de maniere que si ce sont les vents d'Orient qui en sont cause, l'on veut que l'on consente que ce n'est pas seulement le Soleil qui les fait naistre. Mais quoy que l'on die, il est certain que toutes les exhalaisons sont causées par le Soleil, & que si elles se font encore sentir en son absence, c'est qu'elles ne se peuuent pas si tost dissiper. Or en ces lieux que cet Astre n'abandonne guere, elles doiuent cesser encore moins qu'en tout autre, si bien que les vents d'Orient pousfent les vaisseaux aussi bien la nuict comme le iour.

Ce n'est pas encore tout ce qui est dit sur cette matiere. Quelques vns tiennent que mesme lors que ce vent ne souffle point, l'on ne laisse pas de treuuer la mesme facilité à nauiguer vers l'Occident, ce qui monstre que la Mer y doit estre poussée par son mouuement propre. Ils adioustent qu'encore qu'vn vent contraire se fasse sentir, l'on ne laisse pas de surmonter cette difficulté, tant la Mer a de puissance. C'est ce qui n'est pas croyable; Ne passons point si auant; tenons nous à cela que la Mer se porte quelquefois vers le Couchant, encore que l'on ne remarque point que le vent l'y pousse. Chacun n'est pas mesme d'accord de cecy: l'on dit que ce mouuement naturel est imaginaire; Et pour moy ie diray que si la Mer se meut encore vers cette partie lors que les vents ne soufflent plus (ce qui ne se fait que par vne fort courte intermission) c'est qu'elle ne sçauroit perdre si tost le branfle qu'il luy a donné. Neantmoins l'on remarque que la Mer Mediterranée toute resserrée qu'elle est, & plus esloignée du Soleil, ne laisse pas de garder le mesme mouuement, cómençant à s'esbranler vers la Palestine qui est sa plus orientale partie, & que s'estant glissée le long des costes de Pamphilie, de Natolie, & de Grece, & ayant apres costoyé l'Epire, la Dalmatie, & l'Esclauonie, elle entre iusqu'au goulphe de Venise; mais s'estant tournée au riuage opposite de l'Italie, elle rebrousse vers la Poüille & la Calabre, & le riuage Toscan, & se courbe encore à la coste de France & à celle d'Espagne, iusques à ce qu'elle arriue au destroit de Gibaltar, dans lequel elle tasche d'entrer auec impetuosité pour se porter toute entiere vers l'Occident, mais l'ouuerture estant trop petite, elle est contrainte de courir le long de la Mauritanie & de l'Egypte, pour retourner au Leuant, & faire le mesme cours qu'elle auoit commencé. Il y a des Autheurs que l'on estime par dessus tous les autres qui sont de cette opinion; mais à mon auis elle n'a guere d'apparence de verité, estant proposée de cette sorte. Ce mouuement qu'ils establissent en la Mer Mediterranée estant circulaire, ne monstre pas qu'elle aille plustost d'vn costé que d'autre, & puisqu'ils supposent qu'elle suit la Loy du premier Mobile qui fait paroistre sa plus grande force sous la Zone du milieu, c'est pour cela qu'ils pretendent que le mouuement doit commencer aux costes de la Palestine; mais si cela est, les Eaux deuroient donc prendre leurs cours vers l'Afrique, & retourner apres le long des costes de l'Europe & de l'Asie, au lieu qu'elles font tout au rebours; car ce qui est le plus proche du lieu que le Soleil esclaire, deuroit plustost auoir son cours vers l'Occident. Par ce moyen nous treuuons que ces Philosophes n'ont monstré que le contraire de ce qu'ils pretendoient, & il semble que cette Mer a plustost son cours de l'Occident à l'Orient, que de l'Orient à l'Occident. Pour leur aider à respondre, l'on peut dire que naturellement toutes les Eaux tendent à l'Occident, tant celles qui sont le long des costes de l'Europe que de celles de l'Afrique, mais que ne trouuant point de passage pour leur cours, elles sont contraintes d'aller tousiours en rond; car le destroit de Gibaltar est vne trop petite ouuerture pour vn si grand Corps. Que si l'on croid que cette Circulation se deuroit faire tout au rebours de ce qu'elle se fait, pour tesmoigner cette inclination de l'Orient à l'Occident, & commençant à la Palestine deuroit aller le long de l'Egypte & de la Mauritanie, & se porter de là vers l'Espagne, la France, l'Italie, l'Esclauonie, la Grece & les autres regions, il est besoin de treuuer icy vne subtilité merueilleuse pour deffendre ce mouuement contraire qui s'y fait paroistre, & prouuer que toutes les Eaux suiuent vne mesme Loy. Il faut considerer que la masse des Eaux qui se glisse le long des costes de la Pamphilie, de la Natolie, de la Thrace, de la Grece, de l'Epire, de la Dalmatie, de l'Esclauonie, de l'Italie, de la France, & de l'Espagne, s'enfonçant en tant de lieux courbez, est bien plus grande que celle qui costoye l'Afrique ; C'est pourquoy encore que l'on s'imagine qu'elles puissent estre esmeuës en mesme temps de l'Orient à l'Occident, si est ce que la plus forte le doit emporter. L'on dira que la Mer d'Afrique doit auoir vn mouuement plus prompt vers l'Occident que celle de Grece, & par consequent qu'elle la doit repousser, mais il ne faut pas seulement considerer les Eaux qui sont le long des riuages ; Tout ce qui est dans le milieu depuis les Isles Cyclades iusques à l'Hellespont, & par delà dans le Propontide & le Pont Euxin, & tout ce qui s'auance aux deux costez de l'Italie, donne plus de poids & de force à ce mouuement y participant aussi, & pource que les riuages Occidentaux le bornent, il faut de necessité que tout cela tombe vers l'Afrique, & quelque puissance qu'il y ait en ce lieu pour aller au contraire, il y faut ceder ; de cette sorte le mouuement droict est changé en circulation,

ne

ne laiſſant pas de faire paroiſtre cette inclination à l'Occident, puiſque la pluſgrande partie des Eaux s'y porte.

Nous treuuons que la Mer Mediterranée ſemble ſuiure les meſmes Loix que l'Oceane, mais l'on ne dira pas que ce ſont des vents qui la pouſſent ainſi: Ils n'auroient pas le pouuoir de l'agiter en rond, ne la pouuant faire aller droict, ou bien il s'en eſleueroit inceſſamment quelques vns qui la pouſſeroient de riuage en riuage, ce qui ne ſe fait point ſi à propos, car ils ſoufflent tantoſt d'vn coſté & tantoſt de l'autre. De dire auſſi que cette Mer ſuit le premier Mobile, qui a autant de pouuoir ſur elle que ſur l'Ocean, c'eſt vne opinion qui eſt faulſe en toutes façons, car ſa vertu ne paſſera pas iuſqu'à l'Air & de là à l'Eau, & l'on ne dira point meſme que ce ſoit tout au moins le Soleil qui excite cela tous les iours par les exhalaiſons qu'il attire, & les mouuemens qu'il donne à l'Air, puiſqu'il n'y en a point d'aſſez violens pour faire cecy. Il faut auoüer que cela eſt attaché à la Nature de la Mer, & qu'à cauſe que ſon Eau a vn autre meſlange que la commune, elle eſt propre à diuers mouuemens. Elle a celuy cy qui la mene du coſté de l'Occident, pource que la Loy eternelle qui luy commande, l'a voulu ainſi; Ce peut bien eſtre le coſté vers lequel le Ciel ſe tourne, mais il n'eſt pas pourtant la cauſe de ce qu'elle va de meſme. Il n'en eſt que le ſigne, monſtrant que par vn conſentement general les Corps complets doiuent auoir beaucoup d'inclination à tourner de ce coſté là, encore qu'ils ayent chacun d'autres mouuemens particuliers. L'on treuuera que la Mer peut iouyr de celuy cy par ſa propre nature, si l'on considere qu'elle a bien encore celuy de s'esleuer par ondes, lequel ne vient point d'vn agent exterieur; tellement qu'il est croyable que faisant sans cesse des esleuations & des abaissemens, cela luy sert à se porter vers quelque endroit auec plus de facilité.

L'on a encore esprouué que cette partie de la Mer qui s'estend depuis le Pole Artique iusques au milieu du monde, & qui est vne partie de l'Ocean, ne cesse de couler de sa partie Septentrionale vers la Meridionale. Cela est reconnu pour tres-veritable par ceux qui y ont nauigé en allant & reuenant. Ils ont trouué que leur voyage estoit plus prompt du Septentrion au Midy, que du Midy au Septétrion. Ce ne sont point les vents qui leur ont aidé dans la facilité de la nauigation: Bien qu'ils eussent quelquefois des vents contraires, ils ne laissoient pas d'aller assez legerement, ce qui fait voir qu'il y a là vne grande fluidité des Eaux. Cela semble estre contre la Loy des autres parties qui suiuent le mouuement du Ciel, mais cela n'empesche pas que les Eaux en tombant ne se portent encore de l'Orient à l'Occident, & pource qui est de cette fluidité, les raisons que l'on en donne sont, que le Soleil estant tousiours si present & si proche sous la Zone Torride, en attire quantité de vapeurs & d'exhalaisons, & la mettroit presque à sec s'il n'y succedoit d'autres Eaux, ce qui se fait incessamment; car la Mer du Septentrion n'estant pas si fort eschauffee demeure tousiours plus haute, outre qu'elle s'enfle de quantité de fleuues qui se rendent à elle; & comme l'Eau ne sçauroit longtemps garder cette hauteur, ne se pouuant soustenir d'elle mesme, celle là se respand aussi vers les lieux qui en ont le plus de besoin afin de garder l'esgalité. C'est ce qui la fait couler vers le milieu du monde, à quoy l'on tient que la rondeur de la Terre peut seruir encore, & que du Septentrion au Midy il y a vn penchant qui fauorise cette descente. Puisqu'il semble que ces choses soient connuës des yeux, il se faut contenter de ces raisons.

Il y a encore d'autres mouuemens bigearres en la Mer qui se font d'vn costé & d'autre sans que l'on y puisse establir de regle, & par lesquels les vaisseaux sont quelquefois surpris, & sont menez bien loin des lieux où l'on les vouloit adresser; l'on les appelle des Courantes. Ce sont des mouuemens de l'Eau qui semblent estre particuliers & qui dependent neantmoins des Principaux qui estans interrompus par la rencontre des Isles & des Promontoires sont renuoyez autre part; L'on tient aussi que les grands fleuues repoussent l'Eau de la Mer fort auant en quelques lieux, & qu'en d'autres il y a des vents perpetuels qui la chassent. Cela se peut bien faire en toutes ces manieres, & pour d'autres puissances encore qui ne sont pas si connuës.

DES DIVERS MOVVEMENS DE L'EAV.

Entre tous les mouuemens de la Mer, celuy qui est le plus admiré, c'est qu'elle s'enfle continuellement à de certains riuages & se rabaisse apres, ce qui s'appelle le flux & le reflux. Aux costes de Noruege, de Dannemark, de Hollande, de Flandre, d'Angleterre, de France & d'Espagne, les Eaux croissent en six heures & décroissent en six autres heures. Cette regle est outrepassée seulement à l'emboucheure de la Garonne,

Du flux & reflux de la Mer.

DV FLVX ET REFLVX DE LA MER.

où les Eaux croissent pendant cinq heures, & décroissent en sept. En quelques autres lieux comme en la Mer Erythrée vers l'Afrique, le flux se fait en quatre heures, & le reflux en huict. En la coste de Cambaïe, la Mer s'enfle durant deux heures, & se rabaisse en deux autres heures. Pour ce qui est de la coste des Indes, l'on tient que par l'espace de plus de deux mille lieuës ce mouuement ne s'y trouue point, mais qu'il est en leurs terres Australes, autant qu'aux costes Septentrionales de l'Europe. Quelques vns tiennent que la Mer Mediterranée y participe, mais c'est si peu que cela est difficile à remarquer. Cela se fait connoistre assez bien au golphe de Venise où le flux & le reflux se fait de six heures en six heures. Il y a d'autres Eaux dont les esleuations & les abaissemens ont des regles particulieres, comme au destroit de l'Eurype qui a flux & reflux sept fois le iour. Ces diuersitez ont trauaillé plusieurs esprits qui neantmoins ont voulu donner vne cause generalle à tous les mouuemens de la Mer, d'autant qu'ils ont crû que ces changemens arriuoient pour la difference des lieux. Ils ont donc parlé absolument du flux & reflux de la Mer.

Quelques vns de ceux qui ont dit que la Terre tournoit, se sont imaginé qu'il y en auoit là vn tesmoignage, & que ce grand amas d'Eau ne la pouuant suiure, se transportoit d'vn riuage à l'autre en se haussant petit à petit, & que puis apres il reuenoit à son poinct. Puisque nous ne croyons pas que la Terre tourne, nous ne croirons pas cela aussi; & mesme quand elle tourneroit cela se deuroit faire si doucement que l'Eau n'en seroit pas plus esmeuë. Quelques autres ont aüoué que la Terre ne tournoit point, mais ils ont dit qu'elle ne laiſſoit pas de ſe mouuoir vn peu par vn certain balancemét, & que cela faiſoit tantoſt hauſſer les Eaux d'vn coſté & tantoſt de l'autre ; mais ne nous apperceurions nous point de cela en la Terre où nous marchons, veu que l'Eau le ſentiroit auec vne telle violence ? D'ailleurs quelle cauſe y auroit il de ce mouuement ? l'on n'en donne pas vne, & nous ne chercherons point vne choſe ſi peu vray-ſemblable.

Songeons pluſtoſt à ce qui paſſe pour arreſté entre nos Philoſophes vulgaires. Ils n'ont pas voulu auſſi attribuer le flux & le reflux à vne force interieure, pource qu'ils tiennent qu'vn Corps naturel ne ſçauroit auoir plus d'vn mouuement. Ils ont crû qu'il faloit qu'il y euſt vn agent exterieur. De dire que ce fuſt le Soleil, l'opinion ne leur en plaiſoit pas, pource qu'ils ſ'imaginoient que cet Aſtre ne ſert qu'à faire des attractions puiſſantes, & conſommeroit la Mer à la longue ſ'il n'en eſtoit empeſché ; La Lune qui eſt vn Aſtre plus temperé qui fait renfler les humiditez, leur a ſemblé plus propre à cela. Ils diſent donc que quand elle monte par l'Orient, elle fait enfler la Mer iuſqu'au Midy, & que quand elle panche vers l'Occident elle ſe rabaiſſe ; puis lors qu'elle remonte vers le Meridien de nos Antipodes, noſtre Mer a encore ſon flux, & après ſon reflux quand elle eſt à leur couchant. Voila vne imagination qui ſemble eſtre fort bigearre & fort abſurde, car quelle force peut auoir la Lune ſur les Eaux de noſtre Hemiſphere, lors qu'elle eſt en l'autre ? Il y a eu quelqu'vn qui a penſé trouuer icy vne grãde fineſſe, diſant que la force de la Lune eſt communiquée par

DV FLVX ET REFLVX DE LA MER. reflexion, à cause que ses rayons frappent contre l'endroit du Ciel qui est opposite, & sont renuoyez sur la Terre & les Eaux; mais si cela estoit, le flux ne deuroit pas estre alors si grand que quand la Lune regarde la Mer à plein : car dans ce renuoy de rayons il se fait necessairement de la diminution; Cependant nous remarquons que le flux n'est pas moindre en l'absence de la Lune qu'en sa presence. D'ailleurs nous sçauons bien que cette sorte de reflexion ne se peut faire au Ciel; La partie qui est opposite, n'est que le Concaue de la region de la Lune, qui ne renuoye point ainsi les rayons. Il faudroit que ce fust vn Corps solide comme le terrestre. Si cela estoit, la lumiere du Soleil nous seroit aussi perpetuellement renuoyée en quelque lieu que fust cet Astre, car tout son cercle la possederoit par reflexion. Escoutez Curieux ; Il y a encore vne autre impossibilité dans l'action que l'on suppose, quand mesme le Ciel auroit cette vertu ; c'est que si les Eaux se rabaissent, lors que la Lune va de nostre Meridien iusqu'à nostre Occident, elles ne se pourroient pas esleuer lors qu'elle va de l'Orient de nos Antipodes à leur Meridien ; car cette partie est dessous l'autre, & si mesme durant son aspect elle a laissé escouler les Eaux, il n'y a point d'apparence que sa seule reflexion les fasse sousleuer. Nous donnerons icy par tout, subtilité contre subtilité. Pour vous faire mieux respondre à nostre objection, il se faut proposer qu'il n'y a pas de la Mer par tout, & qu'il n'y en a que de nostre Orient à nostre Meridien, de telle sorte que la Lune passant pardessus la fait enfler, & que n'esclairant que de la Terre du Meridien à l'Occident, les Eaux deuiennent plus debiles

& refluent continuellement. Arreſtons que cet Orient ſoit aux confins de l'Europe & de l'Afrique, & le Meridien vers l'Amerique ; La Lune fera donc enfler la Mer qui eſt entredeux, en paſſant pardeſſus, & lors qu'elle ſera ſur les terres de l'Amerique, qui ſeront l'Occident, cette Mer aura ſon reflux. Quand elle ſera paſſée à l'Orient de l'autre Hemiſphere, ie veux bien qu'elle donne le flux aux Eaux qu'elle y trouuera, mais pourquoy le donera t'elle en meſme temps aux noſtres? Eſtant au deſſus de l'Amerique, elle les peut encore regarder de trauers, mais lors elle ne les void point. Vous direz qu'elle agit par reflexion. La reflexion eſt elle plus puiſſante que le vray aſpect, quoy qu'il ſoit oblique ou vn peu eſloigné? Outre cela quand la Lune eſt ſur l'Amerique, ne pourroit elle pas auſſi agir par reflexion ſur noſtre Mer Orientale, car ſes rayons tombent neceſſairement en quelque poinct du Ciel dont la force ſe pourroit bien faire ſentir? Vous dites encore que quand la Lune va du Meridien de nos Antipodes à leur Occident, leur Mer Orientale ſe desenfle, & pareillement la noſtre ; mais ce ſeroit alors que la noſtre ſe deuroit enfler par voſtre meſme regle, puiſqu'il ſemble que le chemin de la Lune s'eſtendant plus loin que la Terre, elle pourroit adreſſer ſes rayons en la partie oppoſite du Ciel, qui eſt noſtre Orient, dont ils ſeroient renuoyez par reflexion ſur noſtre Mer. Ie trouue donc là des contrarietez manifeſtes.

Vous repartirez icy que ie ne parle pas ſelon voſtre intention, & qu'ayant diuiſé la Terre par quartiers comme vous faites, celuy de noſtre Orient reſpond iuſtement à celuy de nos Antipodes, & noſtre Oc-

DV FLVX ET REFLVX DE LA MER. cident à leur Occident ; & que le rayon de la Lune pour aller droict, se porte ainsi de l'vn à l'autre, puisqu'elle fait son cours en rond : Neantmoins ie tien que comme les Astres n'ont pas pour vn seul rayon, cettuy cy en ayant plusieurs les jette tout autour de soy aussi bien qu'en cette ligne droite imaginaire, outre qu'à l'esgard du Ciel, l'Orient des Antipodes est aussi bien opposé à nostre Occident que leur Occident le pourroit estre, parce que dans l'estenduë du Ciel l'on se peut imaginer des cercles & des quarrez, ou telle autre figure que l'on luy voudra donner pour sa superficie concaue; tellement que la reflexion se pourroit faire aussi bien d'vne part que d'autre, & il ne se faut pas imaginer qu'à cause que la Lune fait son cours en rond, le Ciel doiue estre absolument terminé de cette sorte; Ioint que quand il finiroit en cercle, cela n'arresteroit pas les rayons des Astres qui penetreroient dans sa subtilité de la mesme sorte, que si rien ne leur estoit opposé. La maniere dont la Lune prend sa clarté du Soleil seruira encore à cecy, car elle la prend de costé la pluspart du temps, & par ce moyen l'on doit croire que ses principaux rayons ne vont point droitement contre la Terre, mais qu'ils passent à costé, si bien que la reflexion se deuroit faire d'vne partie voisine à l'autre, & non pas à celle qui seroit opposée droitement. D'ailleurs ie trouue là vn obstacle tresgrand, lequel doit empescher cette reflexion pretenduë, c'est que si la Lune luit sur nostre Terre, il est impossible que la partie qui luy est opposée en ligne droite en soit touchée par reflexion, car le rayon de la Lune estant arresté icy ne passe point à l'autre costé du Ciel. Elle ne sçauroit donc faire

faire enfler les Eaux opposites en mesme temps que les nostres, ny enfler les nostres lors qu'elle luit de ce costé là. Voila vostre ancienne opinion terrassée de telle sorte qu'elle ne s'en pourra iamais releuer, sans que i'aye dit encore tout ce qui est contre vous, & quoy que ie ne taise rien de ce qui vous peut seruir & de ce que vous auez oublié, car vous n'auez pas mesme songé à cette constitution du monde que i'ay proposée, & vous en parlez de la mesme sorte que si tout estoit Eau, au lieu qu'il faut auoir esgard à la diuision des Mers, & l'interposition des Terres, qui fait beaucoup en cecy : Car si nous nous imaginons que depuis l'Orient iusqu'au Midy, & du Midy à l'Occident, il n'y ait rien que Mer, comment est ce que nous reglerons le flux & le reflux ? L'on dit que la Lune fait enfler les Eaux en six heures par le premier quartier du Ciel, de l'Orient au Midy, & qu'elle les fait desenfler au second, du Midy à l'Occident; Cela ne sçauroit estre, si tout l'Hemisphere n'est qu'Eau, ou mesme si les Eaux d'vn Hemisphere ont quelque liaison les vnes auec les autres. La Lune estant en l'Occident, n'a t'elle pas vne pareille force qu'en l'Orient, & si cela est ne doit elle pas encore esleuer les Eaux ? Que si elle a de la puissance alors sur les Eaux Occidentales, comment est ce que les Orientales se pourront desenfler, tandis que les autres s'augmenteront ? La tumeur des autres ne leur sera t'elle point communiquée pour les tenir tout au moins en vn mesme estat. Les Philosophes que le monde a eus, n'ont point songé à ces inconueniens. Il faut regler les choses selon la verité de ce qu'elles sont. Ce que nous auons proposé s'accorde mieux à la

Aa

situation de la Mer, qui en effet tient deux quartiers du monde diuisez par deux autres quartiers de Terre. Il est vray qu'il y a de l'inégalité, & que la Mer Mediterranée se trouue entre l'vn des quartiers Terrestres: mais cela n'empesche pas que l'Ocean ne puisse suiure cette ordonnance. Par ce moyen l'on peut dire que la Mer s'enfle quand la Lune est sur son quartier, & qu'elle desenfle lors qu'elle est sur le quartier de la Terre. Cela n'ameine point de contradiction, & cela est mesme conforme à ce que l'on tient que quand le flux se fait en vn riuage, il se fait aussi en l'autre, car autrement il faudroit que quand le flux se feroit en vn riuage Occidental, il y eust reflux de l'autre costé en l'Oriental. Neantmoins toutes ces accommodations estans rangées auec le plus de vray semblance qu'il est possible, ne nous obligent point de croire que la Lune se fasse rendre cette obeyssance par la Mer Oceane de la sorte que l'on le publie.

Il y a des Autheurs qui voyans que les reflexions ne se pouuoient faire, ont publié que la Lune esleuoit les Eaux par vne vertu sympathetique, qui agissoit aussi bien sur ce qu'elle ne regardoit pas, que sur ce qu'elle voyoit, & que l'interposition de la Terre ne doit pas estre prise pour vne absence. Mais quand elle auroit ce pouuoir, les mesmes contrarietez se trouuent tousiours en cecy; Car si la Lune a la puissance de faire enfler les Eaux qu'elle regarde à plomb, pourquoy ne les enflera t'elle point aussi quelque peu lors qu'elle les regarde de trauers, veu que mesme lors qu'elle est en la partie opposite, & qu'elle ne les void plus, elle a bien encore cette force. Si depuis le Midy iusqu'à l'Occident (qui est vn quartier où nous mettons l'Amerique) il y auoit de la Mer, ne faudroit il pas qu'elle s'enflast, quand la Lune passeroit au dessus, & quãd elle seroit à l'Orient de l'autre Hemisphere, où l'on fait encore sousleuer toutes les Eaux, n'auroit elle pas le mesme accroissement; Et si la Lune trouuoit de la Mer dessous elle, depuis l'autre Midy à son Occident il faudroit encore qu'elle la fist enfler, & par consequent aussi celle du premier Orient qui en est voisin; & par ce moyen l'on trouuera que toutes les Mers deuroient tousiours estre enflées, & auoir vn flux sans reflux, tant par l'aspect de la Lune, que par la puissance qu'elle garde tousiours encore que l'on ne la voye point, soit par sa reflexion, soit par la force de la Sympathie. Il faut porter l'imagination aux extremes efforts pour trouuer tout ce qui peut estre repliqué. L'on doit dire que la Lune n'agist auec cette puissance qu'en ligne droite, & que c'est pour cette raison que lors qu'elle ne frappe plus à plomb sur les Eaux, elle ne les sousleue plus aussi, quoy qu'elle soit encore sur le mesme Hemisphere; Mais que lors qu'elle est à l'Orient de l'autre, sous lequel il y a des Eaux, elle les fait enfler & fait enfler pareillement celles de l'Orient du premier Hemisphere, pource qu'elles sont à l'opposite. I'ay mis tantost cecy en doute, pource qu'il semble que la Lune estant en cet autre quartier ne doiue pas plustost faire connoistre sa force sur les Eaux, que depuis le premier Meridien iusqu'à l'Occidét, ces deux parties estans l'vne sur l'autre; car il est certain que si l'on se figure vne ligne qui aille de l'vne à l'autre partie, elle sera fort droite, mais c'est à leur esgard seulement. Si l'on la veut faire à l'esgard du Centre de la Terre, elle se rendra à l'autre costé Oriental, & par ce moyen vn costé sera opposé diametralement à l'autre. La Mer ne peut donc estre esmeuë que quand la force de la Lune se communique dans cette ligne Diametrale que l'on prend pour la vraye ligne droite. Cette supposition rend raison de ce qui nous apparoist. Nos Eaux s'enflent estans regardées droitement au premier quartier du monde; au second elles refluent & se desenflent, à cause de l'obliquité du regard; au troisiesme qui est le premier de l'autre Hemisphere, elles s'enflent encore à cause de la vertu sympathetique qui agit tousiours en ligne droite, & au dernier elles s'abaissent. C'est le remede que l'on a trouué à l'opposition de la Terre qui empesche que la Lune n'agisse par reflexion. L'on feint icy que la Sympathie est capable de se faire sentir au trauers des plus grandes soliditez. Que dirons nous contre cela; L'on n'accorde point cette Sympathie qui est vne chose tout à fait inconnuë; mais quand l'on accorderoit qu'elle fust, l'on doit obiecter qu'vn quartier a assez d'estenduë pour faire connoistre la force & la debilité de la Lune, & que lors qu'vne partie en seroit touchée droitement, les autres qui ne le seroient qu'obliquement se deuroient desenfler. L'on peut repliquer à cecy que ce quartier estant vne Mer continuë, vne partie se ressent de l'enflure de l'autre, de sorte qu'elles sont toutes souslevées esgalement; Et la diuision de la Terre & de la Mer qui a esté tantost establie sert beaucoup à cela, au cas qu'il ne s'y treuue point d'exception. La violence des Eaux y rencontrera de l'arrest tout au moins en chaque quartier; mais cela sera bon lorsque l'on ne considerera que ce qui est sous la Zone du milieu, car au delà il y a de grandes communications, tellement qu'il y a icy encore de la contrarieté, puisque les Eaux de chaque quartier ayans vne liaison d'assez grande estenduë, la force de la Sympathie deuroit tousiours agir sur vn costé ou sur l'autre; & en quelque costé que ce fust, il semble que cela seroit capable d'esmouuoir tout le reste. Ce que l'on peut respondre à cela, c'est que les communications sont au delà de la Zone du milieu, & qu'elles ne sont regardées qu'obliquement par la Lune, qui n'abandonne pas cette region non plus que le Soleil, tellement qu'elle n'agit pas plus outre.

Cecy nous donne vne ouuerture pour penser encore à d'autres choses. Qui nous empeschera de dire, qu'encore que la Lune ne puisse agir ny par reflexion ny par Sympathie, mais par son regard simple, elle cause neantmoins le sousleuement des Eaux, tant en son absence qu'en sa presence, puisque toutes les Mers ont de secrettes communications? Quand celle d'vn Hemisphere s'enfle par l'action d'vn vray regard, celle de l'Hemisphere Antipode se doit enfler aussi, à cause de la nature de l'Eau qui ne peut souffrir le sousleuement sans couler de toutes parts, à cause de la pesanteur qui luy fait chercher de l'appuy. Il y a des destroits par où les Mers se ioignent les vnes aux autres, & l'on s'en imagine encore par dessous Terre, mais sans tout cela, n'est ce pas vne grande conionction de Mer que tout ce qui est depuis les costés de l'Afrique & de l'Asie iusqu'aux Terres Australes? Cette partie n'est pas moins grande que les autres. L'Ocean estant ainsi conjoint ne sçauroit estre agité d'vne part qu'il ne le soit de l'autre pareillement. Pource qui est des destroits, leur passage est trop petit pour faire que le flux fust communiqué par là en vn instant aux Eaux voisines; La violence y deuroit estre extreme, & les riuages en seroient souuent surpassez & beaucoup de terres noyées. Il se faut tenir à cela que le flux & le reflux se font en mesme temps aux deux costez de l'Ocean, quoy qu'ils soient Antipodes l'vn à l'autre, d'autant qu'ils sont ioints par ce grand espace de Mer qui est entre les costes d'Afrique & d'Asie & celles des Terres Australes, qui approchent du Pole Antartique. Quelques voyageurs rapportent aussi qu'aux deux bouts du destroit de Magellan, l'on void que les flots viennent s'entreheurter & que deux flux s'y rencontrent esgalement, ce qui prouient de ce que la Mer est agitée dans sa plus grande masse, & finit là son agitation aux deux costez, quoy que ce n'en soit qu'vne mesme & toute pareille, ce qui se fait par le moyen de la rondeur de la Terre & de l'Eau. Que si les Eaux ont vne liaison de si grande estenduë, cela ne fait pas pourtant qu'elles soient tousiours agitées & qu'elles ayent vn flux sans reflux: car il faut presupposer, ainsi que i'ay déja fait, que la force de la Lune n'est que sous la Zone du milieu, & que quand elle y trouue de l'Eau, elle la fait enfler, & l'enflure se cómunique alors aux autres costez. L'on ne sçauroit esclaircir cela dauantage; Neantmoins toutes ces curieuses remarques ne seruét de rien à prouuer que ce soit la Lune qui donne ce mouuement à la Mer. Tout ce que nous auons dit cy dessus ne sert qu'à monstrer de quelle sorte cela se pourroit faire au cas que cela fuſt. Il faut donc ſçauoir enfin ſi cela peut-eſtre.

L'on rapporte que la Lune preſide à toutes les humiditez, & que lors qu'elle eſt en ſon plein, la moüelle des plantes & celle des os des animaux s'enflent dauantage. Cet Aſtre eſt d'vne humide nature, & receuant quelque chaleur du Soleil, il en a plus de force pour agir ſur la Terre. Le Soleil fait eſtendre beaucoup de choſes humides, mais il les attenuë trop. La Lune les fait eſleuer ſeulement ſans les rarefier iuſques à l'excez. L'on demeure d'accord de cette faculté; mais eſt il croyable qu'elle ſ'en puiſſe ſeruir ſur la Mer, à cauſe que l'on dit que c'eſt le plus grand & le principal de tous les corps humides? Vn ſi grand corps en peut il receuoir la Loy? La Lune eſt en effect plus petite que la Mer, & comme elle en eſt fort eſloignée, c'eſt de meſme que ſi elle eſtoit encore ſans comparaiſon plus petite, & ſon action n'en eſt pas ſi forte. L'on dira qu'elle peut agir auſſi bien ſur vn grand corps que ſur vn petit, & que la Mer eſtant vn corps continu, ſes parties ſe fomentent l'vn' l'autre & accroiſſent la qualité que l'on leur donne. Cela peut auoir quelque apparence; mais pourquoy le Soleil ne ſera t'il point pluſtoſt la cauſe de cette eſleuation? Il eſt vray qu'il rarefie les Eaux iuſques à les changer en Air, mais il n'en rarefie qu'vne certaine portion; Il en reſte aſſez; & c'eſt ce qui demeure qu'il fait ſeulement eſleuer en tumeur, ne le pouuant ſubtiliſer dauantage. Quelle vertu peut auoir la Lune qui ne ſoit confonduë auec la ſienne, lors qu'elle paroiſt ſur vn meſme horiſon que luy? Cependant on ne laiſſe pas de luy attribuer le pouuoir de faire esleuer les Mers. Quand elle est aussi au lieu où il ne paroist point, & que l'on croid que sa force est encore renuoyée en la Mer opposite qui doit estre alors esclairée d'vn plus grand Astre, cela est il vray-semblable? Si toute la puissance qu'elle a, n'est que par reflexion de celle du Soleil, l'on veut donc qu'il se fasse vne autre reflexion de cette reflexion. Quel besoin en est il en vn endroit où paroist l'Astre, qui est la source de toutes ces facultez? De verité cela est sans replique. Tout ce que l'on dit pour la Lune, c'est que le flux & le reflux de la Mer semblent estre reglez suiuant son cours. De cet effet l'on a tiré vne conjecture de la Cause, de mesme que sentant qu'il fait chaud toutes les fois que le Soleil se leue, l'on a iugé que la chaleur venoit de luy; mais cela n'est pas pourtant semblable. Le Soleil agit par la presence de ses rayons, & lors que des nuées espaisses le cachent, nous ne sentons point sa chaleur; mais quoy que la Lune soit cachée par des brouillards, l'esleuation des Eaux n'est iamais moindre, & elle n'est point aussi plus grande par son aspect. En ce qui est de cela, il a falu encore auoir recours à la Sympathie, ou bien il a falu dire que la Lune dissipe bientost tous ces empeschemens. L'on a d'ailleurs remarqué que le flux retarde tous les iours d'vne heure plus tard, en quoy l'on se regle sur le cours de la Lune; Et puis l'on dit, que les Eaux sont dauantage enflées quand cet Astre est en son plein qu'en vn autre temps. Cela semble monstrer que la Mer en tire toute sa vigueur. Mais l'on rapporte contre cecy, que la Mer est plus basse quand la Lune est en son croissant que quand mesme elle est nouuelle, & qu'à toutes ses deux quadratures il ne se fait

fait pas vn si grand flot. Il semble qu'alors la Lune deuroit auoir plus de force, puisqu'elle a plus de clarté. Toutefois l'on peut respondre subtilement qu'encore que la moitié de la Lune rende de la lumiere, ce n'est que par le costé, de sorte que ses rayons ne viennent pas droitement sur les Eaux, & n'ont pas tant d'efficace comme en la pleine Lune, où ses parties basses estans opposées au Soleil en reçoiuent parfaitement la lumiere, & peuuent eschauffer tout ce qui se trouue au dessous; Mais que dira t'on du temps que la Lune recommence son cours, & ne reçoit la lumiere du Soleil que par le dessus? Si elle fait alors enfler la Mer dauantage qu'au croissant, & presque autant qu'en sa plenitude, cela n'est il pas contre l'ordre que nous nous imaginions? En ce que l'on dit qu'elle deuroit auoir plus de force en ses deux quadratures, qu'en son commencement & son milieu, & par consequent qu'elle deuroit esmouuoir dauantage ce qui luy est sujet, ce n'est point vne chose necessaire. Toutes ces positions celestes ont esté inuentées à plaisir par les Astrologues pour faire vn art plus specieux & plus diuers de la connoissance des Astres. Cette obiection est donc vaine, mais pour l'autre qui monstre que quand la Lune a moins de lumiere la Mer a plus de flux qu'en des temps où elle en a dauantage, c'est ce qui doit bien arrester ceux qui croyent qu'elle est la cause de ce mouuement. Ils diront peut estre que ce n'est pas par sa lumiere qu'elle agit sur les corps inferieurs, mais par vne force secrette qui est en elle, & qu'encore qu'elle ne reçoiue point sa clarté du Soleil, elle ne laisse pas d'estre ce qu'elle est. Si cela estoit elle deuroit donc tousiours faire enfler les

Bb

Eaux esgalement, & sa presence suffiroit à cela sans qu'il fust besoin qu'elle fust pleine ou à demy pleine. Il y a vne autre subtilité à donner; C'est de soustenir que la force de la Lune vient particulierement de la lumiere qu'elle reçoit du Soleil; mais qu'elle ne peut produire son action qu'en ligne droite. Nous sçauons pourquoy elle n'a pas tant de force en ses deux quartiers, au moins à l'esgard de nos Eaux; C'est que ses rayons passent d'vn autre costé, & s'arrestent possible contre d'autres Astres, ou se perdent dedans le Ciel. Quand elle est pleine de lumiere, elle la refleschit vers nous, & nous communique sa force : Mais quand le Soleil est proche d'elle, & ne l'esclaire qu'en sa supreme partie, elle ne laisse pas encore d'agir dessus nous, bien qu'elle renuoye beaucoup de sa vigueur par reflexion en autre endroit. Or il faut se figurer icy que son globe n'est pas entierement solide, & que s'il peut faire reflescher les qualitez qu'vn autre plusgrand luy preste, il a aussi quelques pores par où elles penetrent droitement iusques contre les corps opposez. Que si sa masse est trop espaisse pour faire que la clarté y passe, tout au moins il s'y glisse vne autre faculté qui a le pouuoir de faire enfler les Eaux. Il faut que cela se fasse de cette sorte, si l'on veut que la Lune cause le flux de la Mer par les diuerses impressions que le Soleil luy donne. Cela rend vne raison conuenable de tous les mouuemens des Eaux, mais ce ne sont que des suppositions que i'ay accommodées à ce que l'on en a remarqué. Il n'y a point d'autre preuue qui monstre que la Lune soit faite de la maniere que l'on la compose, pour resister en quelques lieux aux regards du Soleil, & s'y laisser penetrer en d'autres, si ce n'est que l'on prenne peut estre les lieux plus obscurs qui paroissent en elle pour des parties moins espaisses, & penetrables tout au moins à la chaleur, si elles ne le sont à la lumiere.

Mais nous montons icy insensiblement de la Lune au Soleil. Cette qualité que nous attribuons à la Lune derive de ce grand Astre selon nos propositions: C'est pourquoy il semble que l'on luy doit plustost accorder cet honneur de causer l'enflure des Eaux qu'à celle qui emprunte sa lumiere de la sienne; De la façon que nous en auons parlé, elle n'est que la seconde cause apres luy & de par luy. L'on auroit bien la hardiesse d'aller plus outre, & de dire que la Mer se peut passer d'elle, & que c'est le Soleil seul qui la fait croistre deux fois en vn iour. Quelqu'vn a dit que ses attractions la faisoient diminuer dans l'espace de six heures, & qu'elle reuenoit apres en son estat par la descente des Eaux Septentrionales; mais il n'est pas croyable qu'en si peu de temps le Soleil fasse vne telle diminution. Nous soustenons aussi tout au contraire, que c'est sa presence qui fait esleuer la Mer. L'on peut dire de luy, qu'estant à l'Orient, il fait enfler les Eaux iusques au poinct du Midy; Qu'estant vers l'Occident elles se desenflent; Et qu'estant à l'Orient des Antipodes elles s'enflent encore en chaque Hemisphere par communication, ainsi que l'on a déja dit pour la Lune.

Or soit que l'on attribuë la cause du flux au Soleil ou à la Lune, l'on treuue de mesmes raisons pour y contrarier. L'on dit que si c'est l'vn ou l'autre de ces Astres qui a le pouuoir de faire enfler les Eaux, toutes les Eaux se deuroient enfler si tost qu'elles sont touchées de leurs rayons: mais l'on ne void point que les rivieres ny les estangs se haussent davantage à leur lever. Respondra-t'on que la Mer est un si grand amas d'Eau qu'il est plus capable d'agitation qu'aucun autre? N'y a t'il donc pas des lacs assez grands pour recevoir l'impression des corps celestes? Les Astres estans fort esloignez paroissent fort petits, & leur image se represente en peu d'espace. Pourquoy toutes leurs facultez estans amoindries par la distance ne se termineront elles pas aussi en ce mesme lieu? Mais si les Astres nous semblent petits, nostre Terre & nostre Eau nous sembleroient aussi fort petites si nous les regardions du lieu où les Astres sont; leurs rayons les esclairent en leur entier, & toutefois cela n'empesche pas que chaque lieu ne reçoiue l'effet de leurs regards selon sa capacité. Posons le cas qu'il n'y ait qu'vne petite place de six pieds en quarré qui soit esclairée, elle ne laissera pas de l'estre aussi parfaitement qu'vne campagne de vingt lieuës de tour. Elle pourra recevoir de mesme toutes les autres impressions. Il est vray qu'en ce qui est d'vn corps fluide sujet à estre agité, l'agitation s'augmentera à mesure qu'il sera grand, pource que toutes les parties estans esmeuës par l'agent exterieur, elles seront capables de s'esmouuoir davantage entre elles par vn choc continuel & reciproque. La Mer peut donc estre plus agitée qu'vn Lac, & ie veux bien que cela soit, mais encore vn Lac sera t'il agité quelque peu. Toutefois l'on n'en void aucun qui ait flux & reflux, comme les Eaux de la Mer. Nous avons resolu que la Mer ne s'enfle que lors que le Soleil ou la Lune la regardent en ligne droicte, & que s'il semble que le contraire arriue en quelques lieux, cela ne se fait que par la liaison qu'vne Mer peut auoir auec l'autre. Or il y a des Lacs qui sont hors de la Zone Torride, lesquels par consequent ne sont iamais vûs à plomb par ces deux Astres, & ils n'ont point aussi de communication auec aucune Mer; Voila pourquoy l'on peut dire qu'ils ne sçauroient auoir la mesme faculté : mais puisqu'il y a encore d'autres Eaux particulieres sous cette Zone, lesquelles n'ont point ce sousleuement à l'instant que la Lune ou le Soleil passent au dessus d'elles, il semble que l'on ne doit pas asseurer que ce pouuoir appartienne à ces Astres. Il faut encore iuger de cecy d'vne autre sorte. Ces Astres font enfler la Mer, pource que sa nature s'y accorde, ce que ne fait pas celle des Lacs & des riuieres, de qui les Eaux n'ayans pas vn semblable meslange, demeurent plus assoupies, & si elles ont du mouuement, ce n'est que celuy que leur donne leur pesanteur dans vn lieu penchant, ou bien lors qu'elles sont poussées les vnes par les autres dans vne fluidité continuë. Voila la vraye raison pourquoy elles ne sont pas sousleuées par interualles; Mais il y a icy plusieurs obiections. La Mer Caspienne dont les Eaux semblent auoir la mesme qualité que celle des autres Mers, n'a point ce flux & ce reflux reciproque; la Mer Mediterranée en a si peu que l'on ne le connoist presque pas; Et pour l'Ocean mesme il n'en a pas en tous lieux, bien que cela soit particulier à luy. Pourquoy n'en a t'il point aussi tost en vn endroit qu'en l'autre? Toutes ses Eaux n'ont elles pas vne mesme proprieté? L'on dit qu'il n'y a que les Eaux qui sont regardées droitement qui se puissent enfler. C'est là de vray que se fait l'action; mais pourtant il y a d'autres Eaux fort esloignées qui s'en ressentent, & mesme celle des Antipodes; comment donc celles qui sont sous vn mesme Hemisphere ne s'en ressentent elles point? Les Eaux se hauffent & s'abaiffent deux fois en vn iour aux costes de l'Europe, & il y a deux mille lieües le long de l'Amerique où l'on n'apperçoit iamais aucune enflure extraordinaire. Il y a encore beaucoup d'endroits qui sont exempts du flux & du reflux, & si l'on remonstre qu'ils ont mesme qualité & mesme aspect que les autres, cela nous peut mettre en de grandes incertitudes. Tout ce que l'on respond, c'est que cela arriue felon la disposition des lieux, & qu'il y en a de hauts ou le flux ne sçauroit atteindre, tellement qu'ils sont tousiours en mesme estat; D'autres en font deffendus par de longues pointes de terre, & par des tortuositez où les flots de la Mer s'arrestent. Cela sert aussi à contenter ceux qui se plaignent de ce qu'il y a des endroits où le flux se parfait en plus de temps qu'aux autres. Ce sont de semblables obstacles qui en font cause, mais ils ne font pas si grands & si continus puisqu'ils permettent enfin que le flux se fasse. Il s'y monstre en plus de temps que le reflux, pource que naturellement l'Eau s'abaisse bien pluftost qu'elle ne s'esleue; mais que dira t'on des lieux où elle est moins de temps à croistre qu'à décroistre? C'est que la puissance qui la fait souileuer dure là bien plus qu'autrepart, & n'y cesse pas tant. Pource qui est des riuages où la Mer à son flux en deux heures & son reflux en deux autres, il faut que ce soit que cette mesme puissance s'y fasse sentir plus frequemment.

Que si l'on nie toutes ces choses, c'est pour beaucoup empefcher ceux qui croyent que generalement tous les diuers mouuemens de la Mer ne font caufez que par les Aftres. Ny la Lune ny le Soleil ne fuffiroient point à cecy dans les diuers poincts du Ciel où ils fe trouuent. Il faudroit qu'ils euffent encore quelque aide, & que lors qu'ils feroient efloignez il y euft d'autres Aftres qui euffent la mefme faculté: mais les Eftoilles n'ont pas le mefme pouuoir qu'eux, & ne font pas auffi pofées en telle diftance, qu'elles puffent faire enfler les Eaux par des mouuemens reiglez, & les laiffer apres abaiffer. Si les vnes auoient la proprieté de caufer cette enflure, les autres la pourroient auoir auffi, tellement que la Mer feroit toufiours en des prodigieufes efleuations. Cela nous fait imaginer que le fouſleuement de la Mer eft caufé d'ailleurs que des regards du Soleil, de la Lune & des autres Aftres, veu que par les vns il ne feroit pas fi frequent, & par les autres il le feroit trop.

Il faut confiderer auec cela que fi les Aftres peuuent faire enfler quelque chofe, ce doit eftre par leur chaleur: Or la Lune ny les Eftoilles n'en donnent pas affez fur nos Eaux pour les faire efleuer; Et fi pour ce fujet l'on attribuë pluftoft cette faculté au Soleil qu'à la Lune, à caufe qu'il eft la fource de la chaleur & de la lumiere, l'on verra mefme auffi qu'il ne le fait pas, & qu'encore qu'il puiffe faire fortir de l'eau fa plus fubtile partie par euaporation, il ne l'efchauffe point tellement, qu'elle puiffe boüillir & s'enfler. Cela ne s'eft iamais veu aux Eaux des eftangs ny des riuieres qu'il peut efchauffer auffi bien que la Mer. Que fi l'on nous renuoye à vne faculté fecrette qui accompagne la lumiere de cet Astre & qui est autre que la chaleur, l'on peut dire que c'est vne imagination qui n'a aucun fondement, & que c'est vne absurdité d'oster à la chaleur ce qui n'est propre qu'à elle, pour la donner à vne qualité inconnuë.

Ceux qui ont crû qu'il y auoit de la difficulté à donner aux Astres cette esleuation de la Mer, en ont cherché d'autres causes. Quelques vns ont pensé que cela ne procedoit que de son mouuement continuel, & qu'il n'estoit point besoin qu'elle s'enflast pour se hausser à de certains riuages, parce qu'elle ne s'esleuoit aux vns que lors qu'elle auoit abandonné les autres. Pour preuue de cela l'on dit que la Mer du Iapon s'enfle, lors que la Mer Oceane décroist, & qu'elle décroist au contraire lors que la Mer Oceane s'enfle. Mais il n'en est pas ainsi de toutes les Mers opposites. L'on tient que le flux & le reflux se fait à mesme heure aux riuages de l'Amerique & à ceux de l'Europe, de sorte que l'on croid par cette raison, que ce n'est point vn transport des Eaux d'vn lieu à l'autre, mais veritablement vne tumeur & vn abaissement qui se font par des regles alternatiues & certaines. L'on peut considerer que si ce n'estoit qu'vn transport, l'Angleterre & les autres Isles ne verroient pas les Eaux s'abaisser tout autour d'elles, quand le reflux se fait. Que si la Mer se retirant de l'Europe n'en esloigne quelquefois les bords que de cinquante pas, & s'approchant de l'Amerique ne s'auance que dans vn mesme espace, il ne seroit pas besoin que les Isles se sentissent de cela, & quand le flux & le reflux sont extrememement grands, l'on deuroit voir qu'au reflux le costé de l'Angleterre qui regarde l'Amerique seroit

seroit seulement desgarny, & que celuy qui regarde la France seroit remply, pource que la Mer se reculant de l'Europe treuueroit là cet arrest. La response est que les Isles sont des parties de terre esleuées, non seulement depuis leur bord, mais aussi depuis vn certain lieu de la Mer, de sorte qu'en cette douce pente, les Eaux ne sçauroient se hausser ny baisser qu'il n'y paroisse de tous costez. Neantmoins cette esleuation & cet abaissement qui se font tout autour, monstrent qu'il faudroit que la Mer quittast tantost l'Amerique, & tantost l'Europe beaucoup plus qu'elle ne fait. C'est pourquoy il semble qu'il y doit auoir vne vraye tumeur & vn vray abaissement, plustost qu'vn transport. Ie replique icy que si les haussemens & les abaissemens qui se font en tous les riuages à de mesmes heures, venoient d'vne enflure, elle seroit esgalle pour toute la Mer; mais ceux qui ont nauigé ne tiennent point que le flux & le reflux se fassent connoistre en son milieu, si bien qu'ils iugent de là que ce mouuement n'est que pour les riuages. Il y a cela à dire aussi que ces mariniers n'ont pas esté curieux de la sonder à toutes les heures, & qu'à toutes les fois qu'ils l'ont sondée, ç'a peut estre esté lors qu'elle estoit au mesme estat, ou bien il se faut representer qu'ils s'y peuuent grandement tromper, à cause que la Terre qui soustient la Mer est inesgale en quelques lieux, & quoy que les Eaux rongent & dissipent les buttes qui s'y rencontrent & renuersent les bancs de sable, elles en amassent en d'autres lieux, & puis il s'y trouue de grandes roches qui sont si dures qu'elles resistent eternellement à cette impetuosité. C'est ce qui fait que quand l'on trouueroit la Mer plus ou moins profonde en quelques endroits, l'on auroit de la peine à iuger si cela viendroit du flux & du reflux. Mais posons le cas qu'vn vaisseau ait esté arresté l'espace d'vn iour vers le milieu de la Mer, & que l'on n'ait point reconnu cet accroissement & cette diminution qui se font deux fois en vingt quatre heures; Si cela est, l'enflure n'est donc pas generalle; mais si le rehaussement ne se fait aussi que vers les riuages, il est si petit auprés de cette grande largeur de Mer qu'il n'y a point d'apparence de s'imaginer qu'il se fasse par vn transport d'vn riuage à l'autre. Il n'est pas besoin qu'vn tel amas d'Eau ait ce mouuement pour si peu de chose; quand mesme l'on n'allegueroit point que cela est impossible, à cause que le flux & le reflux se font en vne mesme heure au riuage Oriental & à l'Occidental.

En mettant la Mer sous l'empire de la Lune l'on a crû que cette enflure se faisoit par sa puissance, mais puisque nous n'auons pas iugé que cela puisse estre, ny par le moyen du Soleil ou d'aucun Astre, il en faut chercher vne autre cause. Quelques vns se sont imaginé que la Terre a de grands feux dedans ses entrailles, lesquels sont fort proches de la Mer en de certains endroits, & ont vne couuerture assez mince pour faire que la chaleur y passe, tellement que l'Eau de la Mer est là comme dans vne chaudiere sur vn fourneau où elle bout continuellement; & si cela ne se fait voir aux riuages qu'à diuerses reprises, c'est que ces feux augmẽtent ainsi leur violence de temps en temps, parce que la matiere qui les entretient, venant à eux est incontinent rauie, & fait vn grand embrazement, puis venant à manquer elle s'attiedit, iusques à ce qu'il en succede d'autre. A la verité de tels feux seroient capables de faire enfler les Eaux ; mais comment preuuera t'on qu'il y en ait dessous la Mer? Il sort du feu d'vne montagne en l'Isle de Sicile, & de quelques autres qui se treuuent en l'Isle d'Islande; mais cela ne monstre pas que dessous l'estenduë de la Mer, il y ait de semblables feux puisque l'on ne void point leurs souspiraux. N'en auroient ils point d'autres que ceux que l'on remarque en si petit nombre? Ce ne seroit pas assez pour des fourneaux si grands. D'ailleurs si la Terre estoit si peu espaisse au dessus, que l'Eau en pûst estre eschauffée & monter en ebullition, il seroit à craindre qu'à la fin cette couuerture ne fust consommée, & l'Eau de la Mer entrant dans ces gouffres en esteindroit le feu. L'on dira qu'elle luy donneroit plustost de l'accroissement, parce qu'elle a quelque chose de terrestre qui est assez propre à brusler ; mais l'on verroit donc ces feux sortir du milieu de l'Eau, ce qui ne se void point. L'on adioustera que la couuerture de ces feux est d'vne roche si dure qu'elle ne sçauroit estre consommée, ioint que l'Eau qui est dessus continuellement en empesche la dissolution, ainsi que l'Eau qui est dans vn plat d'estain l'empesche de fondre. Mais quand nous approuuerions cecy, n'en faudroit il pas considerer l'effet qui repugne à ce que nous voyons ? Si l'esleuation de la Mer se faisoit par ce boüillonnement, l'on la verroit boüillir en quelque endroit auec vne plus grande impetuosité qu'ailleurs, & mesme plus qu'aux riuages, puisque le mouuement est plus fort prés de sa cause; l'Eau seroit fort chaude en ce lieu, & quelque peu aux autres endroits; car aucun boüillonnement ne se fait sans chaleur ; les vaisseaux qui seroient sur la Mer lors qu'elle viendroit à bouïllir ainsi, deuroient mesme s'enfoncer dauantage dans l'Eau, parce qu'elle seroit plus legere, car toute Eau qui se renfle par la chaleur se rend de necessité plus rare qu'elle n'estoit, & par consequent elle ne peut pas si bien supporter les choses lourdes. Or l'esleuation se void plustost aux riuages que vers le milieu, & cela ne se fait pas par vn bouillonnement tel que celuy d'vne chaudiere sur vn fourneau, ny cette chaleur ne se remarque point, ny l'on ne void point les vaisseaux entrer plus auant en l'Eau au flux qu'au reflux ; C'est pourquoy nous connoissons que l'esleuation ne se fait pas de cette sorte par des feux sousterrains, & sur tout qu'elle ne se fait point par rarefaction, ce qui se monstre par nostre raison derniere, qui doit estre consideree dans toutes les opinions que l'on pourroit auoir, & mesme dans celle qui attribue ce mouuement à la Lune, croyant qu'elle peut faire enfler la Mer comme toutes les choses humides ; car cette enflure ne se peut faire encore, sans que l'Eau soit dauantage attenuée, & si elle estoit attenuée les vaisseaux s'y deuroient enfoncer plus qu'auparauant.

Quelques anciens ont dit que la Terre est vn grand Animal, qui pour la conseruation de sa vie à besoin du souffle & de la respiration, & qu'en retirant son haleine par quelques bouches qui sont au dessous de la Mer, les Eaux sont attirées aussi, de façon que l'on les void diminuer, & qu'en repoussant son vent il les rechasse de mesme, ce qui fait que l'on les void accroistre. Cela s'accorde fort à la verité que nous auons remarquée ; car suiuant cette imagination, il n'est pas necessaire que l'Eau s'enfle par vn boüillonnement pour estre accreüe; elle est seulement repoussée des abysmes où elle auoit esté engloutie: neantmoins il n'est pas croyable que la Terre soit vn Animal; elle sert seulemét de soustien & de demeure aux animaux; elle n'a pas de sentiment comme eux; & quand mesme l'on luy attribueroit vne vie, l'on ne deuroit pas dire qu'elle respirast, car elle ne sçauroit pas auoir vne vie plus parfaite que celle des plantes qui ne respirent point, & cela seroit absurde de luy donner des poulmons pour sa respiration, puisque l'on ne treuue point qu'elle ait aucune des autres parties requises aux animaux, ny que cela luy soit necessaire. Si elle deuoit respirer, elle deuroit aussi auoir sa bouche en vn lieu où elle n'attireroit que de l'air; Or l'on ne remarque cette ouuerture en aucune part, & si l'on la met dans la Mer, cet animal attireroit donc moins d'air que d'eau, mais sans considerer cela, l'on iuge bien que cette opinion n'est qu'vne réuerie.

Toutefois cet engloutissement & ce repoussement des Eaux se pourroient bien faire; c'est vne opinion qui n'est pas entierément rejettable, encore que l'on ne croye pas que la Terre soit vn Animal. Cecy se peut accommoder auec la pensée que l'on a eüe des feux sousterrains. L'on doit dire que ces feux sont veritablemét en beaucoup d'endroits, & specialement en vn où ils s'entretiénent de la matiere terrestre jointe à l'humide, & par leur chaleur agissent sur tout ce qui leur est voisin; Qu'ils font esleuer quantité d'exhalaisons qui venans à s'eslargir ne sçauroient tenir dauantage dans les grottes où elles sont enfermées, & sortans auec violence par des endroits secrets qui se trouuent en des abysmes de la Mer, en chassent l'Eau puissamment, & de là vient que l'on void qu'elle surmonte les riuages, puis cette fureur estant passée elle retourne au lieu qu'elle auoit occupé. L'on dira que l'Eau de la Mer pourroit glisser par ces abysmes iusques aux lieux d'où viennent ces exhalaisons, & de là mesme iusques à ces fourneaux eternels qu'elle pourroit enfin esteindre ; car si elle est susceptible de la flamme, c'est quand elle est en petite quantité, mais vn si grand cours la pourroit assoupir. Toutefois il se faut figurer que les conduits des exhalaisons vont en tournoyant, & qu'apres estre descendus fort bas ils remontent aussi en haut ; en quoy l'Eau ne les suit pas facilement à cause de sa pesanteur naturelle. Vn autre accordera que souuent l'Eau paruient iusques à ces feux apres qu'ils ont poussé leur premier effort, & les appaisant vn peu, est cause que ce renuoy ne se fait plus, & que mesme petit à petit les flots s'esloignent des riuages, iusques à ce qu'il vienne encore d'autres secousses aussi fermes que les premieres.

Que si cela ne plaist point absolument l'on en peut parler d'vne autre sorte, & dire que ces exhalaisons ne passent point par de grands trous où la Mer se puisse engouffrer, mais par les pores de la Terre seulement, où il leur est facile de treuuer passage. Elles peuuent bien par là secouër les Eaux & les renuoyer fort auant sur les riuages ; & puis quand elles cessent de souffler, la Mer retourne en son estat. Il faut s'imaginer que cette sortie des exhalaisons se fait dans vne assez grande estenduë pour leur donner plus de force, & si cela se fait à diuerses remises, c'est que le feu qui les produit, est ainsi excité successiuement par la matiere suruenante comme nous auons tantost consideré. Quand mesme cet effet se feroit aussi en fort peu de temps, cela n'empescheroit pas que les Eaux ne fussent six heures à s'esleuer vers les riuages, pource que leurs ondes ont beaucoup de chemin à faire, auant qu'elles y soient paruenuës depuis l'endroit d'où elles ont esté poussées.

Nous proposons icy que le repoussement des Eaux se fait par la chaleur ou tout au moins par vn vent que la chaleur cause, & que le retour se fait quand la chaleur est abbatuë. Mais il y a eu quelques Autheurs qui n'ont point attribué d'autre cause au renuoy des Eaux, qu'vne proprieté qu'elles ont de se purger sans cesse & de chasser vers les riuages ce qu'elles ont de superflu, ce qui ne se peut faire sans ce mouuement. Cela nous apprend bien la cause finale, non point la cause efficiente; Il nous faudroit dire d'où vient cette proprieté; ioint qu'il y a des Mers qui se purgent bien, & qui n'ont pas pourtant le flux & le reflux. Il est vray que l'on peut dire qu'il est besoin d'vn plus grand mouuement à l'Ocean qu'aux Mers particulieres, mais cela ne nous instruit pas encore, & ne nous ameine pas la vraye raison de ce que nous demandons.

Nous auons sujet de nous arrester à la consideration des exhalaisons, car elles rendent assez bien raison de tout ce qui paroist. Si l'Eurype a le flux & le reflux sept fois en vn iour, & si plusieurs autres Mers ont ainsi des mouuemens differens, c'est qu'il y a des feux en diuers endroits de la Terre qui ont aussi des exhalai-

DV FLVX ET REFLVX DE LA MER. sons diuerses, plus soudaines ou plus tardiues selon la matiere dont elles sont engendrées; Que si les esleuemens de la grand' Mer sont de six en six heures, c'est qu'elle est agitée d'vn soufflement plus grand que toutes les autres, lequel à pouuoir dessus elle, & passe mesme iusques aux Eaux qui luy sont voisines, ou qui ont quelque communication auec elle, & par ce moyen les fait participer à son mouuement, outre celuy qu'elles ont en leur particulier; Et si l'on y trouue de la diuersité, c'est aussi à cause du meslange de ces mouuemens, & de l'alteration qu'ils souffrent dans la contrainte des lieux où ils passent.

Il semble que nous ayons sujet de nous satisfaire icy apres tant de soigneuses recherches, & en effet les esprits vulgaires se contentent bien à moins que cela, pour ne pouuoir passer plus outre. Mais ne pensons pas que nous ayons encore acheué nostre ouurage. Ie vous declare que quand ces feux & ces exhalaisons nous seroient visibles, & quand leurs effets nous seroient tous connûs, il y auroit encore beaucoup de choses à rechercher dans le mouuement de la Mer. Posé le cas qu'elle n'ait ny flux ny reflux, n'est ce pas vne chose merueilleuse de ce qu'elle est tousiours en agitation? Les Lacs ne le sont point ainsi; cela n'est point de la nature de l'Eau à la considerer simplement: Cela est pourtant de la nature de la Mer; la Mediterranée & toutes les autres ont des flots continus aussi bien que l'Oceane. Chacun s'estonne du flux & du reflux, & aucun ne s'estonne de cette esmotion, quoy qu'il y ait beaucoup de sujet de l'admirer. L'on n'a pas esté soigneux de la rechercher iusques à cette heure. Philosophes

sophes dites nous ce qui la cause? Est-ce le Soleil ou la Lune & quelqu'vn des autres Astres? Nous ne trouuons point qu'ils ayent cette puissance. Sont ce les feux sousterrains? Il faudroit que leur force s'estendit par tout, & l'on n'en void aucune marque soit par la chaleur soit par la fumée; D'ailleurs cette violence pourroit quelquefois cesser, au lieu que l'agitation des flots ne cesse point; Il est certain que les grandes riuieres qui se deschargent dans la Mer apportent quelque trouble à ses Eaux, mais cela ne paroist pas dans vne telle estenduë; & puis elles ne font qu'augmenter l'agitation qu'elles y ont déja trouuée. Il en est de mesme des vents qui y causent tant de vagues; la Mer ne se sousleue pas tant lors qu'ils ne soufflent point, mais tousiours ne laisse t'elle pas de se sousleuer. Si cela ne se faisoit aussi que pour ces choses, ce seroient des agens exterieurs, au lieu qu'elle peut auoir en soy la cause de ses mouuemens. C'est icy qu'il faut reconnoistre vos erreurs : vous ne voulez pas auoüer qu'aucun des mouuemens de la Mer soit selon sa nature, pource que vous tenez, qu'vn corps naturel ne peut auoir plus d'vn mouuement qui luy soit naturel, & que le mouuement de l'Eau estant celuy de tomber en droite ligne, elle n'en sçauroit auoir d'autre. Cela est bon à dire de ses parties, mais non pas d'vn corps complet. Vous n'auez pû comprendre comment la Mer auoit en soy la cause de son flux & de son reflux; c'est pourquoy vous l'auez attribuée à la Lune? mais vous voyez pourtant qu'elle a sans cesse des vagues & des agitations qui ne viénent point d'vne cause exterieure, & qui vous monstrent bien qu'vn corps naturel peut

DV FLVX ET REFLVX DE LA MER.

Dd

mesme auoir plus de deux mouuemens qui luy soient naturels; Cela s'entend selon son meslange, car l'on ne luy en reserue qu'vn dans sa pureté. Or si la Mer est autre que l'Eau commune, pourquoy n'aura t'elle pas diuers mouuemens non seulement les vns apres les autres, mais tous ensemble; car ils sont meslez comme elle, & cela est d'autant plus croyable que les plus petits estans continuez seruent aux plus grands. La Mer a donc cette proprieté d'auoir tousiours quelque emotion, & l'on a eu tort de ne pas considerer cecy, parce que le flux & le reflux qui se font aux riuages doiuent auoir vne mesme cause que cette agitation qui se fait en toutes les parties. La Mer se hausse vers les riuages en six heures & s'abaisse en six autres heures; cela se fait dans vne grande estenduë, mais chaque petit flot se hausse & s'abaisse en vn moment. Cela se fait en telle sorte qu'vn mouuement sert à l'autre, & que le plus grand ne sçauroit se passer du plus petit. L'accroissement n'arriue que par diuers flots qui vont fondre contre le riuage & s'en reculent apres, mais qui à chaque fois s'auancent dauantage & se reculent moins. La diminution se fait aussi par des flots qui battent de mesme contre le bord & se retirent, mais qui à chaque coup s'auancent moins & se reculent dauantage. C'est la description de ce que l'on appelle le flux & le reflux; & c'est vne estrange merueille de ce que la Mer a tousiours vn semblable mouuement pour le flux & le reflux, & que les flots viennent fraper contre la Terre lors que les Eaux s'abaissent, de la mesme façon que lors qu'elles se haussent. Que si l'on tient que cela se fait par vne proprieté naturelle à la Mer, de mesme que le flot, il faut considerer ce que la Mer peut auoir en elle qui luy donne vne autre viuacité qu'à l'Eau des estangs & des riuieres. C'est là qu'il faut chercher la cause de son mouuement. Il est vray que sa grandeur augmente sa mobilité, & que les choses exterieures y cooperent aussi ; mais pourtant il est aisé à voir qu'elle a vne emotion particuliere qui ne paroist point aux Eaux communes, quoy que le vent les pousse ou que la chaleur du Soleil les touche. C'est pourquoy nous deuons croire qu'elle a toutes ces agitations, à cause qu'elle ne leur ressemble pas. Mais en quoy leur est elle principalement differente ? c'est qu'elle est sallée, au lieu qu'elles sont douces. L'on connoist à son goust qu'elle a beaucoup de parties terrestres & bruslées, & cela se fait voir encore par sa couleur & par son poids, & toute sa consistence. C'est de là infailliblement que vient la cause des effets que nous y remarquons. Nous auons dit qu'elle pouuoit estre esmeuë par les exhalaisons des feux sousterrains, mais nous n'auons aucune asseurance qu'il y en ait qui respondent sous elle ; Il est plus à propos d'attribuer tous ses mouuemens à la puissance de sa propre matiere. Il faut croire qu'estant chaude comme elle est, il s'y treuue vn certain air subtil fort conuenable à faire des exhalaisons, & duquel les premieres productions peuuent estre appellées des esprits qui se voulans faire passage font sousleuer les ondes, & c'est ce qui la fait flotter sans cesse. Il y a des fontaines & des puits qui sont sallez, & l'on n'y remarque point pourtant ce flot, mais c'est qu'il ne sçauroit paroistre en si petite quantité d'eau. Que s'il y a des lacs sallez, & mesme quelques Mers qui n'ont pas tant

Dd ij

d'agitation que l'Ocean, l'on peut dire encore que c'est que la consistence n'en est pas esgale ainsi que l'on a remarqué de la Mer Caspienne, dont l'eau n'est pas si espaisse ny si sallée que les autres. Comme ces qualitez qui sont particulieres à l'eau de la Mer causent le flot, ie dy qu'elles causent aussi ce souseuement general qui se fait paroistre aux riuages; & voicy comment ie pense que l'on se le doit imaginer. Les exhalaisons sortent de toutes les parties de l'Ocean, & pource qu'elles sont en grande quantité vers le milieu, elles poussent puissamment les Eaux pour se mettre en liberté. La Mer peut estre là soustenuë en quelque hauteur, à cause que son agitation est perpetuelle, quoy que le propre de l'eau simple soit de couler iusques à ce qu'elle ait trouué l'esgalité, de sorte qu'elle a quelque pente vers ses riuages, & lors que les esprits la pressent le plus fort, elle s'estend facilement des deux costez. Mais quand nous ne croirions point qu'elle s'esleuast en rondeur vers le milieu, pour parfaire vn globe auec la Terre, ou quand sa tumeur seroit fort peu considerable, cette violence la pourroit neantmoins pousser comme elle fait iusques aux bords. Or cette esleuation qui s'y treuue ne se fait point par vne rarefaction, ainsi que nous auons aresté, mais par vn approchement simple, tellement que l'Eau ne tenant pas plus de place qu'auparauant, il semble qu'elle doiue donc s'abaisser en vn lieu pour s'esleuer en l'autre; & si cette force qui la pousse procede du milieu, l'on pourroit dire que le milieu se descharge pour remplir les costez. Toutefois cela ne paroist aucunement, mais aussi quoy que cette esleuation soit assez auancée, cela est fort peu de chose au prix du total de la Mer qui n'en sçauroit faire paroistre ny changement ny diminution. Quand la violence cesse & que l'eau n'est plus renuoyée vers les bords, l'abaissement s'y fait; mais il ne paroist pas en autre lieu non plus que le souslevement.

 L'on se peut bien figurer que l'esleuation des Eaux est faite par les exhalaisons qui sortent & les esprits qui les poussent, toutefois l'on peut estre encore en peine pourquoy cela se fait à diuerses reprises, & c'est pour cela que quelques vns cherchent tousiours d'autres raisons, & s'arrestent dauantage au leuer & au coucher des Astres. Mais s'il est ainsi que la Mer soit poussée par vne force qui est en elle, croyons nous qu'il falust que cela se fist continuellement auec vn semblable effort. Par ce moyen il y auroit des vagues perpetuelles qui iroient donner contre le riuage, mais il ne se feroit point d'esleuation, & il en arriueroit par tout de mesme qu'en la Mer Mediterranée. Il n'en est pas ainsi en la Mer Oceane: Il s'y fait vn grand amas d'esprits, à cause de sa grande estenduë, & comme leur force est venuë à vn certain degré, ils la font paroistre par le repoussement des Eaux; Ayans vsé toute leur vigueur, & s'estans dissipez en exhalaisons, il s'en ramasse d'autres dans vn mesme espace de temps, & apres ils recommencent encore à faire remonter l'Eau aux riuages. Toutefois dedans le temps que l'Eau s'abaisse & se retire l'on ne laisse pas de la voir agitée, & les vagues viennent tousiours fondre contre la Terre, bien qu'à chaque coup cela se fasse de plus loin en plus loin. C'est que la Mer Oceane ne cesse point d'estre poussée par ces esprits, encore qu'ils soient moins excitez en vn

Dd iij

DV FLVX ET REFLVX DE LA MER.

temps qu'en vn autre; & en cet eſtat elle doit bien auoir du mouuement, puiſque meſme les autres Mers ont vn flot continu. Il eſt vray que cettuy cy a cela de difference qu'il fait que les Eaux vont en diminuant, quoy qu'elles f'auancent touſiours par diuerſes vagues; & quand elles ſe ſont abaiſſées aux coſtes, elles ne ſe tiennent pas long temps en cet eſtat; incontinent elles remontent, ſi bien qu'elles ne font rien que monter & deſcendre, & ne ſe tiennent pas dans vn ſimple flot comme la Mer Mediterranée, & quoy qu'elles ayent ce meſme flot, il eſt meſlé de ce mouuement qui les fait hauſſer & baiſſer. Cela ſe fait par cet effort des eſprits qui s'eſleue par repriſes, mais il ſemble que quelque raiſon que nous ayons dite, il y doiue auoir icy vne veritable enflure, & non pas ſimplement vn repouſſement des Eaux. L'enflure que l'on entend, ſe fait quand l'Eau ſe rend plus attenuée, mais il faudroit qu'il y euſt pour cela quelque chaleur euidente qui fiſt boüillir l'Ocean. Cela ne ſe fait point de cette ſorte; Bien que les eſprits que la Mer reſſerre en elle ſoient fort puiſſans, leur chaleur n'eſt pas ſenſible comme celle d'vn feu allumé. C'eſt aſſez qu'ils ayent le pouuoir de s'eſleuer, & qu'en voulans ſortir de leur priſon; ils agitent ainſi les Eaux. Or l'on ne peut nier pourtant que les Eaux ne ſoient ſouſleuées d'vne telle maniere qu'elles occupent plus de place qu'auparauant; mais cela ſe fait par ce que ces eſprits s'inſinuent entre elles & les eſlargiſſent en diuerſes tumeurs. Voila vn ſecret qui nous oſte d'inquietude & qui met d'accord ceux qui tiennent que le ſouſleuement de la Mer ſe fait par vne ebullition, & ceux qui croyent que c'eſt par vn repouſſement; C'eſt trop peu que le repouſſement, & c'eſt trop que l'ebullition. Il y a vn moyen temperé où ce repouſſemét ſe fait auec vne rarefaction conuenable. Mais recherchons maintenant auec plus de particularité par quel ordre ſe fait l'eſleuation. Le premier flot qui eſt ſouſleué par la violence des eſprits enfermez, eſt incontinent ſuiuy d'vn autre qui ſ'eſleue facilement par deſſus lors qu'il commence à ſ'abaiſſer & à ſ'eſlargir; & puis vn autre vient apres qui fait le meſme, & encore vn autre, & ainſi pluſieurs iuſques à vn nombre qui ne ſe peut compter, tellement que l'Eau ſ'enfle ainſi petit à petit. Les flots ſ'eſleuent de toutes parts & ſ'engloutiſſent ainſi l'vn l'autre iuſques aux riuages, où l'on void encore que ſi toſt qu'il y en a vn qui eſt venu battre contre la Terre, vn autre paſſe par deſſus & la vient toucher auſſi; mais c'eſt de plus haut en plus haut quand le flux ſe fait, & de plus bas en plus bas quand il y a reflux. Dans le mouuement de ce reflux l'on void touſiours les flots ſ'eſleuer au deſſus des autres, & neantmoins il ſe fait vn abaiſſement. Il faut comprendre par ce que i'ay déja dit que l'abaiſſemét general ſe fait lors que le pluſgrand effort des eſprits ſ'appaiſe, & qu'il n'y a qu'vne agitation ordinaire qui poſſede les Eaux. Or de meſme que la Mer en ſon total ramaſſe quantité d'eſprits qui agiſſent ſur toute la maſſe alternatiuement, elle en a d'autres moindres en chaque endroit, qui luy donnent des mouuemens particuliers, leſquels ne nuiſent point au pluſgrand, & luy apportent pluſtoſt de l'aide; & en effet il faut bien qu'il ſoit aidé, autrement il ne ſe monſtreroit pas dans vne ſi grande eſtenduë. Ie m'imagine que ce grand effort alternatif dure autant en ſon premier lieu comme aux riuages où il va terminer ses efforts, & se mettre en euidence. Neantmoins ie ne croy pas que dés qu'il commence son impetuosité, elle se fasse connoistre. Il faut vn petit de temps pour faire que les ondes se soient jointes les vnes aux autres, & se soient entrepoussées pour paruenir iusques à leurs limites; mais depuis que celles qui sont vne plus grande esleuation y sont abordées, il ne cesse d'y en arriuer d'autres qui l'augmentent. Quand elles ont commencé à s'abaisser elles ne cessent point aussi de le faire quoy qu'elles continuent en mesme temps de pousser leurs ondes aux riuages; mais il est vray que c'est auec moins de vehemence que lors qu'elles se haussent en s'approchant, & que quand la force des vnes estant accompagnée de celle des autres, augmente tousiours de plus en plus.

Or comme les grandes vagues se font successiuement en pleine Mer, quelques obseruateurs nous rapportent aussi que l'esleuation se fait tout de suite aux costes de la Terre, & que si le flux se fait à vne heure apres minuict aux costes d'Afrique, il se fera vne heure apres à celles d'Espagne, & vne autre apres à celles de France, & ainsi tousiours par vne mesme mesure iusques aux terres Septentrionales, ce que l'on peut mieux compter, si pour regler l'inesgalité des terres, l'on les diuise par de certains degrez. Pour ce qui est de l'abaissement il se fait tout au contraire, commençant par où l'esleuation à finy, comme par vn retour des Eaux. Que s'il est ainsi que le flux & le reflux se fassent en cheminant de cette sorte, il semble que ce soit que le principe du mouuement soit sous la Zone du milieu, & que les

esprits

esprits estans là fort puissans, ils donnent le bransle aux Eaux, dont les vagues se poussent apres d'vn riuage à l'autre; & par ce moyen nous trouuons la raison pourquoy il y a des terres où le flux ne se fait pas à la mesme heure qu'à d'autres, & où le reflux se fait au mesme instant que le flux se fait ailleurs. Mais il faut bien prendre garde de n'estre point trompé en cecy, à cause de la varieté des iours qui se trouue en toutes les regions de la Terre, car il est nuict en quelques vnes lors qu'il est iour aux autres, & pour dire que le reflux vient en vne coste quand le flux est en vne autre qui luy est Antipode, il faut peut estre que ce soit qu'il y arriue à toutes deux de iour, parce qu'il faut ce terme & cet espace afin que la continuation se fasse. Il y a des lieux où les vagues trouuent des empeschemens qui les retardent, c'est pourquoy elles vont plus tard aux vns qu'aux autres, quoy qu'en mesme distance. Quelquefois il s'y trouue des pointes de terre qui auancent trop & qui destournent les flots. C'est aussi que la qualité des Eaux n'est pas si propre en tous endroits pour faire cette esleuation, n'ayant pas vne assez grande abondance de ces petits mouuemens particuliers qui aident au general. De là vient que quelques parties de la Mer ne se haussent presque point, comme la Mer Pacifique qui n'a point de flux apparent, & beaucoup d'autres qui en deuroient auoir à cause de la communication qu'elles ont auec la Mer Oceane. Il faut que cette enflure ne puisse s'auancer iusqu'à leurs limites, pource qu'elle y trouue vne Eau plus debile que l'autre, & qui ne fournit pas assez d'esprits pour cooperer à ce mouuement, de sorte que les Eaux qui y sont renuoyées s'y estendent à moitié chemin. L'on remarque qu'il y a encore quelques endroits sous la Zone Torride, où le flux & le reflux ne se font point, ce qui peut mettre en peine ceux qui ont déja crû que c'est là qu'est l'origine du souslevement des Eaux; Mais il se faut représenter qu'à cause que le mouvement vient de ce lieu, il paroist plustost en quelques limites où il finit, parce que tous les flots se poussent vers ce costé là. Les Eaux sont aussi tellement agitées sous cette Zone, que l'accroissement est malaisé à discerner d'auec la diminution.

Quand l'on aura accordé toutes ces choses, l'on demandera encore pourquoy ce mouvement de la Mer commence sous la Zone Torride, plustost qu'en d'autres endroits qui semblent estre aussi larges, & pourquoy le flux & le reflux se font à diuerses reprises reglées. Il faut bien que cela commence quelque part. Si cela venoit d'vn autre lieu, l'on feroit la mesme interrogation. Il y a quantité de corps au monde qui se meuuent chacun par des chemins particuliers, sans que l'on puisse dire pourquoy ils les prennent plustost que d'autres. Pour ces reprises reglées, elles ne sont pas plus estranges que tout ce qui se void en la nature où toutes choses doiuent estre par compas. Le Soleil fait le tour du monde dans vn espace de temps que nous appellons vingt-quatre heures. S'il le faisoit en douze heures, l'on n'en trouueroit pas plus de raison. La Mer a donc son flux en six heures & le reflux en six autres, pource qu'il faut qu'il y ait vne regle aux choses, & que voila celle que la Nature luy a donnée: Neantmoins cherchons icy plus de satisfaction. I'ay déja dit que la Mer a plus de force en son milieu qu'ailleurs; C'est pourquoy son plus grand mouuement commence sous la Zone Torride, à quoy il faut encore adiouster pour parler veritablement que ie ne rejette pas la puissance du Soleil en cette action cy. Ie n'ay pas approuué l'opinion de ceux qui luy attribuent entierement la cause de l'esleuation des Eaux (cóme en effet nous ne remarquons pas que ses rayons les puissent faire boüillir de la maniere qu'ils pretendent) mais ie tien qu'il aide beaucoup à leur proprieté naturelle. Pource qu'il tourne tousiours sur la Zone Torride, & qu'il est comme couché sur ses eaux lesquelles il couue incessamment, il en esleue les parties les plus subtiles qui se changent en vapeurs, de telle sorte qu'il n'y demeure que ce qui est le plus espais où les esprits s'attachent le mieux & ont le plus de vigueur. Or comme il n'eschauffe pas tant les Eaux des Zones temperées, & encore moins celles qui sont au delà, toute la force se resserre en celles du milieu; & cecy semblera plus vray semblable si nous nous representons que l'on tient que la Mer descend continuellement des parties Septentrionales, à cause que les Eaux sont incontinent changées en vapeurs sous la Zone Torride, & que celles du Septentrion estans plus froides & par consequent plus hautes, y accourent afin de garder quelque esgalité. Cela estant l'on peut dire que ce renfort d'Eau qui vient tout à coup, fait cesser la violence de ces esprits turbulens qui causent le flux, & que s'estans resserrez quelque peu, ils se réueillent tout à fait apres pour monstrer leur puissance, qui est ainsi abatuë & releuée successiuement. Outre le choc de ces Eaux qui suruiennent, leur froideur peut estre cause aussi que la chaleur de la Mer se retire vers son centre; & si d'vn costé du Pole Antartique, l'on ne remarque point que les Eaux descendent de mesme vers la ligne du milieu, si est-ce qu'il faut croire pourtant qu'il y a mesme raison pour vn costé que pour l'autre, horsmis qu'en cette Mer Australe, quoy qu'il y ait plus d'eau, il y a aussi plus de chaleur, à cause que la Mer s'y auance beaucoup sous la Zone Torride entre l'Afrique & les Indes, de sorte que par ces communications les Eaux sont plus chaudes que les Septentrionales; D'ailleurs il faut considerer qu'il y a quantité d'Eau sous le Pole Artique, au lieu que sous l'Antartique il n'y a que de la Terre, tellement que la froideur des Eaux ne peut pas venir de ce costé là.

Ie me figure bien que les Eaux reçoiuent beaucoup de vigueur sous la Zone Torride, neantmoins il faut croire qu'en toute leur estenduë elles ont encore le pouuoir de ce mouuement vers leur milieu en quelque part qu'il se trouue, & cela nous est sensible en voyant comme les flots sont agitez en tant de lieux. L'effort des Eaux de cette Zone bruslée se peut bien porter successiuement vers chaque riuage, mais auec cela il faut que celles qui sont au milieu de toute l'estenduë de la Mer y contribuent grandement. Quelqu'vn pourroit dire que ce mouuement se doit aussi faire par tout, à cause que les Eaux des riuieres font retirer pour vn temps celles de la Mer qui reprennent apres leur violence; de verité il y en a de tresgrandes de toutes parts, & cela peut encore seruir à cela, mais il ne leur faut pas pourtant attribuer entierement la cause du flux & du reflux comme quelques vns ont fait. Elles sont de petite consideration au prix de la masse de la Mer, & ne sçauroient cooperer que fort peu. Entre toutes ces raisons que l'on a cherchées iusqu'à cette heure auec tant de gesne d'esprit, il n'y en a guere qui n'attribuent ce mouuement à des agens externes, ce qui est contre la verité; car de quelque façon que l'on le vueille prendre, il est indubitable que ce grand corps est pourueu de ce qui luy est necessaire pour rendre sa nature accomplie, & que les forces estrangeres seruent seulement à augmenter ou à diminuer les siennes, sans les luy donner ou les luy oster entierement. De dire qu'il soit capable de s'esmouuoir par la seule chaleur de ses Eaux; il ne le faut pas proposer absolument. Toutes les choses du monde peuuent auoir plus ou moins de chaleur interne, mais elle s'amortiroit si elle n'estoit réueillée de fois à autre par celle du Soleil. Il faut reconnoistre la dependance que la Mer a de luy, comme toutes les autres choses; Ce n'est pourtant que selon sa composition qu'elle est capable de flux & de reflux, & il ne faut point attribuer ce mouuement reciproque à la presence ou à l'absence de cet Astre. En quelques endroits où les Eaux ont moins de parties terrestres, elles sont moins susceptibles de chaleur, & n'ayant qu'vn mouuement ordinaire ne s'esleuent point par reprises. Cela se void en la Mer Mediterranée qui ne fait que flotter seulement. Si le Soleil estoit la seule cause de l'esleuation, il la deuroit faire esleuer comme l'Ocean. L'on void qu'il faut que sa tranquillité deriue de sa propre Nature. Pource qu'elle s'esleue aussi en quelques vnes de ses parties fort peu considerables au prix du total, cóme au golphe de Venise & au destroit de l'Eurype, il n'y a point d'apparence que le Soleil ne

DV FLVX ET REFLVX DE LA MER. la fist esmouuoir qu'en si peu de lieu, puisqu'il la regarde de plus prés en beaucoup d'autres regions. Il faut que la cause de ce mouuement vienne d'ailleurs. Il y a mesme quelques fontaines & quelques petits lacs où l'Eau croist & diminuë par vn certain espace de temps. Qui est ce qui donne cet accroissement à de telles Eaux? Elles viennent là par des conduits souterrains où la Lune ny le Soleil ne sçauroient penetrer; ce n'est pas aussi qu'elles ayent communication auec la Mer, & qu'elles participent à son esleuation, car il y en a qui sont trop esloignées pour cet effet, & qui ont aussi des mouuemens qui ne suiuent pas les regles de l'Ocean. L'on peut respondre qu'à cause de la distance & des obstacles interposez, le flux & le reflux ne s'y peuuent pas faire à la mesme heure que dans la grande Mer; ce qui auroit quelque apparence de raison s'il se trouuoit au dessous de la Mer des canaux si bien ouuerts que les Eaux y fussent portées sans difficulté iusques en de certains lieux de la Terre où il se feroit des sources qui se ressentiroient de l'esleuation generalle. Si cela estoit il faudroit encore que ses Eaux retinssent les qualitez de celles de la Mer, & qu'elles fussent sallées; mais l'on ne dit point que ces fontaines le soient; C'est pourquoy il faut croire que leur esleuation ne vient point de celle de la Mer, & que la cause en est en elles. Elles ont des esprits chauds qui monstrent leur vigueur de temps en temps, & qui les font ainsi esleuer. Peut estre aussi qu'elles s'accroissent veritablemét, pource qu'il y a des temps que la matiere qui les produit vient en plus grande abondance dedans leur reseruoir. Mais quoy qu'il en soit, cela monstre que l'esleuation alternatiue des Eaux se peut faire par vn autre moyen que par le Soleil, & qu'elle ne suit pas son cours. Il ne faut pas nier qu'en quelques endroits de la Mer, il ne puisse arriuer aussi en de certains temps vn accroissement d'Eaux par quelques conduits soufterrains. Il en peut venir aussi des vents chauds ou des exhalaisons qui font paroistre la mesme eslcuation. D'ailleurs le flot ayant esté poussé contre vne coste, en peut estre repoussé contre vne autre qui le repousse encore, de sorte qu'il semble que le flux en soit redoublé. C'est ce qui est cause que l'on le treuue plus frequent en quelques lieux, & l'on allegue cela pour celuy de l'Eurype, mais il y a des Autheurs qui ont dit que le mouuement que l'on attribuoit à ce destroit, se fait de la sorte que s'il estoit agité du vent tantost d'vn costé & tantost d'vn autre; mais quelques Curieux qui s'y sont transportez exprés, ont treuué que le mouuement se faisoit encore qu'aucun vent ne soufflast, & que de verité l'eslcuation n'estoit pas grande, si ce n'est par deux fois le iour à la maniere de l'Ocean, & qu'au reste du temps l'Eau estoit agitée tantost d'vn costé & tantost de l'autre par des regles incertaines que l'on a neantmoins comptées iusques à sept fois. L'on dira icy que le golphe de Venise & le destroit de l'Eurype suiuent donc la Loy de l'Ocean ; mais comment leur peut elle estre communiquée si tant de Mers qui sont entredeux n'y sont point suiettes? Il faut croire pourtant qu'vne mesme cause les fait mouuoir puisqu'ils se meuuent de mesme; mais qui sçait si cela se fait en mesme temps. L'on a déja reconnu du changement de riuage en riuage; Qui nous dira si cette gradation n'est

DV FLVX ET REFLVX DE LA MER.

point imaginaire, puisque mesme l'on la void interrópuë en quelques lieux où l'esleuation ne se fait pas dans cette suite ? Il faudroit estre vn oyseau bien leger pour voler d'vn riuage à l'autre, mais plustost pour aller en vn instant de l'vn à l'autre Hemisphere, afin de voir si le flux est à la mesme heure en beaucoup de Mers opposites, cóme quelques vns ont voulu soustenir. Cela n'estant pas possible il se faut arrester à cecy, qu'encore que le total de l'Ocean ait vn grand mouuement dont toutes les autres Mers sont poussées autant comme il leur peut estre communiqué, si est ce qu'elles en doiuent auoir de particuliers qui leur viennent de leur propre nature & de quelques causes adherentes. L'Eau peut estre pressée en quelque destroit, & les esprits y estans resserrez au milieu, & eslargis par boutades, y causent le flux & le reflux selon la capacité du lieu de mesme qu'en l'Ocean. Dauantage il y aura encore quelque puissance cachée dans toute l'estenduë, venant d'exhalaisons ou de vents formez, qui poussera les Eaux tantost deçà & tantost delà, comme dans l'Eurype, à quoy le heurtement des rochers seruira beaucoup ; & c'est pour ce sujet qu'en pleine Mer l'on remarque aussi d'estranges mouuemens que l'on appelle des Courantes, qui vont de part & d'autre par vne bigearre maniere. Cela nous force d'auoüer que la Mer a en elle des mouuemens particuliers qui sont seulement aidez par les choses exterieures. Que s'il y a des lieux où il ne se fait point d'esleuation, nous auons déja remarqué que l'Eau n'y est pas tousiours propre d'elle mesme, & qu'il y a quelquefois des costes trop auancées qui empeschent que le flux n'y arriue ; mais l'on peut

peut adiouster qu'il s'esleue des esprits en ces lieux qui repoussent les Eaux incessamment vers les lieux dont elles partent, & qu'en d'autres endroits il y a des gouffres où elles sont englouties au milieu de leur chemin, de sorte que leur esleuation ne sçauroit passer plus outre. Ie croy que c'est tout ce qui s'en peut dire humainement. Nous rendons raison vniuersellement de ces choses selon ce qu'elles peuuent estre, non point selon ce qu'elles sont en leur particulier; il faudroit auoir veu tous les riuages, & auoir supputé leurs differentes esleuations; & encore ce ne seroit rien si l'on ne sçauoit si leur mouuement vient d'vne exhalaison qui sorte de la Terre, ou des esprits internes, & si cela leur est particulier ou bien s'ils le retiennent par communication; Il faudroit auoir pour cela des yeux plus perçans que n'ont les hommes. Il suffit de sçauoir comment les choses se peuuent faire en general, si l'on ne peut passer plus outre.

Nous auons encore icy à contenter ceux qui ont cette opinion enracinée dans leur esprit, que la Lune ait du pouuoir sur la Mer. Ils auoüeront bien apres toutes nos raisons, que la Mer contient en elle la cause de son mouuement auec l'aide de quelque Astre, mais ils ne voudront pas que ce soit du Soleil ainsi que i'ay proposé. L'ordre du flux & reflux est reiglé sur le cours de la Lune, & l'on en a fait des tables exprés dont tous les nauigateurs se seruent. Ie leur accorderay librement que la Lune a de la puissance sur la Mer; cela est infaillible. Tous les Astres ont quelque pouuoir sur les choses qu'ils regardent. Ie ne donne point tout au Soleil, mais il ne faut pas aussi tout donner à la Lune; l'vn excite la chaleur interne qui cause les esleuations, & l'autre par sa chaleur tiede, fait enfler dauantage tout ce qui en a l'inclination. Ie considere bien que l'on regle sur le cours de la Lune le mouuement iournalier, & celuy pareillement qui s'augmente ou qui diminuë à chaque semaine; mais la Mer prend aussi la Loy du Soleil en ce qu'elle s'esleue dauantage aux Solstices & aux changemens des saisons; L'on void que si elle souffre des changemens dans le mois qui est l'espace de la course lunaire, elle en souffre dans l'année qui est le temps que le Soleil employe à faire le tour du monde. Cela est tres-veritable, & mesme ce qui se remarque du Soleil est plus certain que de la Lune; car comme nous aurons veu, l'accroissement des Eaux se fait par des regles qui semblent contraires à ce qui paroist de la Lune en ses diuers quartiers, & pour ce qui est du mouuement iournalier il n'y a rien de plus faux que de dire que cela depende de cet Astre; car si la Lune paroist pendant les six heures du matin que la Mer est enflée, elle ne paroistra pas pendant les six heures de l'apresdisnée qu'elle le sera encore. Toutefois l'on dit qu'il faut auoüer que cela se reigle sur son cours; mais cela n'est pas encore fort certain, & l'on y trouue bien des inesgalitez; & quand cela seroit, cela ne preuue pas qu'elle en soit la cause, puisque l'on se gouuerne mesme par la consideration de cet Astre lors qu'il est caché sous l'autre Hemisphere. Si le flux & le reflux viennent alternatiuement de six heures en six heures, la Mer n'est pas regardée de mesme en ses diuerses reprises; & quand il arriueroit que cela s'accordast iustemét auec l'espace de temps que la Lune employe à courir dans les quartiers que l'on luy a establis au Ciel, c'est vne chose qui s'est **DV FLVX** rencontrée de cette sorte, pource qu'il faut que tout ce **ET REFLVX** qui est au monde se fasse dans quelque regle, & il se **DE LA MER.** trouuera encore beaucoup d'autres choses dont les mesures sont esgales, encore qu'elles ne dependent point l'vne de l'autre. I'accorde que le Soleil & la Lune aident à faire enfler les Eaux, & ie diray mesme qu'ils y seruent entierement, & qu'en de certains temps ils en augmentent la vigueur; mais si elles s'esleuent & s'abaissent par reprises, ie concluds encore que cela vient de ce qu'elles sentent en elles. Ce que l'on a remarqué du cours de la Lune ayant esté accordé auec le mouuement du flux & du reflux, sert pourtant à compter la venuë de la marée chaque iour selon l'vsage des gens de marine, & nous n'y mettrons pas d'empeschement puisqu'ils s'en trouuent bien, & que l'on ne sçauroit faire d'obseruation plus conforme à la verité de ce que l'on cherche.

APres la consideration des diuers mouuemens de *Du mou-* l'Eau, il semble qu'il seroit à propos de parler de *uement de* ceux de l'Air, & en effet cela pourroit estre supportable *l'Air.* en ce lieu. Neantmoins il faut considerer que de luy mesme, il n'a autre mouuement que celuy de tomber en droite ligne sur l'Eau ou sur la Terre, ou de s'esleuer par le moyen de la chaleur, & que s'il se pousse d'vn costé & d'autre auec violence, qui est ce que l'on appelle le vent, cela doit estre reserué pour le traicté des Corps Deriuez. Nous ne donons point icy autre mouuement à l'Air en qualité de Corps Principal, que celuy là de remplir promptement les lieux qui se vuident, ce qu'il peut faire facilement & auec beaucoup de

DV MOV-
VEMENT
DE L'AIR.

douceur, à cause de sa grande fluidité. Cela se doit dire de l'Air inferieur, & l'on peut croire le mesme du vray Air, au cas qu'il se trouuast quelque lieu prés de luy qui eust besoin de repletion. Le mouuement des parties qui sont adherentes à la Terre est ainsi reglé en leur particulier, mais estans considerées auec elle, si l'on luy attribuë l'immobilité, il faut qu'elles soient aussi immobiles, c'est à dire qu'elles ne tournent point.

Du mou-
uement des
Astres.

NOvs venons maintenant à rechercher le mouuement des autres Corps Principaux qui sont les Astres. Pour l'Ether où l'on tient qu'ils sont placez, quelques vns croyent qu'il n'a que faire de se mouuoir, puisqu'il ne sert qu'à estre le champ où les autres corps se meuuent. Ils entendent que sa masse entiere est ferme & arrestée, car pour ses parties ils leur attribuent quelque mouuement lors qu'elles cedent à ceux qui cheminent. Toutefois ceux qui le font si subtil qu'ils disent qu'il penetre tousiours par tout, n'ont guere de soin de le faire mouuoir en aucun lieu. Mais pourtant s'ils auoüent qu'il y ait des corps qui s'y meuuent par diuerses circulations, il faut qu'ils reconnoissent aussi qu'il se presse pour leur faire place, & qu'il leur cede en quelque maniere, puisque les corps ne se peuuent penetrer l'vn l'autre.

Quant aux Astres, i'ay déja mis en question s'ils se mouuoient, d'autant que ie n'ay pû establir sans cela l'immobilité de la Terre, mais ie n'ay pas pourtant declaré toute la maniere de leur mouuement, pour ce que cela meritoit d'estre traité à part. I'ay déja dit que quelques vns ont tenu que le dernier estage des Estoilles

demeuroit immobile & le Soleil auſſi, & qu'il n'y auoit
que les autres Planettes auecque la Terre qui fiſſent
leur cours. Il eſt certain que ſi la Terre tournoit comme ils veulent, il ne ſeroit pas beſoin que le Soleil ny
les Eſtoilles euſſent aucun mouuement, ſi ce n'eſt que
pour oſter cette diſtance incomprehenſible qu'ils donnent au Firmament, l'on luy attribuaſt vn cours annuel comme celuy de la Terre, afin qu'elle n'ait aucune
diuerſité de Poles. I'ay déja propoſé cette œconomie
celeſte à laquelle ceux qui ſouſtiennent la nouuelle
opinion n'auoient point encore ſongé. Ils ont crû
que le grand eſloignement des Eſtoilles fixes auec leur
immobilité, eſtoient plus conuenables & plus aiſez à
deffendre. Mais ie donneray bien encore vne raiſon
ſecrette, pourquoy il y a eu quelqu'vn qui a eu tant de
paſſion à ſouſtenir cela. Puiſque ie ſuis icy en train de
deſcouurir les plus grandes curioſitez qui ſoient au
monde, maintenant qu'il vient à propos d'en declarer
vne qui n'eſt pas des moindres, ie ne la veux point garder pour vn autre endroit. Apprenez donc ce qu'il y a
de plus fin dans la nouuelle opinion, & ce que tous
ceux qui la tiennent ne ſçauent pas, & que vous ne
trouuerez pas poſſible dans aucun Autheur. C'eſt que
ſi en faiſant le Soleil immobile, l'on veut que les Eſtoilles le ſoient auſſi, la pluſpart ne le font que pource qu'il
n'eſt pas neceſſaire qu'elles tournent, ſi la Terre tourne
au lieu. Mais ceux qui ont des connoiſſances plus profondes, & qui ne ſe contentent point de la croyance
cómune, ne les tiennent fixes que parce qu'ils croyent
que ce ſont des Soleils auſſi bien que celuy que nous
voyons, lequel nous ſemble plus grand & plus lumi-

neux à cause qu'il nous est plus proche. Si c'est la nature de l'vn de ne bouger d'vn lieu, aussi est ce la nature des autres. L'on leur dira qu'il y a des Planettes qui tournent, & qui semblent pourtant estre de la mesme nature que les Estoilles; C'est ce qu'ils nieront: L'on connoist déja que Venus reçoit sa lumiere du Soleil, & que la regardant auec les lunettes l'on luy trouue quelquefois de petites cornes comme à la Lune qui croist. Mercure n'est pas si bien remarqué à cause de sa petitesse, mais sa couleur fait croire pourtant qu'il est tout semblable. Quant à Mars qui est de couleur rougeastre, Iupiter de couleur argentée, & Saturne de couleur plombée, cela n'empesche pas qu'ils ne soient de mesme matiere que les Astres qui ne sont pas lumineux d'eux mesme: Au contraire cela le monstre assez euidemment. La blancheur de Iupiter approche de celle de la Lune; Saturne ne s'en esloigne pas, puisqu'il a seulement vn blanc obscur; & pour Mars s'il paroist rouge, c'est que dans son meslange il a quelque inesgalité que n'ont pas les autres. Ils veulent donc preuuer par là qu'il n'y a que les corps terrestres qui ayent du mouuement afin d'estre esclairez. Ils croyent que cela est plus aisé que si les Soleils tournoient, d'autant que chaque Terre fait vn tour en elle mesme dans peu de temps, ce qui luy donne le iour & la nuict, & puis elle va autour de son Soleil dans vn plus long espace. L'on demandera si cela se peut accorder à l'opinion de ceux qui disent que le Soleil est au Centre du Monde; mais ils remonstreront que l'on dit cela de nostre Soleil, pour faire entendre qu'il se tient fixe au milieu de tous les corps visibles qui l'enuironnent; Que cela n'empefche pas que tous les autres Soleils ne foient de mefme, & que l'on le peut dire des vns auffi toft que des autres, pource que le Centre de l'Infiny eft par tout. Ils concluent donc que les Terres font leur cours autour des Soleils immobiles, & en parlent comme fi c'eftoient eux qui leur donnaffent du mouuement, les excitant à cela par la chaleur qu'ils leur cómuniquent. Il y a vne objection à faire contre cela, c'eft que felon leur opinion la Lune va autour de la Terre, & quelques autres Aftres obfcurs vont autour de Iupiter, tellement que l'on trouue de l'exception à leur regle. Ils peuuent refpondre que chaque Aftre n'eft capable de faire vn cercle que felon fa grandeur, & que les plus petits en font de moindres; Que la Lune qui eft moindre que la Terre fait donc le fien autour d'elle, & la Terre autour du Soleil où il y a vn efpace plus grand. Neantmoins ils auoüent que la Lune y eft auffi portée, & que tous les autres petits Aftres ont ce cours general outre leur particulier, & ils fouftiénent qu'vn mouuement fert à l'autre, & quoy que les vns tournent fur leur propre centre comme la Terre, & les autres autour d'vn autre globe, que cela fe fait toufiours en f'approchant de plus en plus de quelques parties du Soleil pour le vifiter entierement, de telle maniere que ceux qui font leur cours particulier en de grands cercles, f'efloignent plus du centre de leur mouuement du cofté où ils f'auancent que de celuy qu'ils quittent; & c'eft par là que l'on peut fçauoir la raifon pourquoy la Lune femble plus proche de la Terre en vn temps qu'en vn autre. Pour la Terre fi elle f'approche toufiours plus du Soleil d'vn cofté que d'autre, c'eft qu'elle ne le reçoit iamais efgalement pour le Centre de fa circulation. C'eſt icy qu'il faut contrarier à ces nouuelles fuppoſitions. Si le Soleil agitoit la Terre pour la faire mouuoir, cela fe feroit autant d'vn coſté que d'autre, & l'approchement deuroit eſtre efgal. Il n'y a point auſſi d'apparence que quelques globes tournent en peu de temps en eux mefmes, & les autres les enuironnent feulement. L'on adiouſtera donc qu'ils tournent tous fur leur centre, outre leur circulation; mais où en voyons nous des preuues, puifque l'on void toufiours vne mefme face en la Lune? Il n'y a rien à refpondre, finon qu'elle tourne fi viſte qu'il ne paroiſt aucune diuerfité de macules; car comme elle eſt de beaucoup plus petite que la Terre, il faut croire qu'elle ne met pas tant de temps à tourner, & qu'elle fait plufieurs tours en vn iour; ou bien l'on peut dire que dans l'afpect où l'on la void, elle ne peut eſtre d'vne autre forte ayant toufiours de femblables inefgalitez vers fon milieu, mais cela eſt fort malaifé à comprendre, quand mefme l'on la tiendroit pour vne Terre entourée de nuages, fi ce n'eſt que l'on croye, qu'en cet eſtat que nous la voyons illuminée du Soleil, les efleuations s'y doiuent toufiours faire de mefme façon, & l'Air y doit eſtre plus rare en vn certain endroit. Auec toutes ces difficultez, ie trouue eſtrange que le Soleil ne faffe pas tourner tous ces globes de mefme forte, & que la Lune ait trois mouuemens, & la Terre n'en ait que deux; car la Terre fait fon tour fur fon Centre, & puis elle fait le circuit du Soleil; mais outre que l'on dit que la Lune tourne en elle mefme, l'on la fait cheminer autour de la Terre, & en mefme temps l'on la fait encore aller autour du So-

Soleil. Toute la raison que l'on en rend, c'est que les plus petits Astres tournent tousiours autour des plus grands ; mais ils pourroient aussi bien tourner tout d'vn coup autour du Soleil sans s'asujettir à faire encore en chemin d'autres moindres cercles. D'ailleurs quand vn Astre est opposé à vn autre Astre & luy empesche d'estre regardé du Soleil, il luy deuroit donc aussi empescher d'auoir du mouuement ; mais les aduersaires trouueront icy vne ingenieuse repartie, c'est qu'en effet la force de ces corps languit en souffrant l'Eclipse, & ne voyant plus leur maistre ; & n'ayans pas le pouuoir de cheminer ny de se soustenir, ils s'escartent vn peu de leur chemin, ce que nous remarquons assez en quelques vns, sans en trouuer la vraye cause. Si cela arriuoit ainsi, ie craindrois que ces Astres ne tombassent tout à fait : mais il y a vne prompte replique, c'est qu'ils ne sçauroient tomber que de la largeur de l'Astre qui leur cache le Soleil, pource qu'ils le reuoyent apres & reprennent leur vigueur. Cela est bon s'ils tombent de costé ; mais quand cela seroit, nous ne voyons point que la Lune tombe ainsi, lors que l'ombre de la Terre l'Eclipse. Si cette cheute se fait aussi en ligne droicte, il semble qu'elle doiue continuer longtemps ; mais l'on dira que le Soleil se remonstrant aussi tost les empesche de tomber ; L'on auroit remarqué neantmoins à la Lune quelque abaissement vers la Terre en cet instant, ce qui ne se remarque point ; car si elle en approche dauantage en vn temps qu'en vn autre, cela se fait en plusieurs iours. L'on ne se sçauroit sauuer icy sans se relascher vn peu de cette opinion, & sans accorder que les Astres ne tombent point pour ne pas voir le Soleil; car en effet si nostre Terre est vn de ces Astres, elle tomberoit aussi ne le voyant point. Il ne reste plus rien à dire, sinon que les corps dans l'instant de l'Eclipse ont encore quelque force de reste qui sert à leur faire continuer leur cours. Mais combien toutes ces choses sont difficiles à s'imaginer? Comment la puissance du Soleil continuée en son absence les fera t'elle mouuoir, veu qu'à peine l'on accorde cela à sa presence? Est il croyable qu'il les puisse faire marcher par la chaleur qu'il leur donne cependant qu'il est immobile, luy qui abonde en cette faculté necessaire au mouuement? Le seul refuge, c'est de dire qu'ils marchent par leur propre vertu, & que le Soleil est aussi immobile par la sienne; Mais il est plus à propos de croire qu'il fait son cours que nostre Terre. Pour les Planettes l'on leur laisse leur mouuement comme estans des Astres; Et quant à ces autres que l'on a pris pour autant de Soleils, il faut accorder qu'ils ont aussi vn mouuement circulaire. Que si l'on trouue qu'ils fassent leur cours en tournant, l'on ne songera plus à l'infinité des choses corporelles; car s'imagineroit on que ces Corps Infinis fissent leur circulation? Cela repugne à nostre sens, que des choses infinies puissent estre tantost d'vn costé & tantost de l'autre, afin de faire le tour d'vn petit Atome comme la Terre, ou bien il se faudroit imaginer plusieurs mondes, comme celuy cy où les Astres fissent leur cours separément; mais il ne se faut point arrester à toutes ces choses que l'on ne sçauroit prouuer: Il y a plus d'apparence de raison de tenir les corps pour finis, que de s'en imaginer vne infinité. Nous ne tascherons donc de regler que le mouuement de ce que nous voyons.

I'ay déja monstré que l'on doit tenir la Terre pour immobile au Centre du Monde, & par consequent les Astres font donc leur course allentour. Ce qui a le plus empesché que l'on ne luy ait tousiours conserué cette place, est que quelques Astronomes n'ont pû trouuer la raison des approchemens & des reculemens de quelques Astres, qu'en mettant le Soleil au milieu d'eux, & changeant toute l'ancienne disposition. I'ay declaré quel estoit leur nouuel ordre, & comment ils ont attribué à la Terre vn tournoyement qui s'accomplit en vingt & quatre heures sur son propre Centre, & vne circulation qui se fait en vn an autour du Soleil. Par ce moyen le Soleil n'a que faire de se mouuoir, ny les Estoilles non plus.

Vn autre a corrigé cecy, & a dit que la Terre estoit de vray au milieu du Monde, mais qu'elle faisoit son tour en vingt & quatre heures sur son propre Centre, & que le Soleil faisoit son cours autour d'elle en vn an. Il pense que cela est bien plus conuenable, & que de cette sorte l'on n'est point obligé d'attribuer à vn mesme globe deux ou trois diuers mouuemens qui semblent se contrarier. Il n'est point besoin aussi en cela d'introduire ce grand esloignement des Estoilles fixes pour oster la diuersité des Poles, puisque l'on dit que la Terre n'en approche point plus d'vn costé que d'autre. D'ailleurs cela semble conforme à la Nature, que tant plus les corps sont esloignez du Centre, tant plus ils ayent de facultez propres à les faire mouuoir par vn plus grand tour, & que la Terre qui est iustement à ce milieu doit seulement se tourner en elle mesme, tellement que l'on peut dire qu'elle est mobile de cette façon, & immobile d'vne autre, parce qu'elle tourne sans bouger de sa place, & cela semble plus vraysemblable que de feindre qu'elle soit transportée dans l'air simple cóme les Astres. L'opinion de ce dernier paroist meilleure à quelques vns que celles des autres. Toutefois il n'est point à propos encore de faire tourner la Terre en ce milieu. Si l'on n'estime pas qu'elle soit propre à estre transportée, elle ne l'est pas dauantage à se mouuoir de ce simple mouuement.

Quelque pretexte que l'on prenne pour authoriser toutes ces choses, l'on le peut bien oster à ceux qui s'en veulent seruir, & leur donner vne nouuelle œconomie celeste, où les inconueniens qu'ils s'imaginent ne se trouuerons pas, encore que l'on establisse la Terre immobile au Centre du Monde, & que le Soleil fasse son cours autour d'elle. Mais sans en venir encore iusques là, voyons ce qui se peut dire de la maniere des mouuemens. Si l'on trouue estrange que le premier Mobile & le Firmament entraisnent tous les autres estages en vingt & quatre heures, cela n'est pas moins raisonnable que de faire tourner la Terre en ce mesme temps. Il a déja esté prouué que la grandeur d'vn globe n'empesche point qu'il ne tourne aussi viste qu'vn petit, pourueu que le mouuement continuë depuis le milieu iusqu'à la superficie, & que cela se fait aussi doucement au haut que dans les parties les plus basses & les plus petites. Les nouueaux Astronomes ont asseuré qu'il estoit plus facile à la Terre de tourner en vn iour sur son Centre, qu'à toute l'estenduë Celeste de faire ce grand circuit, & qu'il estoit à craindre que quelque chose ne se rompist au Ciel par la vistesse du mouuement; mais vn corps si simple & si leger comme l'on se figure celuy cy, est il pas bien plus propre à tourner que la Terre, sans qu'il y arriue aucune alteration; & puis n'arrestons nous pas que ces mouuemens estans doux & naturels ne peuuent iamais rien gaster: car si cela estoit nuisible à quelque chose, ils ne se feroient pas. Toutefois n'accordons point cecy sans en auoir examiné toutes les dependances. Comment est ce que nous nous pouuons imaginer que ces mouuemens se fassent? Si nous nous figurons qu'il y a des Orbes qui emmenent auec eux leurs Astres, de quelle matiere peuuent ils estre? Ne faut il pas qu'ils soient solides pour cet effet? Mais y a t'il quelque chose de solide qui ne soit point terrestre? Or ce qui est solide & terrestre ne sçauroit estre transparent. Il est vray que la Terre est changée en verre par vne parfaitte cuisson, mais cela n'est transparent que dans vne petite espaisseur, & l'on en pourroit faire vne muraille si grosse qu'elle ne seroit plus transparente. Au contraire ce que nous appellons le Ciel, a vne estenduë incomprehensible, & neantmoins nous pouuons voir ce qui est iusqu'à ses extremitez, & si nous ne le voyons point, il n'y a que la petitesse ou le peu de lumiere qui en empesche. La substance la plus desliée c'est l'Air, c'est pourquoy il nous semble que ce grand corps qui nous enuironne en doit estre; mais nous entendons vn Air extremement simple, & en cette sorte l'on doutera s'il est capable de soustenir les Astres. Pour ceux qui ont l'apparence d'estre si subtils, il est croyable aussi qu'ils ne sont pas fort lourds, mais il y en a de plus terrestres que les autres; Neantmoins pource qu'ils ne sont que comme vn Atome à comparaison de ce grand Air qui les contient, l'on se peut bien representer qu'ils y doiuent estre soustenus en quelque endroit qu'ils se rencontrent. Les esprits vulgaires ont de la peine à croire que tant de corps soient suspendus sans estre arrestez dans vn autre qui soit bien ferme & où ils soient attachez par des liens trespuissans. Ils se sont donc figuré vn Cercle à part pour chaque Planette qu'ils ont appellé son Ciel, dans lequel ils ont crû qu'elle estoit soustenuë en faisant son cours autour de la Terre, estant enchassée encore dans son Epicycle ou plus petit Cercle ; mais puisqu'ils ont tenu que les Astres estoient les parties les plus solides des Cieux, comment croyoient ils donc que les Cieux pûssent soustenir ce qui estoit plus pressé & plus pesant qu'ils n'estoient ? Il est manifeste qu'ils se trompoient à donner la place à ces corps, & à regler leur mouuement faute de connoistre la diuersité de leur matiere. Deuons nous croire qu'elle soit toute semblable, & que se trouuant plus espaisse aux Astres qu'au reste des Cieux, c'est pour ce sujet qu'ils luisent dauantage ? Nous sçauons bien que les Cieux ne luisent point du tout, & que ce sont les Astres qui les esclairent. Les Astres sont des corps lumineux, & ce qui est autour d'eux que l'on appelle le Ciel ou l'Ether, est vn Corps mince & transparent qui est seulement propre à donner passage à la lumiere. Si l'on s'imagine que les Astres peuuent estre soustenus estans d'vne mesme matiere, mais plus subtile, & par consequét moins pesante, n'est il pas plus facile à croire qu'ils y treuuent ce soustien estans d'vne matiere diuerse, car l'on monstre facilement que le Feu est de beaucoup plus leger que l'Air. Mais il est vray que cette consideration n'est necessaire que pour quelques portions destachées des corps, lesquelles prennent tousiours leur place selon leur pesanteur. Les corps complets se tiennent aux lieux où ils sont establis, & ne trauersent point ce qui est plus leger qu'eux pour s'aller reposer sur des corps plus pesans, pource qu'il y a vne certaine force naturelle qui les souftient. Vne balle de canon est bien plus lourde que l'air qui est au dessous, & neātmoins elle s'esleue dessus tant que la vehemence du feu la possede. Ainsi beaucoup de masses terrestres & lourdes se souftiennent par la force de la chaleur. Quand les Astres ne seroient point aussi souftenus dans cette grande estenduë d'Air simple que nous appellons le Ciel, à cause qu'ils y tiennent lieu de peu de chose, ils le feront tousiours par leur propre nature qui le veut ainsi, & parce qu'ils n'y sont non plus à charge que les membres le sont à leur corps. C'est vne niaiserie de croire qu'ils ayent besoin d'vn cercle pour y estre enchassez comme vn anneau dans vne bague : A t'on peur qu'ils ne tombent sans cet appuy ? Vn oyseau s'esleue bien en l'air par ses propres forces ; Pourquoy ces corps parfaits n'auront ils pas aussi ce pouuoir en eux ? L'oyseau bat des aisles pour se souftenir, & que sçait on si le continuel mouuement ne dōne point aussi du souftien à ces corps afin de rendre leur course esgale ? Leur grandeur nous estonne, mais cette grandeur n'est qu'vne petitesse au prix du reste du monde, & plus ils ont de quantité, plus ils ont de force. D'ailleurs pourquoy ne se tiendront ils pas aussi bien en leur estat comme ces

Cieux que l'on leur donne? Surquoy est appuyé le Ciel de la Lune? c'est vne concauité qui enferme toute nostre basse region, & qui n'a rien que le feu imaginaire ou l'air simple qui la voisine. Or ces corps sont si minces qu'ils ne sçauroient soustenir ce Ciel, de sorte qu'il deuroit pancher contre terre, ou d'vn costé ou d'autre. Mais l'on me respondra que quand il auroit vne inclination à tomber, il ne pourroit pas tomber plustost d'vn costé que de l'autre à cause de son esgale rondeur, tellement qu'il ne tomberoit point; Qu'au reste son continuel mouuement le tient tousiours en mesme estat, & sur tout qu'il faut considerer que de sa nature il doit estre où il est, & qu'il est composé d'vne matiere qui doit aller au dessus de ces Corps grossiers parmy lesquels nous habitons. Ie pren la mesme responsepour les Astres; ils ne doiuent pas tomber plustost d'vn costé que d'autre, & par consequent ils ne tombent point; leur mouuement les en empesche aussi, & leur nature pareillement; Ils peuuent donc se soustenir sans auoir besoin de ces cercles que l'on leur donne, lesquels ne leur sont pas necessaires non plus à faire leur cours, car il n'y a point de sujet de döner la faculté à ces Cercles de se mouuoir plustost qu'aux Astres. L'on nous repliquera que ces Cercles sont les vns sur les autres, & que celuy qui est au dessus emporte tous les inferieurs, & leur fait faire vn tour sur leur Centre en vingt & quatre heures; Que cela se fait fort commodement tandis que chaque Planete est portée dans son Epicycle qui fait son Cours en vn certain temps dedans son Ciel, & que cette Planete ne laisse pas de faire vn autre cours particulier autour de

cet

cet Epicycle. Cecy a esté inuenté pour trouuer la raison de trois mouuemens que l'on a remarquez aux Astres; le premier qui s'accóplit en vingtquatre heures autour du monde, & nous fait voir le iour & la nuict; le second qui se fait par vn temps particulier pour chaque Planette dedans son Epicycle, lequel se remarque par les degrez qu'elles tiénent; & le troisiesme qui se fait autour de cet Epicycle qui est vn Cercle de la hauteur du Ciel, dans lequel ces Astres font leur cours, ce que l'on s'est figuré à cause que l'on les trouuoit quelquefois plus haut, & quelquefois plus bas. L'on n'a pas voulu attribuer plus d'vn mouuement à chaque corps, & pour ce sujet l'on s'est imaginé tout ces Cercles afin que tandis que les vns seroient portez de l'Orient à l'Occident, ceux qui seroient dedans ne laissassent point d'aller d'Occident en Orient, & qu'vn Astre pûst aussi aller haut & bas allentour d'eux: mais voyons cóment ces choses se peuuent faire. De quelle matiere sont ces Epicycles que l'on donne aux Planettes? Chacun me dira qu'ils doiuent estre de mesme matiere que le Ciel; si cela est, comment est ce qu'ils y peuuent donc cheminer & se faire place en portant leur Planette? La matiere estant semblable ne se joint elle pas sans aucune distinction, & par ce moyen n'est il pas vray que l'Epicycle ne peut forcer le reste du Ciel? Si l'on soustient qu'il le fait neantmoins, il faut dire qu'il est d'vne matiere plus forte & plus ramassée que le Cercle où il est logé: mais si cela estoit nous verrions quelque espaisseur plus grande autour des Planettes. Que si l'on veut que ce soit la Planette qui le pousse & le mene, c'est luy donner double mouuement, puisqu'elle va encore autour de ce globe. Cela est contre les regles qui ont esté prescrites. D'autres diront que c'est chaque Ciel qui tourne vers l'Orient & qui emmene auec soy l'Epicycle & la Planette; mais si le premier Ciel fait mouuoir tous les autres à sa cadence leur faisant accomplir leur tour en vingt & quatre heures de l'Orient à l'Occident, quelle force particuliere ont ils pour ne laisser pas d'aller au rebours chacun dans vne espace de temps proportionné à leur hauteur? Si l'on establit leur cours de cette sorte, les Planettes n'ont que faire d'Epicycle, si ce n'est pour trouuer la raison de ce que l'on les void plus hautes ou plus basses. L'on n'en a pas donné au Soleil pource qu'il va tousiours d'vn train esgal, ny aux Estoilles qui sont au huictiesme Ciel, parce que l'on a crû qu'elles ne bougeroiét de leur place. Mais encore que les Planettes qui sont au dessous, aillent haut & bas & s'escartent souuent du chemin ordinaire, l'on peut dire que cela se fait par elles mesmes sans leur attribuer plusieurs mouuemens; car elles peuuent bien cheminer par des voyes obliques ou se retarder quelques fois, & il y en a mesme qui ont crû que quelques vnes pouuoient aussi faire leur cours en oualle pluftost qu'en rond. Toutefois l'on tient que tous les cours des Astres se rapportent à la rondeur, & que les irregularitez que nous y trouuons ne sont qu'à l'esgard des opinions que l'on en a diuulguées & non pas selon leur nature particuliere. En ce qui est de leurs Cieux, ils ne me semblent pas leur estre plus necessaires que leurs Epicycles ny estre plus croyables. Si l'on les distingue chacun comme les couuertures d'vne chasteigne ou les coquilles & les pelures de quelques fruicts qui sont les vnes sur les autres, il faut sçauoir si l'on entend qu'ils soient aussi chacun differents de matiere. Les Philosophes les plus vulgaires ne l'auoüeront pas. Ils croyent que les Cieux sont d'vne matiere simple & toute esgale. Mais si cela est, & que cette matiere soit la plus subtile de toutes, comment y peut il auoir vne diuision de cercles? Cette diuision ne se peut faire sans qu'il y ait quelque solidité. Il n'y a que les choses solides qui reçoiuent des termes d'elles mesmes; les autres ne font que couler, & se ioignent aussi tost à leurs semblables. L'Eau en fait ainsi, l'Air le fait encore plus viste, & il faut croire qu'vne matiere si subtile comme est le Ciel, les doit surpasser en cette fluidité & en ce desir d'vnion, tellement qu'il n'y a pas moyen qu'il s'y fasse vne diuision d'Orbes ou de Concauitez, car pour cet effet il faudroit condenser la matiere afin qu'elle pûst receuoir vn terme. Posons le cas qu'elle soit terminée, & que ces Orbes soient placez les vns dans les autres auec quelque distinction; Quoy qu'ils se touchent par tout esgalemét, si est ce qu'estans diuisez il y doit auoir quelque peu de vuide entredeux ou de l'air tout au moins, puisqu'il y en a bien dans les parties des corps complets qui ont quelques pores. S'ils sont tous ronds & vnis, comment est ce que le premier Mobile les peut faire tourner en vn mesme instant? N'ont ils pas vne polissure esgale qui fait que le premier passe au dessus de celuy qui luy est le plus proche, sans l'agiter que bien peu, & que celuy d'audessous l'est encore moins, & tousiours ainsi en diminuant, puisqu'vn corps donne tousiours moins de force qu'il n'en a? Ne faudroit il pas qu'ils fussent pluftost cre-

DV MOVVEMENT DES ASTRES.

Hh ij

nelez ainſi que les roües de quelques machines artificielles, car vn corps n'eſt point eſmeu violemment, s'il n'a quelque choſe qui luy reſiſte; Toutefois il y auroit vn inconuenient en cecy: Ces creneaux pourroient bien ſeruir à faire mouuoir les Cieux d'Orient en Occident, mais cela les empeſcheroit d'aller d'vn mouuement contraire par leur force particuliere, car ces ineſgalitez ſe rencontreroient en des endroits où elles ſeroient nuiſibles; Outre que c'eſt vne ſimplicité de s'imaginer que les choſes naturelles ſe gouuernent à la maniere de celles que nous faiſons pour nous ſecourir dans noſtre foibleſſe. Il y a encore vne autre imagination en cecy; c'eſt que les Cieux ſont peut eſtre ſi preſſez l'vn contre l'autre que le premier Mobile tournant, il faut de neceſſité qu'ils tournent d'vn meſme compas en l'eſpace d'vn iour; mais que pour faire leur cours particulier d'vn mouuement contraire, il leur faut beaucoup de temps, à cauſe de la peine qu'ils ont à ſe deſgager les vns des autres dans cette proximité eſtroite. Ce temps eſt auſſi reglé ſelon la hauteur de l'eſtage où ils ſont, ſoit à cauſe qu'il y a plus de chemin à faire, ou qu'eſtans plus grands ils trouuent plus de reſiſtance. Cela eſt aſſez ſubtil, mais ie ne ſuis pas pourtant d'auis que l'on s'y arreſte: Ce ſont des ſuppoſitions qui doiuent eſtre quittées pour d'autres plus vray-ſemblables. Si l'on trouue que les Planettes peuuent cheminer d'elles meſmes dans l'eſtage où l'on les met, ſans auoir beſoin d'eſtre portées dans vn Epicycle que l'on leur a donné comme leur chariot, il ne ſe faut point figurer de diuiſion dedans le Ciel. Il faut croire que l'eſtage des Eſtoilles fixes entraiſne facilement tout ce qui eſt au bas, pource que c'eſt vn corps continu ; Auec cela toutes les Planettes ſont emmenées pour eſtre veuës dans cette courſe en l'eſpace de vingt & quatre heures, & cependant elles ne laiſſent pas d'aller touſiours à rebours pour faire le chemin qui leur eſt propre. Mais ſi elles marchent ainſi d'vn coſté & d'autre, il faut que la matiere du Ciel leur cede : Voila pourquoy l'on la doit croire plus mince, & ſi elle eſt telle, c'eſt ce qui met en doute qu'elle ait la force d'entraiſner tant d'Aſtres par vn mouuement ſi prompt. L'on peut reſpondre que les Aſtres ne ſont point conſiderables auprés de ſa grandeur, & que d'ailleurs ils y cheminent ſi doucement que cela fait voir qu'ils y treuuent vne facilité extreme. Il eſt vray que ſi l'œconomie du Ciel demeuroit au meſme eſtat que les anciens l'ont eſtablie, l'on ne ſçauroit comment il ſe pourroit faire qu'vne Planette à qui l'on donnoit pluſieurs Orbes l'vn dans l'autre pour aller en haut & en bas, en deuant & en arriere, gardaſt toutes ces regles elle ſeule ; mais depuis peu l'on les a tellement placées que l'on oſte toutes ces difficultez, & l'on ſatisfait meſme aux obiections de ceux qui ſe plaignoient de quelques inconueniens qu'ils treuuoient en eſtabliſſant la Terre pour le Centre de tous les Corps, ce qui leur donnoit ſujet de la mettre au quatrieſme eſtage, & d'enuoyer le Soleil tenir ſa place. Voicy comme l'on reforme les anciennes Spheres ; L'on laiſſe la Lune faire ſon cours autour de la Terre, & l'on met Mercure & Venus l'vn deſſus l'autre pour faire leur cours autour du Soleil, qui va auſſi faire ſon cours autour de la Terre ; Mars, Iupiter, & Saturne ſont apres au deſſus dans vn grand eſpace, ayans encore le Soleil pour le centre de leur cours, de telle sorte que d'vn costé ils sont fort esloignez de la Terre, & de l'autre assez proche, & le Firmament est au dessus de tout cecy, esgalement esloigné de la Terre. Par cet ordre l'on rend raison de tous les esloignemens & les approchemens des Planettes, & il est plus vray-semblable que pas vn autre, puisqu'il oste la necessité des Epicycles & de beaucoup d'autres Orbes que l'on s'estoit imaginez pour ne pouuoir sauuer autrement toutes les apparences des Astres.

Or il faut considerer icy sans aucune feinte, que si l'on tient que le Ciel ne soit qu'vn Air diffus, il n'est pas croyable qu'il puisse emporter tous les Astres auec soy, & qu'il fasse vn tour en vingt & quatre heures; Il ne semble point qu'il doiue obtenir cela de sa nature. Ceux qui disent qu'il est espandu par tout, le font comme immobile; si ce n'est aux lieux où il cede à quelques corps, lesquels luy donnent vn mouuement qui de verité se fait en rond, non pas que ce soit en tournant, mais par extension; & c'est de mesme qu'il se fait en nostre Air grossier. Si le total de l'Ether ne bouge donc de sa place, il faut que ce soient les Astres qui se meuuent seulement. Cela est bien merueilleux, de voir qu'en vn iour ils fassent le tour du monde, & specialement pour les Estoilles que l'on met au septiesme estage, lesquelles sont tousiours en esgale distance l'vne de l'autre. Il faut que leur cours soit bien reglé pour estre tousiours de cette sorte. Mais l'on dit qu'il ne faut point douter qu'elles ne puissent auoir cet ordre, & que cheminant esgalement, il n'y a point de sujet de craindre qu'elles troublent leur rang, ou qu'elles se haussent & s'abaissent plus d'vn costé que d'autre. Neantmoins quelques vns ne s'y voulans pas asseurer, ont mieux aimé croire que cette permanence de lieu venoit de ce que les Estoilles estoient fixement attachées à leur Ciel, & par consequent ils ont asseuré qu'elles ne tournoient qu'auec luy. Mais quant aux autres qui n'ont pas crû qu'il y eust de Ciel assez ferme pour les emmener, c'est par là qu'ils ont esté obligez de supposer que c'estoit la Terre qui tournoit, & qui faisoit que l'on voyoit tous les Astres successiuement. Cette opinion n'estant pas si bien receüe que celle qui fait la Terre immobile, il faut s'imaginer autre chose de l'apparence des Estoilles. Si l'on n'approuue point qu'elles cheminent toutes d'vn compas esgal, & si l'on iuge qu'il n'y ait que les Planettes qui fassent leur course d'elles mesmes, il faut dire que ces Astres fixes sont de vray attachez à vn estage superieur, lequel a toutes les qualitez necessaires pour tourner incessamment, & faire mouuoir les autres auec luy. Nous n'auons pas esprouué de quelle sorte peut estre cette grande partie du monde que nous appellons le Ciel; Quoy qu'elle soit extremement transparente & qu'elle n'ait pas vne solidité terrestre, elle en peut auoir assez pour retenir ces globes. Il ne faut pas regler les choses selon ce que nous voyons. Il y a possible encore au monde des matieres toutes autres que celles que nous touchons, ou au moins qui en different par l'excellence. C'est de celles là que sont le Ciel & les Astres. Le Ciel peut donc auoir vn mouuement, & les Estoilles fixes qui y sont attachées peuuent operer en cecy. La chaleur qui vient des Astres fait connoistre leur viuacité. Ces Estoilles peuuent donner vn eternel mouuement à leur Ciel sans quitter leur rang, & tous les estages inferieurs sont emportez de ce bransle auec les Astres qui y sont, lesquels ont vne course lente d'vn autre costé, cheminant de leur propre force à qui le Ciel cede partout; & selon leurs hauteurs l'on en peut distinguer les estages, sans croire qu'ils soient diuisez & qu'il y ait plus d'vn Ciel, puisque cela n'est pas necessaire.

Toutes les choses qui se font dans la nature se font le plus aisément qu'il est possible & sans superfluité. Il n'est pas necessaire que tout vn Ciel tourne pour faire tourner vn Astre qui est fort petit auprés de luy. C'est comme si l'on attelloit vn grand chariot pour traisner vn grain de millet. Il est bien plus facile aussi que l'Astre tourne qu'vn plus grand globe, soit que sa force vienne de luy mesme ou d'autruy. Si elle vient de luy mesme, chaque corps a autant de force comme il en est besoin pour sa nature, & vne Planette en peut auoir assez pour elle aussi bien que le Ciel; Que si l'on croid que ce soit vne force exterieure qui les pousse, elle aura plus de facilité à faire mouuoir vn petit corps qu'vn grand; D'ailleurs quelle vtilité y a t'il à faire traisner les Planettes dedans leurs Cercles? Cela n'est point necessaire pour elles, ny pour les choses inferieures: car toutes les parties du Ciel estans esgales, il n'est point besoin qu'elles tournent pour communiquer toutes leurs proprietez.

Il n'y a donc qu'vn Ciel qui tourne & qui emporte les Estoilles fixes, & les Planettes pareillement; mais les Planettes cheminent d'elles mesmes d'vn autre costé sans qu'il y ait aucune diuision d'estage qui soit reel-

reelle, puifque nous auons déja veu que cela n'eſt pas poſſible. Si l'on demande comment le Ciel peut auoir la puiſſance de tourner, & comment les Aſtres l'ont auſſi, il faut reſpondre que le mouuement circulaire leur eſt propre, de meſme que le mouuement droit eſt propre à la Terre & à l'Eau. Mais le Ciel & les Aſtres ſont peut eſtre des corps differents; cela n'importe en rien; La difference n'en eſt pas plus grande qu'entre l'Eau & la Terre, qui ont tous deux vn meſme mouuement naturel. Y a t'il rien de plus croyable que cecy? & cependant la pluſpart des Philoſophes ont eſté ſi ſtupides que de croire que le Ciel ny les Aſtres ne ſe pouuoient mouuoir ſ'ils n'eſtoient animez, ou ſ'il n'y auoit quelque Intelligence ſuperieure qui les conduiſiſt. De leur donner vne ame, ils n'en ont aucunement beſoin; car ſi c'eſt pour les faire viure & leur donner l'accroiſſement & la nourriture, cela ne ſe fait point en eux; Quant au ſentiment, il ne leur eſt point neceſſaire, ny encore moins l'entendement: car tout ce qu'il faut qu'ils faſſent peut eſtre fait ſans cela, & meſme auec la qualité de corps ſimples. Quant aux Intelligences ſuperieures que l'on leur veut donner pour aſſiſtance, c'eſt vne pure réuerie, & ie diray meſme que c'eſt eſtre prophane d'aſſeurer qu'elles en ayent: car l'on attache par ce moyen ces parfaits Eſprits à vne taſche indigne d'eux, les employant à faire tourner ces Cercles, comme vn chien feroit tourner vne roüe. Si l'on ne croid qu'il y a vne Intelligence occupée au mouuement de chaque Cercle, l'on dit que cela ſe fait donc par le pouuoir du Souuerain Moteur de toutes choſes. Il n'y a point de doute que tout vient de luy, mais pourtant chaque chose a receu de sa Prouidéce, ce qui luy conuient pour l'accōplissement de sa Nature. Il ne faut pas croire que ces corps en soient destituez: Si l'on s'est figuré qu'ils ne se pouuoient mouuoir d'eux mesmes, c'est que l'on disoit qu'ils ne participoient à aucune des qualitez inferieures, & qu'ils n'estoient ny chauds ny froids, ny pesans, ny legers. En tout cela l'on a eu des erreurs tresgrandes, & nous connoissons bien que le Ciel & les Astres sont trespropres au mouuement, puisque nous iugeons de leurs proprietez par les effets qui en sortent, à tout le moins par ceux qui viennent des Astres.

Nous asseurons qu'ils tournent, & que cette Circulation se doit faire dans le dernier ordre qui a esté proposé afin de rendre raison de toutes leurs apparences. En ce qui est du temps que les Astres mettent chacun à faire leur mouuement, il y a encore quelque controuerse à cela. Toutefois l'on tient pour la meilleure opinion, que cette machine fait toute ensemble le tour du Monde en vingt & quatre heures; Qu'en ce qui est du cours particulier qui va d'vn autre costé, la Lune fait le sien en 27. iours, 8. heures ou enuiron ; Mercure en 339. iours, Venus en 348. iours, le Soleil en 365. iours, 5. heures, 49. minuttes, Mars en deux ans ou enuiron, Iupiter en 12. Saturne en 30; Et pour ce qui est des Estoilles fixes, l'on leur attribuë vn mouuement si lent, qu'en deux cens ans à peine font elles vn degré. L'on dit qu'elles ont encore vn certain tremblement, que l'on appelle le mouuement de Trepidation, lequel l'on tient pour celuy qui est propre à leur Sphere, & à cause de cela l'on donne l'autre mouuement à vn neufiesme

Ciel que l'on met encore entre elles & le premier Mobile lequel on appelle le Cryſtallin; mais cela ſemble eſtrange de faire que les Planettes ayent leur mouuement en tournant, & que ces Aſtres n'ayent qu'vn approchement & vn eſloignement. L'on peut bien monſtrer que la Circulation eſt propre aux Aſtres, mais pour ce balancement il ne ſemble pas ſi naturel. C'eſt auſſi beaucoup de temerité aux hommes de regler toutes choſes à leur fantaiſie, & parce que leur ignorance leur a empeſché iuſques à cette heure de treuuer la raiſon de ces mouuemens, ils ſe ſont figuré tant de Cercles & d'Orbes qu'ils ont crû en auoir aſſez, & n'ont point ſongé s'il eſtoit conuenable que les deux derniers fuſſent ſans aucuns Aſtres, ainſi qu'ils mettent le Ciel cryſtallin & le premier Mobile. Ce qui les faiſoit recourir à ces imaginations, eſtoit qu'ils ne pouuoient comprendre comment des Corps en traçant leurs Cercles inclinoient petit à petit d'vn coſté pluſtoſt que d'vn autre. Ils eſtoient appuyez ſur des faux principes, ne croyans pas qu'vn corps ſe pûſt mouuoir autrement que d'vne maniere toute eſgale. Nous auons déja eſclarcy ce doute; Au reſte il y a eu quelqu'vn qui a eu la hardieſſe de ſouſtenir que ce mouuement de Trepidation pouuoit eſtre faux, & que pour le reconnoiſtre parfaitement il eſtoit beſoin de l'obſeruation de pluſieurs ſiecles, & que ſi les Aſtronomes des ſiecles paſſez auoient failly, il n'y auoit rien de certain à les ſuiure. Les choſes qui ſont les plus neceſſaires ne ſont pas ſi douteuſes. Nous obſeruons aſſez exactement le cours du Soleil & de la Lune, & l'on en donne des demonſtrations toutes euidentes. C'eſt là deſſus que nous reglons nos années, nos mois, & nos iours, & c'est par ce moyen que nous auons la mesure du Temps & de la durée des choses.

L'on remarque encore vn certain accident aux Astres qui semble estre vn mouuement ; c'est que les Estoilles fixes principalement ne cessent quelquefois de petiller, comme si elles auoient vne agitation perpetuelle. Quelques vns ont dit que c'estoit qu'elles cheminoiét en tournant, mais leur cours est trop lent pour paroistre, & quand il seroit prompt il a aussi trop d'esgalité. Il faut croire que si l'on les void ainsi tremblotter, c'est la grande quantité d'Air qui leur est opposé & qui va d'vn costé & d'autre aux regions inferieures, à cause de l'emotion qui s'y treuue. Il y a aussi des temps que cela ne se remarque point, à cause que l'Air estant trop espais, ces mouuemens ne sont pas si sensibles, car dans vn Air serain les petites vapeurs qui passent, font croire que les Astres tremblottent ainsi.

Si nous voulons considerer tout ce qui appartient au mouuement, il nous semblera que le Son en est vne dependance. Pource que les Corps qui sont proche de nous rendent du Son en leur mouuement, l'on peut donc mettre en question si tous les Corps Principaux en rendent aussi. Nous n'auons donné aucun mouuement à la Terre totale, tellement qu'il ne faut point rechercher si elle rend du Son. Quant à ses parties elles en rendent beaucoup, soit qu'elles soient portées en l'Air rudement, ou qu'elles s'entretouchent, & cela ne vient que du battement de l'Air. L'Eau fait du bruit en son mouuement, mais ce n'est aussi qu'en ses vagues qui sont ses parties. Pour se hausser & s'abaisser entierement, elle n'en fait point. Quant à l'Air, il fait du bruit en se choquant contre l'autre Air, mais tout cela peut estre estimé particulier. S'il a vne circulation generalle, elle est si douce qu'elle ne rend aucun Son, & il en est de mesme de celle du Ciel & des Astres. Quelques anciens ont dit que cette haute machine, faisoit vn tel bruit en tournant que nous en estions tout estourdis, de sorte qu'il ne sembloit pas que nous en entendissions rien, veu que cela ne cessoit iamais, & que ne s'y trouuant aucune difference, cela ne pouuoit estre remarqué; & qu'il nous arriuoit de mesme en cela qu'à ceux qui estoient logez prés des grandes cheutes d'Eau, comme pourroient estre celles du Nil, ausquelles ils sont tellement accoustumez, qu'il ne leur semble pas qu'ils en entendent aucune chose. L'on peut dire de vray que cela ne les estonne pas tant que les estrangers, & qu'ils n'y songent pas beaucoup; mais lors qu'ils y veulent penser, ils connoissent bien que plus on approche de ces lieux, plus on entend de bruit; Au reste ce bruit empesche que les autres petits bruits ne soient si bien entendus, & celuy du Ciel deuroit faire la mesme chose, ce qui seroit estrange, car nous n'entendrions iamais rien fort distinctement. Cette opinion n'a pas aussi esté receüe; l'on a apris que celuy qui l'auoit proposée vouloit dire que les Cieux & les Astres faisoient vne merueilleuse musique par la diuersité de leur cours; mais il entendoit par là, qu'il y auoit de l'harmonie en leurs situations & aux espaces de leurs mouuemens, en quoy il vouloit signifier leur ordre & leur conuenance, qui eust esté capable de rendre vne agreable melodie en des choses qui eussent produit du

Son. Les Cieux & les Astres n'ont garde de faire du bruit en tournant, veu qu'ils tournent tousiours auec esgalité, & qu'ils n'ont point de parties plus eminentes les vnes que les autres qui se puissent entreheurter, & qu'auec cela, ce sont des corps qui ont vne si grande subtilité, que pour se toucher, ils ne se font point de violence.

DE L'ODEVR ET DE LA SAVEVR DES CORPS PRINCIPAVX.

VIII.

NOSTRE veuë peut considerer le nombre, la situation, la grandeur, la figure, la couleur, & le mouuement des Corps; nostre oüye reçoit aussi leur Son, au cas qu'ils en ayent. Maintenant nostre Odorat, & nostre Goust, sont deux autres Sens qui doiuent estre employez à examiner les qualitez qui leur sont sujettes. Il y a des choses qui impriment dans l'Air qui les enuirône, vne certaine qualité que l'on appelle Odeur, laquelle nous sentons par cette partie que la Nature a rendu propre à cela. Nous trouuons qu'il y a beaucoup d'endroits de la Terre qui ont des odeurs, mais elles sont toutes differentes, comme les matieres dont elles sortent sont de diuerse composition: Ce sont toutes terres meslées & alterées; Nous voudrions sçauoir quelle est l'odeur de la vraye Terre. Les Eaux ont aussi des odeurs differentes; Nous voudrions sçauoir quelle est celle de la vraye Eau. La vraye Eau & la vraye Terre sont simples; mais tous nos Philosophes tiennent que les corps simples n'ont point d'odeur, & qu'elle n'est produite que du meslange des vns & des autres. Ie ne croiray iamais que ce qui engendre l'odeur estant entré au meslange, n'en ait point en soy, & qu'il puisse donner ce qu'il n'a pas. La Terre & l'Eau ont de l'odeur dans leur simplicité, mais c'est vne odeur si simple & si subtile que nostre odorat ne la peut sentir, & ce n'est que par nostre raison que nous iugeons qu'ils ne doiuent pas estre sans cette qualité. L'Air peut auoir aussi de l'odeur, & tous les autres Corps Principaux chacun selon leur matiere: mais s'ils souffrent quelque meslange en leurs parties & que la chaleur agisse dessus eux, ils prennent encore des odeurs diuerses, selon les degrez de difference où ils se rencontrent.

DE L'ODEVR ET DE LA SAVEVR DES CORPS PRINCIPAVX.

La saueur est vne qualité que nous trouuons en quelques corps, & que nous esprouuons par l'organe de nostre goust qui gist à la langue & au palais. De verité les corps terrestres destrempez auecque l'Eau & recuits par la chaleur, rendent specialement de la saueur, & l'on la treuue diuerse selon la diuersité du meslange & la varieté de la cuisson; mais i'en diray icy de mesme que de l'odeur, & sousstiendray que les corps simples ne laissent pas d'en estre susceptibles; Ils ont aussi vne saueur tres-simple, laquelle est selon la nature de chaque corps: car comme chaque corps est simple en soy, quoy que l'vn soit extremement sec comme la Terre, ou extremement humide comme l'Eau, ils peuuent

DE L'O-
DEVR ET
DE LA SA-
VEVR DES
CORPS
PRINCI-
PAVX.

aussi auoir vne esgale simplicité en ce qui est de l'odeur & de la saueur, bien que ces qualitez ne soient pas semblables en l'vn comme en l'autre. Mais l'on dira possible que toute saueur simple doit estre semblable, & que c'est comme cette premiere couleur sur laquelle toutes les autres peuuent estre imprimées qui est le blanc. I'accorderay bien que l'odeur & la saueur doiuent estre ainsi en leur vraye simplicité, mais ce n'est pas à dire pourtant que chaque corps du monde les possede d'vne pareille sorte, & ie n'enten pas mesme ceux que nous appellons tres-simples : car encore qu'ils soient tres-simples selon leur nature, & que la Terre ne puisse estre plus seiche qu'elle est en sa vraye constitution, ny l'Eau aussi plus humide, il faut confesser que l'vn est plus espais que l'autre, & delà vient qu'il y a de l'inesgalité dans leur odeur & leur saueur, s'il n'y a de la diuersité. Que si la Terre pouuoit estre aussi subtilisée que l'Eau, elles seroient semblables en ces qualitez, & si l'Eau pouuoit estre aussi attenuée que le vray Air, l'on la sentiroit encore de mesme. La plus simple odeur est au corps le plus deslié, comme est aussi la saueur. Neantmoins la condensation des premiers corps ne change point cela, tant qu'ils demeurent hors du meslange, mais cela se rend seulement plus fort en eux; L'on nous a donné pour exemple, la premiere couleur qui est la blanche, laquelle est susceptible de toutes les autres, & qui est celle que l'on peut appeller simple; mais cela ne fait il pas pour nous, veu qu'il y a diuerses sortes de blancheur, & qu'elle a plusieurs degrez selon que les corps sont transparens ou solides. Tant plus ils sont espais, tant plus leur blancheur paroist qui est leur

cou-

couleur simple, & l'on la reconnoift mieux en l'Eau qu'en l'Air, & en la Terre qu'en l'Eau, & ce qui se void au corps diaphane n'eft qu'vne blancheur diminuée. Il faut croire qu'il en eft de mefme de l'odeur & de la saueur, mais de dire le nom de leurs derniers degrez, c'eft ce que l'on ne peut autrement qu'en les appelant tres-simples. C'eft neantmoins ce que nous appellons n'auoir point de faueur ny d'odeur à faute d'vn nom conuenable, mais l'on remarque que la Terre poffede ces deux qualitez dans fa plufgrande pureté plus fortement que l'Eau & l'Air; c'eft pourquoy il faut iuger que tous les corps les ont, bien que nos Sens ne foient pas affez fubtils pour le connoiftre.

DE L'O-
DEVR ET
DE LA SA-
VEVR DES
CORPS
PRINCI-
PAVX.

La vraye Terre eft fort difficile à trouuer; elle eft tellement meflée iufqu'en fes plus petites parcelles qu'elle en acquiert beaucoup de qualitez differentes, dont ce n'eft pas icy le lieu de parler; Il faut fe contenter de fçauoir que dans fa fimplicité toutes fes qualitez font fimples. L'Eau reçoit bien moins de diuerfité, parce qu'elle a moins de meflange; L'on trouue quantité de riuieres & de fontaines qui ont la mefme odeur & le mefme gouft. Il n'y a que quelques fources particulieres qui ayent d'autres qualitez que celles de l'Eau simple, ce qui eft de peu de confideration au prix des grands fleuues. Mais ce qui femble bien eftrange, le plus grand amas d'Eau du monde qui eft la Mer, n'a rien de cette fimplicité: Elle a l'odeur & la faueur d'vne chofe compofée. L'on la trouue falée au gouft, & fon odeur eft auffi fort violente; car ces deux qualitez font iointes, & la raifon de l'vne eftant auffi celle de l'autre, cela eft caufe que ie les confidere en vn mefme traité.

Kk

DE L'O-
DEVR ET
DE LA SA-
VEVR DES
CORPS
PRINCI-
PAVX.

Or en examinant les proprietez de la Mer, nous considerons que sa grandeur est telle qu'elle surpasse toutes autres Eaux, & toutes celles qui coulent sur la Terre se rendent à elle comme à leur receptacle, si bien qu'il semble que c'est l'Eau principale ; mais il ne faut pas auoir si peu de iugement de croire que sa saleure soit le vray goust de l'Eau, encore qu'vne si grande partie des Eaux le possede. Quoy que la plusgrande partie de la Terre eust quelque semblable saueur, nous ne la prendrions pas pour celle de la vraye Terre. La saleure n'est point la saueur de l'Eau simple ; Nous ne croyons pas que la simplicité de l'Eau se treuue en la Mer. Neantmoins pource que c'est vn corps de grande estenduë, & qui se fait remarquer entre les Principaux, il faut apprendre icy ses qualitez sans attendre à la considerer parmy les autres corps qui souffrent du meslange, lesquels sont si petits à sa comparaison, qu'elle merite bien d'en estre separée ; ioint qu'ayant desduit la cause de ses mouuemens, il est fort à propos d'y ioindre celle de sa saueur le plus prés qu'il se peut, afin que l'esclaircissement d'vne chose serue de lumiere à l'autre.

De la saleure de la Mer.

NOvs auons veu que la Mer est plus agitée que les autres Eaux, pource qu'en effet il y a quelque chose d'adiousté à sa nature ; C'est qu'elle a quelques qualitez que n'ont pas les Eaux les plus simples, dont son odeur & sa saueur sont les indices. Ceux mesme qui n'en goustent point, en sentent l'odeur fort loin des riuages, laquelle leur est fort fascheuse s'ils n'y sont point accoustumez. Que s'ils sont embarquez en pleine Mer ils ne se peuuent garder de vomir. L'on en attribuë la cause en partie au bransle du vaisseau qui secouë tout ce qu'ils ont dans l'estomach & les excite à le reietter, ce qui arriue bien aussi à quelques personnes par l'agitation d'vn coche; mais il y a encore icy vne cause plus puissante, tellement qu'il y en a fort peu qui en soient exemptez. C'est que la Mer a des vapeurs subtiles qui s'insinuent dedans le corps & qui troublent tout ce qu'elles rencontrent dans l'estomach auec vn effort plus grád que ne feroit l'eau tiede ou les autres vomitoires que l'on pourroit prendre, & en cela elle fait obseruer à ceux qui se trouuent sur elle, la loy qu'elle suit elle mesme, se purgeant sans cesse de tout ce qui luy nuit. Ces vapeurs viennent de la constitution de la Mer qui est autre que celle des riuieres, & si lors que l'on gouste de son Eau, l'on y trouue vne saueur que l'on appelle salée, cela fait encore mieux connoistre la verité de cecy. Tous les Philosophes ont bien auoüé qu'il faloit qu'il y eust quelques parties terrestres & bruslées, meslées parmy elle, qui estoient cause de cela; mais ils n'ont pas esté d'accord de la façon que cela se pouuoit faire. Quelques vns ont dit que toute l'Eau du monde a esté autrefois douce, mais que la plus grande partie estant passée au trauers de la Terre seiche & bruslée en auoit pris cette saleure, de mesme que nous experimentons que l'Eau commune passée plusieurs fois entre les cendres deuient salée, & que le reste estant esleué en vapeurs retournoit en sa nature d'où venoient les fontaines & les riuieres. Toutes les opinions des anciens se raportent bien à celle cy, mais ils la diuersifient; car il y en a qui ont dit que la Mer n'estoit que la sueur de la Terre, qui estoit bruslée par les ardeurs

DE LA SA-
LEVRE DE
LA MER.

du Soleil qui la refferroit toufiours de plus en plus. D'autres ont crû que la Terre & l'Eau auoient esté meflées enfemble, & que venans à fe feparer, l'Eau auoit gardé ce qu'elle auoit emprunté de terreftre. Ce feroit vne chofe vaine de rapporter tout ce qu'ils ont dit encore chacun là deffus, veu qu'il n'y a guere autre difference que celle des mots, & qu'ils concluent tous au meflange de la terre pour ce qui eft de l'eau falée, & à l'attenuation des vapeurs qui fe font depuis côdenfées pour faire l'eau douce. Nous pouuons dire contre cela, que fi la Mer n'eft falée qu'à caufe que quelques portions terreftres fe font autrefois meflées parmy elle, elle deuroit auoir perdu ce gouft depuis vn fi long-temps, puifque les parties terreftres eftans les plus lourdes deuroient eftre tombées au fonds pour fe rattacher au corps principal qui leur eft femblable. L'on peut refpondre qu'elles font fi minces qu'elles fe font incorporées auec l'Eau; neantmoins les parties les plus lourdes doiuent toufiours tomber en bas; mais quand quelques parties terreftres iroient fe rattacher à la Terre ne pouuans quitter leur faleure, ne pourroient elles pas encore faler l'Eau qui feroit deffus. L'on pourroit s'imaginer dauantage, que tout le fonds qui fouftiendroit la Mer, feroit d'vne terre adufte & falée, & que mefme comme quelques modernes ont dit, elle couuriroit beaucoup de montagnes de fel dont elle receuroit cette faueur que nous trouuons en elle. J'adioufts encore à cecy, que la Mer eft dans vne perpetuelle agitation, tellement que fi fes Eaux ont quelque portion terreftre meflée entre elles, elle eft contrainte d'y demeurer eftant fouſleuée à tous momens, car ce n'est qu'aux Eaux paisibles que les corps terrestres ont la liberté d'aller au fonds. Mais qui est ce qui donne à la Mer cette agitation? Est ce la chaleur de ces corps? Si elle les empesche de tomber par son mouuement, ne faut il pas qu'elle ait ce mouuement là d'elle mesme. Le reçoit elle d'eux, afin de le rendre apres? Cela semble se contrarier, & neantmoins cela pourroit estre. Vn corps en peut eschauffer vn autre, & luy causer l'agitation de laquelle il sera apres agité. Mais ce ne sont icy que des suppositions. Ie puis dire encore que quand cette terre recuite seroit demeurée ainsi parmy la Mer, l'Eau qui s'y rend incessamment en deuroit auoir corrigé la saleure, & ie n'enten point parler de l'Eau des pluyes ou de la neige qui y tombent, car cela procede des vapeurs qui en ont esté esleuées, & qui ne luy donnent que ce qu'elles luy ont pris; l'enten celle des grands fleuues qui viennent d'endroits fort esloignez, & qui depuis le temps qu'ils y arriuent pourroient auoir composé plusieurs amas d'Eaux aussi grands que tout le contenu de la Mer, lesquels seroient aussi doux comme ils sont à leur source. L'on replique icy, que toute l'Eau qui se rend au lieu où est la Mer, deuient incontinent salée par son meslange, tant s'en faut que la Mer en soit addoucie, pource qu'en effet c'est peu de chose que l'abord de tous ces fleuues, & il ne se faut pas representer l'amas de leurs Eaux, qu'autant qu'il s'en peut faire en vn quart d'heure ou bien moins que cela, à cause qu'il ne se passe guere vn moment qu'il ne se fasse des attractions de vapeurs d'vn costé ou d'autre. Or ces attractions se font des parties les plus simples & les plus douces qui sont celles qui peuuent venir de l'Eau des fleuues, & par ce moyen tout ce qui pouuoit corriger la salceure de la Mer est osté, & il ne faut point penser que toutes ces vapeurs se resoudent apres en des pluyes qui retombent au mesme lieu dont elles ont esté tirées. Il y en a vne grande partie qui est changée en Air, & se subtilisant petit à petit s'esleue si haut, qu'elle ne retourne de long-temps à ce qu'elle a esté. Quelquefois elle est changée en des vents qui se poussent d'vn costé & d'autre, & s'esloignent fort de leur origine; Et quant à l'autre partie qui a plus d'espaisseur, elle est aussi portée en l'Air au gré des vents, & selon la froideur ou la chaleur des endroits où elle se trouue; car elle fuit les lieux où les rayons du Soleil dardent trop viuement, & apres auoir longtemps cheminé, il arriue que si elle se change en pluye, elle ne tombe pas tousiours sur la Mer, mais dessus la Terre, & ce qui retombe sur la Mer est en trop petite quantité pour luy donner de la douceur. D'ailleurs la Mer ayant plusieurs abysmes où elle s'engouffre, elle perd autant d'Eau comme il luy en arriue. Neantmoins ie n'auoüeray pas que sa salceure se conserue, parce qu'elle cache beaucoup de montagnes de sel: Il y auroit longtemps qu'elles se seroient fondües & se seroient tournées en la nature de l'autre Eau; & si l'on les fait d'vne pierre si dure qu'elle ne peut estre que fort peu diminuée, c'est à sçauoir si des pierres salées pourroient auoir cette dureté indissoluble; & quand il s'en trouueroit de cette sorte, leur plus enorme grandeur ne seruiroit guere à saler la Mer, car l'Eau ne les pouuant dissoudre, n'en prendroit point la saueur, & ne feroit que les toucher par leurs extremitez. Que si

l'on dit que les fondemens de l'Eau sont salez, & que DE LA SA-
les Eaux en prennent leur saueur, il faudroit que cela LEVRE DE
fust general, & que tout au moins l'on en vist quelque LA MER.
preuue, mais l'on n'a iamais trouué que les sables ou
les cailloux fussent salez, si ce n'est lors qu'ils sont encore trempez de l'humidité de la Mer qui leur donne
cette saleure, & ne la reçoit point d'eux. Que si l'on en
prend de quelque quartier de la Mer que ce soit, & que
l'on les laisse longtemps dans de l'Eau douce, l'on ne
trouuera point qu'ils la rendent salée ; C'est pourquoy
l'on ne doit point croire que la Mer emprunte sa saleure des Terres qu'elle baigne, & que si elle l'a euë autrefois pour y auoir esté entierement meslée, elle l'ait
pû conseruer iusques icy.

Il y a eu vn Autheur des plus renommez, qui a crû
mieux dire que tous les autres, pource qu'il tient que
cette saleure de la Mer se fait eternellement par la puissance du Soleil qui attire les parties les plus subtiles &
les plus douces, & ne laisse que les plus grossieres & les
plus terrestres qui demeurent salées. L'on luy respond
que si cela estoit, la Mer deuroit tousiours augmenter
sa saleure, mais l'on ne remarque point qu'elle en ait
dauantage qu'il y a cinquante ans, & ceux de ce temps
là n'auoient point apris de leurs Peres, qu'elle en eust
moins aussi, lors qu'ils estoient en leur ieunesse. L'on
peut repliquer là dessus, que la Mer ne sçauroit estre ny
plus ny moins salée qu'elle est, parce que les riuieres y
amenent autant d'Eau douce comme le Soleil en attire. Voila cette difficulté abattuë : Mais l'on demande
icy comment il se peut faire que le Soleil rende la Mer
salée par les vapeurs qu'il en tire. Il jette ses rayons sur

les riuieres & sur les lacs, & neantmoins ils ne sont pas salez. De dire que les riuieres ne luy donnent pas tant de prise à cause qu'elles coulent tousiours, ce n'est qu'vn abus, car la Mer deuroit encore euiter cela dauantage par l'agitation de ses flots & de ses Courantes, & par son flux & son reflux. Mais il n'importe; ne considerons que les estangs & les lacs qui attendent paisiblemét tout ce que le Soleil voudra faire d'eux; Remarque t'on que pour les auoir eschauffez & en auoir attiré quantité de parties subtiles, le reste en demeure salé? Cela ne s'est iamais trouué, & mesme si l'on veut agir plus violemment, & mettre de leur Eau dans vn chaudron sur le feu, l'on en fera sortir la moitié en vapeurs & puis l'vn des quarts, & apres le demy quart, tant qu'il en reste si peu que l'on voudra, & pourtant cela ne sera point salé. Ce Philosophe nous croid satisfaire par de faulses subtilitez: Il dit que si nous ne trouuons point de sel au fonds du chaudron, & si les lacs ne sont point salez, quoy que le Soleil en attire autant de vapeurs que des Eaux de la Mer, c'est qu'il n'y a pas assez de parties terrestres en de si petites quantitez d'Eau; Que quand le Soleil commença d'agir sur cette masse des Eaux que nous appellons la Mer, elle estoit sans comparaison plus grande & plus haute que nous ne la voyons maintenant, & qu'en ayant attiré beaucoup de vapeurs, le plus espais estoit demeuré auec sa saleure, à cause des parties terrestres qui auoient plus de pouuoir de monstrer leur puissance dans vne moindre quantité. Ie voudrois objecter icy, qu'apres que les vapeurs ont esté esleuées, elles n'ont guere tardé à se resoudre en pluye, si bien qu'elles ont conserué ce grand amas d'Eau en mes-

mesme estat, & n'ont pas pû permettre qu'il vinst à vne telle saleure, mais celuy contre qui ie dispute a peut estre opinion que les vapeurs ont esté long-temps à s'esleuer, & qu'il n'en est descendu aucune que lors que la Mer estoit déja fort salée, & que c'estoit pour empescher qu'elle ne le deuinst dauantage, & que cet ordre a tousiours esté ainsi obserué depuis. Ie luy preste cette pensée comme beaucoup d'autres afin d'esclaircir entierement les choses, mais cela luy est inutile puisque ses fondemens sont faux. Il n'y a point d'apparence de dire qu'vn lac ne paroist point salé, quoy que le Soleil en attire beaucoup de vapeurs, si la Mer l'est deuenuë par ce seul moyen : Le Soleil esleue autant de vapeurs d'vn lac que de la Mer selon sa grandeur ; il le deuroit rendre aussi salé qu'elle, & si petite Eau que ce soit deuroit aussi auoir de la saleure selon sa consistence, & à tout le moins lors qu'il n'en demeureroit plus qu'vne goutte dans vne grande chaudiere, elle deuroit faire vn grain de sel. Ces obiections tournent à la confusion de celuy qui a controuué ces choses & de ceux qui les ont deffenduës. Ils n'ont pas eu l'esprit de connoistre que si l'Eau d'vn lac ne deuient point salée par les euaporations qui s'en font sur le feu, c'est que ce n'est rien qu'Eau douce qui est semblable en toutes ses parties, au lieu que la Mer a quantité de parties terrestres meslées parmy elle qui se font paroistre encore dauantage si quelque portion de son Eau est exposée au Soleil, ou si l'on la met sur le feu, & c'est en cette maniere que l'on fait le sel. Ce meslange terrestre est assez tesmoigné par son espaisseur & sa pesanteur. L'on dit encore que si l'on met vn vase de cire bien bouché de-

DE LA SA-
LEVRE DE
LA MER.

Ll

DE LA SA-　dans la Mer, l'on y trouuera de l'Eau douce au bout de
LEVRE DE　quelques iours, ce qui monstre que les parties les plus
LA MER.　grossieres qui sont salées, n'ont pas sceu penetrer dans
les pores de la cire, & qu'il n'y est passé que les douces
& les subtiles. Mais les Philosophes de qui nous parlons à cette heure n'ont osé dire cecy : Car il leur eust
falu auoüer par ce moyen que les Eaux de la Mer ont
tousiours esté d'vne autre constitution que celle des
lacs & des riuieres, ce qu'ils n'ont eu garde de faire,
d'autant qu'ils ont creu que l'on leur eust peu encore
demander à quelle raison les vnes estoient plus espaisses que les autres, surquoy ils ne sçauoient que respondre. Ils se sont figuré que toutes les Eaux estoient semblables, & qu'il n'y auoit que la quantité de leur amas
qui y mist de la difference, la saleure ne paroissant que
dans vne plus grande masse ; Mais i'ay encore icy vn
fort argument à leur opposer. Si le Soleil regarde les
lacs auec des rayons aussi puissans que la Mer, il doit
esleuer autant de vapeurs de l'vn que de l'autre, selon
leur grandeur ; Or s'il esleue tant de vapeurs de la Mer
qu'elle en demeure salée, les lacs dont il en esleue tout
autant, & qui neantmoins demeurent en leur douceur,
deuroient donc estre mis à sec, n'estans pas en vne
masse assez grande pour faire paroistre quelque saleure: Mais l'on peut dire qu'il y a des Eaux qui coulent
incessamment dedans les lacs pour les remplir, & qu'en
ce qui est de la Mer, il luy faut maintenant bien moins
d'euaporation pour demeurer salée, à cause qu'elle a
déja esté renduë telle par les premieres actions du Soleil ; De verité, pource que toutes les choses du monde
sont meslées, l'on peut dire qu'il y a quelque chose de

terrestre en quelque Eau que ce soit, & qu'il y a quelque saleure dans vn grand lac, mais elle est en si petite quantité qu'elle ne peut iamais estre connuë, & l'on ne la peut non plus remarquer que si l'on auoit laissé fondre vn grain de sel dans vn muid d'eau; neantmoins l'on ne prouuera pas que cela vienne par la cuisson du Soleil : C'est que les choses sont naturellement meslées de cette sorte.

Ie veux declarer icy mon opinion. Ie croy que la Mer se trouue salée de mesme que l'on trouue des endroits de Terre qui sont iaunes, rouges, & bruslez, & les autres plus noirs & plus humides, ayans tousiours esté ainsi sans augmentation ny diminution. Ce qui arreste les vulgaires esprits, c'est qu'il y a peut estre de cent mille sortes de terre, & qu'en vn païs de peu d'espace ils en rencontrent de fort diuersifiée. Ils pensent à cause de cela que la Terre est plus propre à ces varietez, que non pas l'Eau de qui la plus grande partie est salée, & ne souffre que ce seul changement ; mais qu'ils considerent que quand l'Eau auroit beaucoup de diuersité en ses parties, elles seroiét meslées en peu d'heure à cause de sa fluidité, n'estans rien qu'vn continent, de sorte que toutes ces qualitez differentes n'en feroient plus qu'vne. Il n'en est pas ainsi de la Terre qui estant ferme & resserrée, garde en chaque endroit les qualitez que la Nature luy donne. Mais cela ne contente pas les plus opiniastres ; Ils pensent mieux trouuer la raison des choses les plus cachées.

Vn Philosophe qui est des plus suiuis, a creu qu'encore que l'on tinst que la Mer eust tousiours esté telle qu'elle est, l'on pouuoit dire la cause de ce qu'elle estoit.

DE LA SA-
LEVRE DE
LA MER.

Il croid que le Soleil esleue incessamment des fumées qui ont autant de parties terrestres qu'aquatiques, & où l'humidité n'est point sans quelque seicheresse, & que lors que les parties humides se changent en pluye, les parties les plus seiches retombent ensemble & donnent à la Mer cette saleure qui ne peut venir que d'vn corps bruslé. Pour prouuer cela, il rapporte que le dessus de la Mer est tousiours plus salé que le fonds, à cause que c'est en ce lieu que les fumées s'arrestent, & aussi pource que c'est de là que le Soleil tire les plus grandes vapeurs, esleuant les plus subtiles parties, & ne laissant que les plus grossieres. Voila vne opinion extremement absurde, de quelque façon que l'on la vueille deffendre. Si la Mer deuient salée à cause des fumées seiches qui y retombent auec les vapeurs humides, ayans esté attirées ensemble, c'est vne chose prodigieuse qu'elles donnent à la Mer en y retournant, ce qu'elles ne luy donnoient pas lors qu'elles estoient meslées parmy ses Eaux. Au reste, tant s'en faut que les exhalaisons qui sortent des Eaux causent leur saleure, qu'au contraire c'est la saleure & la chaleur des Eaux qui les causent. L'on adiouste qu'il y a des exhalaisons qui viennent de la Terre sur laquelle la Mer est situèe, & qui passant au trauers luy donnent cette saueur, & lors qu'elles ont esté esleuées & qu'elles y retombent apres, l'augmentent encore. Mais comment le Soleil aura t'il la force de penetrer les Eaux pour eschauffer la Terre qui est dessous, & en faire sortir ces fumées ? Il n'eschauffe pas seulement l'Eau plus auant que deux ou trois pieds. Il reste de s'imaginer que la Terre a des esprits cachez qui repoussent ces fumées en haut: mais auront elles le pouuoir de donner cette impression à la Mer, si elle ne l'a de sa nature? L'on joint encore icy les autres exhalaisons de toutes les Terres descouuertes, afin que l'on ne die plus que celles qui sortent des Eaux & y retombent, ne sçauroient seruir à les saler par leur retour, plustost que si elles y demeuroient tousiours. Celles cy viénent au secours en plus grande abondance. L'on sçait que les fumées sont poussées çà & là par l'Air, & qu'elles peuuent tomber ailleurs que sur le lieu dont elles deriuent; mais encore qu'il y en ait quelques vnes qui retombent sur la Mer, il ne faut pas croire qu'elles fassent toutes vn si long chemin. D'ailleurs l'on n'a iamais esprouué qu'aucune exhalaison pûst saler les Eaux; & ce qui est tres-considerable, c'est que si les fumées qui retombent auec la pluye & sont rabattuës par elle pouuoient saler les Eaux, elles ne saleroient pas seulement la Mer; elles saleroient aussi les riuieres, les lacs, les estangs, & les mares. Pour respondre à cecy, l'on dira qu'il faut croire que toute exhalaison n'est pas salée, & qu'il n'y a que celle qui vient de la Mer ou du fonds de la Mer, & qu'il se faut tenir à cela. Mais quand l'on soustiendroit mesme que la Mer ne seroit salée que par le moyen des exhalaisons qui sortent de la Terre sur laquelle elle a son fondement, il faut encore auoüer qu'elles ne sont pas toutes englouties dans les Eaux, & qu'elles peuuent eschapper parmy les vapeurs qui s'esleuent & qui retombent apres en pluye, & se desgageant se peuuent esleuer fort haut en l'Air. L'on a enchery sur la commune opinion, puisque le Philosophe vulgaire veut que toutes ces fumées seiches qui salent la Mer ne sortent que de la superficie de l'Eau : mais d'vne façon ou d'autre il y a à reprendre en cecy, car les pluyes qui viendroient de la Mer deuroient estre salées, ce qui n'a iamais esté trouué par ceux sur qui elle tombe dans les vaisseaux qui voguent, ou dans les Isles fort auancées. La raison qui est alleguée, que le dessus de la Mer est tousiours plus salé que le fonds, est aussi tres-faulse. Si les exhalaisons viennent de la Terre qui est au dessous, elles doiuent saler le fonds en passant, & si l'on dit que le dessus est plus salé à cause que toute la douceur en est attirée, l'on ne se ressouuient donc pas qu'elle y retourne aussi tost. L'on adiouste qu'il y a encore d'autres exhalaisons estrangeres qui y sont rabattuës; mais qu'importe cela? Ne void on pas que la Mer est en vne perpetuelle agitation, & que les parties hautes deuiennent incontinent les plus basses? Ainsi tout doit estre meslangé. L'on ne doit pas taire aussi que les parties qui ont quelque chose de suruenant, sont plus lourdes que les autres, & doiuent plustost aller au fonds que se tenir au haut. Sur tout il faut prendre garde, que l'experience nous aprend que la Mer est aussi salée en vn lieu qu'en l'autre, & en bas comme en haut, & que cela se fait en toutes saisons. Si les exhalaisons dont l'on dit qu'elle prend sa saleure n'estoient excitées que par le Soleil, la Mer Septentrionale ne seroit pas salée lors qu'elle est si longtemps sans estre regardée de cet Astre. L'on voudra me prendre par ma parole, & me dire que si la Mer se communique ainsi toutes ses qualitez par son agitation, elle doit estre par tout semblable: Mais que l'on ne soustienne donc plus qu'elle est plus salée au dessus qu'au fonds: La proximité est bien plus grande, & peut estre que si la saleure

DE LA SA-
LEVRE DE
LA MER.

ne se faisoit que par l'attraction du Soleil, au moins ce qui est sous la Zone Torride seroit plus salé que ce qui est vers les Poles, à cause d'vne si longue distance. La Mer est tousiours salée de toutes parts, pource que c'est sa nature d'estre tousiours telle. L'on n'a pas sceu prouuer que cela luy vinst par quelque mixtion de parties terrestres, car elles l'auroient pû quitter auec le temps, & elle pourroit enfin se rendre douce; Ce n'est point par l'esleuation des vapeurs, car ce qui demeure ne deuiendroit point salé s'il ne l'estoit en effet. Les vapeurs sont aussi trop foibles pour auoir cette puissance, tellement qu'il en faut demeurer à ce que i'ay dit, que la Mer est salée de sa propre nature. Il ne s'en faut non plus estonner que de voir que l'Eau est plus espaisse que l'Air; Et pour demeurer dans nostre premiere similitude, nous voyons le meslange des terres. La terre d'vn certain quartier est plus iaune qu'vne autre, & son goust est aussi plus aspre, parce qu'elle a moins d'humidité; L'on dit de mesme de la Mer qu'elle est plus salée, pource qu'elle a quelques parties terrestres & brulées parmy elle, mais de dire comment s'est fait cela, c'est ce qui ne se peut asseurer: Il faut dire qu'elle a tousiours esté de cette sorte. L'on me demandera si ie croy donc qu'elle ait esté de tout temps: mais ie ne me veux pas laisser surprendre; Quand i'asseure qu'elle a esté tousiours de cette sorte, c'est à dire depuis que le monde est, sans declarer s'il a eu quelque commencement, ou s'il est eternel; car il faut encore considerer les choses comme elles sont presentement, sans rechercher ce qu'elles ont esté ou ce qu'elles seront, pource que cela appartient à vne plus haute contemplation.

DE LA SA-
LEVRE DE
LA MER.

Tout ce que ie puis dire icy, c'eſt qu'encore que ie nie que toute la ſaleure de la Mer ſe faſſe par vn meſlange ſuruenant, ſoit de parties terreſtres ou d'exhalaiſons, ou bien par vne ſeparation des parties les plus ſubtiles qui reſulte des attractions du Soleil, ſi eſt ce que i'auoüe qu'eſtant ſalée de ſa nature, toutes ces choſes peuuent ſeruir à la conſeruer en cet eſtat. Il eſt certain qu'il y a des gouffres enflammez ſous quelques endroits, dont les Terres voiſines doiuent eſtre bruſlées & peuuent communiquer leur aduſtion à la Mer. Quantité de poiſſons de grandeur enorme qui ſont dans ſon ſein peuuent auſſi entretenir ſa ſaleure par leurs excremens. Les vapeurs qu'elle reçoit par deſſous, & celles qui la viennent ioindre par deſſus, augmentent cette qualité, & pource que le Soleil attire ſes parties les plus douces, il fait que celles qui ſont ſalées & qui demeurent, en paroiſſent dauantage; & quoy qu'il vienne touſiours de noüuelle eau douce des fleuues, l'on peut adiouſter qu'à peine peut elle paruenir iuſqu'au milieu de la Mer, & que cependant les attractions ſe font ſouuent de toutes parts, & il ne ſert de rien de dire que toutes ces vapeurs retombent ſoudain en pluye puiſqu'elles ne retombent pas toutes ſur la Mer, & qu'il y en a auſſi quelquefois qui ſe ſubtiliſent & qui ſont changées en des vents. Il faut accorder que tous ces accidens peuuent aider à la ſaleure de la Mer ſans en eſtre la principale cauſe. Il ne ſe faut pas plaindre, & dire que nous ne l'aurons ſceu trouuer: Pardonnez moy Curieux, nous l'auons trouuée quand nous diſons qu'elle vient de quelques parties terreſtres & aduſtes meſlées ſubtilement parmy elle. L'on n'en

ſçau-

sçauroit dire dauantage de tous les corps qui sont au monde, & specialement de ceux qui sont les principaux & les plus durables. Leur meslange est si naturel, qu'il ne faut point y chercher vne suite semblable à ce qui se fait par artifice. Nous ne continuerons point dauantage ce Traité de l'Odeur & de la Saueur, pour apprendre si les Corps superieurs en ont, soit en leur meslange, soit en leur simplicité. Le pouuoir de nos Sens ne s'estend pas si loin en cecy, comme à remarquer ce qui est visible ; Si nous en iugeons quelque chose, c'est par imagination.

DES QVALITEZ DES CORPS
PRINCIPAVX, CONNVES
PAR L'ATTOVCHEMENT,
A sçauoir, la dureté ou la mollesse, la seicheresse ou l'humidité, la pesanteur ou la legereté, & la chaleur ou la froideur.

IX.

J'AY examiné la saueur des corps auparauant que de mettre en ordre les qualitez qui se conoissent par l'attouchement, quoy que l'on n'en puisse gouster sans les auoir touchez. Il a falu que la saueur ait esté auec l'odeur, pource que les raisons de l'vne seruent à l'autre. Or l'attouchement se fait de deux façons, ou par nous mesmes qui nous y portons, ou par les choses externes

DES QVA-
LITEZ DES
CORPS
PRINCI-
PAVX,
CONNVES
PAR L'ATT.

qui nous touchent sans que ce soit au choix de nostre volonté. Les choses que nous touchons quand il nous plaist, peuuent aller les dernieres, pource qu'apres auoir examiné les autres par la Veüe, l'Oüye, l'Odorat, & le Goust (ce qui se fait presqu'en vn instant, & sans peine, à cause que toutes les qualitez qui sont sujettes à ces trois Sens se presentent d'elles mesmes) ayant gousté de quelques vnes, l'on peut auoir enuie de les toucher pour les connoistre parfaitement; Et c'est par ce moyen que l'on remarque la dureté ou la mollesse, la seicheresse ou l'humidité, la pesanteur ou la legereté, la chaleur ou la froideur. Toutes choses ne se laissent pas gouster; c'est pourquoy l'on les peut toucher sans cela, & cette consideration doit aller la derniere. Neantmoins il faut auoüer que la veuë peut connoistre quelques vnes de ces qualitez. En voyant couler les Eaux l'on iuge qu'elles ont de la mollesse & de l'humidité, & les voyant situées entre l'Air & la Terre, l'on connoist qu'elles sont plus lourdes que l'vn & plus legeres que l'autre. Il est vray que la veüe ne sert à faire connoistre cela, qu'en tant que la ratiocination y opere, & quelques vns mesme ne iugent des corps que pource qu'alors ils les touchent, ou qu'ils les ont déja touchez, sçachant que l'estat où ils les voyent, est ce qui conuient à ceux qui ont de telles & telles qualitez qui sont esprouuées par l'attouchement. Toutes ces choses s'entre-aident. Nous auons esté obligez d'en parler par cy deuant en quelques lieux, pour donner la raison de la situation des Corps ou de leurs mouuemens, & de quelques autres qualitez; mais pourtant cela merite d'estre consideré à part en son lieu. L'on m'objectera d'abondant que nous voyons en vn moment les choses qui sont froides, comme les Eaux qui se glacent, & celles qui sont chaudes comme le feu qui brusle le bois, ou les chaleurs plus moderées qui font fumer les choses humides, sans qu'il soit besoin que nous y touchions, mais nous n'en iugeons que par les experiences que nous en pouuons faire : Il semble qu'il les faudroit donc faire les premieres ; & que l'on deuroit les auoir touchées, auant que d'en iuger par la veuë. Pour adiouster icy vn argument bien pressant, l'on peut alleguer que la Supreme chaleur se fait sentir mesme contre nostre gré, & sans qu'il soit besoin que nous ouurions les yeux pour la reconnoistre, tellement que l'on dira encore qu'il la faloit placer la premiere de toutes les qualitez. Ie respondray qu'il la falu reseruer icy pour accompagner les choses qui se connoissent par l'attouchement, parce que tous les corps du monde ne peuuent pas estre touchez ; mais il est certain qu'ils sont tous visibles, sans mesme en excepter l'Air le plus pur qui se peut ramasser pour se faire voir ; & puis il faut remarquer que si nous disons que la chaleur du Soleil nous peut toucher en vn instant sans que nous le voulions, cela s'entend lorsque nous n'y songeons pas ; car il est souuent à nostre choix de l'aller souffrir ou de l'euiter. Nostre ordre est deffendu par ces raisons. Il faut poursuiure les considerations qui se doiuent faire icy.

La dureté de la Terre est connuë par l'attouchement : Elle resiste à nos mains qui ne la peuuent presser, & à nos pieds qui ne l'enfoncent pas beaucoup. S'il y a des endroits moins durs, c'est qu'il ont esté re-

DES QUA-
LITEZ DES
CORPS
PRINCI-
PAVX,
CONNVES
PAR L'ATT.

muez, & qu'il y a de l'eau meſlée. L'Eau ne fait pas tant de reſiſtence, & l'Air en fait encore moins Pour ce qui eſt des Corps eſleuez, il ſe peut faire que leur mol-leſſe va touſiours en augmentant, au moins en ce qui eſt de l'Air ſuperieur, & de l'Ether ou du Ciel; car quant aux Aſtres, il faut croire qu'ils ont des parties plus ſolides pour ſe tenir chacun à part en leur conſiſtence.

L'on tient pour choſe aſſeurée que tout ce qui eſt dur eſt ſec pareillement, & que tout ce qui eſt mol eſt humide. La Terre eſt dure & ſeiche, & l'Eau molle & humide. Quelques Philoſophes ont dit que l'Air auoit auſſi de l'humidité; mais les autres ont creu que ce n'eſt que pour l'Air inferieur, qui n'eſt compoſé que de nuages & de vapeurs, & que pour ce corps ſimple qui contient les autres, il n'eſt pas de cette condition. L'on ſouſtient que tant plus les corps ſont rarefiez, tant plus ils ſont mols & penetrables, ce que l'on ne ſçauroit nier; mais de dire qu'ils en ſoient d'autant plus humides, cela n'eſt pas fort certain. Pour faire valoir cela, l'on declare que le corps humide eſt celuy qui ne ſe peut donner de bornes de luy meſme, tellement que l'on conclud que tant plus vn corps a de fluidité, tant plus il eſt humide. Cela ſemble tres-vray ſi l'on croid cette definition, & ſi l'on ſe laiſſe perſuader par les paroles, pluſtoſt que par les effets: Mais ne voyons nous pas clairement que l'Eau humecte dauantage que l'Air inferieur? Cet Air n'eſt autre choſe qu'vne Eau attenuée; Or ce qui conſtituë l'Eau, c'eſt cette humidité; Que ſi elle eſt eſtenduë, chaque partie ne ſera pas ſi humide, & ſi elle peut eſtre rarefiée iuſqu'à deuenir vn Air tres-ſimple, elle le ſera encore moins. Il eſt vray que l'on peut dire que toute l'humidité qui la composoit y sera demeurée, puisque mesme elle peut paroistre derechef par la compression; mais cela n'empesche pas qu'estant estenduë, il ne s'en fasse vn corps moins humide. Il faut considerer icy que comme il y a vn Air qui peut estre changé en Eau, il y en a vn autre qui demeure tousiours ce qu'il est, & celuy là est le vray Air, qui ne doit point estre humide comme celuy d'icy bas, parce que si cela estoit, il ne seroit qu'vne Eau estéduë. Il est croyable qu'il fait vn corps à part, & en ce cas là ie luy attribueray plustost la seicheresse que l'humidité. Quelqu'vn me dira que la mollesse & la cession des parties ne se rencontrent qu'aux choses humides comme l'Eau; mais n'a t'on pas déja reconnu que le Ciel cede aux corps qui se remuent en luy, & neantmoins luy peut on attribuer de l'humidité? Luy & les Astres sont aussi d'vne autre condition que les choses que nous touchons.

I'ay esté contraint de remarquer quelque chose de la pesanteur des corps quand i'ay parlé de leur situation, mais cela nous seruira de beaucoup d'en parler icy encore, & nous fera mieux connoistre leurs autres qualitez. Il a esté arresté que la Terre est plus lourde que l'Eau, & si l'Eau peut soustenir quelque terre, c'est que cette terre n'est pas assez pressée. Pour l'Air, quelques vns l'ont estimé leger, mais il est certain que l'on le peut peser dans vne vescie, & que si elle en est pleine elle pesera dauantage. Ceux qui l'appellent leger, disent que c'est parce qu'il se peut esleuer en haut, de mesme que le feu qui selon leur auis est le plus leger de tous les corps. Pour ce qui est de l'Air, l'on sçait bien que si l'on

DES QVA-
LITEZ DES
CORPS
PRINCI-
PAVX,
CONNVES
PAR L'ATT.

fait vne foſſe il y deſcend promptement, & cela ne luy vient que de ſa peſanteur; Quant au feu qui monte touſiours, à ce qu'ils pretendent, cela n'empeſche pas neantmoins qu'il n'ait quelque poids, c'eſt que ſa viuacité l'eſleue. Quelque matiere que l'on donne auſſi au Ciel & aux Aſtres, l'on peut dire qu'ils ſont peſans, parce que tous les corps le ſont, mais qu'ils ne le paroiſſent point en leur lieu naturel. La legereté ne doit eſtre proprement attribuée qu'aux choſes Spirituelles. Si quelques corps ſont appellez legers, ce n'eſt qu'à comparaiſon les vns des autres, & c'eſt à dire qu'ils ſont moins lourds. Ce terme demonſtre auſſi ceux qui ſe peuuent eſleuer, ou tout au moins demeurer ſans deſcendre. C'eſt en ce cas là que l'on ſ'en peut ſeruir, non pas que l'on vueille dire qu'vn corps ſoit abſolument ſans aucune peſanteur.

La chaleur & la froideur ſont les autres qualitez que l'on conſidere. Tous les anciens Philoſophes accordent que la Terre eſt froide & l'Eau pareillement; & pour l'Air ils luy attribuent de la chaleur. L'on n'a point reuoqué en doute la froideur de la Terre, mais bien celle de l'Eau; Quelques vns ont dit qu'elle eſt chaude puiſqu'elle eſt tranſparente, d'autant qu'vn corps n'eſt rendu tranſparent que par l'attenuation de ſes parties, laquelle ſe fait par la chaleur. L'on peut reſpondre à cela, qu'elle ne laiſſe pas d'eſtre froide, encore qu'elle ſoit tranſparente, parce que ce n'eſt pas qu'elle vienne de quelque corps plus eſpais, de meſme que les vapeurs qui viennent d'elle, & qui ſont encore plus diaphanes, à cauſe que de verité la chaleur les a eſtenduës: Il n'en eſt pas icy de meſme; Ces vapeurs ne ſçauroient se tenir dans leur attenuation sans que la chaleur persiste, au lieu que l'Eau se tient en l'estat qu'elle est, sans auoir besoin d'estre eschauffée. Les plus obstinez pensans auoir cause gagnée repartiront promptement, que ce doit bien estre le chaud qui la tient en l'estat qu'elle est, puisque dés que le froid se monstre excessif, elle n'est plus molle & penetrable, & est conuertie en glace. Ils adiousteront que le mouuement qu'elle a quand elle coule, tesmoigne encore cette chaleur naturelle, puisque dés que le froid l'a saisie, elle ne coule plus. De verité le supreme froid l'endurcit, mais elle ne laisse pas de demeurer fluide dedans vn froid assez considerable. Quand elle est endurcie, elle n'en est aussi guere moins transparente, de sorte que cela destruit l'opinion que l'on auoit, que cette qualité ne luy pûst venir que de sa chaleur. Pour faire que les raisons que l'on en a données fussent indubitables, il faudroit que le froid la rendist entierement espaisse & semblable à la Terre. L'on a objecté qu'elle est plustost eschauffée qu'elle n'est refroidie, & l'on pretend monstrer par là qu'elle est déja chaude d'elle mesme ; mais que l'on trouue le moyen de luy opposer vn froid extreme, de mesme que l'on la met quand on veut sur vn feu tres-ardent, & l'on verra qu'elle sera conuertie en glace dans aussi peu de temps cóme il en faudroit pour la conuertir en vapeur. D'ailleurs c'est à sçauoir si l'extension ne la corrompt pas dauantage que la condensation, & si cela n'est pas moins conforme à sa nature d'estre changée en vapeur que d'estre changée en glace. Au reste considerons là dans son estat naturel, lors que les riuieres ont esté longtemps sans estre regardées du Soleil; la froideur de leur Eau est toute manifeste. Mais nos aduersaires disent que si nous la trouuons froide, c'est de mesme que le vin, l'huyle & la poix où nous sentons de la froideur en les touchant, quoy qu'en effet ce soient des choses fort chaudes. Ie respon que la comparaison ne vaut rien, d'autant que par l'Eau nous entendons la liqueur la plus simple de toutes, laquelle n'a aucune qualité estrangere, au lieu que le vin & l'huyle sont des liqueurs meslées qui gardent les qualitez qu'elles ont prises des fruicts dont elles ont esté tirées. Que si l'on adiouste que nous trouuons l'eau froide, parce que nos mains sont plus chaudes, & qu'vne chose qui n'a qu'vne chaleur debile, paroist froide auprés d'vne autre qui a vne chaleur plus forte; il faut accorder que quelquefois vn corps nous semble entierement froid par l'attouchement, lequel n'est pas pourtant tout à fait destitué de chaleur; & l'on peut dire qu'à cause du retour frequent du Soleil, il demeure tousiours quelque peu de chaleur dans la Terre & dans l'Eau; Neantmoins il faut auoüer que la nature de tous ces deux corps est d'estre froids. Peur ce qui est de l'Air tous les Philosophes vulgaires luy ont attribué de la chaleur, & ie ne sçay surquoy ils se fondent, car ils le prenent pour cette basse region qui n'est qu'vne Eau estenduë. Or ce sont eux qui souftiennent que l'Eau est froide, c'est pourquoy ils doiuent auoüer que cet Air l'est pareillement. Il est vray qu'il ne se tiendroit pas ainsi espandu sans la chaleur qui le dilate; Cela est tres-certain, mais cette chaleur ne procede pas de luy; il la reçoit d'vn autre corps. Ils nous repartiront qu'ils accordent que ces vapeurs inferieures sont

na-

naturellement froides, d'autant qu'elles procedent de l'Eau, & qu'ils entendent parler du vray Air qui est au dessus de tout cela; mais ie leur soustien que l'Ether mesme n'a point de chaleur en soy, & qu'il a seulement celle qu'il a receuë par le moyen des Astres. Ils ont donné vne suite à leurs opinions pour les rendre plus probables: Ils veulent que l'Air soit chaud, parce qu'ils l'ont estimé leger; c'est à dire qu'ils croyent que la legereté vient de la chaleur, & que l'vne monstre l'autre; mais l'Air est il rendu plus lourd pour estre despourueu de sa chaleur? De mesme ils disent que la Terre est lourde parce qu'elle est froide: mais encore qu'elle soit chaude, elle n'en est pas moins lourde; Vne barre de fer enflammée ne pese pas moins que quand elle est froide. Toutefois ils pretendent de donner cet ordre aux choses, que plus elles sont froides, plus elles sont espaisses & lourdes; & par ce moyen faisant la Terre tres-froide, & l'Eau beaucoup moins, ils tiennent l'Air chaud, admettant quelque corps au dessus de luy qui l'est encore dauantage, ce qu'ils appellent la region du Feu. Ils semblent conclurre par là qu'il n'y a qu'vne matiere qui estant plus ou moins espaissie constituë l'vn ou l'autre des Corps Principaux, au moins pour ce qui est des inferieurs. Quant au Ciel & aux Astres, s'ils ne les faisoient d'vne autre condition, ils deuroient auoüer que leur subtilité & leur chaleur iroient aussi tousiours en augmentant, & que ce ne seroit qu'ardeur de toutes parts. Ils ne tiennent point pourtant que la chaleur vienne du Ciel ny des Astres, & pource qu'ils soustiennent que les Astres sont de mesme matiere que le Ciel, & que c'en est seu-

DES QVA-
LITEZ DES
CORPS
PRINCI-
PAVX,
CONNVES
PAR L'ATT.

lement les parties les plus espaisses, s'il n'y a point de chaleur au Ciel, il n'en a pas falu donner aux globes qu'il contient, tellement qu'ils ont aresté que le Soleil ny les autres Astres n'estoient point chauds, encore que la chaleur vinst d'eux; & que cela ne se faisoit que par vne vertu qui estoit en leur lumiere; & quelques autres ont dit que les Astres & les Cieux n'eschauffoient que par leur mouuement. Ils se sont tous trompez d'abord, d'auoir creu que les Astres ne soient point d'autre matiere que les Cieux à cause qu'ils sont les vns dans les autres: La Terre est icy bas meslée auec l'Eau, & est autre chose qu'elle; La matiere superieure a aussi ses distinctions. Les diuers estages du Ciel n'ont point de chaleur d'eux mesmes; Ce sont les Astres qui la possedent. Nous la sentons quand leurs rayons touchent sur nous; pourquoy ne dirons nous pas qu'ils sont chauds s'ils nous donnent de la chaleur. De dire que c'est par le moyen de leur lumiere seulement, c'est vne erreur prodigieuse. L'on remonstre que la Lune nous esclaire, & pourtant qu'elle ne nous eschauffe point; mais l'on repartira qu'elle n'a pas aussi vne lumiere originelle, & qu'encore qu'elle ne brusle pas comme le Soleil, si est ce qu'elle donne vne chaleur foible, sans laquelle les choses humides ne seroient pas renflées par son aspect. Il y a peut estre quelque autre chose qui donne de la lumiere sans causer de la chaleur, comme les escailles de poisson & les vers luisans; mais nos Philosophes peuuent respondre, que leur clarté est de peu de consideration, & que si elle estoit plus viue & plus forte, il est certain qu'elle deuroit produire de la chaleur, d'autant que toute lumiere en produit. O pauures foux! que vous auez de peine à vous abuser vous mesmes. Vous dites que la chaleur procede de la lumiere, & qu'il n'y a point de corps veritablement lumineux qui ne donne de la chaleur. Cela se void aux flambeaux qui luisent & qui eschauffent pareillement; Qu'est-ce que l'on vous demande autre chose? Nous voulons bien que la lumiere ne soit iamais sans la chaleur; Mais de mesme qu'elles se rencontrent icy ensemble, elles se treuuent aussi aux corps lumineux dont elles deriuent. Il y auroit autant de raison de dire que la lumiere procederoit de la chaleur, que la chaleur de la lumiere, puisqu'il y a des corps qui les possedent esgalement. Vous vous estes trompez aux mots; car si l'on peut dire que la chaleur procede de la lumiere, à cause qu'il n'y a point de corps veritablement lumineux qui ne soit chaud; quant à vous, vous auez entedu seulement que la chaleur que l'on sent icy vient de la lumiere qui est en haut, sans considerer qu'elles y doiuent aussi estre iointes ensemble. Pource qui est du mouuement Celeste auquel on attribuë la chaleur que nous sentons, si l'on dit que le Ciel cause de la chaleur en tournant, cela est plein d'absurdité, car il deuroit tousiours faire aussi chaud en vn endroit qu'en l'autre. D'ailleurs le mouuement n'excite pas tousiours de la chaleur. En vain l'on remuë l'Eau pour la rendre chaude; Il n'y a que les corps qui sont fort solides & fort resistans, & qui ont vne matiere propre à receuoir la chaleur que l'on puisse eschauffer. De dire que c'est le mouuement des Astres qui eschauffe, c'est presque la mesme chose, car en faisant leur cours dans leur Ciel, c'est sur luy qu'ils deuroient agir: mais il est d'vne ma-

DES QUA-
LITEZ DES
CORPS
PRINCI-
PAVX,
CONNVES
PAR L'ATT.

tiere si simple & si desliée qu'il n'est point croyable qu'il soit eschauffé par ce seul moyen, & qu'il puisse apres communiquer sa chaleur à nostre Air qui ne resiste pas beaucoup. Au reste pour produire de la chaleur, il faut que les mouuemens soient prompts & violens : mais il a esté aresté que les Astres vont d'vne maniere si douce & si esgale que l'on les iuge presque immobiles. Ils font aussi leur cours dans leur Ciel par vn espace de temps assez long, comme le Soleil qui est douze mois à faire le sien ; Et si l'on veut parler du mouuement de vingt & quatre heures, c'est toute la machine Celeste qui le fait, & qui emporte les Astres, de sorte qu'il faudroit encore attribuer la production de la chaleur au mouuement du Ciel, & tomber dans le mesme inconuenient de la rendre par tout esgale. L'on n'a rien à dire icy sinon qu'encore que ce ne soient pas les Astres qui ayent ce mouuement, leur presence sert à eschauffer les lieux qu'ils regardent; & en ce cas là il faudra donc leur attribuer la puissance d'eschauffer par leurs rayons, soit pource qu'ils sont lumineux, soit pource qu'ils sont chauds. De dire qu'ils eschauffent estans lumineux, nous sçauons de vray que la lumiere est le signe de la chaleur. Ce n'est pas rendre pourtant vne entiere raison de ce que les autres corps en sont eschauffez. Il faut dire absolument que les Astres eschauffent parce qu'ils sont chauds. Ne seroit il pas estrange, qu'ils pûssent eschauffer les autres choses & qu'ils ne se pûssent eschauffer eux mesmes? Toutes ces erreurs viennent faute de sçauoir dequoy les Corps Principaux sont composez. Maintenant que nous auons consideré leurs diuerses qualitez exterieures, & mesme celles qui leur sont plus essentielles, nous remarquerons mieux qu'elle est leur matiere, & par ce moyen nous les connoistrons parfaitement.

DES QVA-
LITEZ DES
C. P. &c.

DE LA MATIERE DES CORPS PRINCIPAVX.

X.

POVR sçauoir au vray ce que sont les Corps Principaux, il faut voir ce qu'ils ont de commun ensemble, & s'ils ne sont pas assez distinguez pour se faire reconnoistre. Nous auons mis en ce rang, la Terre, l'Eau, l'Air, & les Astres; l'on y met encore l'Ether ou le Ciel. Quelques vns font l'Ether different de l'Air, & le Ciel different de l'Ether; & ils pourroient dauantage y adiouster le Feu, mais nous l'auons exclus de cela, à cause que ce n'est point vn corps permanent, & qu'il depend des autres, estant composé de leurs parties. Les Corps qui meritent d'estre appellez Principaux, sont par eux-mesmes tout ce qu'ils sont, & ne souffrent point de changement qu'en leurs plus petites portions. Or maintenant que nous voulons sçauoir leur matiere, il se faut representer que c'est vn cōmencement pour vne autre consideration, & que tel quel'on pourroit tenir pour vn Corps Principal à cause de sa grandeur, ne le sera pas neantmoins s'il est question des Corps Premiers, mais i'enten des Corps absolument Premiers, lesquels l'on appelle Ele-

Nn iij

DE LA MA-TIERE DES CORPS PRINCIPAVX.

mens, comme estans le commencement des autres; car tout corps n'a pas ce priuilege de ne dependre d'aucun, & par exemple l'Air inferieur n'est autre chose que l'Eau; mais nous mettons au lieu vn vray Air qui auec la Terre, l'Eau, & les Astres, fait le nombre des Corps Principaux. La pluspart croyent que les Astres & le Ciel qui les contient sont extremement esloignez de la matiere commune, & pour leur complaire icy nous les laisserons maintenant à part.

Nous ne considererons que les corps que nous pouuons toucher en quelqu'vne de leurs parties, & iuger par elles du tout. Quelques vns ont tenu que ceux là estoient tousiours tres-simples & tres-remarquables, & les ont appellez Elemens, sans faire distinction d'entre les Corps Principaux du monde, & ce qui doit estre appellé Element; & ceux cy laissent encore les Astres à part, attribuant quelque eminence à leur matiere. Ils parlent du Feu au lieu, lequel ils veulent faire passer pour le quatriesme de ces premiers corps, qu'ils estiment trespurs & tres-simples, comme estant ceux dont les autres moindres corps adherens sont composez. Ils disent que ce sont eux qui constituent nostre Monde Inferieur; Que ce sont les diuers degrez de ce grand Theatre sur lesquels il se fait differentes choses selon leur meslange, lesquelles sont petites à comparaison du reste, tellement que cela n'empesche pas qu'ils ne demeurent tousiours tres-remarquables en leur simplicité. Ils ont trouué de la contradiction. La pluspart des Philosophes ont tenu que ces Corps Principaux ne sont pas si purs qu'ils ne tiennent quelque chose les vns des autres, & que leur matiere souffre par tout du meſlange; Qu'il n'y a aucun endroit de la Terre où l'Eau ne ſoit meſlée; Que l'Air eſt touſiours plein d'eau comme l'on reconnoiſt par les pluyes frequentes; Que l'Air ſe treuue auſſi dans les cauernes les plus creuſes; Et que pour le Feu, il y en a non ſeulement en treſgrande quantité aux lieux souſterrains, mais encore aux lieux ſuperieurs, & qu'il ſe void ſouuent parmy l'Air de treſgrandes flammes; Et d'autant que ces gens-cy ont voulu donner vn lieu naturel au Feu puiſqu'ils le tenoient pour vn des premiers Corps, ils ont dit qu'il eſtoit logé au deſſus de l'Air, & ne laiſſoit pas d'auoir là dequoy ſe nourrir, pource qu'il y montoit des exhalaiſons terreſtres & aëriennes qui ſ'y enflammoient incontinent; Que ſi l'on ne les voyoit pas à toute heure, ce n'eſtoit pas qu'elles n'y montaſſent ſans ceſſe, mais qu'elles n'auoient pas touſiours vne lumiere aſſez forte pour ſe faire remarquer : Neantmoins craignant que l'on ne leur objecte, qu'il ſe pourroit bien faire que ces ſortes de fumées ne ſeroient pas continuellement attirées de tous coſtez, parce qu'elles dependent de la chaleur Celeſte, qui ne frappe pas touſiours la Terre aſſez fortement pour les eſleuer, & que par ce moyen il y auroit ſouuent des endroits où leur Feu elementaire ceſſeroit. Ils ont adiouſté qu'il n'auoit pas beſoin de cette nourriture, bien qu'il ſ'en ſeruiſt quand elle ſe preſentoit, & qu'il ne pouuoit eſtre iamais eſteint, n'ayant rien proche de luy qui luy fuſt contraire. Quoy qu'il en ſoit, ils ne laiſſent pas de dire que la Terre ſe meſle auec le Feu, le Feu auec l'Air, l'Air auec l'Eau, l'Eau auec la Terre, & qu'il n'y a pas vn d'eux qui ne ſe puiſſe auſſi rencontrer auec les autres, tellement qu'ils concluent par là qu'ils ne sont simples en aucun lieu & que l'on auroit bien de la peine à les distinguer; mais la raison qu'ils en donnent n'est point vallable; car si ces Corps se rencontrent ensemble, ce n'est qu'en de certaines parties que cela se fait, sans empescher la distinction du general. La Terre est tousiours bien distinguée d'auec l'Eau des riuieres ou de la Mer qui repose dessus elle, & ce n'est point par tout qu'elle sert de canaux aux fontaines. Quant à l'Eau qui compose les nuées, elle n'empesche pas que l'Air ne soit ce qu'il est, & qu'il ne s'estende au dessus & au dessous auec vne grande pureté; Que s'il s'enfonce encore dans les entrailles de la Terre, cela ne les altere ny l'vn ny l'autre. Pour ce qui est du Feu, l'on ne le trouue pas en beaucoup de lieux, & quelque opinion que l'on en ait, tousiours faut il auoüer qu'il se rend tellement le maistre, qu'il se sçait bien distinguer des autres Corps.

Ceux qui sont plus subtils taschent de monstrer l'impureté des Corps Principaux par vne autre voye. Ils disent premierement que de necessité il faut que l'Eau soit meslée auec la Terre, mesmes en tous les endroits où l'on ne la void point couler, d'autant qu'vn corps sec ne peut estre lié sans l'humidité qui rassemble ses diuerses parties, de sorte que sans l'Eau toute la Terre ne seroit que poudre. Qu'ainsi ne soit l'on en peut faire vne experience tres-aisée; Que l'on prenne de la terre, & que l'on la mette sur vn fourneau, il en sortira de la fumée qui est cette vapeur que l'on croid estre de l'eau; Que l'on prenne mesme les parties les plus solides comme sont les cailloux, & que l'on les mette dans vn feu tres-ardent, ce qui leur seruoit de liaison sortira,
&

& il n'en demeurera qu'vne poudre fort menuë. Il est certain qu'il seroit malaisé de remarquer l'humidité qui s'en retire, parce qu'elle est en fort petite quantité, mais neantmoins elle ne laisse pas d'estre. Pource qui est de l'Eau l'on peut dire aussi qu'elle a de la terre meslée parmy elle, & que si l'on en met dans vne phiole, & qu'elle soit bien bouchée, il ne laissera pas d'y venir au dessus quelque limon qui s'espaissira petit à petit & sera manifestement de la terre. Que si l'on veut proceder par la plus seure diuision des corps, qui est la distillation, ceux qui s'en meslent, nous asseurent que l'on peut tirer la terre de l'eau, si l'on prend vne certaine eau agitée & battuë, que l'on distillera par plusieurs fois, separant tousiours la cinquiesme ou la sixiesme partie qui aura passé la premiere. L'on veut monstrer pareillement que l'Air ne sçauroit estre si pur qu'il n'ait quelque eau meslée dans son corps. Il ne faut pas se seruir icy des actions du Feu pour en faire quelque espreuue ; car s'il y a de l'Eau dans l'Air, elle sera tousiours renduë plus rare par la chaleur, de sorte que le froid est necessaire pour la rassembler. L'on prendra donc vn grand vaisseau que l'on bouchera fort bien, & l'on le mettra dedans l'Eau pendant le plus grand froid de l'Hyuer ; l'on croid qu'il n'y aura pas esté beaucoup de temps que si l'on l'ouure, l'on y trouuera vn peu d'eau au fonds laquelle sera prouenuë de l'Air qui se sera trouué enfermé dans le vaisseau, & qui se sera ramassé par la froideur. Quant au Feu l'on remonstre qu'il en sort vne exhalaison qui a quelque humidité, & qui s'estant attachée quelque part fait de la suye qui est vn corps terrestre.

DE LA MATIERE DES CORPS PRINCIPAVX.

Voila les meilleures raisons que l'on nous sçauroit dóner pour monstrer que les Corps Principaux tiénent quelque chose les vns des autres. Pource qui est des endroits où estans voisins il faut necessairement qu'ils soient meslez, nous auons veu que cela ne prouue rien. Ce qui semble estre plus fort, c'est que l'on dit qu'en leurs parties qui semblent estre les plus pures, ils ont vne secrette mixtion ; mais c'est ce qui paroist bien estrange que la Terre ne puisse subsister sans quelque meslange d'eau. Faut-il croire que s'il n'y en auoit quelque peu par tout, pour lier ses diuerses parties, elle s'en iroit toute en atomes qui ne pourroient plus se ramasser vers vn mesme lieu, & voleroient par l'vniuers ? Il faut confesser icy que ce qui donne de la liaison à la Terre c'est l'Eau, puisqu'aussi tost que l'humidité en est dehors, elle se met en poudre ; mais cela ne conclud pas neantmoins qu'il faille de necessité qu'il y ait de l'Eau parmy tout ce Corps Principal, sur lequel nous habitons. Les parties les plus hautes ont beaucoup d'humidité, il n'est pas besoin que celles qui sont dedans en ayent aussi. Celles qui les entourent estans bien liées les retiennent assez, & puis elles s'attachent ensemble par leur pesanteur tendant à leur Centre, c'est à dire au lieu où elles peuuent estre mieux soustenuës, de sorte que l'on peut se figurer que la Terre qui est au milieu comme dans sa perfection, n'a point d'Eau parmy elle. Il semble que c'est mal parler aussi, de dire que la Terre ne puisse subsister sans Eau ; car il n'importe pas qu'elle soit assemblée en masse pour estre ce qu'elle est, & quand elle seroit toute reduite en poudre, elle ne laisseroit pas d'estre Terre. Nous connoissons donc qu'il y peut auoir quelque Terre pure, & que si en de certains endroits elle retient de l'Eau, c'est que cela se fait ainsi à cause de leur proximité. Or si l'on dit qu'il y a de l'Eau meslée dedans la Terre, lors que l'on la void reduite en masse, cela se fait voir en quelque façon; car la chaleur du Feu en ayant fait sortir l'humidité, les parties en demeurent desassemblées; mais en ce qui est de l'Eau où l'on pretend que la Terre se mesle, cela n'est point si manifeste. Il y en a qui se vantent bien, qu'ils tireront la terre de l'eau, mais c'est d'vne eau espaisse qu'ils entendent, comme celle des torrens qui se sont chargez de limon. La vraye Eau est si pure que l'on auroit beau l'agiter & la battre comme ils disent, & puis la faire distiller, elle passeroit toute par l'Alambic, & ne resteroit rien au fonds. L'on void à cela qu'elle n'a rien de terrestre, & que si elle en a quelque chose par accident, elle ne laisse pas de paroistre dans la mesme consistence lors que cela en est separé. Cecy sert pareillement à faire que l'on ne s'arreste point à ce qui se peut dire de l'eau enfermée, où il s'est engendré quelque terre. Il faloit que cette eau ne fust pas pure, car si elle l'eust esté, l'on n'y trouueroit rien de terrestre. La preuue que l'on dône contre l'Air, n'est pas aussi fort asseurée pour monstrer que l'Eau soit tousiours auec luy; Nous supposons qu'vn vase qui semble vuide à nos yeux, ne l'est pas pourtant encore qu'il n'y ait ny Eau ny Terre, pource que l'Air par sa fluidité remplit incontinent les lieux d'où l'Eau & la Terre sont retirez, de sorte que si le vase est couuert cet air qui s'y estoit mis y demeure enfermé tout seul, & s'il s'y fait de l'eau il faut croire qu'elle prouient de luy. Cela est bien certain, mais c'est qu'il n'estoit pas pur: Car si l'on pouuoit estre en la plus haute partie de l'Air où les vapeurs ne montent point, il ne seroit pas possible d'en tirer vne seule goutte d'eau. Il se peut faire mesme qu'en quelques endroits plus bas, l'Air se trouue tellement espuré que l'Eau n'y est point meslée, & en ce cas là l'experience du vase fermé seroit inutile, comme en effet si l'on s'en veut seruir l'on verra qu'elle ne reüssira pas tousiours. Quant au Feu qui fait de la suye, il ne faut point s'estonner de cela puisque nous ne le tenons point pour vn corps pur; & puis nos Philosophes seront ils si stupides de prendre nostre Feu artificiel pour exemple, sçachant combien il a de composition? Voudroient ils iuger la mesme chose de leur feu elementaire, & dire qu'il fist de la suye ou seulement de la fumée? Cela est indigne de luy. Qu'ils en pensent ce qu'ils voudront ; Tant y a que nous reconnoissons que les Corps Principaux sont chacun d'vne diuerse matiere, qui est tres-aisée à reconnoistre en son particulier, & qu'ils sont assez purs pour demeurer en leur vray estat.

L'on tient qu'il ne se faut pas imaginer neantmoins qu'il n'y ait aucune difference entre eux & les vrais Elemens, si l'on en veut faire vne recherche exacte. L'on dit qu'ils sont purs, mais ce n'est pas encore d'vne pureté si parfaite que celle que les Elemens demandent. Vne partie de la terre est aussi bien terre qu'vne autre, sans que l'on en puisse tirer aucune humidité. Plusieurs Eaux peuuent estre exemptes d'engendrer du limon, mais pourtant considerons que l'on ne trouue point de si petite place qu'il n'y ait de plusieurs

sortes de terres, soit pour la dureté, soit pour la couleur; DE LA MA-
Les Eaux sont aussi fort differentes de poids & de TIERE DES
goust; l'Eau de la Mer est salée, celle des riuieres est CORPS
douce; L'eau des puits est autre que celle des fontaines, PRINCI-
& entre l'eau de chaque fontaine, il y a encore de la PAVX.
difference; Ne semble t'il pas que cela monstre vne
diuerse composition? Où est-ce que l'on peut dire
qu'est la vraye Terre? Est-ce la terre argilleuse, ou le
sablon, ou bien celle qui est propre à porter les plantes, & à receuoir les semences? Est-ce la blanche, la
noire, ou la iaune, ou celle qui est rougeastre. Si c'est
l'vne de celles là, il ne se trouuera que quelques endroits où soit la vraye Terre, & les autres endroits n'en
auront point. Ne songeons plus à l'humidité qui peut
sortir de la Terre: il n'en sort point icy, & pourtant il
y en doit auoir. Quelque terre que l'on nous puisse
apporter, l'on trouuera tousiours que les qualitez
qu'elle a, deriuent de quelque meslange, & que les differences qui sont en toutes les autres, ne leur viennent
que selon l'humidité qu'elles ont receuës, & les diuers
degrez de chaleur dont elles ont esté touchées, tellement qu'il semble que la vraye Terre ne se peut trouuer
icy. L'on n'est pas en moindre peine pour rencontrer
la vraye Eau; Est-ce la chaude ou la froide, la douce ou
la salée, celle des riuieres ou celle de la Mer? De croire
que ce soit celle des riuieres, cela ne paroist point raisonnable, car elles ne sont rien en comparaison de la
Mer, qui estant le plus grand amas d'Eau du monde où
toutes les autres Eaux se rendent, il semble que ce deuroit estre la vraye Eau; mais il y a cecy à dire qu'elle
est salée, & que l'on ne croid point que l'Eau soit salée

Oo iij

naturellement. Les eaux des fleuues & des fontaines ont aussi des gousts diuers, selon les terroirs où elles ont passé; & pour la saleure de la Mer, l'on tient qu'elle procede de ce qu'elle a quelque chose de terrestre & de bruslé. Cela paroist fort estrange d'abord, & les petits esprits auoüeront franchement qu'ils entendent des choses qu'ils n'auoient iamais oüyes, & qu'ils ne croyent plus que les Corps Principaux soient purs en aucun lieu. Mais qu'ils ne saillent point imaginer à cause de cela, par vne foiblesse de courage, que toutes les choses du monde soient dans l'incertitude. La vraye Eau & la vraye Terre se peuuent trouuer despoüillées des qualitez qu'ils se sont communiquées. De verité l'Eau qui est tirée d'vn corps mixte est difficilement ramenée à la pureté; mais si l'on prend de l'Eau qui coule en abondance sur la Terre, elle peut estre si bien purgée que l'on verra mieux en elle qu'elle doit estre la vraye Eau. Si l'on choisit aussi entre les terres celle qui semble la plus seiche, & si l'on luy oste encore par quelque moyen ce qu'elle peut auoir d'humidité; l'on pense que ce sera la vraye Terre. Or parce que le Feu ordinaire a trop de violence, & laisse souuent vne couleur estrangere aux corps, sur lesquels il agit, il ne faudra point que cette humidité en soit tirée que par vne chaleur lente. Si l'on faisoit vne recherche bien exacte, l'on trouueroit infailliblement dans la Nature ce que l'on recherche dans l'Art, car l'Art n'est que l'imitateur de la Nature. Il y a des endroits où est la vraye Eau & la vraye Terre, mais chacun ne les connoist pas. Que si l'on dit que ces lieux sont en petite quantité; cela n'importe pourueu qu'ils se trouuent. Ils ne sont pas aussi si rares que l'on pense. Pource qui est de la vraye Eau, elle doit estre dans les rivieres dont l'Eau n'a presque point de goust remarquable, ainsi que la vraye Terre doit estre celle qui est la plus desliée & la plus seiche. Il se rencontrera pourtant quelques terres lesquelles seront aussi desliées les vnes que les autres, & neantmoins auront diuerses couleurs, ce qui fera iuger qu'il y a encore de la composition en elles, & que tout au plus il n'y en a qu'vne seule d'entre elles qui doit estre la vraye Terre ; Mais il faut considerer que ce sont les diuers degrez de chaleur que ces terres ont receus qui leur ont ainsi laissé des marques, lors qu'ils en ont fait sortir l'humidité. Voudrions nous empescher l'action de la chaleur sur les corps terrestres & humides? A la verité la vicissitude des choses est si generalle qu'il n'y a possible aucun lieu au monde si sec qu'il n'ait eu autrefois de l'humidité, ny si humide qu'il n'ait eu de la seicheresse ; mais quoy qu'il en reste des signes, rien ne nous empesche de distinguer l'humide d'auec le sec, & l'Eau d'auec la Terre, si bien qu'il semble que l'on n'a aucune raison de se plaindre de leur meslange, specialement en ce qui est de leurs places principales. Toutefois il faut croire que ces Corps que nous auons appellé les Principaux, ne sont point les Premiers de la Nature. Quand mesme en quelques endroits la Terre ou l'Eau se trouueroient auec vne extreme pureté, si est-ce que l'on peut dire que le Globe entier de la Terre ayant beaucoup de meslange, n'est pas proprement cette Terre que l'on prend pour Element, & il en est ainsi de la masse des Eaux. Il y a vne vraye Terre & vne vraye Eau dont celles cy ont esté composées. Les diuers

DE LA MA-
TIERE DES
CORPS
PRINCI-
PAVX.

globes du monde sont des Corps Principaux à cause de leur grandeur; & si l'on les a aussi appellez les Premiers, ç'a esté à comparaison des Corps adherens qui pour leur petitesse sont appellez les Seconds; & ç'a aussi esté à cause que l'on les consideroit alors comme Corps Principaux & comme Elemens tout ensemble: Mais maintenant il est necessaire d'en faire vne diuision, veu que nous remarquons que toutes les parties du globe de la Terre & de l'Eau, & mesme de l'Air ne sont que des Corps Deriuez, aussi bien cóme les Corps adherens. L'entiere consideration de leur meslange est gardée pour vn autre lieu. Nous dirons seulement icy qu'ils ne sont point chacun à eux mesme leur matiere, & qu'ils tiennent beaucoup de chose les vns des autres; mais si l'on demande dequoy ils sont composez, il faut dire que c'est des Elemens. Que si neantmoins il y en a vn que l'on appelle la Terre & l'autre l'Eau, bien que les Elemens soient appellez de mesme, c'est que l'on les appelle du nom de celuy dont ils tiennent le plus, & cela se fait faute d'auoir inuenté vn nom particulier pour chacun. C'est ce qui en a trompé plusieurs qui ne sçauoient pas cette difference.

DE

DE LA DISTINCTION DES ELEMENS.

XI.

LEs Elemens sont à eux mesmes leur matiere; il faut croire qu'ils sont extremement purs, & si l'on ne les peut apperceuoir en cette pureté, il se la faut figurer dans l'esprit. Il leur faut donner cette simplicité de Couleur, d'Odeur, & de Saueur que nous auons attribuée aux corps simples, & nous representer qu'ils n'ont aucun meslange, & qu'il n'y en a pas vn qui ait souffert aucun changement par l'action d'vn Corps plus puissant. Neantmoins auec toutes ces precautions, l'on pourroit dire qu'ils ne laissent pas de tenir quelque chose l'vn de l'autre pour garder leur consistence. L'on dissoud aisément vne pierre dont l'on fait sortir toute l'humidité qui la rassembloit. Cecy est vn corps meslé, non point vne pure portion d'vn Element; mais il reste des grains de poudre, qui encore qu'ils paroissent fort petits, ont neantmoins vne quantité qui peut estre diuisée en plusieurs parties; c'est pourquoy l'on croid qu'il y a là encore de l'humidité qui les assemble. L'Eau ne se pouuant si bien changer en vapeur qu'elle ne soit encore apres capable de retourner à sa premiere forme, cela monstre pareillement qu'elle a quelque chose de terrestre qui l'arreste & qui empesche qu'elle ne se

Pp

DE LA DISTINCTION DES ELEMENS.

change en air. Pour ce qui est de l'Air, s'il n'auoit de l'Eau en soy, il seroit d'vne subtilité si grande qu'il ne seroit point propre aux fonctions qu'il exerce, & ne soustiendroit aucun corps dans quelque estenduë que ce soit. Quelques vns tiennent qu'il seroit alors changé en Feu, qui est vne substance à qui l'on donne rang au dessus de luy, pour estre plus subtile que toutes les autres : mais pource qui est de cecy, la question est à decider, à sçauoir s'il y a vn Feu plus simple que l'Air le plus deslié, car le feu qui est parmy nous n'est pas si simple, ayant beaucoup de parties terrestres & humides. Quoy qu'il en soit, c'est ainsi que l'on s'efforce de monstrer que les Elemens ont besoin chacun d'vne bride pour les retenir, & les empescher de deuenir presque vne mesme chose, ou de se broüiller tellement qu'il n'y ait plus aucun ordre. L'on demandera si cela se peut prouuer autrement que par le discours. En effet nous verrons bien qu'vn grain de poudre reçoit encore de la diuision, & que l'Eau la plus attenuée garde encore vne espaisseur qui n'est point au vray Air ; Mais qui sera celuy qui pourra separer l'humidité de la poudre & la solidité de l'Eau, de telle sorte qu'ils cessent tous deux d'estre ce qu'ils sont ? L'on dira que cela n'est possible que par imagination, & que l'on ne peut forcer la Nature en ce qu'elle a estably. Puisque cette premiere doctrine des Corps est toute sensuelle, l'on ne se doit rapporter encore qu'à ce qui peut estre apperceu, & tenir le reste pour vne chose qui ne se fait point.

Ces connoissances ne sont pas communes, c'est pourquoy les Philosophes vulgaires n'en ont point fait de remarque. Ils n'ont point consideré que chaque Element auoit quelque chose en soy qui le tenoit en sa consistence, ou tout au moins ils se sont imaginé que cela se pouuoit perdre par quelque effort. Ils disent donc que les Elemens se peuuent changer de l'vn en l'autre; Que la Terre se peut changer en Eau, l'Eau en Air, & l'Air en cette substance subtile que nous appellons le Feu; & qu'apres cela le Feu peut encore estre changé en Terre, & la Terre en Eau par vn retour reciproque; Mais que cela ne se fait que par ces degrez, & que si l'on trouble leur ordre, cela ne se fait plus, n'estant pas possible de changer la Terre en Air, si auparauant elle n'a esté changée en Eau, ny l'Eau en Feu si elle n'a esté changée en Air. De là l'on conclud qu'il n'y a qu'vne sorte de matiere qui a des consistences diuerses, selon les qualitez differentes qui luy sont attribuées; & quelques vns ont dit qu'il n'y auoit qu'vn Element, les vns soustenans que c'estoit la Terre, les autres l'Eau, & les autres l'Air. Ceux cy croyoient chacun estre aussi bien fondez l'vn que l'autre, puisqu'ils auoüoient tous que de chaque Element les autres se pouuoient faire; & en effet si cela estoit, vn seul Element pourroit estre pris pour les autres ensemble, d'autant qu'il seroit capable d'estre ce qu'ils seroient; Mais cela merite d'estre examiné plus soigneusement que n'ont pas fait les anciens ny les modernes.

Il y a des hommes si ignorans que sous l'ombre d'vne premiere matiere dont ils ont oüy parler, ils pensent que tous les Elemens se peuuent transformer de l'vn en l'autre, & l'escriuent temerairement sans auoir soin de le monstrer: Mais où ont ils iamais veu de la terre

DE LA DIS-TINCTION DES ELE-MENS.

qui se changeast en eau? S'il en sort quelque peu quand l'on l'eschauffe, ce n'est pas qu'elle soit changée en elle; Elle demeure tousiours terre apres que l'eau en est ostée; Il se fait là vne separation non point vn changement. Pour ce qui est de l'Eau elle n'est point absolument changée en Air: Elle est seulement dilatée par la chaleur, & apres elle se remet en sa premiere consistence. L'on a dit que le changement se pouuoit aussi faire en retrogradant, & que l'Air pouuoit estre changé en Eau, & l'Eau en Terre; mais l'Air a trop de subtilité, & l'Eau trop d'humidité pour cet effet. Tenons pour certain que cette mutation ne se peut faire par le cours ordinaire des choses. Il est manifeste qu'il y a au monde trois corps simples differents; l'vn sec & solide c'est à sçauoir la Terre, l'autre qui est fort humide & qui a beaucoup moins de solidité que l'autre qui est l'Eau, & l'autre qui est aussi fort sec & qui n'a presque point de solidité qui est l'Air. Or il est impossible que ce qui est extremement sec, soit iamais changé en ce qui est extremement humide? Il y a en cela vne trop grande contradiction. La Terre ne sçauroit donc deuenir Eau, ny l'Eau deuenir Terre; l'Air qui est tres-subtil ne sçauroit aussi estre changé en ce qui doit estre de beaucoup plus solide que luy, & la seicheresse qu'il a de commune auecque la Terre n'y sert de rien. C'est en quoy l'on se trompe de croire qu'vn Element ayant l'vne des qualitez de l'autre se peut facilement rendre semblable à luy; Il y a bien des erreurs sur ce sujet; car l'on ne leur attribuë pas mesme les qualitez qu'ils ont afin que cela facilité leur transmutation. L'on donne la froideur à la Terre auecque la seicheresse, & attribuant aussi la froideur à l'Eau, l'on s'imagine que ces deux Elemens se rencontrans en cette qualité sont propres à se changer de l'vn en l'autre : mais la froideur n'est pas ce qui constituë la substance comme la seicheresse ou l'humidité accompagnée d'vne solidité connenable. Pauures Philosophes que vous estes, vous ne considerez pas cecy. Les choses humides & les seiches peuuent estre esgalement froides, sans que la seicheresse deuienne humidité, ou que l'humidité deuienne seicheresse, tellement que la Terre ne deuiendra point Eau, ny l'Eau Terre, quoy qu'ils s'accordent en la froideur. L'on ne peut nier de vray que la Terre ne soit seiche & froide, & l'Eau froide & humide, mais au reste c'est vne erreur de croire que l'Air soit humide & chaud, & que pour ce sujet l'Eau se puisse transmuer en Air, & l'Air en Eau. Si l'on tient que l'Air est humide, cela est bon à dire de cet Air voisin de la Terre & de l'Eau, qui est remply d'vne infinité de vapeurs, & non pas de celuy qui est extremement esleué, qui à la verité peut estre fort chaud, mais qui en recompense n'est point humide, au lieu que l'autre est humide sans estre chaud la pluspart du temps. Cet Air inferieur peut estre changé en Eau, de mesme que l'eau a esté changée en luy, car il n'est qu'vne eau estenduë. Pour ce qui est du vray Air il n'est point humide, autrement il ne differeroit guere de l'eau ou de la vapeur. Il n'est point chaud aussi de luy mesme; S'il l'est en sa supreme region, c'est pour le voisinage des flambeaux de l'vniuers. Il faut croire qu'esloigné de leur regard, il demeure froid de mesme que les autres corps : mais pourtant il n'est pas propre à estre changé en terre, ny pour sa seicheresse, ny pour sa froideur, d'autant qu'il n'a pas la solidité requise. La froideur estant commune à tous ces corps ne doit point auoir tant de puissance en eux que leurs qualitez particulieres qui ne se peuuent quitter, au lieu que celle-cy est tous les iours changée. Or il est bien certain que l'Air est froid de sa nature, quoy qu'en ayent dit les Philosophes ignorans. Cela se connoist aux vapeurs chaudes & humides qui estans montées plus haut que le lieu qui reçoit d'ordinaire la reflexion de la chaleur du Soleil, sont bien tost resserrées en leur premiere forme d'eau, ce qui n'arriue que pour le froid qu'elles rencontrent, en cette region où l'Air demeure en sa nature dans les endroits que les rayons Solaires ne touchent point. L'on ne se sert que d'vne fausse subtilité pour prouuer que l'Air est chaud : L'on demande pourquoy il est leger, & si c'est pour la seicheresse. Mais l'on tient qu'il n'est pas sec, & que quand il le seroit, cela ne monstreroit pas qu'il eust de la legereté, ou bien il faudroit que la Terre fust legere aussi. De dire qu'il est leger, pource qu'il est humide, cela ne se peut, puisque l'Eau est humide & lourde ; L'on conclud donc que la legereté vient de sa chaleur. Mais ceux qui alleguent cecy se contredisent, car s'ils auoüent que l'humidité rend les corps lourds, & s'ils font l'Air humide, sa chaleur n'empeschera pas qu'il ne soit lourd. Qu'ils reconnoissent donc que la seicheresse conuient fort bien à l'Air, comme estant vn corps subtil, ce qu'il ne pourroit pas estre s'il estoit humide, car l'humidité a quelque espaisseur qui y repugne, puisque l'Eau n'est lourde que parce qu'elle est humide, car il n'y a point d'apparence que ce fust pour sa seule froideur. La

Terre a de la seicheresse aussi bien que l'Air; mais c'est vn corps sec & solide, & l'Air est vn corps sec & attenué. De là vient la pesanteur de l'vn & la legereté de l'autre, & l'Air n'estant pas espais, c'est vn abus extreme de croire qu'il ne puisse estre froid sans estre pesant, car l'on espreuue que lors que l'Air est le plus froid, c'est lors qu'il semble estre le plus simple & le plus deslié, ce qui monstre qu'il n'a pas besoin d'estre chaud pour estre leger. Au reste aucune experience ne nous a monstré qu'il eust aucune chaleur que celle qu'il reçoit d'ailleurs, & nous sentons au contraire qu'il nous rafreschist en le faisant venir vers nous par vn doux mouuement. Ces raisons sont si pleines de pointe & de force, que l'on y pourra condescendre en ce qui est de la froideur & de la legereté de l'Air, mais pour ce qui est de la seicheresse, cela doit repugner extremement au sentiment de plusieurs. Les Philosophes sont si effrontez de dire que l'Air est plus humide que l'Eau, & que s'il ne mouille pas tant, c'est qu'il n'est pas d'vne matiere si solide & si grossiere; Que comme le fer rougy au feu, brusle plus fort que le feu mesme; ainsi l'Eau mouille plus que l'Air, à cause de sa plus grande solidité. Hé pauures gens, où auez vous iamais veu que l'Air mouille en façon que ce soit? L'on connoist bien que vous ne sçauez ce que c'est que de l'Air, & que vous le prenez pour les vapeurs les plus humides; mais quand l'on les tiendroit pour de l'Air, puisque l'humidité est ce qui les constituë, & qu'elle est plus attenuée en elles, il est certain qu'elles ne sont pas si humides que l'Eau, comme i'ay déja dit par cy deuant. Il faut donc confesser dauantage, que le vray Air estant autre

DE LA DISTINCTION DES ELEMENS.

que celuy de nostre basse region, il ne doit point participer à cela. Toutefois l'on le fait fluide, & l'on tient que cela n'appartient qu'à ce qui a de l'humidité: mais voudroit on qu'il ne fust autre chose qu'vne Eau estenduë? Il se pourroit conuertir en Eau, & pourtant cela ne se fait point. Il n'y a que les vapeurs qui sont déja venuës des Eaux qui endurent ce changement. L'Air n'est point humide, & s'il n'est point humide, il est sec. Il s'accorde donc mieux auec la Terre qui est seiche qu'auec l'Eau, quoy qu'ils soient plus esloignez, mais point du tout: Il a moins de solidité que l'vn & l'autre. C'est vn corps extremement attenué qui ne laisse pas d'estre sec, au lieu que la Terre est seiche & massiue. L'on attribuë de vray quelque humidité à la Terre la plus pure pour lier ses parties; & en cette sorte l'on peut auoüer qu'il y en a aussi quelque peu qui se respand dans toutes les parties de l'Air, pour aider à leur continuité. C'est ce qui se peut dire pour contenter ceux qui s'opiniastrent à vouloir que tout au moins l'Air soit aucunement humide, ou qu'il soit vn milieu entre l'humide & le sec. Toutefois il ne sçauroit estre si humide comme il est sec.

Pour perfectionner la transmutation elementaire, l'on adiouste que l'Air se change en Feu d'autant plus facilement que le Feu est chaud comme luy, car l'on donne la chaleur & la seicheresse au Feu, ainsi que l'humidité & la chaleur à l'Air; mais c'est encore s'abuser de beaucoup, puisque l'Air n'a point de chaleur si ce ne sont les Astres qui la luy donnent; Et si l'on desire qu'il perde son humidité pour estre changé en Feu, c'est auoir encore fort peu de raison en ce sujet, car bien que

que le chaud & le sec puissent exciter le feu, ils ne le sçauroient entretenir s'il n'y a quelque chose d'humide. Tous les Physiciens n'accordent pas aussi que le Feu soit chaud & sec; il y en a qui soustiennent qu'il est chaud & humide. Ils disent que l'on ne peut pas connoistre par l'attouchement comme aux autres corps, s'il a de l'humidité ou de la seicheresse, d'autant que l'on n'en sçauroit souffrir mesme l'approche à cause de son excessiue ardeur, & que quand l'on y toucheroit, l'on n'en remarqueroit pas l'humidité, pource qu'elle est trop attenuee; Qu'il reste donc que l'Entendement en iuge, ce qui se fait ou par ce qui precede le feu, ou par ce qui s'en ensuit, c'est à dire, ou par la cause ou par l'effet; Que si l'on considere la matiere dont il se fait, l'on trouuera qu'elle a quelque humidité, & que si elle estoit sans cela, comme l'on tient que sont les cendres, il ne se feroit point de feu; Qu'en ce qui est des effets qui sont d'eschauffer, de desseicher & de brusler, cela ne prouue point encore que le Feu soit sec; L'Eau & la cire qui sont humides ne laissent pas de s'eschauffer, & d'eschauffer aussi ce qui les touche; En ce qui est de desseicher si quelque chose de fort humide estoit auprés, en l'eschauffant elles en attireroient l'humidité; Pour ce qui est de brusler, elles bruslent encore, non pas tant que le feu, à cause que l'humidité n'y est pas si subtilisée. Mais cherchons vne autre comparaison; Les metaux ne sont ils pas humides, ainsi que l'on void quand ils sont fondus, & cependant ne peuuent ils pas eschauffer, desseicher & brusler? L'on dira que l'eau esteint le feu, & que cela monstre que l'humidité luy est contraire. Oüy bien, la trop grande humidité

Qq

dont il est suffoqué, mais celle qui se trouue dans le bois & qui rassemble ses parties, est celle qui l'entretient. Sa chaleur vient d'vn air eschauffé qui se perdroit incontinent auec l'autre air, s'il ne trouuoit vne matiere solide meslée de quelque humidité à laquelle il s'attache, l'attenuant petit à petit & la prenant pour nourriture. Voila comme l'on monstre que le feu est humide; mais les Philosophes vulgaires repartiront, qu'ils n'attribuent la souueraine seicheresse qu'au vray Feu, qui est en la haute region où il n'a aucun besoin d'humidité pour se nourrir; mais d'autres qui sont plus les subtils, disent que tout corps qui coule & qui ne se peut borner de luy mesme a de l'humidité, ainsi que l'on void en l'Eau; & c'est mesme par cet argument que nos Philosophes ont voulu prouuer que l'Air estoit humide, de sorte qu'ils sont vaincus par leurs propres armes, ou bien il faut qu'ils auoüent qu'vn corps subtil se peut estendre sans auoir de l'humidité, & que l'Air n'en a pas besoin non plus que le Feu. Ils en ont pourtant besoin l'vn & l'autre; mais elle est plus attenuée au Feu qu'en l'Air, & c'est ce qui s'accorde à sa viuacité. Or quoy que le Feu ait peu d'humidité en luy, si est ce que l'on n'a pas eu raison de dire, qu'il faloit que l'Air perdist entierement la sienne pour estre changée en Feu; car elle doit seulement estre plus attenuée. Que si le Feu se fait, & qu'il y ait de la matiere preste à l'entretenir, il dure longtéps; mais sans cela il perit aussitost, & c'est vne réuerie de s'imaginer qu'il y a vn lieu où il n'a besoin d'aucun aliment. L'on confessera en cecy de verité que l'Air est changé en Feu, soit pour vne qualité ou pour l'autre, mais ces Physiciens n'entendent pas simplement au cas qu'il y ait de l'entretien: Ils veulent qu'il soit chágé en vn vray Feu treschaud & tressec, & sans aucun besoin d'autruy, ce qui est impossible en la Nature; Et puis encore de là ils veulent qu'il puisse estre changé en Air par vn retour reciproque, ce qui n'est pas moins difficile, comme en effet s'ils entendent par le Feu vn corps tres-simple, il est malaisé qu'il soit changé en vn autre plus grossier; mais pour ce qui est du feu vulgaire, ie leur accorde qu'il peut facilement deuenir Air, & que c'est ce qu'il est, lors qu'il s'esteint & ne luit plus. Outre ce retour de l'vn à l'autre des Elemens, ils admettent vne Circulation qui est iointe par le premier au dernier, à sçauoir de la Terre changée en Feu, du Feu en Air, de l'Air en Eau, & de l'Eau en Terre; ou bien du Feu en Terre, de la Terre en Eau, de l'Eau en Air, de l'Air en Feu, & du Feu en Terre, & ainsi tousiours de mesme par vne roüe merueilleuse. Cela est fondé sur ce que la Terre & le Feu sont estimez secs, & leur opinion est que tous Elemens qui symbolisent en quelqu'vne de leurs qualitez, peuuent estre changez de l'vn en l'autre. Mais il faut dire icy de la seicheresse de mesme que i'ay dit de la froideur, qu'elle ne constituë pas la substance, & que c'est la massiueté. Il y a vne massiueté seiche qui est celle de la Terre, & vne attenuation seiche que l'on pretend estre celle du Feu. Comment ce qui est massif sera t'il changé en ce qui est si subtil, ou ce qui est si subtil en ce qui est si massif, encore qu'ils soient tous deux secs; & puis comment est ce que la chaleur se perdant, cette mesme massiueté sera changée en Eau, qui est vn corps froid & moins solide, ou bien tout au rebours, comment est-ce que tant de difficultez pourront estre vaincuës? Nos Physiciens alleguent aussi ces choses sans dire pourquoy elles se font, ny de quelle sorte. Pensent ils que ces transmutations se fassent reellement? Posé le cas qu'elles soient possibles, ie tien mesme qu'elles ne se feront point, car l'Eau pourra estre chágée en Terre ou en Air, l'Air en Feu ou en Eau, le Feu en Air ou en Terre, & pource qu'ils s'accordent autant auec l'vn qu'auec l'autre, ils seront tousiours en suspens sans incliner dauantage d'vn costé que d'autre, & demeureront ce qu'ils ont tousiours esté. La Circulation se feroit elle en commençant du Feu à la Terre, ou de la Terre au Feu? Prenons y garde: Ce sont deux manieres de Transmutation contraires, & qui sont encore moins faisables toutes deux que le retour reciproque, à cause du grand esloignement de la subtilité extreme, à la solidité extreme. Or s'il est plus aisé que le Feu soit changé en Air qu'en Terre, apres que l'Air aura esté changé en Feu, il redeuiendra Air, si bien que voila encore la Circulation rompuë, & c'est vne troisiesme sorte de changement qui est ce Retour reciproque. Si l'vn se fait, les autres ne se peuuent faire. Mais ces Philosophes nous diront qu'ils n'entendent pas que ces changement se fassent sans quelque effort qui peut venir de ce qu'vn Element sera mis proche d'vn autre plus grand en quantité, lequel par consequent dominera sur le petit, & le rendra pareil à soy; Comme par exemple, le Feu estant en plus grande quantité que l'Air, aura le pouuoir de le rendre entierement sec & le faire deuenir Feu; mais si l'Air est plus grand, il rendra le Feu humide, & ainsi des autres. Toutes ces choses semblent plausibles aux ignorans, bien que ce soient autant d'erreurs. L'Air n'est point changé en vn Feu simple, comme i'ay déja remarqué. Pour ce qui est de l'Eau, si l'on la met sur de la Terre, elle est beuë incontinent, mais elle n'est point transmuée. Si l'on jette de la poudre fort menuë dans l'eau, elle s'y peut dissiper, mais encore ira-t'elle au fonds, & d'vne façon ou d'autre l'on les peut separer d'ensemble. L'Eau peut estre seulement changée en vapeur, qui est vne maniere d'Air, lequel n'est pas pourtant vn Air veritable & fixe, dont il est plus esloignée qu'il n'est de l'Eau. Ie monstre ainsi que les transmutations des Elemens sont impossibles de toutes façons.

Ceux qui ont commenté les premiers Autheurs, ont là dessus broüillé les choses encore dauantage ; Ils ont voulu passer plus auant que les autres, & ont publié qu'il est certain que la conformité des Elemens en quelqu'vne de leurs qualitez, aide fort à leur transformation, mais que pourtant sans garder cet ordre ils se peuuent aussi changer de l'vn en l'autre, quoy qu'auec plus de difficulté. Or ils entendent que dans vne transformation commune il faut seulement que deux Elemens ayent vne de leurs qualitez pareille, afin de s'en seruir ensemble pour chasser l'autre qui est dissemblable, & que c'est le double contre le simple ; mais que si les Elemens se trouuent contraires en toutes leurs qualitez les plus fortes, celuy qui surpassera l'autre excessiuement en quantité aura tousiours l'auantage, & c'est ainsi qu'ils en parlent dans leurs liures. Vne petite quantité d'eau, disent-ils, sera facilement tournée en feu par vne grande quantité de feu, & vne petite quantité de feu pourra estre pareillement tournée en eau par vne grande quantité d'eau; & voila comment les contraires passent de l'vn à l'autre, sans trauerser le milieu; Mais c'est vne faulseté tres-manifeste, car si l'on jette vn peu d'eau sur vn grand brasier, elle n'est pas d'abord changée en feu; Il faut que son humidité passe en vapeur auant que de se mesler à la flamme, & bien que cela se fasse en peu de temps, si est ce que cela ne doit point estre ignoré. Pour ce qui est du feu changé en eau, cela est tout à fait impertinent : car l'on peut dire qu'il se perd plustost qu'il ne se change, & en toutes ces deux remarques, c'est vne grande ignorance, de prendre pour de vrais changemens, l'euaporation imperceptible d'vne substance fort petite en quantité dedans vne autre qui est fort grande. Cela ne monstre point que les Elemens se puissent changer de l'vn en l'autre ; car soit qu'ils soient dilatez ou resserrez, ils peuuent tousiours reuenir à ce qu'ils estoient auparauant.

Le dernier refuge que l'on sçauroit auoir en cecy, c'est de dire qu'en effet les hommes ne sçauent pas le moyen de changer la Terre en Eau, mais que neantmoins c'est vn secret qui se peut treuuer; Qu'il est certain que l'Element inferieur est tousiours plus espais que le superieur, de sorte que pour les changer de l'vn en l'autre, il n'est besoin que de les dilater; Que si l'on croid que la Terre estant reduite en poudre apres que l'humidité en est sortie, ne sçauroit receuoir dauantage d'attenuation, l'on est possible trompé en cela, parce qu'vne mesure de terre est dix fois plus espaisse qu'vne d'eau, & n'y a si petit grain qui ne soit capable d'estre eſtendu pour faire de l'eau en plus grande quantité; & qu'ainſi il s'en peut faire dauantage d'Air; & de l'Air dauantage de Feu.

En ce qui eſt de la Terre pour monſtrer qu'elle eſt encore propre à eſtre renduë humide, quoy qu'elle ſoit reduite en poudre ou en cendre, l'on ſe peut ſeruir icy d'vne ſubtilité qui n'eſt point remarqueé par nos Philoſophes & qui eſt tres-conſiderable, c'eſt que la Terre eſtant en cet eſtat, le Feu la fait fondre encore, & reüniſſant les parties deſliées la rend coulante cóme l'Eau, & la change en verre. Or ſi cette poudre coule & ſe reunit, il eſt indubitable qu'elle a encore de l'humidité. De là ceux qui ont dit que tout le monde eſtoit compoſé d'Atomes, euſſent treuué dequoy ſouſtenir leur opinion. L'on leur a pû objecter que la Terre pouuoit bien eſtre faite d'Atomes ramaſſez, & non pas l'Eau, puiſque ce ſont des corps ſecs qui ne coulent point; mais cela ſeroit deffendu ſi l'on reſpondoit que d'vn petit Atome eſlargy il ſe fait de l'Eau en plus grande quantité. Toutes ces raiſons ſeroient fort propres encore à ceux qui veulent ſouſtenir que la Terre n'eſt qu'vne Eau ramaſſée, & l'Eau vne Terre eſtenduë, & l'Air vne Eau encore plus diffuſe, afin de monſtrer que les Elemens n'ont qu'vne matiere commune; mais cette humidité coulante qui paroiſt par la viue ardeur du Feu n'eſt point pourtant vne transformation, car il y a encore tout autant de parties terreſtres qu'il y auoit, & c'eſt ſeulement vne Terre fonduë. Nous pouuons icy aprofondir les choſes plus que perſonne n'auoit fait ſur ce ſujet, mais il faudra taſcher d'aller encore plus outre quand nous ſerons montez à l'origine du

DE LA DIS-
TINCTION
DES ELE-
MENS.

Monde. Pource qui est de nos considerations presentes, il faut avoüer que le changement de la poudre en eau ne se fait point, & qu'encore qu'vne goutte d'eau assez grosse ait moins d'espaisseur qu'vn Atome, cela ne prouue pas que d'vn Atome il se puisse faire vne goutte d'eau. L'on s'est fondé en cecy sur ce qu'il semble que l'Eau se change en vne dixiesme partie d'Air, mais ce n'est pas là ce vray Air qui n'a point d'humidité. Tenons pour asseuré que les choses seiches ne sçauroient estre changées en humides, ny les humides en seiches. L'on nous dit que si les Atomes estoient estendus, ils ne pourroient estre changez en autre chose qu'en Eau, qui est le corps le plus espais apres la Terre, & il semble qu'il y ait plus d'apparence à cela, que de dire qu'ils fussent changez en Air, puisque l'Air est encore plus simple : Mais ils peuuent bien pourtant estre changez en Air apres auoir esté changez en Eau, si l'on soustient aussi que l'Eau peut estre changée en Air. Plusieurs croiront que cela se peut faire, mais il faut confesser qu'il n'y a qu'vne puissance extreme & surnaturelle qui en soit capable. Quant à l'effort du Feu qui fait couler la poudre & la cendre, & les corps les plus massifs, les rendant fluides comme l'Eau, ainsi que l'on void au verre & aux metaux, ce n'est pas vne preuue entiere qui monstre que la Terre puisse estre changée en Eau; cela monstre seulement qu'il y a de l'humidité meslée parmy toutes les parties terrestres; mais l'on ne les sçauroit separer : Les vnes seruent pour retenir les autres. C'est ce que nous auons déja obserué, & tant s'en faut que cela aide à la transmutation des Elemens, qu'au contraire ce qu'ils ont d'emprunté

pour

pour garder chacun leur côsistence, y repugne fort; car puisqu'il y a du meslange des parties terrestres à celles de l'Eau, & des seiches auec les humides, il faut dire resolument que soit que les hommes les puissent diuiser ou non, elles sont tres-differentes, & les vnes ne peuuent point estre changées aux autres.

DE LA DISTINCTION DES ELEMENS

Vous me direz que si cela est, ces Elemens que nous appellons purs ne le sont donc point, puisque mesme la vraye Terre a quelque humidité jointe à elle, & que l'Eau a besoin de la Terre pour se tenir ce qu'elle est; Mais la Terre a-t'elle de mesme besoin de l'Eau pour demeurer Terre? Quand l'Eau en seroit separée, elle ne pourroit estre changée qu'en Atomes, lesquels si petits qu'ils soient, sont neantmoins des corps secs & solides, que l'on peut appeller de la Terre. Que si nous ne pouuons faire cette separation, & qu'à cause de cela nous nous figurions que l'on ne peut trouuer la pureté des Elemens, il ne faut pas laisser de croire qu'il y en a au Monde, & que puisqu'il y en a, ils doiuent estre tres-purs, car s'ils ne l'estoient ils ne seroient pas Elemens. De verité si nous ne croyons pas que quelque Terre que ce soit, soit pure à cause qu'elle se change en verre, ny aucune Eau à cause qu'elle se change en glace, il faut s'imaginer que nous cherchons les Elemens des Elemens; car pour treuuer la vraye Terre l'on a tousiours crû qu'il suffisoit qu'elle fust extremement seiche, & pour la vraye Eau qu'elle fust extremement humide. L'action du chaud change l'Eau en vapeur, & le froid la ramasse en maniere de Terre; N'est ce pas que sa nature souffre violence? N'en est il pas de mesme de la Terre quand l'extreme chaleur la rend fluide? L'vne &

Rr

l'autre doit demeurer Terre ou Eau selon sa nature qui l'a voulu ainsi. C'est pourquoy nous voyons que la chaleur qui faisoit estendre la vapeur l'ayant abandonnée, elle redeuient Eau, & de mesme la violente ardeur ayant cessé son action contre la Terre, elle ne coule plus & demeure solide. Il est vray que sa solidité est alors ramassée, & n'est plus en poudre; C'est vne masse claire & polie que l'on appelle le Verre, & que quelques vns pourroient appeller vne Eau Petrifiée; Mais s'il n'y a vne transparence accomplie comme aux verres que l'on fait auec le plus d'artifice, ce n'est qu'vne pierre reluisante qui par sa solidité monstre tousiours bien ce qu'elle est, & que le Feu a fait que si peu qu'elle auoit d'humidité s'est jetté en dehors. Cela suffit pour faire voir que la Terre est tousiours Terre, ainsi que l'Eau est tousiours Eau, quoy que l'vne & l'autre ayent quelque chose d'estranger, & qu'il leur puisse arriuer quelque alteration. La proprieté que ces Corps ont de garder leur nature malgré toute violence, fait iuger qu'ils sont Elemens. Voudrions nous trouuer vne Terre fixe & vne Eau fixe qui ne peussent souffrir de changement ny au froid ny au chaud? Cela n'est pas possible; Toutefois l'on cherche quelque excuse à cela. L'on veut soustenir que si l'Eau est changée en glace, ce n'est pas que d'elle mesme elle ait quelque chose de terrestre, mais c'est que les exhalaisons de la Terre s'y meslent. L'on dira pareillement que si la Terre se rend fluide en faisant le verre, c'est qu'il y a des vapeurs humides qui se meslent parmy elle dans le fourneau. Quant au metal quoy qu'il soit solide estant froid, il est certain qu'il est composé de quelque humidité, &

ne faut pas dire qu'elle luy arriue de surcroist en le fondant; Il ne le faut point rapporter pour exemple. Mais l'on nous obiectera que les plus petits grains de poudre peuuent aussi estre composez d'eau & de terre; & pour ce qui est de l'eau puisqu'elle se glace dans vn vase bien fermé, l'on monstre que si elle a des exhalaisons terrestres, elles ne sont point suruenantes; mais qu'elle tient quelque chose de la Terre par sa nature, qui luy sert mesme à l'espaissir & empescher qu'elle ne deuienne de l'Air par quelque chaleur que ce soit, de mesme qu'elle a de l'humidité qui l'empesche de deuenir Terre par quelque froid que ce soit. Il s'en fait pourtant des exhalaisons si subtiles qu'il est fort malaisé qu'elles retournent en eau, & sa glace peut aussi estre changée en cristal qui demeure auec vne solidité terrestre; mais ces exhalaisons ne sont point le vray Air, ny ce cristal la vraye Terre. Cependant ce dernier corps semble estre vn milieu entre la Terre & elle. Le verre approche fort de ce cristal, bien que l'vn se fasse par le chaud, & l'autre par le froid. Mais le verre de la Terre simple ne luy est point semblable en couleur ny pour estre transparent; il a seulement cela qu'il est fluide quand il est chaud, & qu'il reluit estant froid. Si l'on le veut faire ressembler au cristal, il faut mesler plusieurs choses à la Terre, soit herbes, soit mineraux, qui ont manifestement beaucoup d'humidité, de sorte qu'il ne se faut pas estonner s'il s'en fait du verre aussi clair qu'vne eau glacée. Le verre qui se fait de la vraye Terre est seulement reluisant auec quelque couleur sombre, qui empesche qu'on ne voye au trauers; & tout ce que l'on peut dire de plus fort pour prouuer qu'il ait de l'humidité, c'est

Rr ij

que l'on l'a veu couler dans l'extreme chaleur. En cecy la Terre ne laisse pas de garder quelque espaisseur, mais pourtant si elle se rassemble de poudre ou de cendre qu'elle estoit, il faut auoüer qu'il y a de l'humidité. Ie n'y sçaurois plus contredire. Neantmoins il semble que la Terre n'en a pas tant de besoin, comme l'Eau a besoin d'vne de ses petites portions pour la garder de deuenir Air. Il y a de petits grains de sablon de diuerses couleurs, & de la poudre fort differente; ce n'est que selon le meslange de l'Eau. Sans cela tous les Atomes seroient de mesme sorte, & l'on dira que l'on se les peut imaginer ainsi pour estre la vraye Terre, mais il faut croire qu'ils seroient si subtils n'estans point rassemblez, qu'ils ne seroient point selon l'intention de la nature. Que seroient ils en cette simplicité? Quelques vns s'imagineront qu'ils ne seroient que de l'Air, n'admettant qu'vne matiere plus ou moins espaissie; mais qui leur donneroit donc de la solidité, seroit-ce l'Eau qui se rend presque aussi desliée que l'Air? Faut il croire que si les parties terrestres n'estoient meslées parfaitement auec les humides, la Terre cesseroit d'estre Terre, de mesme que l'Eau deuiendroit Air si ce qu'elle a de terrestre en estoit osté? Que pourroit deuenir la Terre si cela estoit; elle n'auroit garde de deuenir Air, puisqu'il y a encore l'Eau entre deux qui est plus solide, & qui neantmoins est fort loin de sa nature. Cóment se pourroit il faire mesme que la Terre se changeast en Eau, si c'est de la Terre que l'Eau tire sa massiueté? Ne voyons nous pas que si dans les parties qui nous semblent les plus seiches, la nature a mis quelque humidité, cela ne sçauroit empescher que ce ne soit le terrestre qui y domine, & que l'on ne se figure que l'humidité en peut estre separée. Nous auons accordé qu'il y auoit quelque humidité dans l'Air le plus pur pour le rendre fluide, & qu'il y en a mesme dans le Feu. Nous tenons aussi qu'il y a quelque chose de terrestre dans la vraye Eau ; Il n'y a donc point d'erreur à croire qu'il y doit auoir de l'humidité dans la vraye Terre, pource que la Nature l'a ordonné ainsi afin de faire des grains plus gros que ne sont ses Atomes qui ne seroient propres à aucune chose s'ils n'estoient ramassez ; car en vn seul grain de poudre des moindres, il y a quantité d'Atomes. Or nonobstant ce qui se remarque d'estranger dedans ces corps, ils ne laissent pas d'estre estimez purs, d'autant que ce qu'ils ont d'emprunté est en si petite quantité que cela ne doit point estre appellé vn meslange, mais vn aide qui sert à les embellir & à les mettre en vn estat plus parfait. Il y en a donc quelques vns que l'on peut prendre pour Elemens selon l'vsage ordinaire ; mais si l'on veut penetrer plus auant, l'on s'en imaginera encore d'autres de qui ceux là tiennent ce qu'ils ont, lesquels sont les Elemens des Elemens.

Rr iij

DV NOMBRE DES ELEMENS.

XII.

IL faut maintenant sçauoir le vray nombre des Elemens, & se garentir des erreurs où plusieurs s'embarassent sur ce sujet. I'ay déja dit comme tous les Philosophes vulgaires tiennent qu'il y en a quatre, ce qu'ils pensent auoir prouué fort exactement, quand ils ont remonstré qu'il se trouue quatre substances diuerses dans le Monde, sans songer si encore qu'elles soient diuerses la qualité d'Elemens leur doit estre attribuée. Ils nomment la Terre, l'Eau, l'Air & le Feu pour vrais Elemens, & ils entendent qu'ils remplissent tout le Monde iusqu'au Ciel de la Lune, & qu'il n'y ait aucun corps meslé entre ceux qui sont parfaits qui ne tire d'eux sa composition. Ces ignorans croyent que la masse de la Terre & celle de l'Eau soient Elemens, mais il y a encore deux degrez iusques là. Accordons qu'ils soient les commencemens de quelques corps adherens qui sont composez; ils sont pourtant aussi composez eux mesmes. La diuersité de la Terre monstre sa diuerse mixtion, comme aussi celle de l'Eau. Ils diront que cette mixtion n'est pas parfaite, & qu'en tout cas il n'y doit auoir que de la Terre & de l'Eau, & qu'en ce qui est des vapeurs & des exhalaisons dont se forment quantité de choses en l'Air, ils ne les appellent que des mixtes imparfaits, estans ou plus terrestres ou plus aquatiques; mais que tous les quatre Elemens doiuent entrer aux mixtes parfaits qui sont les mineraux, les plantes, ou les corps des animaux.

Or puisque nous sçauons que les composez se resoudent aux mesmes choses dont ils ont esté faits, il en faut faire l'espreuue, & voir combien il y a de corps simples qui composent les mixtes. Si vous pressez les herbes ou les fleurs & les fruicts des arbres, il en sortira de l'eau, & ce qui est de terrestre demeurera. Si la chair d'vn animal est coupée, le sang & les humeurs en sortent, & le solide en est separé. Voila l'Eau & la Terre; où sont donc l'Air & le Feu? Quand vn animal vient d'estre tué, son sang sort tout chaud & rend quelque fumée. Il est vray; mais nous remarquerons tousiours que toute chaleur attenuë l'humidité & la fait changer en vapeur; Il n'y a donc point icy de vray Air. Pour ce qui est du Feu l'on n'y en treuue pas; L'on void bien qu'vn animal est eschauffé, mais non pas bruslant ny enflammé. Que si l'on n'est pas content d'auoir fait la dissection des corps & la compression des plantes, seruons nous du Feu artificiel qui a la proprieté de separer les parties, parce que voulant posseder tout ce qui est sec, il en chasse incessamment ce qu'il y treuue d'humide. Si l'on brusle quelque corps, l'on verra que ce qu'il auoit d'humide passera dans la fumée, & ce qu'il auoit de sec & de terrestre demeurera dans la cendre. Que si pour proceder plus exactement, l'on ne fait pas vn si grand feu que le corps en soit tout à fait engloury, comme si vn arbre ne brusloit que par vn bout, l'on *remarquera bien mieux la separation des Elemens; car l'on verra tomber de l'eau reellement par le bout qui sera en liberté, & la fumée ne laissera pas encore de monter en haut, & c'est ce que les Philosophes vulgaires penseront alleguer pour eux, mais cette fumée ne sera pas pourtant de l'Air; ce sera vne partie de l'humidité qui sortira en vapeur du lieu où le feu se sera attaché plus viuement, & si le reste n'estant pas chassé de mesme, garde encore la forme d'eau, ce sera que le feu n'aura pû agir si auant & transmuer tant d'eau tout à la fois. Cela se rencontre principalement au bois qui a esté abattu, & s'il y en a d'autre qui ne rend point d'eau, c'est qu'il n'est pas si humide de luy mesme, ou que l'humidité en est déja sortie, ayant esté gardé longtemps en des lieux chauds depuis qu'il a esté coupé. Il faut remarquer aussi qu'encore qu'il semble qu'il n'y ait plus là d'eau il ne laisse pas d'y en auoir, mais elle est en si petite quantité, & se treuue tellement cachée en toutes les parties du bois, qu'il n'y a que la force du feu qui la fasse paroistre la faisant esleuer en fumée. S'il est question de separer exactement les parties des corps composez, l'on a encore vne inuention que l'on tient pour infaillible. L'on les enferme dans des vases que l'on appelle des Alambics, lesquels on expose sur le feu, & par ce moyen il y a des corps que l'on croid estre fort terrestres, qui se monstrent humides; car la fumée ou vapeur s'esleuant sans cesse contre le sommet qui l'arreste, elle se change en eau qui coule apres par le bec de l'Alambic. Aucune autre maniere de dissolution n'est si certaine. C'est par ce moyen que l'on treuue que la fumée n'est rien qu'eau. Mais l'Alambic nous donne*

enco-

encore d'autres connoissances. Il nous fait voir que les corps que nous ne croyons estre qu'humidité ont quelque chose de terrestre, & ne sont pas de vrais Elemens. Coupez & pressez tant que vous voudrez les rameaux des plantes & les membres des animaux, le suc & le sang qui en sortent ne sont pas des corps simples. Bien qu'ils paroissent tout aquatiques il y a quelque chose de meslé. Si vous les mettiez dans l'Alambic vous en tireriez de l'eau toute pure, & il demeureroit quelque chose de terrestre au fonds du vase. Cette humidité qui sort de l'Alambic est moins grossiere qu'aucune autre que l'on puisse faire sortir autrement; car il faut auoüer que les matieres qui sont vne fois liées ont tant de peine à se desassembler, que l'on en vient difficilement à bout. L'on s'imagine possible que la fumée ou vapeur qui se fait en nos cheminées n'est rien que l'air qui sort de composé, ou tout au plus vne eau estenduë & esleuée comme celle qui se fait aux Alambics, mais il faut considerer ce qui en prouient, & que la fumée passant par le tuyau d'vne cheminee, il s'y en attache de iour en iour ce qui s'espaissit petit à petit, & se fait en suye, qui est vne matiere fort terrestre, dans laquelle s'il demeure encore de l'humidité, il la faut tirer par vne seconde dissolution, tellement que l'on doit remarquer qu'encore qu'on die qu'vn corps est terrestre, ce n'est pas qu'il ne participe que de la Terre, mais c'est qu'elle domine en luy au dessus de tout autre Element, car quelques vns des Composez ont plus ou moins de ces Simples, & les autres les possedent en vne parfaite temperature. Que si le composé qui est dissoud par le feu en a esgalement, la fumée qui en sort est presque de mesme, car le feu esleue tout en haut par sa violence, & fait que la vapeur est meslée de Terre & d'Eau. Mais pour ce qui est de la dissolution qui se fait dans les Alambics, il est certain qu'elle est differente de cela, & que la vapeur qui monte en haut estant tirée doucement du Composé, n'est rien qu'vne humidité estenduë qui se congele incontinent en eau, & qui a laissé plus bas la terre où elle estoit jointe. Toutefois il y a encore icy quelque chose à nous objecter pour monstrer que l'eau mesme qui sort des Alambics n'est pas entierement pure, car elle garde tousiours l'odeur des choses dont elle est extraite. N'est ce pas qu'elle retient quelque chose du Corps terrestre dont elle sort? Il est vray qu'elle en retient cette qualité d'odeur, mais l'odeur s'imprime aussi bien dans le liquide que dans le terrestre. Neantmoins il faut tousiours que ce qui donne l'odeur à l'eau soit quelque chose d'estranger, car si l'eau simple a quelque odeur, c'est vne odeur simple qui n'est pas sensible aux hommes. Ceux qui veulent prouuer que tous les Corps participent les vns des autres, peuuent encore tirer de puissantes raisons de cecy, car outre qu'ils diront que cela monstre que les Corps composez ont vn si parfait meslange que l'on ne le peut desassembler, ils auront vn beau sujet d'asseurer que les Corps que l'on appelle Elemens, & que l'on estime les plus simples sont encore meslez. Mais nous auons déja resolu que c'estoit vn meslange si petit, qu'à peine deuoit il auoir ce nom, & ne pouuoit empescher que les Substances que l'on tient pour Elemens ne gardassent cette dignité, encore qu'il y ait d'autres Elemens de ces Elemens.

Ceux qui veulent que l'Air soit aussi meslé par tout, nous alleguent que quand l'on brusle les Corps composez, il en sort beaucoup de fumee qui à leur opinion n'est que de l'Air ; mais l'on a déja assez fait voir que ce que l'on prend pour l'Air est vne humidité estenduë qui s'espaissit apres en eau. Si l'on pretend que la fumee n'est autre chose que de l'air, lors que l'on a mis boüillir de l'eau sur le feu, & qu'elle s'exhale toute en fumee, l'on dira dóc que toute cette eau n'estoit qu'air, (ce qui est vne tresgrande absurdité) & le composé qui brusle & dont il ne sort point d'eau, mais seulement de la fumee, n'aura donc que de l'air & point d'eau. Tant s'en faut que la fumee ne soit que de l'air, qu'au contraire nous auons remarqué qu'elle auoit mesme beaucoup de terrestre, ce qui se void à la suye qu'elle amasse au tuyau de la cheminee. L'on respondra que si elle a de la terre & de l'eau, elle peut bien aussi auoir de l'air, & qu'il n'y a rien qui ait plus d'apparence, veu que l'air luy aide à se sousleuer par sa legereté ; mais croyons que l'air n'est necessaire en façon du monde à composer vn corps. Ces vapeurs basses & grossieres qui sont proches de la terre s'y peuuent bien mesler, & ce n'est qu'vne eau dilatee, qui lors qu'elle sort, se dilate encore dauantage, & se peut espaissir apres. Le vray Air ne sert qu'à estre l'espace où tous les corps peuuent auoir leurs diuers mouuemens, & quoy qu'il soit si subtil qu'il se glisse dans leurs pores & leurs ouuertures, ce n'est qu'afin qu'il n'y ait point de vuide au monde, & qu'il puisse remplir tout ce qui est delaissé. En ce cas là il en peut bien sortir auec la fumee lors que l'on les brusle, mais cela ne doit point faire iuger qu'il ait seruy à leur composition dont la dissolution se fait alors. L'on ne manquera pas d'alleguer que les animaux ne peuuent viure sans la respiration; mais bien qu'ils attirent de l'air au dedans, ce n'est pas que cela entre dans la constitution de leur corps; Ce n'est que pour se recreer & se rafraischir, veu que mesme ils en rejettent autant comme ils en attirent. Toutefois l'on dira qu'il y en a quelque peu qui se mesle dans leur nourriture, ou qui estant attiré par leurs poulmons se change en esprits qui passent aux principales parties de leur corps; mais il faut auoüer que cet air n'est qu'vne eau attenuee, car les animaux ne sçauroient attirer de cette sorte le vray Air, & ne s'en sçauroient nourrir, parce que l'humidité sert à leur nourriture, & le vray Air n'en a pas. L'on espreuue cela sur des montagnes fort hautes où l'on dit que l'Air est si subtil que l'on n'y sçauroit demeurer, & l'on y porte des esponges pleines d'eau que l'on tient contre la bouche pour reparer ce deffaut d'humidité, afin que l'Air qui y passe en prenne quelque impression. Apres cecy il est inutile d'alleguer que quand les Corps sont blessez il sort quelque chose de fort subtil auec leur sang, que l'on pourroit prendre pour de l'air, car qu'est ce autre chose qu'vne vapeur attenuée par leur chaleur naturelle? Le vray Air ne faisant donc point vne partie de la composition des animaux, ny des plantes, ny des mineraux, qui selon l'opinion de nos Philosophes sont les mixtes parfaits, il doit seruir encore moins aux corps mixtes imparfaits; c'est pourquoy il me semble que l'on ne le peut pas tenir pour vn Element, mais seulement pour vn Corps Principal & pour l'vne des pieces du Monde.

Puisque nous auoüons qu'il y a de la chaleur aux animaux, faut il que nous confessions qu'il y a aussi du feu? Nos Docteurs vulgaires le veulent faire entrer dans la composition des mixtes. Ils disent que tous les corps qui tiennent à la Terre ne sçauroient s'accroistre ny se conseruer sans auoir vn feu qui les y excite. Il est certain qu'il y a vne chaleur qui les pousse à cela; mais ce n'est pas pourtant vn feu. Le feu est vne substance qui brusle & qui esclaire; cela ne se void point en eux. Où a-t'on iamais veu aucun corps meslé d'où l'on ait tiré autre chose que de la terre & de l'eau? Si l'on dit que l'on en tire de l'huyle ou du soulphre, & que c'est la partie ignee, c'est se tromper grandement. L'huyle & le soulphre sont fort propres à receuoir le feu & à l'entretenir, mais ce n'est pas du feu neantmoins. Cette substance vnctueuse est vne liqueur où il y a quelque chose de terrestre qui la rend plus solide & plus tenace, & si l'on la vouloit dissoudre l'on separeroit encore cette terre de l'eau, & puis ny l'vn ny l'autre ne seroient plus capables d'estre enflammez. L'on dit communement que les animaux ont en eux vn feu qui donne de la vigueur à tous leurs membres; mais ce n'est qu'vne chaleur qu'ils ont receuë de leur production, laquelle se conserue en eux sans estre pourtant vne matiere dont ils soient composez. N'est il pas vray que si le feu estoit vne partie de la composition des Corps, l'on pourroit monstrer comment il seruiroit à en augmenter la masse de mesme que des autres Elemens; Car s'il y a de l'eau en vn corps, ou bien de l'air, cela en augmente la quantité; & tout de mesme s'il y a de la terre, & si l'on en oste l'vn ou

DV NOMBRE DES ELEMENS.

l'autre, le corps en est diminué. L'on ne trouuera point que le feu que l'on s'imagine estre dans les Composez soit de cette sorte. Ce n'est point veritablement vne substance separée des autres; C'est vn accident qui arriue aux substances sans augmenter leur quantité. Vn corps terrestre ou aquatique peut deuenir chaud iusques à vn degré supreme, & cette chaleur n'est qu'vne qualité qui luy arriue, laquelle ne fait point vne partie de sa constitution, & cela ne se void pas seulement aux choses qui sont mediocrement eschauffées, mais en celles qui le sont extremement, comme aux barres de fer qui ne sont point plus grosses ny plus pesantes pour estre tout en feu. Neantmoins plusieurs penseront que le feu qui brusle le bois & les autres corps mixtes, doit estre vne substance separee que l'on peut appeller Element; Pour en iuger mieux, sçachons ce que c'est que l'on appelle Feu. Prenons y garde dés son origine, afin de voir si c'est vne Substance à part. Il faut s'imaginer qu'il n'y a aucun Feu sur la Terre, comme en effet il ne s'y en peut guere trouuer si les hommes n'en suscitent quelqu'vn, & ne l'entretiennent par leur industrie. Comment le pourra-t'on exciter? Il ne faut qu'auoir vn miroir concaue dans le centre duquel les rayons du Soleil se ramassent, si bien que leur chaleur s'en augmente, & par reflexion eschauffe pareillement ce qui luy est opposé, mais auec vne telle vigueur qu'elle commence à le brusler, y mettant le feu comme l'on dit vulgairement. Or qu'est ce que ce feu qui s'attache à cette chose & qui brusle? Ce ne peut estre qu'vn Air enflammé, car il n'y a rien autour que cela. Vne autre maniere d'allumer le feu, c'est par le moyen de deux cailloux que l'on choque l'vn contre l'autre, ou d'vn caillou & d'vn fer. Or il ne faut point croire que le feu soit dedans ces corps qui sont extremement froids; mais c'est qu'estans extremement secs & durs, l'Air se trouue touché si viuement entredeux par vn coup si prompt, qu'il est contraint de s'eschauffer iusqu'à l'extremité, & de sortir en estincelles de feu. Voila les seuls moyens d'engendrer le feu, par la reception des rayons du Soleil, & par l'attouchement des corps secs. Il est vray que cela se pratique en diuerses manieres, mais tout reuient à cecy: Il nous suffit de reconnoistre que de quelque façon que le feu soit mis quelque part; ce n'est que par vn Air enflammé. Or pource que l'Air n'est pas propre de soy à nourrir le feu estant sec comme il est, il s'esteindroit bien tost, s'il n'y auoit vne autre matiere toute preste qui non seulement ait de l'eau en elle, mais beaucoup de terre; car si l'eau y estoit la plus forte, son humidité estoufferoit le feu, qui n'est que cet air qui est extrememét sec & eschauffé. Il faut que la terre y domine, & qu'elle ait vne humidité mediocre qui la rassemble, afin que le feu s'attachant au solide & au sec, y soit aussi retenu par l'humide, qui estant d'vne quantité moderee luy sert à entretenir ses forces. Si l'on iette vne estincelle de feu sur vn corps qui n'ait que de la sicheresse, ainsi que la cendre ou la poudre, il ne pourra iamais prendre, car s'il y a de l'humidité là dedans cóme nous auons dit tantost, elle est extrememement cachée dans les Atomes: Il faut que l'estincelle tombe sur de la mesche ou sur quelque autre corps qui parmy sa sicheresse qui le rend fort prompt à conceuoir le feu, ait vn reste d'humidité fixe & tenace qui luy serue à le retenir. Le soulphre de l'allumette dont l'on se sert apres, & puis le bois qui en est enflammé, ont pareillement quelque chose d'humide parmy leur seicheresse; & c'est cela qui entretient le feu successiuemét iusques à ce qu'il n'y en demeure plus, & que toutes les parties du Corps composé estans desliées, le terrestre tombe en poudre apres que l'eau qui l'assembloit est montée en sa place. Or nous voyons par là que ce que nous appellons le Feu, n'est que cette humidité qui s'allume en sortant du corps terrestre. Elle a pris cette faculté d'vne autre qui l'auoit auparauant elle, & à mesure qu'elle s'enfuit, elle la donne à vne autre qui fait ainsi durer la flamme. Lors que l'humidité la plus facile à sortir s'est perduë, le bois qui est bruslé commence à se desassembler & à tomber par morceaux que l'on appelle des charbons, & si l'on demáde pourquoy il n'en sort plus guere de flames, c'est que l'humidité qui reste n'est pas assez grande pour cet effet, & qu'elle demeure enfoncee dans la matiere d'où elle a de la peine à se deffaire. Il y demeure donc seulement de l'ardeur iusques à tant qu'enfin il n'y ait plus qu'vn corps sec, que l'on appelle de la cendre, car l'humidité n'y estant plus il faut que le feu s'esuanoüisse. Les Curieux veulent possible que l'on explique cecy plus soigneusement. L'on est en peine de quelle sorte cette humidité s'en peut aller, bien qu'en mesme temps elle serue d'entretien au feu. Sçachons donc que ce que nous voyons d'allumé n'est rien que de l'Air eschauffé où il se mesle autant d'humidité qu'il en faut pour le retenir, & le reste monte en haut auec la fumee par la violence du feu qui prenant ainsi ce qu'il desire pour se conseruer, est cause par ce moyen

de

de la dissolution d'vn corps. Or si la flamme se fait promptement si grande, c'est qu'il ne faut que fort peu d'humidité pour tenir beaucoup de place si elle est estenduë par la chaleur; L'humidité mesme qu'il fait sortir estant promptement chassée ne manque pas d'auoir encore beaucoup de parties terrestres, ainsi que l'on remarque en la suye, qui pour ce sujet est encore capable d'arrester le feu s'il y est attaché. Si l'on demande ce que deuient cet Air eschauffé lors qu'il n'a plus dequoy s'entretenir, & que l'on void que le feu se perd, il faut respondre, que n'ayant plus de matiere propre pour conseruer sa vigueur, il se change en vn Air aussi froid que l'autre dont il est enuironné.

Nous recueillons de tout cela que le Feu n'est point vne substance particuliere qui soit autre que la Terre l'Eau & l'Air. Ce n'est point aussi vn Element ou vn corps simple qui tienne son rang au meslange des composez, veu qu'il est composé luy mesme, & ne sçauroit subsister sans les autres. Toutefois l'on peut respondre à cela, que nous auons veu ainsi que tous les Elemens ont quelque chose d'emprunt pour les tenir en leur consistence, & que cela n'est point extraordinaire en cettuy cy. L'on tirera encore de là vne raison pour monstrer que l'Air ne se tient pas si particulier comme nous disions tantost, & que s'il sert à la composition du Feu, il peut aussi seruir à la composition de quelque autre chose, & comme tel estre appellé Element. Mais peut il estre appellé Element, pour ne seruir qu'à composer vn autre Element? car en ce qui est des vrais corps mixtes l'on ne remarquera point qu'il entre en leur composition. D'ailleurs nous pouuons dire que cet

Tt

air qui compose le feu est l'air inferieur qui n'est qu'vne humidité attenuée. Toutefois il ne faut pas nier que le mesme ne se pûst faire dans le vray Air, mais quand cela seroit, ce n'est tousiours que ce que nous disons, que le Feu n'est pas vne Substance particuliere mais que c'est vn Air eschauffé.

Ceux qui sont de ses partisans croyent auoir beaucoup fait de crier que ce n'est pas vn vray Feu que celuy que nous auons sur la Terre; Qu'ils auoüent qu'il souffre beaucoup de meslange ainsi que les autres Elemens que l'on trouue difficilement en leur pureté, mais que pourtant il y a vn lieu particulier où il n'est point de cette sorte qui est au dessus de l'Air. L'on leur objecte que si l'Air qui couure la Terre & les Eaux estoit enuironné de ce feu qu'ils estendent fort haut au dessus, si l'on ne le voyoit le iour à cause de la trop grande clarté du Soleil, tout au moins l'on le verroit la nuict; mais ils soustiennent que le feu simple n'est pas visible, & que ce n'est que le meslange de la matiere qui le rend tel. Pour nous donner l'exemple d'vn feu inuisible, ils alleguent que la chair qui est seulement deuant le feu, ne laisse pas de se rostir, & qu'il faut qu'il y ait vn feu qui ne se void point, lequel agisse sur elle, puisque rien ne se brusle & ne se cuit sans feu; mais ne connoissent ils pas que c'est l'Air qui est mediocrement eschauffé par le feu qui touche la viande & qui la rostit? Car s'il estoit eschauffé autant comme il faudroit pour deuenir feu il la consommeroit entierement. D'ailleurs la comparaison n'est elle pas fort absurde, puisqu'ils ne croyent pas que leur feu elementaire procede de quelque autre, mais que c'est vn premier corps qui subsiste de luy mesme? Il semble icy qu'ils ayent voulu faire paroistre que ce feu soit capable de donner quelque chaleur, comme en effet si l'on ne le void, au moins l'on le deuroit sentir, & s'il estoit si grand comme ils le feignent, enuironnant les trois Corps inferieurs auec vne telle hauteur qu'ils ne sont rien au prix, il ne seroit pas possible de durer au dessous, & nous serions comme dans vne fournaise. Ils respondent encore que ce feu est trespur & tres simple, & qu'à cause de cela il n'a aucune force de brusler ny d'eschauffer, ainsi que le nostre qui est extremement impur. Mais qu'elle stupidité est-ce là de dire que c'est du feu puisqu'il n'eschauffe pas seulement? Si l'on appelle le nostre impur, l'on peut dire qu'il n'est pas tel de sa Nature, & que pour estre meslé parmy les choses qu'il brusle, il ne laisse pas de garder sa pureté en soy. Si celuy que l'on loge si haut s'approchoit de mesme d'vne semblable matiere, pourquoy ne l'enflammeroit il pas en s'y meslant, si pour bruler il est besoin de cette mixtion? L'on pourroit bien dire que ce feu ne bruleroit rien, parce qu'il n'auroit rien à bruler; mais s'il en a, à quoy tient-il qu'il ne brule? Ces mesmes Philosophes se contredisent en leur opinion; car parlant des exhalaisons qui s'esleuent, ils disent que lors qu'elles sont arriuées à la region du feu, elles s'allumét, & qu'il faut donc conclure que ce feu brule. L'on concede cela pour quelques flammes qui disparoissent en peu d'heure; mais quand il y en a qui durent plusieurs iours & mesme des mois entiers, peut on penser qu'il y ait là haut vne region du feu où elles se soient enflammées? Il seroit impossible qu'elles y durassent si longtemps; Elles seroient con-

DV NOMBRE DES ELEMENS.

sommées en vn moment, estans enuironnées de Feu de toutes parts. Or puisqu'ils auoüent que ce Feu peut bruler au cas qu'il ait de la matiere, à quoy tient il qu'il ne brule toute la Terre. Ils pensent peut estre qu'il ne sçauroit atteindre iusqu'à elle; Qu'il y a l'Air qui l'en empesche, sur lequel il n'a point de puissace, de mesme que nous voyons icy bas que celuy qui est dans vne cheminee ne brule pas vne table, à cause qu'il y a assez d'air entr'eux pour en faire la separation. Toutefois ces rechercheurs de la Nature, disent que l'Air est humide & chaud, desorte que le feu s'accordant à luy en l'vne de ses qualitez, ils doiuent cooperer ensemble pour chasser l'humidité, ioint que d'ailleurs l'on fait le feu si grand en quantité, qu'il peut se rendre le maistre de l'air qu'il embrasse, & le conuertir en sa nature, afin de consommer apres la Terre & l'Eau ; si bien que si ce Feu estoit où ils le mettent, il s'ensuiuroit que toute cette basse region seroit incontinent brulée. C'est icy qu'ils auroient besoin de nostre opinion touchant la froideur de l'Air ; Ils monstreroient qu'elle s'opposeroit à la chaleur du Feu; Neantmoins l'Air seroit bien tost eschauffé à cause de sa seicheresse. Mais ils pensent n'auoir pas besoin de ces raisons. Ils retournent encore à soustenir que ce Feu ne brule point, ce qui est leur vnique recours. Voila vne estrange merueille que ce soit vn Feu & qu'il ne brule point, & qu'il ne luise point aussi. Il s'ensuit de là que ce n'est pas du Feu, puisque l'on luy oste ses deux qualitez essentielles. L'on ne sçauroit estre sage, & soustenir des choses si extrauagantes. Leur follie se fait encore remarquer dans l'incertitude de leurs paroles, & la varieté de leurs opinions qui se destruisent l'vn' l'autre. Quelquefois ils disent que ce feu ne brule point du tout, & vne autrefois ils diront qu'il brule d'vne ardeur mediocre, & que si le feu materiel & grossier brule dauantage, c'est de mesme que le fer enflammé qui brule plus que la simple flamme, tellement qu'à cause de cela sa chaleur ne sçauroit venir iusques à nous.

Il leur faut accorder que ce feu demeure en la place qu'ils luy ont attribuée, sans pouuoir apporter de dómage icy bas, soit qu'il n'ait pas assez de force pour cet effet, ou qu'il en soit empesché par l'esloignement; Quelle action donnerons nous apres à cette substance? A quel sujet sera t'elle placée en ce lieu? Car nous ne voyons rien qui soit oysif dedans le monde. La Terre est la baze & le fondement des Corps composez; elle en est aussi le plus souuent la matrice; l'Eau aide auec elle à leur composition, & leur donne la nourriture qui leur tourne en accroissement. L'Air est le Champ destiné pour la liberté de leur mouuement, & il sert encore à les recreer & à renouueller leurs esprits. L'Eau ne coule qu'en de certains endroits sur la Terre, mais pourtant elle est attirée en haut, & puis elle retombe en pluye pour faire grossir les semences & les plantes; Mais à quoy seruira cette haute region que l'on veut prendre pour vn quatriesme Element? Où remarque t'on que ce Feu pretendu ait vne semblable œconomie? En descend il quelques estincelles par quelque voye secrette pour donner de la vigueur à tous les Corps composez? Il est bien certain que cela ne se fait point, & mesme ces Philosophes tiennent que cela ne se peut faire, d'autant que ce Feu est si imbecille qu'il ne sçauroit brusler ny eschauffer les autres matieres, & qu'à peine est il chaud luy mesme: C'est pourquoy ie les surpren par leur propre parole, & ie leur remonstre que cet Element est donc inutile au lieu où ils le mettent, & par consequent qu'il ne s'y trouue point aussi puisqu'il n'y a rien de vain dans la Nature. S'il y a quelque chaleur au monde elle vient des Astres principalement, & non point d'vn lieu qui leur est inferieur; Ioint que si la chaleur nous venoit de cette region, elle deuroit estre tousiours esgale, ce qui ne s'est veu iamais, & n'est pas propre aussi pour la fecondité de la Terre ny pour la santé des animaux. Or comme nous auons monstré que ce feu seroit dommageable en ce lieu, ou tout au moins inutile, il est bien facile encore de prouuer qu'il est impossible qu'il y soit; car le feu ne sçauroit durer s'il n'a quelque chose qui le maintienne, & cettuy-cy n'a pas tousiours dequoy se nourrir; mais la repartie ordinaire est que ce feu estant vn corps simple n'a pas besoin d'aliment; Qu'il n'y a rien au lieu où il est qui luy soit contraire, & que ce n'est pas comme icy bas où vn grand Air qui l'enuironne le peut esteindre par sa froideur, aussi tost qu'il a perdu la force que luy donnoit sa matiere. Toutefois nous tenons que le feu depend entierement de la matiere où il est attaché, & à entendre parler les Philosophes, de ce corps simple qui est en la haute region, lequel est chaud & si il ne l'est pas, & que neantmoins ils estiment estre vn Feu, nous voyons bien qu'ils se trompent & qu'ils prennent pour Feu vn Air qui veritablement est plus sec & plus eschauffé que l'autre, mais qui ne l'est pourtant pas iusques à ce poinct qu'il soit allumé, ainsi que l'Air qui passe d'ordinaire pour Feu parmy nous. Ie feray voir cette verité par la suite de mes enseignemens.

Il reste encore à considerer en ce lieu qu'il y a des Feux qui s'allument d'eux mesmes dans l'Air & dans les entrailles de la Terre. Ne seroit-ce point dans les lieux sousterrains que l'on deuroit placer l'Element du Feu? Celuy que l'on dit estre en la haute region est imaginaire, mais cettuy cy est reel, & est quelquefois veu. Il y auroit encore plus d'apparence de loger en ce lieu tout le Feu du Monde, que sous le Cercle de la Lune. Ce qui a trompé plusieurs hommes, c'est que mettant les substances les vnes au dessus des autres selon qu'ils les ont trouué plus subtiles, ils ont crû que le Feu deuoit tenir le dessus. Mais cela empesche t'il qu'il ne soit dans les entrailles de la Terre où l'Air se trouue pareillement? Les substances ne se placent pas les vnes au dessus des autres auec vn ordre regulier. Si cela estoit toute la Terre seroit couuerte d'Eau, & l'Air feroit vn Cercle au dessus; mais l'Eau s'est jettée au fonds de la Terre où elle a trouué des creux; l'Air s'y est mis aussi, & le Feu y peut estre semblablement. Ce qui est de plus considerable, c'est qu'il ne sçauroit tenir qu'en ce lieu, ayant besoin de quelque chose de solide pour l'arrester. L'on allegue contre cecy que le Feu tend tousiours en haut, & que la flamme se fait en pyramide, & que cela monstre que le Feu tend vers le lieu où est son Element. Il se peut faire qu'vn feu qui consomme incontinent toute sa matiere, comme celuy qui se fait de la poudre à canon, s'esleue assez haut, mais c'est pour se desgager de l'Air grossier qui est plus lourd, & cela luy arriue par cet ordre de la Nature qui donne place aux corps selon leur pesanteur. Si vn semblable Feu se faisoit dans vn Air plus attenué, il ne s'y deuroit esleuer aucunement, il s'estendroit aussi bien en bas comme en haut, & autant d'vn costé que d'autre, ou s'il s'esleuoit seulement, ce deuroit estre par sa violence. Pour ce qui est des Feux qui se forment des exhalaisons & qui montent naturellement en l'Air, nous les voyons aussi sauteller & courir d'vn costé & d'autre, si bien que la raison que l'on pretend tirer de ce qu'ils montent, n'est pas fort certaine, n'y ayant que leur viuacité qui les porte ainsi de toutes parts. En ce qui est du Feu qui est attaché à quelque matiere pesante, si sa flamme ne laisse pas de s'esleuer, ie nie que cela monstre qu'il ait cette inclination à tendre en haut, & que cela se puisse faire d'vne autre sorte, encore que le Feu n'affecte point plus vn lieu qu'vn autre. L'on a dit déja que c'est que l'Air presse la flamme & la fait resserrer d'auantage au haut où elle a le moins de force, mais l'Air n'a guere de puissance contre vn corps si actif, & quand il ne le presseroit point, il ne laisseroit pas d'estre de cette sorte. La flamme est large au bas, pource que c'est là que le Feu est attaché, & cela est fort naturel qu'elle aille tousiours en diminuant sans que l'on se figure aucune contrainte. Ainsi toutes les choses qui croissent ou qui s'estendent vont en pyramide; les veines des mineraux vont en pointe, comme aussi les rameaux des arbres & des plantes. Sçachant donc la vraye raison de cette figure, il ne faut pas croire que le Feu la prenne, pource qu'il ait seulement desir de s'esleuer. Lors qu'il s'esleue, il se perd; Il a encore plus d'affection à embrasser la matiere qui le peut nourrir. L'on peut faire aussi vne objection

jection à laquelle nos Philosophes n'ont pas eu l'esprit de prendre garde; c'est que si cette flamme s'esleue pour le grand desir qu'elle a de monter au vray siege du Feu, il ne faudroit pas qu'elle finist en pyramide; au contraire elle deuroit monter esgalement depuis le lieu de son origine, ayant par tout vne semblable inclination. Voila nos Philosophes bien estonnez de voir leurs propres argumés retournez contre eux mesmes. Quoy qu'ils puissent dire, nous connoissons que s'il semble que le Feu tend en haut, ce n'est que pour sa viuacité, ou pour se placer au dessus d'vn corps plus lourd. Ils pensent encore en cela auoir cause gagnée, d'autant qu'ils disent que tout le Feu du Monde doit donc estre au dessus de l'Air, & que les parties se veulent reunir au tout; Mais ne voyent ils pas que ce feu qui s'esleue s'esteint incontinent estant priué de sa matiere. Ce n'est pas icy de mesme que de l'Eau & de la Terre, pource que tout ce qui est de terrestre ou d'humide en est tiré, & y retourne par cósequent; Le feu que nous auons icy ne vient pas de leur Feu elementaire, & n'y doit point retourner. Il s'est engendré de nos Elemens inferieurs dont il depend, & ne sçauroit demeurer sans eux; C'est pourquoy il ne se faut pas imaginer qu'il y ait vn Feu perpetuel au dessus de l'Air, de la sorte qu'ils le publient; & quant à celuy qui est dans les entrailles de la Terre, il faut auoüer que ce doit plustost estre son lieu, à cause qu'il a dequoy s'y entretenir, mais ce n'est pas pourtant vn Element, ny mesme vn Corps Principal, qui serue à la constitution du Monde. L'on sçait bien que ce n'est qu'vn corps composé des matieres propres à le receuoir, ainsi que le feu que nous faisons parmy nous : L'on dira pourtant que cela n'empefche pas qu'il ne foit vn Corps Principal, puifque i'ay déja monftré que les Corps Principaux font compofez ; mais il y a cecy à confiderer dauantage, qu'il peut ceffer quelquefois, & cela feroit eftrange que le Monde fuft fujet à auoir du deffaut, & à perdre pour vn temps l'vne de fes parties. Que fi ce Feu ne fçauroit eftre pris pour vn Corps Principal, il s'en faut beaucoup que l'on ne le doiue prendre pour vn Element ; car les Elemens doiuent eftre purs, & ne peuuent iamais ceffer d'eftre ce qu'ils font. Au refte fi les autres Corps feruent à la compofition de celuy cy, il ne fert point de mefme à la compofition d'aucun : Au contraire en quelque lieu qu'il foit, lors qu'il agit le pluspuiffamment, il n'eft propre qu'à les deftruire, & à feparer les vrais Elemens les vns d'auec les autres, & il en eft de mefme de tout le feu que nous excitons par quelque artifice, ou qui fe fait par accident. Cela eft trefconfiderable, & il femble qu'il n'y ait rien à repartir.

Toutefois quelques raifons que l'on allegue fur ce fujet, il y en a qui veulent à toute force que le Feu foit vn quatriefme Element, de mefme comme ils ont déja fait l'Air le troifiefme, & ils s'arreftent fur la beauté des nombres, comme fi cela eftoit capable de regler les chofes. Ils prennent pour leur deffenfe, les qualitez principales lefquelles n'eftans que quatre à leur auis, à fçauoir le chaud & le froid, le fec & l'humide, ils croyent que les Elemens ne fçauroient eftre dauantage ; car en attribuant deux à chacun, ils feignent qu'il y en a vne qui domine fur l'autre pour fe maintenir chacun en leur effence, & qu'eftans accouplez chacun auec vn autre par la ressemblance de qualité, cela les tient en bon accord, & sert aussi à leur transmutation pour la production de quantité de choses. Mais c'est vne preuue fort foible pour monstrer qu'il y ait quatre Elemens. La Nature n'a pas besoin de tous ces accords qui luy seroient nuisibles plustost que de luy estre profitables. L'on luy en peut trouuer d'autres plus asseurez. S'il y auoit de la verité en ceux-cy, les diuerses substances du Monde seroient plustost en discord qu'en paix. Elles agiroient incessamment l'vne contre l'autre, & celle qui se trouueroit la plus forte ruineroit ses compagnes. Il ne faut point croire que cela puisse estre, d'autant qu'elles n'ont pas le pouuoir de changer l'essence de celles qui sont au dessous d'elles, comme pensent nos Philosophes, & cette transmutation qu'ils alleguent n'est ny faisable ny necessaire. D'ailleurs les qualitez qu'ils leur ont données sont faulses pour la pluspart ainsi que i'ay déja monstré. Nous reconnossons bien que la Terre est seche & froide, & l'Eau froide & humide; mais pour l'Air il n'est point chaud & humide, il est froid & sec, comme il a déja esté prouué. S'il est chaud quelquefois, c'est lors qu'il prend la nature du Feu; & en ce cas là il agit contre les autres corps par sa chaleur. Voila ce que l'on doit croire de la qualité des premiers Corps qui estant establie de cette sorte ne nous fait point iuger qu'il en arriue aucun inconuenient. Les Philosophes se sont aussi grandement abusez en cecy, ne rapportant pas toutes les qualitez essentielles, car il ne suffit pas de dire que la Terre est seche; Il faut dire que c'est vn corps sec & solide; c'est sa vraye definition, car c'est cette solidité qui la fait Terre, &

non point sa froideur ny sa secheresse. L'Eau est froide comme elle, & le Feu est sec aussi, neantmoins elle ne peut se changer en Feu, ny le Feu se changer en elle, à cause que sa solidité y repugne d'vn costé, & la subtilité du Feu de l'autre, & l'on conclud de là que ce n'est pas assez d'auoir dit que le Feu est chaud & sec, sans dire qu'il est subtil. L'Eau & l'Air sont aussi considerables selon qu'ils ont plus ou moins de solidité. L'on n'a point encore songé à cela iusqu'à cette heure, & l'on veut prouuer que les Elemens sont au nombre de quatre par quantité d'autres rapports. Le Principal est des quatre humeurs qui sont aux corps des animaux, le sang, le phlegme, la bile, & la melancolie. L'on croid que cela monstre qu'il y a quatre Elemens, & que ces humeurs participent à leurs qualitez; mais c'est prendre les choses au rebours, de vouloir regler les Elemens sur ces humeurs, au lieu qu'elles doiuent estre reglées sur les Elemens. I'ay déja monstré qu'il n'y auoit que l'Eau & la Terre qui entrassent en la composition des Corps; il ne se peut trouuer que cela dedans leurs humeurs, mais selon qu'ils y sont plus ou moins, l'on en fait diuerses distinctions, lesquelles pourroient estre encore augmentées selon la fantaisie des hommes, & les reduire aussi à moins que quatre. I'espere vn iour de combattre ces vieilles erreurs lors qu'il sera temps de parler pleinement de la composition du Corps humain. Il faut seulement reconnoistre icy que quand l'on donneroit quelque credit à ces choses, ce n'est que pource qu'il semble que ces humeurs representent les Elemens, mais cela n'apporte neatmoins aucune preuue pour la certitude de leur nombre. Que si l'on ne tient compte de cecy, l'on doit bien moins estimer les raisons de ceux qui disent qu'il y doit auoir quatre Elemens, comme il y a quatre saisons, auec lesquelles ils symbolisent, le Printemps, l'Esté, l'Automne, & l'Hyuer; Qu'il y a quatre parties au Monde, l'Orient, l'Occident, le Midy, & le Septentrion; Qu'il y a quatre sortes de situation, le haut & le bas, le droit & le gauche, & vne infinité d'autres obseruations qui ne seruent de rien que pour donner matiere à vne vaine cageollerie, & auec cela l'on recherche encore les perfections du nombre de quatre & l'harmonie qui s'y trouue, ce qui ne conclud rien, car la pluspart de ces choses ont esté inuentées à plaisir, & l'on les pourroit bien regler d'autre sorte, outre qu'elles n'ont rien de commun auec les Elemens, & si l'on s'estoit figuré qu'il n'y en eust que trois, ou cinq, l'on trouueroit autant d'applications pour ce nombre que pour vn autre. Les esprits bien sensez ne s'arresteront iamais à cela. Toutefois quelques vns diront encore apres m'auoir oüy, que si l'on se donne aussi la patience de les escouter, l'on trouuera qu'infailliblement il y a quatre sorte de choses qui entrent en la composition des Corps meslez. Ie confesse déja que la Terre & l'Eau s'y treuuent, mais l'on tient qu'il y a de l'Air & du Feu. Ceux qui soustiennent cela, ne veulent appeller Eau que celle qui en a la consistence & qui coule; Ils appellent Air, celle qui est attenuée, encore qu'ils sçachent bien que c'est pluftost de l'Eau que de l'Air. Ils appellent aussi Feu la chaleur qui se conserue dans les corps, qui n'est pourtant qu'vn effet du Feu, & ils auoüent bien encore cela, mais il leur plaist de luy donner ce nom. En ce cas ils sont plus

V u iij

pardonnables ; neantmoins il faut chercher ce qu'eſt proprement vne choſe, & l'eſtimer telle ſans la deſguiſer, de peur que l'on ne la méconnoiſſe, & que l'on y ſoit abuſé. Bien que l'Eau attenuee qui ſort en vapeur ſoit quelque choſe de ſemblable à l'Air, ce n'eſt touſiours que de l'Eau, puiſque nous ne tenons point que les Corps ſe puiſſent transformer abſolument, & que meſme le vray Air eſt ſi deſlié qu'il eſt preſque imperceptible. Quant à la chaleur des Corps, ce n'eſt pas vn Feu puiſque le Feu eſt vne ſubſtance qui bruſle & eſclaire. Ce n'eſt pas auſſi ce qui compoſe le corps non plus que l'Air, mais ce qui le recrée & luy donne de la vigueur.

Nous auons donc trouué que la Terre, l'Eau, l'Air, & le Feu ſont quatre Corps diuers, mais non pas tous quatre Elemens ny Corps ſimples. La Terre, l'Eau, & l'Air ſont eſtimez ſimples, mais le Feu eſt compoſé. La Terre & l'Eau ſeruent à la compoſition de tous les Corps, ſans que l'Air ſoit vne partie de leur ſubſtance lors qu'il ſe loge quelquefois parmy eux. Le Feu n'eſtant auſſi que ce meſme Air qui eſt eſchauffé, ne doit pas eſtre du rang des Premiers Corps ſinon en tant qu'il agit, non pas qu'il ſoit partie du compoſé.

Toutefois l'on nous veut forcer d'auoüer que ce ſont quatre ſorte de matieres differentes qui conſtituent le Monde, & que pour ce ſujet l'on a appellé Elemens, mais comme i'ay déja dit, Il y a les Elemens des Elemens. La Terre n'eſt pas ſi pure qu'elle ne tienne quelque choſe de l'Eau ; l'Eau emprunte quelque choſe de la Terre ; l'Air a auſſi quelque peu d'humidité, & l'on peut dire que ſa ſechereſſe vient de ce qu'il y a quelque Terre attenuée en luy, si bien que l'Eau & la Terre doiuent constituer sa substance, & quant au Feu nous sçauons qu'il ne se fait que du terrestre & de l'humide; mais à cela il y a vn peu d'Air meslé, & au vray Air il y peut auoir quelque peu de Feu. Pour ce qui est de l'Eau, puisqu'elle ne se tient pas tousiours en glace, l'on pense qu'elle n'est pas froide iusqu'à l'excez, & qu'elle a quelque peu de feu pour se tenir en cet estat, & que la Terre en a aussi pour n'estre point par trop resserrée par le froid. Or si la Terre & l'Eau ont du Feu, elles ont de l'Air par mesme moyen, pource que c'en est le vehicule ordinaire, de sorte que l'on trouue ainsi que ces quatre substances sont les vnes dans les autres, mais qu'il y en a tousiours vne qui domine, & cache tellement ce qu'elle a d'emprunté, que l'on la tient toute à soy, & l'on la peut estimer simple en elle mesme. Neantmoins à bien considerer toutes choses, il paroist qu'il n'y a que deux sortes de matieres bien distinctes qui soient les Elemens des Elemens, c'est à sçauoir la seche & l'humide. Il est manifeste que la Terre est autre chose que l'Eau, puisque l'Eau rassemble les Atomes de la Terre, & que les petites portions de la Terre qui se sont transmises dans l'Eau, font qu'elle est autre chose que l'Air. Si la matiere seche estoit semblable à l'humide, elles ne seruiroient de rien l'vn à l'autre, & il n'y a point d'apparence qu'il n'y ait qu'vne seule matiere au Monde qui estant plus ou moins espaissie fasse de la Terre ou de l'Eau, ou bien de l'Air ou du Feu. Il y a vne trop grande distinction entre la secheresse & l'humidité pour estre la mesme chose. Ce sont les deux qualitez qui constituent les vrais Elemens. La chaleur ou la froideur y apportent quelque mutation, comme de les resserrer ou de les estendre, mais cela ne leur oste point pourtant leur vraye constitution qui est immuable & tres-distincte. Cette difference est fort remarquable en la Terre & à l'Eau; Elle l'est encore au Feu qui n'est produit que de ces deux matieres, & quoy que cela ne se voye pas au vray Air, il faut iuger qu'il ne sçauroit auoir vne autre composition, car il n'y a point d'autre matiere imaginable. Les esprits foibles seroient possible contens de cette recherche quand elle finiroit icy, mais il y a là encore beaucoup à penser. L'on comprend assez facilement comment l'Air est composé d'vn corps excessiuement attenué qui ne peut estre autre que la Terre auec quelque meslange d'humidité pour le rendre fluide, mais si l'on donne vne pareille composition au Feu, il s'ensuit que le vray Air est la mesme chose que le Feu, & que ce Feu est la mesme chose que le vray Air. Il y a cette difference que le vray Air est froid de sa nature, & le Feu est chaud. Qui donne cette chaleur au Feu s'il a vne semblable composition? Ce n'est ny l'Eau ny la Terre; chacun a reconnu leur froideur. Ce n'est pas le vray Air, quoy que les Philosophes vulgaires l'estiment chaud; car s'il estoit chaud, il faut qu'ils auoüent sans feinte qu'il deuiendroit bientost vn Feu veritable, & bien que pour sa distinction, ils ne luy donnent qu'vne chaleur mediocre, elle se pourroit bientost rendre excessiue. Quelqu'vn dira que le Feu n'est aussi qu'vn Air plus eschauffé que l'ordinaire, ainsi que i'ay déja declaré, mais i'ay entendu parler du Feu vulgaire. Les Philosophes se sont tousiours persuadé qu'il y auoit vn vray Feu qui estoit

estoit eternel, & qui deuoit estre pris pour vne substance separée des autres, & non point pour vn Corps composé. Ils ont seulement esté en debat du lieu qu'ils luy donneroient.

DV VRAY FEV DV MONDE.

XIII.

L'On trouueroit fort estrange s'il n'y auoit point d'autre Feu au Monde que celuy que fait vn Air enflammé qui a besoin de quelque chose de terrestre & d'humide pour l'arrester & l'entretenir tout ensemble. Ne semble t'il pas que c'est raualler le prix de la plus belle & la plus vtile substance de l'vniuers, de dire que l'on ne la puisse voir iamais que dans le meslange, au lieu que les autres Corps ont quelques endroits si simples que l'on n'y sçauroit remarquer de composition? Aduoüons icy que le Feu se peut bien treuuer esloigné d'vne matiere si espaisse que celle qui le conserue sur la Terre, & que de necessité il faut qu'il s'en treuue dedans la pureté, ou autrement l'on ne sçauroit où pourroit estre l'origine de ce qui est chaud & lumineux, ou qui a la proprieté de le deuenir. Le fuzil estant frappé il en sort des estincelles de feu qui enflamment le bois qui esclaire & qui eschauffe. Or ny les cailloux ny le bois ne sont composez que de Terre & d'Eau, & l'on accordera si l'on veut que l'Air s'y mesle, mais naturellement toutes ces trois substances, ne possedent point la chaleur ny encore moins la lumiere; C'est pourquoy il faut qu'il y ait vne substãce à part qui contiéne cecy, qui est le vray Feu. Toutefois l'on dira que le feu est excité dans la matiere terrestre iointe à l'humide qui devient vn feu elle mesme, sans qu'il y ait rien d'estrãger de meslé, si ce n'est l'air bruslant qui s'y ioint par la succession de ses parties; mais tous ces corps n'ont pû estre rendus capables de conceuoir le feu que par les continuelles actions d'vn feu originel qui a déja commencé de les bruler, & leur a transmis quelque peu de sa chaleur qui encore qu'elle se soit retirée, les a laissez propres à s'eschauffer fort soudain. Nous connoissons donc qu'il y a vn Feu qui est la source & le magasin de tous les feux du Monde, & que sans cela le Monde seroit imparfait, & sa principale partie luy seroit de manque. Où croirons nous que ce feu puisse estre establi? Sera-ce au lieu où l'on a déja mis le Feu elementaire, & croirons nous avec les autres que ce soit là le vray Feu tres-pur & tres-simple? Ce seroit le loger tres-mal de ne le mettre qu'au dessous du lieu où est la Lune. Si son ardeur estoit si proche elle n'auroit point de moderation, & puis la Terre ne se pourroit ressentir de l'humidité de cet Astre qui esclaire les nuicts pour appaiser les chaleurs du iour. Il y auroit vn trop grand obstacle qui s'y opposeroit. D'ailleurs nous ne trouuons point que la chaleur vienne de ce lieu; & nous auons quantité de raisons pour monstrer que ce que l'on dit du feu que l'on pretend y estre placé, est vn mensonge apparent. Il ne faut plus tant chercher vne chose qui se rend connuë d'elle mesme : Où *DV VRAY* est-ce que nous trouuerions le vray Feu autrepart *FEV DV* qu'aux Astres, & principalement en celuy que nous *MONDE.* appellons le Soleil ? Il ne faut qu'auoir les premieres notions du Sens commun pour reconnoistre cela. L'on sent sa chaleur & l'on void sa clarté : Que peut on desirer dauantage ? Posé le cas que ce ne fust point du feu & que l'on pretendist qu'il en eust, de quelle autre sorte pourroit-il estre ?

Les Philosophes n'ont point d'esgard à tout cela; Ils disent premierement que si cet Astre estoit de feu, le quatriesme Element qu'ils mettent au dessous de la Lune n'y pourroit subsister, & qu'il voleroit encore plus haut, ou bien que s'il y demeureroit comme en son vray lieu, le feu du Soleil estant de mesme nature, seroit forcé d'y descendre, ne pouuant demeurer autrepart; Que si l'on leur remonstre que cet Element du Feu ne sçauroit estre au dessous de la Lune, & qu'il est aussi monté entierement dans le Soleil, ils adioustent que le Soleil estant de feu deuroit donc tousiours aller de plus haut en plus haut comme c'est le propre du feu. Voila vne grande absurdité, car les corps ne montent ainsi que lors qu'ils ne sont point en leur vraye place, & quand ils y sont ils n'en bougent. Le Soleil demeure aussi tousiours en la sienne; l'enten qu'il ne monte pas incessamment, mais au lieu de cela il ne cesse de tourner, & c'est le mouuement que peut auoir le vray Feu quand il est en vne situation conuenable à sa nature. Rien n'empesche donc que l'on ne croye que le Soleil ne soit vn vray feu, ainsi que l'on connoist par ses effets, qui sont de donner de la chaleur & de la lumiere.

Mais nos aduersaires soustiennent qu'il y a de la lumiere en plusieurs endroits sans qu'il y ait de la chaleur, & que plusieurs choses sont aussi eschauffées sans qu'il ait esté besoin de feu; Qu'il n'y ait de la lumiere sans chaleur, cela se monstre aux yeux de quelques animaux, aux escailles de quelques poissons & mesmes en du bois pourry. Il y a bien pourtant de la difference de cette lumiere cy à celle dont nous parlons; car si elle paroist dans les tenebres, ce n'est que pour se faire remarquer elle mesme, sans auoir la puissance d'esclairer ce qui est autour d'elle; mais le feu a cela de propre que l'on le void où il est, & qu'il fait voir aussi ce qui est autour de luy, & tant plus il est grand, tant plus il porte loin sa lumiere. Il ne faut point se seruir de cette comparaison; Regardons plustost le feu que nous auons icy. Nous voyons qu'il esclaire selon sa capacité. Le Soleil esclaire dauantage pource que c'est le plus excellent de tous les feux. Nous ne voyons donc point qu'aucune chose puisse esclairer les autres, si ce n'est le feu qui est tousiours accompagné d'ardeur & de lumiere. Que si l'on ne sçauroit dire qu'il y ait vne parfaite lumiere sans feu, il ne faut pas dire non plus qu'il y ait sans luy vne parfaite chaleur. Que si quelque chose peut estre eschauffée sans son secours, il ne faut pas croire pourtant que cela ait quelque rapport auec le Ciel & les Astres. L'on donne pour exemple ce qui est eschauffé par le mouuement. Bien souuent les machines artificielles sont menées auec telle impetuosité qu'elles ont vne chaleur fort grande. Ainsi l'on asseure que le mouuement des corps celestes, estant tres rapide & tres soudain, ce n'est pas de merueille s'ils eschauffent. l'ay déja fait voir ailleurs que cette comparaison n'est pas bonne. Ces machines ont des corps terrestres & solides qui frappent l'Air viuement & l'eschauffent par ce moyen, au lieu que nos aduersaires s'imaginent que les Astres ont des corps extremement desliez, qui par consequent ne peuuent point exciter cette chaleur. Ils se contredisent en cecy encore, & c'est vne estrange réuerie de s'efforcer d'establir des opinions si difficiles à croire, lors que sans nulle peine l'on en peut trouuer qui sont conformes à la verité. Il y en a d'autres qui disent que la chaleur qui vient des Astres n'est qu'vn effet de leur lumiere, & que plus ils sont lumineux, plus ils eschauffent; mais nous auons monstré qu'aucune chose ne peut esclairer les autres sans auoir du feu; & pour prouuer puissamment que la lumiere du Soleil est vn Feu veritable, l'argument le plus fort que nous ayons tousiours, est que cette lumiere nous dóne de la chaleur.

C'est vne estrange stupidité de ne vouloir pas reconnoistre pour Feu ce qui en a toutes les qualitez, & d'aimer mieux croire qu'vne autre chose le soit, de qui l'on n'a aucune asseurance. Par quel moyen a-t'on iamais peu connoistre qu'il y eust vn feu sous la Lune? L'on veut que ce qui est au dessous d'elle soit feu, encore que l'on ne le voye pas, & l'on refuse de croire celuy que l'on void & que l'on sent. Celuy du Soleil est chaud & lumineux, & celuy de cette quatriefme region, n'est ny l'vn ny l'autre. En vain l'on dit que pour la simplicité il doit estre ainsi; C'est vouloir qu'il ne soit autre chose que l'Air. S'il est si simple, il n'est pas chaud; & s'il n'est point chaud, il n'est point feu; C'est la principale qualité du feu que la chaleur; Or il ne la sçauroit posseder en un souverain degré sans estre extremement lumineux. Il ne faut point dire qu'en son vray siege il se pûst abstenir d'esclairer & d'estre visible, car il possede tousiours ces deux proprietez, & à la verité ce seroit une merueille si celuy qui sert à faire voir toutes les autres choses, ne se faisoit point voir luy mesme. Il est donc arresté que la perfection du feu c'est de luire, & puisqu'il ne luit point mieux que dans le Soleil, il faut croire que c'est le siege du vray Feu, & qu'il n'est pas besoin de se l'imaginer en un lieu où il n'auroit aucune puissance semblable à celle du feu, & où auec cela il seroit inutile ; car si la chaleur vient des Astres, il n'est pas necessaire qu'elle vienne d'un Corps inferieur qui feroit plustost paroistre la sienne, puisque l'on tient qu'il enferme toute nostre basse region.

Ce qui a empesché sur tout qu'on ne crûst que le Soleil fust de Feu, a esté que l'on se figuroit qu'il deuoit estre d'une plus noble matiere, & que l'on s'imaginoit que si cela estoit il auroit eternellement besoin de nourriture ; mais nous auons déja declaré que ce n'estoit pas un feu pareil à celuy dont nous jouïssons sur la Terre. Tous les premiers Corps du Monde ont des endroits où ils sont auec plus de pureté qu'aux autres lieux. Il y a de la poudre si seche que l'on n'en sçauroit tirer d'humidité ; Il y a une Eau si humide que l'on n'en sçauroit rien auoir de terrestre ; De mesme il y a un Feu qui ne semble point estre meslé auec les autres substances. I'ay monstré neantmoins qu'encore qu'une terre ne soit que poudre, il y doit encore auoir une humidité cachée dans ces diuers grains, & qu'ainsi chaque Element tient quelque chose des autres pour maintenir son essence. I'entends qu'il en soit de mesme du Soleil, & qu'encore qu'il n'ait pas besoin d'vne telle matiere que celle du feu que nous faisons, il luy reste pourtant vne petite portion des trois autres premiers Corps; mais ie soustien qu'il y sont si exactement meslez, que c'est comme s'ils n'y estoient point, & que cela se fait sans prejudicier à sa pureté.

Nous sommes paruenus à ce que nous cherchions. Nous voulions sçauoir, si comme les Elemens se trouuent plus purs en vn lieu qu'en vn autre, il n'en estoit pas de mesme du Feu, & nous l'auons trouué enfin ; car il faut bien que le feu du Soleil ait cette perfection. Lors que i'ay refuté l'opinion de ceux qui vouloient qu'il y eust du feu au dessous de la Lune, i'ay soustenu qu'il ne se pouuoit conseruer sans secours, & ie persiste en ce propos. Ie le traite comme vn feu vulgaire, quoy que puissent dire les Philosophes, car quelle apparence de dire que ce fust vn vray Feu, & de le placer en cercle au dessus de l'Air. Où connoist on que le feu se puisse tenir ainsi de sa nature? Cela ne sçauroit arriuer qu'au cas qu'il fust attaché à quelque matiere qui tinst cette forme. De luy mesme il se rassemblera tousiours en globe, comme toutes les autres substances, & il le peut faire bien plus facilement à cause de son extreme subtilité. Il est donc plus à propos de croire qu'il s'est ramassé au globe du Soleil, & que c'est là qu'il peut estre gardé sans aucun empeschement, & sans auoir besoin d'autre soustien que de luy mesme, n'ayant rien d'estranger que quelque participation qu'il a des autres Corps pour garder les regles de la Nature & seruir à sa constitution. Il faut auoüer que si cet Astre est vn Feu naturel, qui n'a pas besoin de tant de matiere estrangere que les feux artificiels, il n'a point aussi besoin d'auoir tousiours vne nouuelle nourriture, car il est fait de telle sorte qu'il ne destruit point ce qui le conserue. Il doit estre comme cela, puisqu'il n'a point autour de luy de matiere qui pûst suffire à l'entretenir, & que s'il faloit qu'il s'aidast d'vne nourriture suruenante, il seroit tantost plus grand & tantost plus petit selon qu'il la receuroit inesgalement. Il a tout ce qui luy est necessaire, & s'il se faut persuader qu'il ait besoin d'vn entretien continu, il faut donc croire aussi qu'il le trouue en soy mesme, & que ses parties se renuoyent les vnes aux autres ce qu'elles ont digeré sans aucune diminution, pource qu'il a vn aliment si iustement proportionné & si bien placé en luy qu'il s'en fait vne Circulation eternelle. S'estonnera t'on de voir ce Feu durer tousiours ? Les hommes promettent bien d'en faire de cette sorte, ou tout au moins qui doiuent durer fort long-temps. O combien l'Ouurier qui a fait le Soleil, a vne main plus puissante! Mais ne voyez vous pas des pierres & des escailles qui ont vne certaine lumiere qu'elles gardent en elles sans la perdre iamais ? Le Soleil a ainsi vne lumiere fixe qui est d'autant plus viue que sa matiere est plus excellente. C'est à cecy que la pluspart des Philosophes adherent ; Ils sont tous prests de confesser que le Soleil est plein de lumiere, non pas qu'il soit plein de feu, encore qu'il eschauffe tout l'Vniuers. Leur opinion n'est pas receuable : L'on ne leur accordera pas l'vn sans l'autre. Le Soleil est chaud & lumineux, pource qu'il est vn vray Feu. Vous trouuerez estrange que l'on luy donne ce nom,

nom, ô foibles Esprits, mais c'est celuy qui luy conuient le mieux. Vous voyez pourtant que nous entendons vn autre feu que le vulgaire, auquel il faut donner sans cesse de nouueaux corps composez pour s'entretenir en les dissoluant. Le feu du Soleil a ce priuilege de n'auoir point besoin de cette nourriture & d'estre à luy mesme sa composition, à cause de cette mixtion merueilleuse qui se trouue en luy. Vous qui cherchez par tout vn quatriesme Element outre la Terre, l'Eau & l'Air, & qui croyez l'auoir trouué en ce corps simple, vous n'en estes pas où vous pensez; N'allez point próptement iuger par les choses que i'ay dites qu'ayant comparé le feu aux Elemens, ie confesse enfin qu'il soit de leur nombre. Il ne leur est semblable qu'en ce qu'il tient quelque chose d'eux, ainsi qu'ils tiennent chacun quelque chose l'vn de l'autre; Au reste il leur est differend en ce que les Elemens se laissent mettre chacun au plus simple estat où ils puissent estre sans perdre leur consistence, mais le feu ne se laisse point traiter de mesme, & nous n'en pouuons auoir icy qui ne soit produit, & entierement composé des autres Elemens, & si l'on luy pense donner vne plusgrande pureté il s'esuanoüyt. Nous ne sçaurions donc venir à ce poinct d'experimenter quel est le feu du Soleil, & faire vne composition si approchante de la simplicité. Cela n'est pas possible à la main des hommes, tellement que nous ne connoissons cela que par coniecture, mais nous en sçauons assez pour dire que ce n'est point vn Element. Vous vous plaignez icy, croyant que i'ay tort d'oster du nombre des Elemens vne si belle substance, mais moderez vostre fascherie: Ie ne le tire pas de ce rang pour le vouloir abaisser, ainsi que font quelques vns qui ne le prennent que pour vn composé; I'ay dessein de le rehausser dauantage: Ie vous asseure que le vray Feu n'est point composé comme celuy que nous pouuons faire, & qu'il ne sert point aussi à composer les autres Corps. Il est bien loin d'estre le compagnon des autres Elemens. Il en est le Superieur & le maistre. L'on ne void point que les choses manifestement composées ayent d'autres substances en leurs parties que la Terre, l'Eau & l'Air; Que si le Feu s'y mesle, ce n'est que pour agir en eux, & non point pour entrer en leur composition. Il y a encore cecy à remarquer, que lors que nous auons voulu monstrer que le Feu n'estoit point Element, nous auons dit qu'au lieu de seruir à composer des corps, il ne faisoit que les dissoudre; Or cela est certain en ce qui est du feu que nous auons, qui ne sçauroit s'entretenir que par la destruction des autres substances, mais le feu du Soleil est d'vne autre sorte, tellement qu'il ne destruict point la matiere dont il est composé. Il la maintient tousiours dans l'esgalité, & pour ce qui est de celle sur laquelle il agit, il ne s'employe qu'à la perfectionner, si bien qu'il merite à bon droict cette qualité d'agir souuerainement sur tous les autres corps du Monde. Le lieu où il est placé luy est si conuenable que de là il peut ietter ses rayons sur ceux qui ont besoin de son assistance sans leur estre nuisible. Si le vray Feu estoit sous l'estage de la Lune, il seroit trop prés de la Terre, & la rendroit incontinent sterile en faisant sortir toute l'humidité. Ce n'est point là qu'il faut placer le grand Ministre de la Nature. Il est aisé à reconnoistre que c'est le Soleil qui fait cette fonction, & que c'est en luy qu'est le vray Feu du Monde, & qu'il est le vray Agent vniuersel puisque toute la chaleur depend de luy. S'il n'estoit pas flamboyant comme il est, il n'y auroit pas vn Element qui eust de la chaleur, & par ce moyen il ne se produiroit rien dans la nature des choses. Ce sont ses rayons qui attirent les vapeurs de l'Air, & qui les font apres fondre en pluye pour arrouser la Terre & la rendre fertile. C'est ainsi que sa chaleur opere sur les choses humides. Il a aussi tant d'action sur les choses seches, que l'on peut dire que ces feux qui brulent sous la Terre en beaucoup de lieux n'ont esté excitez que par luy, car en effet son ardeur a pû eschauffer le premier soulphre qui a commencé de bruler; Mais pour aller encore plus loin, c'est luy qui luy a donné la proprieté de conceuoir si tost le Feu, & qui l'a aussi fait obtenir à toutes sortes de bitume, ayant fait diuerses cuissons des corps secs meslez aux humides qui luy ont esté exposez. Ayant consideré ces feux qui ont leur place en de tresgrandes cauernes, l'on s'est imaginé quelquefois que c'estoit là le vray sejour du Feu que l'on prenoit pour Element; Que de mesme l'Eau & l'Air auoiét leur place parmy la Terre, & en cela encore auoit on vne meilleure pensée que de croire que le Feu eust son lieu entre l'Air & la Lune. Neantmoins il ne faut pas que ce Feu passe pour Element, car il est entretenu par du bitume, comme celuy de nos lampes est entretenu par l'huyle. Ce n'est qu'vn Air eschauffé qui s'attache à la matiere terrestre & qui s'entretient de l'humide, & tout cela ne sert point à la composition des choses meslées. Ce n'est point aussi ce feu qui agit sur toute la masse des Elemens ensemble; Il est sujet à perir quelquefois, au lieu que celuy du Soleil est perpetuel. Le feu que nous allumons est semblable à celuy là; Il tient aussi son origine du Soleil; car quand nous ne l'allumerions que par le choc de deux cailloux, ou par le frottement d'vne matiere seche, n'est ce pas cet Astre qui a donné toutes ces qualitez à ces substances par ses operations iournalieres, & si l'Air est capable de brusler & d'esclairer, n'en est-il pas le sujet, car s'il ne le reschauffoit tous les iours, ne feroit-il pas si froid qu'aucune estincelle ne s'y pourroit iamais voir ? La chaleur qui est aux corps des animaux tient aussi de luy son principe. De verité chaque Animal la communique à celuy qu'il produit, mais pourtant elle seroit bien-tost esteinte si la sienne leur venoit à manquer, & puisque leurs corps ne sont point d'autre matiere que les Elemens, il faut croire qu'ils en suiuent la loy, & qu'ils tiennent aussi de luy toute leur chaleur. Nous connoissons par ces raisons que le Soleil est la source de tout le feu du Monde, & que c'est en luy qu'est le vray Feu que nous cherchons, comme ayant la charge d'agir souuerainement sur les autres corps.

DE LA MATIERE DES CORPS CELESTES.

XIV.

Nous venons insensiblement par ces recherches à la connoissance de la matiere des Corps celestes. Nous l'auions laissée à part, pour ne parler que des choses inferieures qui sont plus connuës; mais nous voyons maintenant qu'il ne faut pas croire que leur matiere soit tout à fait differente de celle des autres Corps Principaux. Si cela estoit il se faudroit imaginer que le Soleil ne seroit point vn feu, mais quelque chose que l'on ne pourroit exprimer autrement sinon en disant que le Soleil seroit le Soleil. Ce seroit là vn refuge de l'ignorance. Non seulement nous connoissons que le Soleil est vn feu par ses effets que nous sentons, mais aussi nous iugeons qu'il en doit estre vn, parce que de necessité il faut qu'il y ait vn lieu au Monde où cette substance soit placée en sa pureté. Les autres Astres lumineux doiuent estre des feux pareillement, & pource qu'il y en a de plus obscurs les vns que les autres, l'on peut dire que c'est qu'ils ont plus de terre ou d'eau meslée parmy leur substance, & ces choses ne nous sembleront point estranges apres auoir oüy parler du meslange des corps. Il n'y a que nos Philosophes vulgaires qui ne peuuent gouster cecy, & qui veulent qu'outre la Terre, l'Eau, l'Air, & le Feu, qu'ils prennent pour

Elemens, il y ait vne cinquiefme effence dont le Ciel & tous les Aftres foient compofez, pource qu'ils f'imaginent qu'vn lieu fi haut merite vne plus noble matiere que celle d'icy bas. Quelques autres ont affeuré qu'il ne fe faloit point imaginer, que les Aftres en euffent vne plus excellente que le lieu où nous habitons, pour ce qu'ils femblent eftre au deffus de nous; Que tous ces diuers degrez ne font qu'à noftre efgard; Qu'il n'y a ny haut ny bas au Monde, & que fi les Aftres font quelquefois au deffus de nous, l'on peut dire auffi fouuent qu'ils font au deffous. L'on refpond affez pertinemment à cela, quand l'on dit que de quelque cofté que l'on puiffe aller, l'on trouue toufiours que la Terre eft le lieu le plus bas. Neantmoins l'on replique qu'il en eft de mefme de tous les Aftres, & que la Terre n'eft point placée dans l'Ether autrement qu'eux. En effet c'eft vne chofe ridicule de croire que tous les Corps Principaux foient placez de la forte que l'on les arrange. Ayant mis la Terre & l'Eau en vn globe, & l'Air au deffus, & le Feu encore plus haut, l'on feint que le Ciel de la Lune enferme tout cela, & que par deffus il y a encore fix autres Cieux, dont il y en a vn pour chaque Planette, & au delà l'on met le Firmament, le Criftallin, & le premier Mobile. Cette confideration n'eft point inutile en ce lieu; L'on peut venir par là, à la connoiffance de la matiere des Corps celeftes, ayant fceu f'ils font placez dans vn mefme corps où ils fe remuent auec liberté, ou f'ils font chacun à part dans vn Cercle qui les entraifne. Lors que i'ay traité de leur mouuement, i'ay déja dit ce que ie penfois de cette multitude de Cercles, & l'occafion fe prefente encore maintenant d'en parler. Ie declare derechef qu'il n'y a rien de plus incroyable. Vous qui auez quelque force d'esprit, il la faut monstrer à mespriser vne telle opinion; Elle est de vray fort ancienne & a beaucoup de vogue, mais c'est que le vulgaire s'y est laissé emporter par abus. Ie ne pense pas que ceux qui ont parlé des Astres les premiers, & qui ont osé s'esleuer si haut, crûssent eux mesmes qu'il y eust au Ciel cette diuision d'estage comme le peuple s'imagine. Que s'ils l'ont inuentée neantmoins, ce n'a esté que pour distinguer les mouuemens des Planettes. Ils en ont fait des cercles dans leurs liures pour les donner à connoistre plus facilement. De mesme celuy qui voudroit faire voir quel auroit esté le vol d'vn oyseau, en pourroit tracer quelques lignes courbées, & l'on ne deuroit pas croire pourtant que ce fust vn cercle où il eust esté porté. Les Astronomes ne pouuans assez faire comprendre encore la diuersité du cours des Astres, qui quelquefois s'approchent & quelquefois se reculent, les ont mis outre cela dans de moindres Cercles dont l'vn sert à les porter, & l'autre à les auancer ou à les reculer. Or il est manifeste que toutes ces choses sont inuentées selon la fantaisie des hommes, pour rendre la doctrine plus facile, de sorte qu'en ce qui est de ces derniers Cercles particuliers, il n'y a point de personnes bien aduisées qui croyent qu'ils soient, mais en ce qui est de ceux qui entourent le Monde & que l'on appelle des Cieux, ceux mesmes qui ont le plus estudié, ne font point de difficulté de demeurer dans cette croyance. Ils alleguent pour leurs raisons, que si les Astres n'auoient point de cercles qui les portassent, il faudroit donc qu'ils allassent dans le

Ciel comme les poiſſons dedans l'Eau, & qu'il ſeroit à craindre qu'ils ne pûſſent garder cet ordre eternel que l'on y remarque, & qu'allant quelquefois plus haut ou plus bas, ils ne s'eſgaraſſent de leur chemin, à la ruine de toutes les choſes qui leur ſont ſubjettes, leſquelles ne demandent point leur aſſiſtance ny trop proche ny trop eſloignée. Mais quelle impertinente comparaiſon tous nos Philoſophes donnent icy, de dire que ſi les Aſtres n'eſtoient enchaſſez dans leur Ciel, ils iroient comme les poiſſons dedans l'Eau, & par conſequent que leur courſe ſeroit ineſgale & dereglée! La preuue que quelques vns cherchent encore de cecy, c'eſt que l'on n'auöue pas que les Aſtres ſoient animez; Ils diſent que n'ayans pas d'entendement pour ſuiure touſiours leur chemin, il faut qu'ils errent à l'auanture: Mais c'eſt là que ie trouue la raiſon du cours reglé des Aſtres. Les Subſtances qui ſont entierement corporelles, & qui n'ont point vn eſprit en elles qui les conſeille ſur diuerſes actions, vont touſiours de meſme ſorte, ainſi que leur Nature leur permet, ſans auoir rien à choiſir. Il n'y a que les animaux qui puiſſent faire tantoſt vne choſe & tantoſt vne autre, ce qui procede de la faculté de leur Ame, & tant plus ils ſont intelligens, tant plus ils vſent de cette liberté. Les Aſtres n'eſtans point animez, ne vont point diuerſement comme les poiſſons, & parce qu'ils ſont tous corporels ils ſuiuent le mouuement que leur a donné la Nature, ainſi que nous voyons que fait la Terre qui tombe touſiours en droite ligne, & qui peut auoir d'autres mouuemens particuliers ſelon ſon meſlange, & ſpecialement comme l'Eau de la Mer qui ne manque point à obſeruer

les

les regles alternatiues du flux & du reflux. Il n'est donc point necessaire d'enfermer ainsi chaque Planette dans vn Cercle particulier, car si l'on le fait, il faut inferer de là que ces Cieux sont d'vne matiere de laquelle l'on ne demeurera pas d'accord. Nos Philosophes disent eux mesmes que les Cieux sont d'vne matiere plus simple que celle de nos Elemens, & si cela est, comment peuuent ils porter les Astres qui sont plus solides qu'eux? Ie veux bien qu'ils soient aisez à porter, mais comment est-ce que ces Cieux si subtils pourroient auoir des diuisions? Leur matiere estant semblable, ne se ioindra t'elle pas par vne fluidité qui est d'autant plus grande que les substances sont plus subtiles? Que s'il y demeure de la distinction, & que l'vn puisse aller d'vn costé, & l'autre de l'autre, s'y peut on figurer cela sans y admettre quelque peu de solidité, car rien ne se termine ainsi de soy mesme sans estre solide? Or s'ils estoient solides de cette sorte, ils ne pourroient estre si transparens comme ils sont, & il se les faudroit imaginer comme vne eau congelée ou comme vn cristal, & en cet estat ils cesseroient d'estre transparens dans vne petite distance. La responce qu'il y a à cecy, c'est que les Cieux sont d'vne matiere toute autre que celle que nous pouuons toucher, & qu'ils ont des qualitez dont en vain nous cherchons icy l'exemple; Mais de quelque matiere excellente que soit le Ciel, nous imaginerons nous qu'il ait des diuisions reelles pour chaque Planette, à cause que nous ne pouuons pas rendre raison de leur mouuement d'vne autre sorte? Ce sont les esprits bas qui ne pouuans s'accommoder à la consideration de choses si hautes, les ont accommo-

Zz

dées à leurs conceptions ordinaires. Il ont crû que l'Vniuers estoit composé de plusieurs estages ainsi qu'vne maison ; mais plustost mettant les Cercles les vns au dessus des autres, ils ont pensé que le Monde estoit comme ces fruicts qui sont entourez de diuerses peaux. Il se faut tirer de ces vieilles erreurs, & considerer que quand mesme le Ciel seroit ainsi diuisé, ce seroient les Astres qui deuroient faire mouuoir leur Ciel plustost que chaque Ciel ne feroit mouuoir son Astre. Quelle apparence y a t'il que le Soleil qui a tant de pouuoir soit sujet à estre ainsi porté ? Si l'on donne aux Cieux de certaines loix qu'ils n'outrepassent point, les Astres ne sont ils pas capables d'en obseruer de pareilles ? Croyons que toute la distinction d'estage n'a esté faite que pour remarquer les endroits où ils font leur cours, & que si l'on ne laisse pas vniuersellement d'appeller cela des Cieux, c'est pour s'accommoder à l'vsage vulgaire. I'ay déja assez parlé de ces choses, mais il est besoin d'arrester icy ce que l'on pense de cette matiere celeste. Si les Astres ne sont point emportez, & s'ils cheminent d'eux mesmes, il faut que ce qui les enuironne leur cede, & l'on est en peine quel est ce corps si obeissant. I'ay déja dit ailleurs que quelques vns tenoient que ce n'estoit autre chose qu'vn Air extremement deslié que l'on peut appeller l'Ether à la difference du nostre, ou bien l'on luy peut inuenter vn autre nom, mais que c'est pourtant vn Air aussi bien que celuy que nous respirons, excepté que le nostre a plus d'humidité, & que celuy là n'en a qu'autant qu'il luy en faut pour le rendre fluide. Ie treuue que cela s'accorde bien au mouuement des Astres, & que cela leur peut ceder facilement? mais il faut prendre garde qu'il y a vn autre inconuenient aussi ; C'est que si le Ciel n'estoit autre chose que de l'Air estendu, il seroit difficile à croire qu'il fist vn tour en vingt & quatre heures, & qu'il emmenast tous les Astres. Si l'on veut croire que l'Air soit le Ciel, il semble qu'il ne se faille pas imaginer qu'il ait vn mouuement circulaire. De s'aller imaginer aussi que tous les Astres fassent leur cours en vn iour par leur propre mouuement, cela semble bien estrange, tellement que l'on a mieux aimé dire que c'estoit la Terre où nous sommes qui faisoit ce tour sur son centre, & qui nous faisoit croire par abus, que c'estoient les Astres qui le faisoient autour d'elle. Mais cette opinion a esté rejettée, & si nous n'auoüons pas non plus que tous les Astres ensemble puissent faire d'eux mesmes cette circulation si soudaine, il reste de dire auec la pluspart des hommes qu'ils doiuent estre emportez par le Ciel, & que cependant ils font leur course particuliere d'vn autre costé, ainsi que nous auons déia remarqué. Or pour les emporter ainsi, il semble que le Ciel doiue estre d'vne autre matiere que l'Air; mais pourtant iusqu'à cette heure l'on ne luy a point trouué d'autre nom que l'Ether, & l'on soustient mesme qu'il suffit que ce soit le vray Air qui ait cette circulation, & qu'encore qu'il se mesle en toutes choses, il est fort different de celuy qui enuironne la Terre & l'Eau, lequel est meslé de vapeurs humides, pource que tant plus il approche des Astres, tant plus il est sec, & que comme les Astres ont quelque conformité auec luy, & ont encore moins de poids, ils luy donnent leur consentement, & se laissent eternellement emmener tandis qu'ils font plus lentement leur course particuliere. En effet si nous auoüons que l'Air simple ait la force de supporter les Astres, & qu'ils s'y peuuent tenir en quelque lieu que ce soit, d'autant qu'ils ne sçauroient violer les loix de la Nature, il faut bien croire qu'il ait aussi le pouuoir de les entraisner auec luy. Nous auons déja monstré que le Soleil ne peut estre d'autre matiere que de Feu. Si cela est, quand le vray Air qui l'enuironne seroit extremement simple, si est ce qu'encore que l'on tienne qu'il ait quelque chose de meslé pour garder sa consistence, il ne peut pas auoir vne grande pesanteur, & le Ciel qui est si grand au prix de luy, doit bien auoir la puissance de l'emmener.

Pour rendre cecy plus vray-semblable, quelques vns ont dit que le Ciel & les Astres deuoient estre d'vne mesme matiere, & qu'ils estoient de Feu, mais que le Feu se trouuoit plus ramassé au Soleil qu'autre part. Les Anciens entendoient cecy d'vne composition, mais d'autres plus recens l'ont entendu d'vne communication seulement, croyant que le Soleil donne de la chaleur à tout ce qui est proche de luy. Venans de l'vn à l'autre; ils se sont imaginé qu'ils auoient aussi trouué vn moyen de prouuer qu'il y auoit du Feu sous le Ciel de la Lune, & que si l'on ne leur accordoit que c'estoit là le vray Element du Feu, il faloit tout au moins auoüer que c'est vn Air extremement eschauffé qui peut bien passer pour du Feu, si le Feu n'est rien qu'vn Air enflammé. C'est icy qu'il les faut tirer d'erreur. Ils font vn globe de tout cet Air bruslant, & veulent qu'il enuironne l'autre de toutes parts. Plusieurs s'imaginent qu'ils ont raison, & que c'est vn milieu pour accorder les deux partis contraires, mais il y a là beaucoup d'abſurditez où l'on n'a point encore pris garde. Premierement il ne ſe peut faire que cet Air ſoit ainſi allumé en cercle tout en meſme temps, car il ne le peut eſtre que du coſté où ſe trouue le Soleil, n'y ayant que cet Aſtre qui l'eſchauffe. S'il n'eſtoit auſſi allumé que par la puiſſance du Soleil, ce qui ſeroit depuis cet Aſtre iuſqu'à luy, le deuroit eſtre de meſme, & tout cela n'eſtant qu'vne region de Feu, celle cy qui ſeroit voiſine de l'Air humide, ſeroit la meſme choſe que le Ciel, & tout le Ciel ne ſeroit que Feu, ſans qu'il y euſt vn cercle particulier pour cela au deſſous de luy. L'on ne ſçauroit reſpondre autre choſe ſinon que le Ciel eſt de quelque matiere qui n'eſt ſuſceptible ny du froid ny du chaud; mais comment pourra t'elle donc tranſmettre la chaleur à ce qui eſt au deſſous d'elle? D'ailleurs en quelque façon que ce ſoit, le Feu ſe pourroit il tenir en Cercle au deſſus de noſtre baſſe region ſans outrepaſſer ſes regles? Il ſe voudroit raſſembler, & employer toute ſa viuacité pour faire vn globe parfait, ſans rien ſouffrir d'eſtrange au milieu de luy, tellement qu'il conſommeroit toute noſtre Eau & noſtre Terre, s'eſtant ioint facilement auec noſtre Air: Mais pour n'en point mentir, il ne faut pas craindre cecy, car l'on ne ſe doit pas imaginer que l'Air le plus ſec qui ſoit au deſſus de l'Air humide ſoit vn feu, car ſi l'on dit que le feu ſoit vn Air bruſlant, il y a difference d'entre vn Air bruſlant & vn Air ſimplement eſchauffé. Lors que nous faiſons icy vn grand feu, la flamme qui en ſort eſt vn air bruſlant, mais celuy qui eſt voiſin n'eſt qu'eſchauffé, & auſſi l'on ne ſ'y bruſle pas; l'on reſſent

Zz iij

seulement vne grande chaleur où le feu n'est point meslé, & l'on trouue de la diminution de chaleur à mesure que l'on s'en esloigne. Le vray Feu qui est dans le Soleil est de beaucoup plus puissant que le nostre; Neantmoins il demeure en son lieu, & il communique seulement vne partie de ses qualitez à ce qui luy est le plus voisin; Ainsi l'Air est merueilleusement eschauffé autour de luy, & cette ardeur va petit à petit en diminuant. Il y en a qui tiennent que sa chaleur ne pourroit eschauffer si elle ne rencontroit quelque corps solide comme est la Terre, mais ils s'abusent grandement. Il est bien besoin que l'Air qui est le plus proche de luy soit eschauffé. C'est le chemin par où la chaleur est portée; mais il est vray que si c'estoit vn corps plus solide, elle se rendroit plus vehemente; Et en effet nous voyons aussi qu'encore qu'elle soit fort diminuée par la grande distance qu'il y a depuis le lieu dont elle vient iusques à la Terre, elle s'y rend bien forte par la reuerberation. Or pource qu'il n'y a que le lieu qui est le plus voisin du Soleil qui soit excessiuement eschauffé, cet Air que l'on prend pour l'Element du Feu, ne sçauroit pas estre aussi au dessous de la Lune; Il faut qu'il soit au dessus, car le Soleil est de beaucoup plus haut. Tout cet Air qui est autour de ce grand Astre iusqu'à de certains limites, doit donc estre eschauffé extremement; Et il y a dauantage vne chose à remarquer qui est tres-esloignée de la sotte opinion du vulgaire, & qui est plus que ie ne disois, c'est que non seulement cet Air eschauffé n'est que dans l'Hemisphere que le Soleil regarde, mais encore il n'enuironne que le Soleil, tellement que cet Air enflammé que l'on veut faire passer pour l'Element du Feu, n'a garde d'estre tousiours estendu comme vn cercle autour de l'autre Air qui enuironne la Terre; & quand le Soleil est passé d'vn costé de la Terre à l'autre, il ne faut pas croire que cette ardeur se treuue en vn endroit qui est destitué de sa lumiere. Ie ne place point aussi cet Air comme vn Element au lieu où il est, ou comme vn Corps Principal, car il depend de ce grand Astre, & ne sert que de vehicule à sa lumiere & à sa chaleur. Il faut encore remarquer vne chose à laquelle beaucoup d'hommes ne pensent point; C'est que la lumiere du Soleil ne s'estend pas moins d'vne part que d'autre. De mesme qu'il jette ses rayons iusqu'à nous qui croyons estre en bas, il les jette aussi au dessus de luy & à costé, ce qui nous fait songer s'il n'y a point encore d'autres lieux qui ayent besoin de sa lumiere. Quoy qu'il en soit, puisqu'elle s'estend en rond tout autour de luy, autant au dessus qu'au dessous, cela ne s'accommode point à l'opinion de ceux qui mettent ce cercle de chaleur autour de la Terre. Il faut s'imaginer que l'erreur vient de ce que les premiers qui ont voulu depeindre tout l'Vniuers, ont mis la Terre au milieu auec l'Eau, & l'Air au dessus, & ne pouuans trouuer vn lieu au Feu qu'ils pensoient estre du nombre des Elemens, ils l'ont encore logé plus haut, le mettant en cercle afin qu'il occupast mieux cette place. Les meilleurs esprits croyoient seulement que cela se faisoit pour representer que le Feu prenoit tousiours sa place au dessus de l'Air, & qu'au dessous de sa moyenne region l'on voyoit aussi quelquefois paroistre des feux, de sorte que si ce Feu estoit placé ainsi dans les Cartes ce n'estoit que pour monstrer l'ordre des substances, & cela pouuoit estre supportable; mais les esprits grossiers ont esté s'imaginer de là que l'on vouloit monstrer qu'il y auoit vn grand Feu estendu en cercle sous le Ciel de la Lune. Ce peut bien estre l'origine de cette sorte opinion. Or quelques vns croyans estre plus subtils se sont imaginé que ce Feu n'estoit pas seulement au dessous de la Lune, mais qu'il tenoit tout le Ciel, & que le Ciel ne pouuoit estre d'autre matiere, puisque c'est celle qui se tient tousiours au dessus de l'Air, & qui est la plus subtile en apparence. Ils pensoient que sa couleur monstroit qu'il estoit de feu, mais qui est ce qui la rendroit plus sombre que celle du Soleil? Il y auroit donc diuersité de matiere pour leur entretien, ainsi qu'à nostre feu vulgaire qui change de couleur selon sa matiere. Les autres disoient que ce feu ne venoit que par participation du Soleil, mais comme i'ay dit, il ne s'estendroit qu'autour de luy, & si l'on l'entend d'vne vraye composition, cela seroit impossible, car le Soleil ne se pourroit tenir en vne telle distinction dans le reste du Ciel. Sa matiere se mesleroit parmy l'autre, ou bien elle se ramasseroit toute en luy à cause de la ressemblance. Il n'y a que cet Astre qui soit de Feu; le lieu où il fait son cours n'en est point.

Il est manifeste que le Soleil est vne source de lumiere & de chaleur; mais l'on met en question s'il possede luy seul le souuerain Feu du monde, & si les autres Astres n'en ont point autant que luy. L'on dit que les Estoilles ont de la lumiere en elles, mais que ce n'est que pour se faire remarquer, & non point pour nous esclairer; Il semble que ce ne soient que de petites estin-

estincelles. Pour ce qui est de la chaleur, il n'y a point d'apparence qu'elles nous en donnent. Toutefois nous voyons que ce sont des feux durables, & par consequent l'on peut dire qu'ils sont de la mesme nature que celuy du Soleil. Que si les rayons de tant d'Estoilles ne viennent point iusqu'à terre auec vne si grande affluence, c'est qu'elles sont trop esloignées. Si par exemple vn flambeau est aupres de nous, nous en sommes tout illuminez, & nous nous trouuons au milieu de l'esclat de sa lumiere; mais s'il est fort esloigné, nous voyons seulement le feu qui est en luy sans que sa clarté vienne iusques sur nous. De mesme ces Estoilles sont si loin de nous, que c'est pour ce sujet que l'on ne void point les rayons qu'elles jettent, & qu'elles ne paroissent que comme de petits charbons, dont le feu est tout enfermé en eux, & n'ont point tant de lueur que les flambeaux. Nous nous imaginons bien que le Soleil est d'vne grandeur merueilleuse, & que ce qui le fait paroistre si petit, c'est l'esloignement, c'est pourquoy nous deuons croire que tant plus loin il seroit, tant plus il auroit de petitesse, & que s'il estoit esloigné iusqu'à vn certain poinct, il ne deuroit point paroistre plus grand que sont les Estoilles de la moindre grandeur, & par consequent sa chaleur & sa lumiere ne viendroient plus iusqu'à nous, & il n'auroit de clarté que ce qu'il en faudroit pour se faire remarquer. L'on peut donc dire que ces Astres que nous appellons des Estoilles sont des Soleils comme luy, & par ce moyen l'on reuoque en doute qu'il soit luy seul vn Corps où soit estably le plus pur & le plus sublime Feu du Monde.

Entre les Astres nous en voyons qui ont moins de feu

que les autres, & n'ont presque aucune lumiere que celle qu'ils reçoiuent du Soleil. La Lune paroist plus que tous les autres, parce qu'elle est la plus proche de nous. Pour ce qui est d'elle l'on ne peut pas dire, qu'elle ait vn vray Feu, ou qu'elle ne soit que Feu; Elle n'a point vn esclat si vif, ny vne chaleur si puissante. Elle ne donne que la lumiere qu'elle a receüe du Soleil lors qu'il la regarde. Sa partie qui n'en est point esclairée demeure cependant obscure. Ceux qui veulent prouuer qu'elle a quelque lumiere en soy, remonstrent que quand l'ombre de la Terre la fait Eclypser, elle paroist encore auec vne rougeur obscure; mais c'est qu'encore que le Soleil ne la puisse illuminer parfaitement, la clarté qui reste au Ciel se ramasse en elle & est ainsi reflechie. Quand elle est regardée du Soleil d'vn costé, l'autre peut auoir aussi quelque sombre esclat, mais il ne paroist point pourtant alors aupres d'vne plus grande lueur. L'on fera la mesme responce si l'on dit que la Lune ayant de la lumiere en elle, deuroit paroistre tousjours ronde, encore qu'il y eust vn costé qui eust plus d'esclat que l'autre, & que sa moitié ne deuroit pas estre cachée; mais quoy que cela ait quelque apparence, ie leur veux apprendre vne chose qui ostera toute sorte de difficultez, & qui monstrera certainement que la Lune n'a point de lumiere que celle qu'elle emprunte d'ailleurs; C'est qu'vn mesme corps ne sçauroit auoir de la lumiere en soy, & estre propre à faire refleschir celle qui luy est enuoyée. S'il est moins lumineux que celuy qui luy iette ses rayons il ne paroistra point, pource que sa clarté sera confonduë dans l'autre, & il ne pourra point aussi faire de reflexion, à cause que les corps lumineux ont trop peu de solidité. Puisque la Lune renuoye la lumiere du Soleil, il s'enfuit donc qu'elle n'est pas de la mesme matiere que les Astres qui ont de la lumiere en eux mesmes, & que c'est vn corps plus espais. Ainsi tous les corps qui ont quelque solidité sont capables de renuoyer la lumiere par reflexion. Plusieurs ont dit que c'estoit vn Monde comme le nostre, mais quand cela seroit l'on n'en verroit ny la Terre ny l'Eau; les nuages les cacheroient, comme i'ay declaré par cy deuant, descouurant des secrets qui auoient esté inconnus iusquesicy. L'on n'est pas tout à fait d'accord qu'il y ait là vne Terre semblable à celle où nous habitons, mais quoy qu'il en soit, il faut auoüer que ce corps ayant tant d'espaisseur, monstre qu'il est terrestre. Il y a encore au Ciel vn autre Astre que l'on appelle l'Estoille de Venus, qui selon l'obseruation de quelques vns est souuent esclairée en vne partie de son globe & fait vn croissant, ainsi que fait la Lune estant regardée du Soleil, & l'on y remarque mesme quelques taches, de sorte que l'on iuge que cet Astre n'est point d'autre nature que la Lune. Il y a peut estre encore d'autres Estoilles qui sont si petites que nous ne remarquons pas qu'elles ne sont qu'à demy illuminées, & que leur lumiere ne vient pas d'elles mesmes. Cela monstre bien qu'elles ont de l'espaisseur, & que ce sont des corps terrestres. L'on a aussi remarqué à l'aide de quelques instrumens, qu'il s'en trouuoit de fort sombres & qui sembloient n'estre composées que d'vne matiere assez grossiere, mais pourtant assez rarefiée puisqu'elle ne renuoye point la lumiere. Cela nous monstre que tous les Astres ne sont pas des

DE LA MA-
TIERE DES
CORPS CE-
LESTES.

Feux, & qu'il y en a qui ne font que des Terres.

Cecy nous fait paffer plus auant ; Nous fongeons fi ce ne font point des Terres pareilles à la noftre. L'on iuge bien que le Soleil doit eftre fort grand, ayant tant de vigueur comme il a, & que ce doit eftre vn terrible efloignement qui le fait paroiftre fi petit. Il femble que s'il n'eftoit fait que pour noftre Terre, il ne feroit pas befoin qu'il euft vne telle grandeur, & que c'euft efté la mefme chofe pour nous s'il euft efté plus petit & plus abaiffé. L'on fe figure donc qu'en jettant fes rayons de toutes parts comme il fait, il peut bien encore efclairer d'autres lieux que celuy cy. De mefme qu'il jette fes rayons iufqu'à nous qui croyons eftre en bas, il les jette auffi au deffus de luy en mefme proportion. L'on peut dire que cela ne fe doit pas faire inutilement, & qu'il y a encore d'autres Terres au deffus ou à cofté, aufquelles il donne fa lumiere. Si l'on tient qu'il eft immobile, cela fubfifte fans contradiction, car les Terres peuuent tourner pour eftre efclairées, mais fi l'on croid qu'il tourne autour de la Terre où nous fommes, l'on dira qu'il s'efloigne donc fouuent des autres Terres, & qu'il ne les efclaire pas auec vne telle difpenfation. Toutefois de quelque façon que ce foit, il faut croire que ces Terres ont vne grande inefgalité de iours & de nuicts, felon leurs fituations & la promptitude de leur mouuement. Que fi l'on fe figure que les Eftoilles flamboyantes foient autant de Soleils, qui doute qu'elles ne feruent auffi à efclairer quantité de Terres qui ne fe peuuent voir pour leur efloignement, & pource qu'elles ne rendent point de lumiere. Mais arreftons quelque chofe de cecy.

DE LA MA-
TIERE DES
CORPS CE-
LESTES.

Il y a de l'apparence que les Estoilles sont des feux qui sont de beaucoup plus vifs que nous ne les voyons, mais l'on ne tient pas pourtant qu'ils soient si purs que celuy du Soleil où est le supreme Feu du Monde. Les Astres tenebreux qui n'ont iamais qu'vne clarté empruntée, sont aussi des Terres meslangées d'humidité. Il faut croire qu'ils ont de la Terre puisqu'ils sont solides, & nous nous imaginons qu'ils ont de l'humidité, à cause que sans cela la Terre ne pourroit estre liée. Il y a encore vne autre raison inuincible qui nous fait iuger qu'ils sont humides, c'est que nous le sentons ainsi. La Lune nous fait connoistre la sienne lors qu'elle est en son plein, & qu'elle a le plus de force de renuoyer iusqu'à nous la lumiere qu'elle a receuë, car bien que ses rayons doiuent auoir quelque chaleur par communication, si est-ce que la froideur & l'humidité y paroissent dauantage. Tous les autres Astres obscurs sont ainsi terrestres & humides. Les Astres enflammez ne font que pour agir dessus eux incessamment, & ces corps solides se rendent aussi des deuoirs entre eux, & comme ils sont diuersement illuminez, quelques vns seruent de Lune aux autres en l'absence de leur Soleil.

Nostre curiosité nous porte à sçauoir si ces Terres ont quantité de corps mixtes comme la nostre, s'il y a des plantes & des animaux, & mesme des hommes; mais il ne faut pas croire qu'elles soient entierement semblables à celle où nous habitons; Aux vnes il y a trop de secheresse, & aux autres il y a trop d'humidité meslée; Il ne s'y trouue pas aussi vne mesme dispensation de lumiere & de chaleur. Quelquefois le Soleil

Aaa iij

DE LA MA-
TIERE DES
CORPS CE-
LESTES.

les regarde de trop prés, & quelquefois de trop loin. Ces intemperies bigearres ne permettent pas qu'aucun animal y puisse viure, au moins aucun qui soit pareil à ceux que nous auons icy. Pour y auoir aussi des plantes, elles demanderoient d'estre enuironnées d'vn air tranquille, & de n'estre eschauffées que mediocrement. Quant aux autres corps mixtes comme les pierres & les mineraux, il se pourroit faire qu'il s'y en produisist, mais il se les faut imaginer encore tous differens de ceux que nous auons parmy nous.

Voila de quelle sorte la curiosité humaine peut estre contentée sur ce sujet. Les vns choisissent là dessus vne opinion, & les autres vne autre. Quelques vns tiennent que tous les Astres lumineux sont de vrais Soleils, & & les tenebreux des Terres. Les autres tiennent que les Astres les plus lumineux le sont beaucoup moins que le Soleil, & ne croyent point aussi que dedans le globe de la Lune il y ait vne Terre qui ait des habitans comme la nostre, mais que c'est vne Terre deserte. Cela est encore fort hardy selon l'opinion de plusieurs, lesquels ont de la peine à croire que la Terre soit logée si haut. Pour moy ie leur diray que l'on peut croire que ces Globes ne sont point des Corps où les Elemens se puissent trouuer auec tant de pureté & de distinction comme en celuy cy, où l'on void l'Eau couler auec liberté en vn endroit, & la Terre seche en vn autre. Ces Astres qui nous paroissent si obscurs, n'ont possible point de Terre qui ne soit meslée auec l'Eau, & i'enten auec vne Eau rarefiée qui fait des Corps aëriens, qui sont neantmoins tellement fixez par la Terre, qu'ils ne se sçauroient dissiper. Ils ne sçauroient estre entierement solides, car ils renuoyeroient la lumiere, & c'est ce qui nous monstre que tous les globes qui ne sont point lumineux ne sont pas des Terres parfaites; car ceux mesme qui encore qu'ils ne soient pas lumineux d'eux mesmes ont vne lumiere qu'ils reçoiuent, ont possible vn grand meslange d'humidité, qui se trouuant plus resserré qu'aux autres, fait qu'ils sont capables de receuoir les rayons du Soleil, & de les renuoyer ailleurs. En ce cas là ce sont des Corps parfaitement composez où l'on croid qu'il n'est pas inconuenient qu'il ne s'en engendre de plus petits selon le temperament des parties, mais ils doiuent estre tout autres que ceux que nous voyons sur nostre Terre, puisque ces globes ont de la diuersité selon qu'ils sont proches du Soleil, ou qu'ils sont regardez de ces Estoilles lumineuses qui quand elles ne seroiét pas de vrais Soleils, ne laisseroient pas d'operer beaucoup sur ce qui leur est exposé. Toutefois quelques vns diront que si ces grands Corps sont déja des mixtes, il n'est pas à propos de croire qu'ils seruent de matiere à d'autres, ou qu'ils soient le soustien de quelques corps adherens. L'on monstrera par ce moyen qu'il n'y a que nostre Terre qui soit le vray sejour des animaux, & prenant les Estoilles pour estre d'vn Feu plus composé que celuy du Soleil, l'on dira que c'est en luy qu'est le vray Feu du Monde. Il n'est pas besoin aussi de s'aller imaginer que chaque Estoille est vn Soleil qui a des Terres autour de luy; Nous ne sçaurions discourir auec certitude de ces choses si esloignees, mais il nous est permis de parler absolument de nostre Soleil comme estant vnique, & ayant de l'empire sur tout ce qui nous est connu entre les choses corporelles. Nous poûuons donc dire sans faire de faute, que le Soleil est le premier des Astres lumineux, ayant le Feu le plus pur & le plus simple; Que si celuy des autres est plus obscur, c'est qu'il y doit auoir quelque meslange plus grossier dans leur constitution; Que ces globes espais dont les vns renuoyent la lumiere & les autres ne la renuoyent point, n'ont point d'autre matiere que l'Eau & la Terre, dont l'vne ou l'autre s'y trouue plus ou moins, & pour ce qui est de ce grand Corps estendu où tous ces Astres sont placez, qu'il participe aussi de l'vn & de l'autre de ces Elemens.

Nos Philosophes ne nous peuuent accorder ces choses. Ils reuiennent tousiours à leur cinquiesme essence dont ils composent les Corps celestes; ils croyent que c'est vne substance plus simple & plus pure que celle de nos Elemens, & que tant plus l'on va haut, tant plus les Corps sont subtils, tellement qu'à leur auis le Ciel doit estre d'vne matiere plus noble que celle d'icy bas; mais dequoy se plaignent ils? Auons nous icy le vray Feu comme celuy du Soleil & des Estoilles, & pour ce qui est des Astres obscurs où ie mets de la Terre, ne voyent ils pas que c'est auec vn meslange accomply qui n'a point icy son semblable? Pour ce qui est de l'estenduë du Ciel, ie ne sçay de quelle matiere ils pretendent qu'elle puisse estre pour estre si simple, si ce n'est de l'Air pur. L'Air inferieur que nous respirons & qui tient dauantage de la Terre & de l'Eau, ne peut mesme estre apperceu de nos yeux; de sorte qu'il semble aux moins experimentez, que là où il est ce ne soit qu'vne espace vuide; Que si ce que l'on appelle l'Ether est encore plus simple, peut on croire qu'il y ait vne substance plus
sub-

subtile que celle là, afin d'en faire le Ciel? Il se faut donc imaginer qu'elle est toute spirituelle, car entre les corporelles il n'y en a point qui le soit dauantage. Or l'on ne peut pas dire que le Ciel ne soit qu'esprit puisque nos yeux le peuuent voir sous quelque couleur dans sa grande profondité, & que l'on luy attribuë encore d'autres qualitez qui ne conuiennent qu'à vn corps. D'ailleurs comment se peut on imaginer qu'il y ait au monde d'autre essence corporelle que celle que l'on y treuue? Pourquoy veut on qu'il y en ait vne dont l'on ne sçauroit definir la matiere? Comment se peut on asseurer qu'elle soit, puisqu'elle est tout à fait inconnuë? Que l'on pense & repense auec tant de loisir que l'on voudra, toute la matiere corporelle ne se peut imaginer que de deux sortes; à sçauoir la seche & l'humide. Il y a seulement de la distinction pour la rareté ou l'espaisseur, & la chaleur ou la froideur. Si cette matiere n'est ny seche ny humide, que peut-elle estre donc? Où trouue t'on vn corps qui ne participe point de ces deux qualitez? Vous nous representez Philosophes, que si le Ciel estoit de la mesme matiere que les Elemens il seroit corruptible comme eux, ce qui n'est pas puisqu'il n'y arriue aucun changement: Mais comment sçauez vous que le Ciel ny les Astres qu'il contient ne changent iamais? Si vous croyez que la Terre & l'Eau soient sujettes à changer, quand il arriueroit vn semblable changement dans la Lune qui est l'Astre le plus bas de tous, en pourriez vous auoir connoissance? Ie pense que vous estes aueuglez de parler comme vous faites! Quelle alteration est-ce qui arriue en nos Elemens? Où voyez vous qu'ils se corrompent?

Bbb

N'est-ce pas en quelques vnes de leurs moindres parties que cela se fait, afin de composer quelque corps meslé, ou bien pour en faire quelque transformation imparfaite, comme de l'eau qui se change en vapeur, & de la vapeur qui se change en eau? l'Eau gagne aussi quelque partie de Terre qu'elle n'auoit point encore couuerte, & en descouure vne autre; Quelque montagne tombe en vn precipice & le remplit; vn lieu rabotteux deuient vny, & vn autre qui estoit vny deuient rabotteux, & ce mesnage se fait par les Eaux qui tombent, ou par les vents qui secoüent la Terre. C'est ce qui se fait naturellement, & les hommes font encore changer de face à ces corps par leur industrie, destournant les riuieres de leur chemin, aplattissant les montagnes, & bastissant des edifices fort esleuez; Mais qu'est-ce que tout cela pour dire que nostre basse region souffre vn changement general? Toutes les parties du Monde n'ont-elles pas la mesme distinction qu'elles ont euë de la memoire de tous les siecles? Bien qu'il se fasse quelque petite mutation dans nos Corps Principaux inferieurs, ne remarquez vous pas que leur total ne laisse point pour cela de demeurer ferme en sa constitution, de telle sorte que si vous estiez fort esloignez de la Terre, vous la verriez comme vn globe immuable? Croyez donc que pour estendre nostre matiere seche & humide iusques là haut, cela n'y amenera point ces grandes mutations que vous vous figurez, disant que l'Eau combattroit sans cesse contre le Feu, & que toutes choses y seroient peruerties en peu de temps. Regardez l'ordre qui est estably icy bas, où l'Eau est retirée dans ses bornes sans noyer toute la Terre, &

où la Terre ne se dissipe point pour s'enuoler en poudre & se mesler parmy l'Eau & l'Air; Il faut croire que là haut tout y est ordonné de mesme, s'il est ainsi qu'il y ait des globes pareils au nostre; Mais si ce sont des mixtes parfaits, comme quelques vns s'imaginent, l'on a moins de sujet d'y craindre du changement, pource que toutes leurs parties s'accordent à conseruer leur consistence. Quant à ces Corps qui sont tout de feu, puisque leur feu est plus pur & plus simple que celuy que nous auons, il est certain encore qu'il en est moins sujet à changer, mais il ne laisse pas pourtant d'estre vn vray Feu. Nul d'entre vous n'a sceu auoir vne opinion entierement saine; car si quelqu'vn a reconnu que le Soleil est de Feu, il a dit pareillement que le Ciel en estoit, s'imaginant que le Ciel & les Astres deuoient estre d'vne semblable matiere. Là dessus les aduersaires se sont escriez, que si le Ciel estoit de feu, tous les Corps inferieurs seroient consommez en peu de temps, mais l'on a reparty que ce feu estoit si simple qu'il ne brusloit point. Pour moy ie soustien seulement que le Soleil est vn feu, & si l'on respond que si cela estoit il brusleroit les Cieux, comme quelqu'vn a déja dit, c'est vne tres ridicule obiection. L'on veut donc que les Cieux soiét faits de quelque Quinte essence semblable à l'eau de vie, ou à quelque autre matiere fort combustible. Ie veux bien que cela soit; Il ne se perd rien neátmoins. L'Air qui a esté enflammé s'estant refroidy deuient pareil à l'autre Air, tellement qu'il ne faut point croire que le Soleil fasse aucun dommage par sa course, non plus qu'vn flambeau que l'on promene par le milieu d'vne salle. Tous les changemens que l'on y craint aussi, ne sçauroient arriuer à ce feu qui ne deuient iamais ny plus grand ny plus petit, puisqu'il n'a pas besoin que l'on luy fournisse continuellement vne nouuelle matiere pour l'entretenir, & tout ce qu'il sçauroit executer de plus violent contre les corps qui luy sont exposez, c'est d'en faire esleuer quelques attractions; mais quand cela seroit, cela ne trouble point leur constitution, non plus que les fumées qui sortent de nostre Eau & de nostre Terre, tellement que pour y auoir là haut vne matiere pareille à la nostre, il ne s'y faut point imaginer ces grands accidens que l'on redoute.

De quelque matiere que l'on fasse le Ciel, vous vous imaginez que le Soleil & les autres Astres en doiuent estre. Cela est vray si vous voulez accorder que toutes les choses du monde se trouuent en chaque chose, mais ce n'est pas seulement ce que vous entendez: Vous parlez d'vne matiere prochaine & toute semblable laquelle estant resserrée en eux selon vostre opinion, empesche qu'ils ne soient transparens comme ce qui est autour, & que de leur solidité procede qu'ils ont tant de lumiere. Il y a icy vne grande contradiction. Comment se peut-il faire que d'vne matiere plus simple que toutes les autres comme vous feignez celle du Ciel, il se soit fait des corps qui ont vne espaisseur si remarquable? Pour en parler sainement, il semble que quelque chose de plus solide y doit estre adiousté, de sorte qu'il y a de la difference. A voir seulement le Ciel & les Astres comme nous faisons, il est aisé à iuger qu'il y a beaucoup de distinction entre eux, & pour ce qui est des Astres, il semble mesme que leur substance soit plus solide que celle d'vn air simple, qui est bien loin d'estre plus pure que celle des Elemens. Nous ne nous abuserons point en croyant cecy, puisque l'Air ne sçauroit estre longtemps en feu s'il n'a quelque chose de terrestre pour s'y attacher auec quelque humidité pour se nourrir. Sans cela l'Air peut bien estre eschauffé, mais il ne sçauroit auoir de flamme; Il faut donc de necessité que ce Feu que l'on appelle le Soleil, ait de la Terre en soy pour le rendre solide & resplandissant comme il est. S'Il n'en auoit point, il seroit aussi transparent que l'Air, & l'on ne le pourroit apperceuoir. Toutefois l'esclat du Feu suffit pour oster la transparence, & nous auons déja arresté que s'il y auoit quelque chose d'estranger dans la constitution du vray Feu, cela n'estoit pas presque considerable. Mais quoy qu'il en soit, sa subtilité n'empesche point qu'il ne soit fort different du Ciel. C'est en vain que l'on a dit qu'il est fait de quelques vnes de ses parties les plus resserrées. Quand pour les resserrer elles deuiendroient moins transparentes, elles ne seroient pas pourtant lumineuses; car il ne faut pas croire que le Ciel rende aucune lumiere, comme quelques ignorans ont publié. Si donc pour estre resserré il faisoit des corps qui ne seroient plus diaphanes, cela ne deuroit estre dit que de la Lune & des autres globes qui ne sont point lumineux d'eux-mesmes; Mais nous sçauons bien que sa matiere ne peut pas faire cela toute seule, & que n'estant point assez solide & assez arrestée, il n'y a que la Terre & l'Eau qui puissent composer de telles masses. Voila nos Philosophes qui reuiennent tousiours neantmoins à l'excellence de leurs Corps celestes qui estans plus esleuez meritent vne plus noble matiere. L'on a déja dit que tous ces ordres de situation, ne sont qu'à l'esgard de nous; mais outre cela doit on croire qu'il y ait vne matiere plus excelléte que l'autre, & ce qui est extremement solide ne doit il pas estre estimé autant que ce qui est extremement attenué, puisque chaque corps est parfait selon sa nature? Au reste quand on auoüera que tant plus les corps sont esleuez, tant plus ils ont de perfection, où s'en peut-on imaginer dauantage pour les choses corporelles, que celle que nous donnons aux Astres? Cela n'est il pas bien plus glorieux pour ces corps si parfaits de dire qu'ils eschauffent & qu'ils esclairent, pource qu'ils ont la chaleur & la lumiere en eux, que de dire qu'ils n'ont aucune chaleur, & qu'ils ont seulement de la lumiere par laquelle ces insensez soustiennent qu'ils eschauffent, ou bien par leur mouuement? N'est-ce pas vne iniustice de leur oster leur qualité la plus estimable? Que si i'ay dit que la Lune est d'Eau & de Terre, & tous les autres globes obscurs pareillement, ie puis vous representer que l'on ne les void point qu'en des lieux bas, & que le Soleil & les Estoilles leur sont superieurs; Et pour le meslange estranger que ie mets dans tous les feux, l'on pourroit bien dire qu'il n'y seroit point, mais il vaut mieux l'approuuer que de s'amuser à de si vaines contradictions.

Quelques gens qui trauaillent à separer les substances les vnes d'auec les autres, & à les subtiliser, ont crû qu'ils pouuoient trouuer qu'elle estoit la matiere du Ciel. Ils ont appellé Terre, leur plus grossiere substance de laquelle ils ont tiré de l'Eau, & de cette Eau estenduë, ils ont pensé qu'ils tiroient de l'Air, & de cet Air du Feu, & de ce Feu, vn cinquiesme corps qu'ils appellent leur Quinte essence; mais ils ne font que separer l'Eau de la Terre, & l'Eau n'est point changée en Air, ny l'Air en Feu pour venir à vne cinquiesme substance toute diuerse. Ils font seulement quelque chose qui a du rapport à l'Air, mais qui n'est pas Air veritablement, car s'il l'estoit il seroit inuisible, & tresfluide, si bien que dés là, leur matiere sortiroit de leur puissance, & il ne seroit pas possible qu'ils la rendissent plus subtile. Toutefois accordons qu'ils accomplissent leur dessein; Tout ce qu'ils peuuét faire, c'est qu'ils subtilisent les Corps; Et si l'on tient que le Ciel est en vne semblable subtilité, & que c'est vne Quinte essence, cela fait encore pour nous, puisque cela ne luy donne point vne autre matiere que celle des Elemens, mais seulement plus attenuée, & celle là n'est que l'Ether. Or de dire à cette heure que le Soleil & les Estoilles soient aussi de cette matiere, c'est ce qui n'a point de vray-semblance: Il y a trop de distinction.

Si l'on croid que ce n'est pas encore assez pour le Ciel d'estre en sa pureté, & qu'il deuroit estre priué tout à fait de toute matiere qui ait de l'affinité auec celle de nos Elemens, cela est extremement iniuste puisqu'il a tant de commerce auec eux. Que si l'on pretend que c'est à cause que c'est la demeure des Ames beatifiées qu'il doit estre d'vne matiere à part, ne sçait-on pas qu'au dessus du Ciel où sont tous les Astres, l'on a mis encore le Ciel Empyrée qui est le vray sejour des Bienheureux, & qui est celuy auquel on doit attribuer quelque chose de plus excellent? Neantmoins l'on se contente de l'appeller vn Ciel Empyrée comme estant vn Ciel tout de feu & tout de lumiere; Et si cela est, pourquoy n'auoüera t'on pas que les Astres peuuent estre de feu? C'est assez pour ce Ciel inferieur de contenir quelques globes où l'on ne void que des estincelles de cette excellente matiere, au lieu que tout le continent du Ciel superieur en est composé. Voila ce que l'on en peut dire, mais il ne se faut pas tant esgarer que ceux qui disent qu'il n'y a point de Soleil, & que ce n'est qu'vn trou qui est au Ciel par où l'on void la clarté du Ciel Empyrée, & qu'il en est de mesme pour tous les Astres, tellement que le Ciel seroit pertuisé de toutes parts, ce qui seroit fort estrange que la nature n'eust point eu d'autre moyen de nous esclairer & d'allumer quelque petit flambeau de ce grand Feu. La matiere du Ciel repugne aussi à se tenir auec ces ouuertures, & l'on diroit là dessus beaucoup d'autres choses s'il estoit besoin de s'y arrester. Il suffit d'auoir fait connoistre aux plus scrupuleux qu'il n'y a point de danger de croire qu'il y ait du feu au Ciel, puisque nos Theologiens tiennent le feu pour vne substance si belle & si excellente. Pour ce qui est de la participation des autres Elemens, quelques vns l'admettent en quelque sorte, comme ie monstreray ailleurs; mais quoy qu'en disent les autres, les Physiciens ont droict de considerer le Ciel comme estant vn de leurs objets, puisqu'il est mis au rang des choses corporelles, & ils laissent aux Theologiens les spirituelles.

Il ne faut donc point croire que le Soleil & les Estoilles soient d'autre matiere que du vray Feu, parmy lequel il y a quelque chose de terrestre pour l'attacher,

&

& d'humide pour l'entretenir; mais c'est si peu que cela ne se fait que pour garder les Loix de la Nature qui a ordonné, Que toutes choses se trouuent en toutes choses, & qu'aucune substance ne se pûst passer de celles qui luy semblent contraires. Cela n'est en luy que pour arrester sa viuacité, & cela est meslé dans son Corps auec tant de subtilité, que rien n'empesche qu'on ne l'estime simple. Les Astres obscurs sont aussi composez d'Eau & de Terre, & l'Ether participe à cette composition, quoy qu'elle soit plus attenuée en luy; C'est pourquoy ceux qui en parlant de nostre Terre & de nostre Eau, les appellent Elemens, comme s'ils ne se trouuoient point ailleurs, s'abusent beaucoup, car les Elemens se trouuent par tout l'Vniuers. Il y a de vray quatre corps differens qui sont, le Feu, l'Air, l'Eau & la Terre, mais de ceux là il n'y en a que deux qui soient veritablement Elemens, à sçauoir la Terre & l'Eau. Le Feu est l'agent vniuersel, les Elemens patissent, & l'Air est le champ de bataille où se fait l'action & la souffrance. Ie n'appelle Element que l'Eau & la Terre, pource qu'il n'y a qu'eux qui seruent à la composition des Corps, de quelque perfection qu'elle puisse estre, en ce qui est des corps adherens, & pour parler plus absolument ie declare encore qu'il n'y a que la matiere seche & la matiere humide, qui seruent à la constitution de tous les Corps tant Principaux que Deriuez. Quelques vns nous veulent bien persuader qu'il n'y a qu'vne sorte de matiere plus ou moins estenduë, & nos Philosophes l'auoüent disant que ce sont seulement ses diuerses formes qui la changent; mais si cela est pourquoy veulent ils donc qu'il y en ait vne autre pour le Ciel? Dans leurs

DE LA MA-TIERE DES CORPS CELESTES. Principes ils ne disent point qu'il y ait deux sortes de Matiere Premiere; Ils n'en admettent qu'vne, laquelle doit seruir au Ciel aussi bien qu'à la Terre. Ils sont donc de mesme matiere, & si l'on dit que ce nom de Matiere ne se prend dans l'esgalité que par abstraction, il faut confesser qu'il ne se prendra que de cette sorte pour la matiere seche & la matiere humide, quand l'on dira qu'elles sont toutes semblables, pour ce que toutes deux elles sont matieres. Neantmoins plusieurs entendent naïuement, qu'il n'y ait eu qu'vne mesme matiere dont le Supreme Ouurier ait composé tout l'Vniuers, & en ce cas là il faut ceder, puisque l'on accorde tout à sa toute puissance. Toutefois pour nous regler à ce que nous voyons, il est permis de dire que la matiere seche & l'humide sont les Elemens des Elemens, & que l'espaisseur ou l'attenuation, la chaleur ou la froideur, y mettent de la difference. Mais s'il n'y a que de la matiere seche ou humide d'où vient la chaleur? Il la faut peut estre attribuer à tout ce qui est sec; L'on la donnera au vray Feu. L'Air possede la froideur, pource qu'il n'est pas entierement sec, & qu'il luy faut quelque humidité pour le rendre fluide; Il en faut aussi au feu, mais elle est attenuée par la chaleur dominante, & ne peut monstrer sa froideur. Pour constituer le feu l'on met de l'Air exttremement sec qui est arresté par la Terre seche & solide, & qui se nourrit de l'humidité de l'Eau. Il est fort à propos qu'il soit formé de toutes les substances sur lesquelles il agit, afin qu'elles ayent plus de conuenance auec luy. Neantmoins il possede leur matiere dans vn degré de perfection qu'elles n'ont pas. L'Air est aussi composé de l'Eau & de la Terre pour auoir quelque affinité auec les corps qu'il suporte; l'Eau tient quelque chose de la Terre, & la Terre quelque chose de l'Eau, pour maintenir leur liaison eternelle. Les effets du Feu sont aussi tousiours espandus dans l'Air & viennent iusqu'à l'Eau, & à la Terre, & mesmes quelques vns souftiénent que ce ne sont point simplement de ses effets, mais vn vray Feu qui souffre seulement de la diminution. C'est ainsi que l'on monstre que toutes ces quatre substances sont meslées les vnes dans les autres, & qu'encore que l'on souftienne qu'il n'y ait que l'Eau & la Terre qui soient Elemens en ce qui est de la composition des Corps Deriuez, si est-ce que l'on pretend que pour les Corps Principaux, ils ont toutes les quatre, y en ayant vne qui domine à chacun pour en constituer la diuersité; & en cet estat l'on ne laisse pas de les appeller des Elemens simples, d'autant que ce qu'ils ont d'estranger, ne sert qu'à leur embellissement, ou bien pour arrester leur consistence. En considerant cecy, à peine peut on confesser qu'il n'y ait que deux matieres Principales. La secheresse qui est au feu semble estre autre que celle de la Terre, puisqu'elle est attenuée & qu'elle est chaude. Pour l'attenuation, elle vient de la chaleur; mais d'où vient cette chaleur ? Il faut constituer vn Premier Corps & vn vray Element pour la mettre. Pour ce qui est de l'Air, cette solidité attenuée & meslée à l'humidité que nous luy attribuons, n'est pas conceuable à tout le Monde : L'on veut qu'il y ait vn corps particulier qui ne soit autre chose qu'Air ; Mais par ce moyen on ne peut dire ce que c'est que l'Air, ny ce que c'est que le Feu, sinon qu'ils sont ce qu'ils sont.

DE LA MA-
TIERE DES
CORPS CE-
LESTES.

Pour auoir quelque satisfaction en cecy, il faut s'imaginer que tout ce qui est sec & humide peut estre chaud, mais que la chaleur se plaist le plus dans la secheresse attenuée, meslée de quelque peu d'humidité, desorte qu'il ne faut pas trouuer estrange, si elle s'y est retirée, & si le plus grossier de la matiere s'estant escarté en est deuenu plus froid. L'entier esclaircissement de toutes ces choses sera fort propre pour le Traité de l'Origine du Monde. Nous pouuons dire seulement à cette heure, qu'encore que l'on establisse le sec & l'humide pour deux matieres absolument differentes, il ne faut pas laisser de reconnoistre qu'il y a quatre Substances qui sont assez distinctes à nostre iugement pour les nommer les Premieres. Neantmoins il ne les faut pas tenir toutes pour Elemens, & specialement le Feu, encore que l'on s'imagine que la chaleur que l'on trouue dans les mixtes soit vn feu diminué, car il assiste les substances où il se mesle plustost qu'il ne les compose. Le vray Feu monstre tousiours sa superiorité: il ne fomente les autres corps qu'en tant qu'ils se tiennent loin de luy; Que s'ils en approchoient ils les consommeroit, & les attenueroit tellement qu'ils seroient reduits en sa substance; Voila la seule voye de transformation qu'il y a au monde; mais il est besoin d'vn feu continuel & excessif qui enferme toutes choses; c'est pourquoy ie desnie aux Philosophes que leur feu commun eust le pouuoir de transformer tout en luy, car la pluspart de l'humidité luy eschappe en fumée, & tout estant reduit en cendre il se perd luy mesme. Toutefois l'on peut dire qu'il y a là quelque Image de la puissance du vray Feu. Or ce pouuoir de Transformation luy est tout particulier. Quand l'Eau seroit eternellement parmy la Terre, la Terre ne deuiendroit point Eau, ny l'Eau Terre, & bien que l'Air s'y mesle, elles ne seront point aussi changées en luy, ny luy en elles : Mais le vray Feu a sur ces trois substances vn esgal pouuoir de les transformer en luy, & mesme s'il leur arriue quelque changement pour estre les vnes auec les autres, il en est la cause principale ; tellement que par vne force si remarquable, il fait tousiours connoistre qu'il est d'vne matiere qui commande à toutes les autres, & qu'il est le Souuerain Agent sur tous les corps, & le grand Ministre de la Nature.

FIN.

ADVERTISSEMENT SVR CE LIVRE, ET SVR QVELQVES CHOSES QVI EN DEPENDENT.

Evx qui voyent ce Liure qui traite de la connoissance des choses Corporelles, s'estonneront sans doute de ne le voir point au mesme ordre que les Physiques communes. Ie ne dy point au commencement ce que c'est que la Nature; Combien il y a de Principes; combien de causes, auec de grands chapitres sur tous ces sujets, & de longues diuisions qui traitent de la cause efficiente, de la materielle, de la formelle, & de la finalle, venant apres cela à parler du Mouuement, & puis du Lieu, du Vuide, de l'Infiny & du Temps, ce qui a accoustumé de preceder la consideration de tous les Corps, laquelle est d'ordinaire commencée apres par la recherche de l'Origine du Monde, & s'il est eternel ou creé en vn certain temps, & puis l'on vient à parler des Cieux & apres des choses Elementaires. Il y en a qui croiront que la liberté est entiere à chacun d'accommoder tout cela à sa fantaisie, ainsi que l'on peut mesme se contenter de n'en considerer qu'vne partie ou plusieurs; mais cela ne s'est pas fait icy par hasard, & selon que les sujets se sont presentez ou pour apporter seulement de la nouueauté à l'ordre de la Doctrine;

C'est que ie croy que cela doit estre de cette sorte, & qu'il faut commencer par les choses les plus connuës. Il est certain que les Corps sont vûs d'abord, soit qu'ils soient premiers ou Deriuez, & il faut parler d'eux en la façon que l'on les treuue, declarant toutes leurs proprietez iusques à ce que l'on vienne à sçauoir leurs principes. C'est vn sujet trop difficile que de parler de la matiere, & de la forme, & de toutes les causes pour en traiter au commencement, & ie soustiendray contre tous les Regens de nos Escholes, que ce n'est point par là qu'ils deuroient commencer leurs instructions. Les Escholiers ont de la peine à comprendre d'abord des choses si hautes. Il les y faut mener petit à petit. I'ay donc suiuy vn autre ordre, & ie n'ay point fait de grands traitez du Lieu, de l'Infiny, & du Temps; Cela est plus propre pour les questions Logiques ou Metaphysiques, que pour la Physique. Que si i'ay parlé du Vuide, ç'a esté en son vray lieu, lors qu'il s'agit de la situation des Corps, & s'ils montent ou descendent pour l'euiter. I'ay parlé aussi du Mouuement, mais d'vne autre sorte qu'ils ne font, car ie l'ay appliqué au changement de place, au lieu qu'ils l'entendent de toute mutation, & qu'ils en traitent pour en connoistre toutes les proprietez auec des obseruations que l'on pourroit encore renuoyer à la Logique, ou leur chercher vn lieu plus conuenable dans la Physique. Nos Philosophes n'attendent point que l'occasion vienne de parler de toutes ces choses: Ils en font de vains discours au commencement de leur Physique, lesquels ils ioignent aux autres sans se prescrire d'autre ordre que la diuision des Chapitres, mais il n'y a aucune

ADVERTISSEMENT SVR CE LIVRE.

raison pourquoy l'vn doit plustost estre le premier que le second. Ils veulent que ces Traitez soient comme des Preambules necessaires de la Physique, bien que l'on la puisse bien faire entendre sans cela. D'ailleurs ils les font si longs qu'à peine le reste les peut esgaler. Ils parlent apres cela des Elemens, & quelque peu du Ciel, puis ils viennent aux corps imparfaitement meslez, & apres à ceux qui sont parfaitemét meslez, comme les mineraux, les plantes, & les animaux, mais ils en disent fort peu de chose, croyant que c'est aux Chymistes à parler des mineraux; aux Arboristes à parler des plantes; & aux Medecins à parler du corps des animaux, tellement qu'à ce compte là leur Physique n'est reduite qu'à discourir de leurs Principes & leurs Causes, surquoy ils rapportent force subtilitez inutiles. Ces choses trouueront autrement leur lieu dans la suite de cet ouurage. Les discours qui ont aussi esté commencez, sont employez à d'autres considerations, qui sont celles qui doiuent iustement aller les premieres, comme tout homme raisonnable pourra iuger.

Apres la connoissance des Corps Principaux, qui est establie dans ce premier volume; celle des Corps Deriuez doit estre attenduë. L'on verra de quelle sorte le Soleil exerce la qualité d'Agent sur les autres Corps, & comment il sert à leurs diuerses productions. Mais auant que d'y entrer, il faudra sçauoir la nature de cette lumiere & de cette chaleur qu'il enuoye iusqu'en terre. Il faudra decider ce differend, si la lumiere est vn Corps, & voir aussi de quelle sorte sa chaleur est communiquée. Apres cela il y a beaucoup de choses rares à dire de tout ce qui est engendré dans terre; Des pierres, des me-

metaux, des mineraux, des sucs, & mesme des feux ADVERTIS-
qu'on appelle soufterrains. Le sujet n'est pas moins SEMENT
beau touchant les vapeurs & les exhalaisons dont s'en- LIVRE.
gendrent en l'air la pluye, la neige, le vent, le tonnerre,
& tout ce que l'on appelle vulgairement les Meteores.
La liaison de ces choses se fera par vn ordre tout particulier, & il en sera de mesme non seulement de toute la
Science des Choses Corporelles, mais de toute la Science Humaine, dont celle-cy n'est qu'vne partie; mais il
n'y aura pas plus de nouueauté en cela qu'aux instructions qui seront autres que celles des Liures vulgaires. Ces Traitez meriteront bien de n'estre monstrez
qu'à des hommes choisis, & il ne faudra pas les publier
inconsiderément. Il y a mesme des choses dans cette
Premiere Partie que i'aurois fait beaucoup de difficulté
de donner, n'estoit qu'elles sont du sujet, & que ie n'y
voulois point laisser de bresche, puisqu'il faloit monstrer quelque marque de cette nouuelle Doctrine. Il
y a là quantité d'opinions reduites en peu d'espace, &
dont chacune me satisferoit si ie l'auois trouuée toute
seule dans vn gros volume. Ce qu'il y a à rapporter
par cy apres ne doit pas estre de moindre prix, puisque
les sujets sont d'autant plus releuez, & que des proprietez connuës, l'on viendra à celles qui sont cachées.
Il faudra parler des Influences des Astres, & de la Sympathie & Antipathie, que l'on pretend de trouuer en
toutes choses; Il faudra sçauoir aussi ce que c'est que
les Formes des Corps, & l'on viendra enfin à traiter
des choses entierement Spirituelles, & puis apres l'on
reglera les Mœurs de l'homme.

 L'on sçait bien que la Premiere Partie de cet ou-

Ddd

urage, contient ce qu'il faut sçauoir, & que l'autre doit estre employée à traiter de ce qu'il faut faire. Cette diuision a déja esté establie, mais en ce qui est des sousdiuisions, elles ne sont point icy. L'on a donc beaucoup de peine à deuiner en quel ordre seront toutes les Sciences, & comment l'on les fera dependre les vnes des autres. L'on ne sçait où trouuer la Grammaire, la Rhetorique, & la Logique, & encore moins toutes les parties des Mathematiques. Neantmoins tout cela doit estre ioint de telle sorte, que cela puisse faire vne parfaite Encyclopedie, c'est à dire vn Cercle ou vne chaisne de disciplines qui seront en vn ordre naturel lequel seruira de beaucoup pour en faciliter la connoissance. Ce sera là vne chose toute extraordinaire, mais ce n'est pas là encore toute l'excellence du dessein. A la verité plusieurs se contenteroient de ce nouuel ordre, dans lequel ils mettroiét toutes les Sciences selon qu'ils les auroient pû recueillir des Liures, & l'on leur donneroit beaucoup de loüanges de l'auoir fait, & ils croiroient encore possible en meriter dauantage. Mais la vraye Science Humaine conforme à la Raison, doit bien estre autre que cela. Si l'on la traitoit de la sorte qu'elle l'a esté iusqu'à cette heure, ce ne seroit point vne vraye Science, au moins en quelques vnes de ses parties, & la Raison n'en seroit pas la conduite. Il faut que cette Science Humaine contienne non seulement les Sciences particulieres auec quelque changement, mais d'autres toutes nouuelles. Il y faut trouuer vn autre Art de Raisonner que celuy que les Pedans enseignent, comme aussi vne autre Rhetorique, & pour ce qui est de la Grammaire elle doit estre traitée d'vne façon que l'on n'a point encore veuë.

Chacun s'estonnera de la Grammaire Vniuerselle qui sert à regler toutes les autres, & nous enseigne de quelle sorte doit estre vn langage pour estre le meilleur de tous; chose tout a fait inoüye iusques icy. Nous y pourrons sçauoir encore, comment l'on peut apprendre les diuers langages du Monde en moins de temps que l'on ne fait, & l'on verra l'abus de nos Escholes, où l'on employe dix ans à n'apprendre qu'vne seule langue.

Il y aura vn Traité de l'Escriture, où l'on verra la diuersité des Caracteres, & s'il y en a de meilleurs & plus naturels les vns que les autres, & qui representent mieux les paroles, de mesme que les paroles sont les images des Pensées. Les Chiffres les plus secrets y seront encore trouuez auec le moyen de deschiffrer, & l'on verra le moyen de faire vne Escriture vniuerselle, qui pourra estre entenduë des gens de toutes sortes de nations, bien qu'ils n'entendent point la langue les vns des autres.

En ce qui est des autres Arts, s'il y a eu quelque chose que les anciens n'ayent pas esclaircy, il y faudra trouuer quelque lumiere, pourueu que cela soit necessaire pour rendre l'homme parfait, car autrement il faudra mespriser les superfluitez que l'on y a introduites. L'on ne repetera point aussi toutes les regles que les Autheurs ont données touchant ce que chaque Art a de plus certain, ce qui gist en vne demonstration tres-asseurée. Il n'est pas besoin de redire ce que les autres ont dit, & qui ne peut estre dit autrement, si ce n'est que l'on en fasse quelque Sommaire. Il ne faut toucher qu'aux choses où il y a encore quelque doute, & surquoy l'on est tombé en erreur. C'est suiure le dessein de la Science Vniuerselle qui remedie à toutes les erreurs de l'esprit de l'homme.

Pour ce qui est de ce que l'on appelle proprement Science qui est la connoissance certaine que l'on a de quelque chose, il la faut traiter amplement. C'est là nostre vray sujet. Il faudra connoistre toutes les choses du Monde autrement que l'on ne les a connuës par le passé. L'on a déja veu ce qui a esté dit sur les Premiers Corps du Monde, où il y a des obseruations toutes nouuelles; mais ce n'est pas tout, il y aura encore beaucoup de curiositez sur ce sujet, & de mesme aussi sur le sujet de tous les Corps Deriuez, outre que leur nature sera exactement consideréee.

L'on verra quelles sont les Influences des Astres; S'ils ont pouuoir non seulement sur les corps, mais sur les esprits, & si l'on peut predire l'auenir par la consideration de leurs diuers aspects, soit pour la temperature du temps, soit pour le changement des Estats, & pour la fortune des hommes.

Il faudra passer plus auant, à sçauoir si l'on peut disposer de ces Influences, & les adresser où l'on veut, & de la sorte que l'on veut; Si cela se peut par les Talismans, les Statuës, les Lames, les Anneaux, & les pierres figurées.

Il faudra traiter aussi de la Transmutation, & de l'augmentation des Metaux; & de la Pierre Philosophale.

De la composition de quantité de pierres precieuses, & autres Corps artificiels, ayans mesme effect que les naturels.

Du pouuoir de l'Artifice sur les Corps naturels, & de l'inuention de plusieurs Machines seruans à diuerses fins.

Des moyens de rendre les Terres fertiles, & de faire fructifier abondamment toutes les plantes, & les haster ou retarder; & comment l'on procede en tous les extraicts qui s'en font par la distillation ou autrement.

Ayant consideré la Nature des Corps qui n'ont que l'estre, comme les pierres & les metaux, & celle des Corps qui ont vne ame vegetatiue, il ne faudra pas manquer à considerer les Corps qui ont du sentiment comme les animaux. Il faudra considerer tous leurs membres & leurs diuers visages. L'on parlera aussi des Sens, & de leurs objets.

Il faudra voir encore comment la santé des corps des animaux peut estre conseruée, & specialement celle du corps des hommes, & si l'on les pourroit remettre au meilleur estat où ils furent iamais dans les premiers siecles.

De là dependent quantité de choses qu'il faut sçauoir pour l'vtilité humaine. Il faut donner des inuentions pour bastir des maisons en lieu conuenable, d'autres pour se nourrir, & d'autres pour remedier aux maladies qui suruiennent.

L'on examinera tous ces remedes merueilleux que l'on a inuentez, comme l'vnguent de sympathie & quelques autres, & l'on en recherchera la verité.

Ayant sceu tout ce que l'on doit sçauoir touchant les choses Corporelles, l'on viendra aux Spirituelles. Il faudra sçauoir si toutes les Ames le sont, & comment cette prerogatiue peut estre reseruée à celle de l'homme, de pouuoir estre separée du corps & d'estre immortelle.

Ses diuerses facultez seront pareillement examinées; & il faudra chercher des moyens pour fortifier l'Entendement, l'Imagination & la Memoire, en quoy l'on n'oubliera rien de ce qui peut estre dit de rare sur ce sujet.

Il faudra aussi parler des esprits qui ne sont point attachez à des Corps, & sçauoir s'il y a des Demons, s'ils ont quelque matiere, s'ils sont eternels, s'il y a difference de degrez entre eux; Si le pouuoir des Anges est plus grand que le leur; S'ils se transportent en vn moment d'vn lieu à l'autre; Qu'elle puissance ils ont sur les corps, & s'ils en ont sur les Ames humaines; S'il y a des Anges qui seruent à la conduite des Cieux & des Astres, & à celle des affaires des hommes; S'ils president aux songes, & si l'on en peut auoir de certains; Et si par le moyen des bons ou des mauuais Anges l'on peut deuiner les choses futures, en quoy l'on verra toutes les sortes de Diuinations qui ont esté inuentées; & puis il faudra sçauoir si par le secours de ces Esprits l'on peut faire des choses surnaturelles; S'il y a quelque Magie qui ait de l'effet; S'il y en a vne licite & l'autre abominable.

Apres la consideration des Anges, l'on viendra à cet Esprit Infiny, à ce Grand Dieu qui est la source de toutes choses. L'on le considerera autant comme il est permis aux hommes. L'on verra par quelles raisons l'on monstre son Estre, sa Toute-Puissance, & sa Sagesse eternelle où sont les Idées de toutes choses. L'on entrera en la connoissance du pouuoir qu'il a sur le Monde, dont il faut confesser qu'il est le Createur & le Conseruateur; Et de là les marques de sa Bonté & de sa Prouidence seront manifestées.

L'on verra en cela la verité de toutes les choses qui subsistent, & peut estre dira t'on que ie les arrange icy auec quelque ordre qui ne semble point desraisonnable. Quelques vnes ont vne liaison si connuë que l'on ne la sçauroit changer, mais le reste n'est pas arrangé maintenant comme il le doit estre, pource qu'il est besoin en cela de plus de discours, & que ce n'est pas encore icy que ces mysteres doiuent estre reuelez.

Ayant arresté ce qu'il faut croire de toutes choses, il reste de voir ce qu'il faut faire. C'est l'autre partie de la Science Humaine, laquelle est la plus importante. C'est celle là qui doit seruir à nous faire acquerir le Souuerain Bien. Il faudra faire voir combien se trompent ceux qui mettent leur felicité aux richesses, aux honneurs, & aux voluptez, & qu'il n'y en a point de vraye, qu'en la possession de la Sagesse, & l'exercice de la Vertu. L'on apprendra en cet endroit à combattre les passions & à suiure les vertus Morales, & les vertus intellectuelles. La vie de l'homme y sera reglée tant en particulier qu'en public, & l'on treuuera quelle sorte de domination est la plus iuste & la plus desirable, auec tout ce qui appartient à la Politique, & à la maniere de gouuerner les peuples. Cecy aura beaucoup d'estenduë comme estant le plus necessaire, & le sujet principal qui me fait escrire.

Ce que l'on peut voir maintenant pour le commencement de la Science Humaine, monstre de quelle sorte i'ay entrepris de l'escrire toute entiere. L'on void

comment ie fay la guerre aux erreurs, & comment ie m'employe ardamment à la recherche de la Verité. Les Autheurs les plus fuiuis ne me font point de peur. Si ie voy que leurs opinions ne s'accordent point à la vraye Raifon, ie les refute; & ne faut pas croire que fi ie ne les allegue point, ce foit par quelque timidité, & de peur de fafcher ceux qui les approuuent. I'ay déja dit que ce feroit trop d'embarras de citer tant d'Autheurs; Ioint que i'adioufte fouuent du mien à leurs penfées pour les rendre plus fortes, & que ie ne veux point leur donner ce que ie leur prefte feulement. Il me refteroit de les nommer dans vn Traité particulier, que ie pourray faire quelque iour fi i'entrepren de faire vn ramas de toutes les erreurs des Philofophes anciens & modernes. Pour maintenant il fuffit que ie parle des Principaux, & ce n'eft point auec apprehenfion que ie nomme Ariftote. Ie declare que la plufgrande partie de mon liure de la Science des Chofes Corporelles, eft contre ces opinions, mais c'eft que ie n'ay pas creu les pouuoir fuiure, & m'approcher de la verité. Ie ne voy rien de plus bigearre que ce qu'il croid de fon feu Elementaire, rien de plus abfurde que les premieres qualitez qu'il donne à fes Elemens, & la facilité de leur Tranfmutation, & vne infinité d'autres Chimeres qu'il s'eft forgées, ou que fes Commentateurs & Interpretes luy ont fait dire. Il a dit quantité d'autres chofes qui font fort menfongeres, lefquelles on peut reconnoiftre en les conferant à ce que i'ay efcrit, fans qu'il foit befoin de le nommer par tout; Et pour ce qui eft du refte, i'atten encore à le faire remarquer aux autres endroits plus auancez; & pour en parler fran-
che-

chement, ie dy que tant sen faut que ses opinions soient receuables touchant les Choses Corporelles, qu'au contraire il n'y a rien qu'il ait moins entendu que la nature des corps, & il a tout gasté par les fausses subtilitez de sa Logique, nous voulant faire trouuer la verité par des imaginations & des raisonnemens chimeriques & forcez, au lieu d'estre appuyé sur l'experience, sans laquelle la Raison Humaine ne peut rien. Il luy seroit pardonnable d'auoir manqué dans la Science des choses Spirituelles, pource qu'elles sont inpalpables & inuisibles, mais en ce qui est des corps que l'on peut toucher ou voir, ou bien en auoir quelque autre connoissance, c'est estre fort coulpable de negligence ou de stupidité de n'auoir pas experimenté tout ce qui en est. Ce n'est pas d'aujourd'huy que l'on a reconnu les fautes de cet Autheur. Sainct Iustin Martyr a fait vn liure exprés contre luy, où il refute auec beaucoup de raison tout ce qu'il a dit de la Matiere Premiere, de la Forme, & de la Priuation (qui sont les Principes qu'il establit pour les Corps) & ce qu'il a dit encore des Moteurs des Cieux, du Temps, de l'Infiny, & de beaucoup d'autres sujets. L'on peut sans aucune reprehension regler sa croyance sur celle d'vn si grand personnage. Il y en a qui ont passé bien plus outre, & qui ont osté toute la gloire que l'on attribuë à Aristote pour les autres parties de ses liures. Ils disent que tout ce qu'il a de bon a esté desrobé à ses predecesseurs; Qu'il n'a fait qu'arranger ce qu'il auoit trouué çà & là, dont il a composé sa Logique & sa Morale, & que pour son liure des Animaux, ce n'est qu'vn recueil de ce que luy rapportoient plusieurs hommes qu'il auoit à ses gaiges pour considerer la nature de toute sorte de bestes, ce qui se faisoit facilement alors, à cause que les conquestes d'Alexandre s'estendoient en diuerses regions où l'on descouuroit chaque iour de nouuelles curiositez. Mais qu'importe-t'il de quelle sorte il ait recueilly toutes ces choses, pourueu qu'il l'ait fait bien à propos ? Si les anciens Autheurs sont perdus, deuons nous pas nous réjoüyr de trouuer leurs meilleures opinions dans ses liures ? N'y a t'il pas tousiours de la gloire à les auoir bien arrangées, & y auoir adiousté ses raisonnemens, comme il faut croire qu'il a fait ? Pour ce qui est de la Nature des Animaux, la pouuoit il connoistre autrement que par le rapport de plusieurs hommes ? Vn homme seul ne suffit pas à rechercher tant de diuerses choses. Au cas que ce qui est dans ses liures soit bon, l'on n'a pas sujet de les mespriser pour auoir esté faits par vn secours estranger ; mais l'on les blasme en beaucoup de lieux pour le desordre & l'obscurité, surquoy l'on auroit beaucoup de peine à les deffendre. Toutesfois plusieurs tiennent que de ces abysmes secrets l'on peut tirer les tresors d'vne excellente doctrine. Ce n'est pas encore icy que i'en veux dire pleinement mon auis ; Ie me contente d'auoüer que si Aristote a quelque chose de certain & de veritable parmy ses Erreurs, il ne luy en faut point oster la gloire, mais l'on ne doit pas se passionner pour soustenir le reste. Iusques icy l'on a philosophé d'vne tres-mauuaise façon. Il y en a qui se mettent du party d'vn Philosophe pour le suiure en toutes choses, & maintenant la pluspart de ceux qui estudient sont pour Aristote. Que si au contraire quelqu'vn se desgouste de sa Philosophie, comme ont fait ceux qui ont voulu donner d'autres nouuelles instructions dans leurs liures, ils songent plustost à luy contredire qu'à rechercher la verité, & quoy qu'il ait eu raison en beaucoup de choses qu'il a escrites selon les sentimens naturels, ils ne laissent pas de luy contredire, & de tascher d'amener des raisons au contraire pour monstrer qu'ils ont destruit entierement la doctrine du Philosophe le plus renommé. O vous, qui vous estónez que l'on ait l'asseurance de parler contre Aristote, ce sont ces gens là qu'il faut hayr, & ce sont leurs ouurages qu'il faut mespriser. Mais il ne faut pas aussi auoir tant de passion que ceux qui pour le deffendre depuis vn bout iusqu'à l'autre, escriuent tant d'absurditez, qui ne sont fondées que sur vn faux raisonnement de Logique. L'vn est autant blasmable que l'autre ; Il ne faut point laisser preoccuper son esprit. L'on ne doit aimer que la Verité & la Raison qu'il faut receuoir de quelque lieu qu'elles nous viennent. La mesme Loy doit estre gardée aussi pour Platon, & pour les autres Philosophes les plus recommandables. Quant à moy ie n'ay eu dessein ny de deffendre ny d'attaquer particulierement aucun Autheur ; l'ay seulement escrit ce que i'ay crû estre veritable, & ie ne blasme qu'en general les fautes qui sont dans les liures. Ceux qui sont faits pour Aristote sont en si grand nombre que cela est prodigieux. La pluspart de ces pauures gens qui les ont escrits, n'ont fait qu'accourcir ou amplifier ce qu'ils ont trouué dans le sien auec fort peu de changement, de sorte qu'en refutant les vns l'on refute aussi tous les autres. L'on peut dire qu'ils se sont laissez emporter à l'abus commun, & que la foiblesse de leur esprit les rendant incapables de rien inuenter, ils donnent plustost de la compassion que de la colere. D'ailleurs ayans debité seulement ce qui estoit déja fait, l'on ne les prend que pour des Copistes, & à peine pourront ils obtenir le nom de Philosophes. Aussi n'ont ils pas acquis beaucoup de reputation, & il y en a plusieurs qui ne meritent pas que l'on songe qu'ils ayent esté au monde. Quant à ceux qui se sont reuoltez contre l'ancienne Philosophie, ils ont fait paroistre quelque subtilité dans leurs liures, mais ils sont fort coulpables d'auoir mieux aimé inuenter des absurditez nouuelles pour causer de l'admiration dans les esprits communs, que de rechercher la simple verité. En la personne d'Aristote ou de quelqu'vn de ses plus fameux disciples, l'on peut parler à cent mille autres qui ont esté de sa Secte; mais quant à ceux cy, il les faut examiner chacun à part puisqu'ils ont chacun leurs réueries particulieres. Il faut parler à Telesius, à Patritius, & à Campanella, & à quelques autres modernes qui font chacun vne Secte differente. Ie ne puis souffrir l'extrauagance de leurs diuers principes qu'ils se sont forgez à plaisir pour se mettre en estime. Quand l'on verra de quelle sorte ie traiteray ceux qui veulent innouer quelque chose mal à propos dans la Philosophie, l'on connoistra auec quelle sincerité i'y procede, & que tant s'en faut que ie sois de ceux qui veulent amener des nouueautez pour se faire estimer, qu'au contraire il n'y aura point de gens à qui ie fasse vne plus forte guerre. Toutefois i'ay promis de donner des choses nouuelles, mais ce sont des veritez qui ont esté inconnuës iusques à cette heure, & à qui l'on donne le tiltre de nouueauté à l'esgard de nous, quoy que l'on les puisse tenir pour fort anciennes, puisque la verité est eternelle, & qu'elle demeure tousiours de mesme, soit que l'on la connoisse ou que l'on ne la connoisse pas. S'il n'estoit question que d'inuenter vne nouuelle Philosophie chimerique, comme ont fait ceux que l'on a estimé de meilleur esprit; i'en eusse mesme inuenté de plusieurs sortes pour donner à choisir aux curieux, mais ie n'estime que la Raison & la Verité. C'est par le moyen de l'vne que i'ay tasché de trouuer l'autre; L'on le peut connoistre maintenant; & ie le feray encore mieux connoistre à l'auenir, lors que ie monstreray la difference qu'il y a entre mon dessein & celuy de ces Philosophes plus ambitieux que veritables.

Que si dans le corps de mon liure ie n'ay point nommé ceux qui ont commis tant de fautes, ie ne nomme pas aussi ceux qui ont dit quelque chose de meilleur, pource que ce ne seroit qu'vne confusion que tant d'allegations, tellement qu'il les faut reseruer encore pour vn lieu à part. D'ailleurs ce qu'ils ont dit de vray estant conforme à la Nature, appartient autant aux vns qu'aux autres qui l'ont repeté pour la pluspart, outre que i'y ay souuent changé ou adiousté du mien, & mon esprit ayant receu toutes ces diuerses choses, en a vsé comme l'estomach qui digere les viandes differentes, & en fait vne autre substance qui est son pur ouurage. Qui sont aussi ces Autheurs qui ont dit quelque chose de bon? Ce sont ceux là mesmes qui ont dit quelque chose de mauuais. Les choses sont ainsi meslées dedans leurs liures, & lors que ie le donneray à connoistre, ie monstreray pareillement comme ie leur fay bonne iustice.

Pource qui est de l'ordre de ceux qui ont parlé de plusieurs choses ou qui ont voulu parler de toutes, i'en diray encore librement mon auis & monstreray les deffaux des Cours de Philosophie, & le desordre de ces Encyclopedies que quelques vns ont entrepris de faire; mais specialement il se faudra souuenir de ceux qui n'ont pas donné d'assez bons preceptes pour la conduite de la vie, afin de les reformer autant comme il sera necessaire.

Quant à leur mauuais stile, il ne faut pas oublier de le reprendre; mais pource qu'il est assez descredité par tout, & que les modernes croyent auoir mieux rencontré, il sera besoin d'examiner leurs escrits & de voir qu'il y a auiourd'huy de tres mauuais liures qui ont beaucoup d'approbation. L'on ne se trompera point de mettre en ce rang deux ou trois illustres Galimathias de ce siecle. La fausse opinion qui les fait estimer prendroit tousiours vigueur, si elle n'estoit combattuë. En la destruisant il sera à propos de monstrer de quelle sorte il faut parler & escrire sur toute sorte de sujets, & combien l'on s'abuse auiourd'huy prenant vne fausse eloquence pour la vraye. L'on fait en cela mille obseruations inutiles & ridicules, & neantmoins ceux qui s'y employent croyent tesmoigner par ce moyen l'excellence de leur esprit. L'on fait mesme des assemblées exprés pour traitter de cette matiere; & de verité ie ne les desaprouueray point, si elles sont faites par des personnes qui en soient capables, & qui ne s'employent qu'à des recherches vtiles ; Mais si des gens sans estude & sans experience nous veulent donner des reigles d'escrire, encore qu'ils ne sçachent pas escrire eux mesmes, & que l'on n'ait point veu de leurs œuures publiées pour leur donner quelque authorité, il faut se mocquer de leur entreprise. Ce qu'il y peut auoir de pis, c'est s'ils ne s'amusent qu'à retrancher des mots, & des façons de parler qui leur desplaisent, sans nous en donner d'autres, & sans trauailler à enrichir nostre langue, & si dauantage ils sont si insolens que de condamner comme rudes & mal polis les discours qui ne sont pas faits selon leur methode imaginaire & inconnuë, encore qu'ils soient meilleurs que tout ce qu'ils sçauroient faire & qu'ils ne soient pas seulement capables de les entendre. Cela meriteroit vne bonne Censure. Tout le public a interest à cela, & specialement les gens d'honneur & de sçauoir, qui ne doiuent pas souffrir qu'il s'establisse de si mauuais iuges de leur reputation, & des Arbitres si incapables pour decider leurs differends.

Quelque iour i'examineray ce qu'il y a d'iniuste, ou d'impertinent, ou de superflu dans les occupations des hommes, & mesmes dans leurs pensées & leurs desseins ; & ie n'oublieray pas ceux qui mettent quelque chose par escrit, ou qui se meslent d'en iuger. Toutefois ceux qui s'en font le plus accroire maintenant, ne sont pas fort à redouter pour moy puisqu'ils ne s'amusent qu'à controller le langage. Cela est de peu de consideration dans vn ouurage comme le mien où il se faut plus arrester aux choses qu'aux paroles, & neantmoins ie ne veux pas estre si negligent que ie ne choisisse la façon d'escrire qui m'est la plus propre, & ie rendray raison en quelque lieu de ce que i'y auray obserué.

Il y aura encore de certains endroits dans mon liure où ie pourray iustifier beaucoup d'autres choses, & ie preuiendray les obiections que l'on me pourroit faire. Que si quelqu'vn m'auertit doucement des fautes que ie puis auoir faites par mesgarde ou autrement, ie proteste de le tenir à faueur pourueu que ce soit vn homme fondé en raison & en innocence, mais si quelque homme passionné veut m'entreprendre de sang-froid, & fait mesme publier ses reprehensions par insolence & par vanité, il se fera possible plus de tort qu'il ne m'en sçauroit faire; car quel sujet a t'on d'escrire contre celuy qui a dessein de rechercher la simple verité de toutes choses pour former vne Science vniuerselle & tres-vtile, & qui s'attache plustost aux raisons naturelles qu'à des opinions particulieres? Doit on haïr celuy qui trauaille autãt pour le bien des autres que pour le sien, & qui ne doit point estre accusé de presomption, puisqu'il confesse que tout ce qu'il propose appartient à la Nature? D'ailleurs il n'y sçauroit possible auoir que fort peu d'endroits où il y ait quelque moyen de m'attaquer, & cela seroit impertinent de me vouloir censurer pour si peu de chose; car ie sçay bien que l'on ne me sçauroit contredire entierement sur tout mon liure, si l'on ne redit les mesmes opinions que i'ay déja refutées. Cela peut faire croire que personne n'escrira contre moy, mais si quelque insensé l'entreprend, il me faudra contenter du passetemps que i'auray à voir ses absurditez; Et si quelqu'autre escrit quelque chose qui

qui puisse donner vne mauuaise impression au peuple, i'auray sujet d'en rechercher la punition, & de le faire noircir d'vne tache que tous les siecles ne pourront effacer.

Ie ne parle en ce lieu cy que des choses les plus necessaires, & ce n'est encore que par proposition; Toutefois il faut rendre raison du tiltre de mon liure. I'ay déja donné à entendre ce que c'est que *La Science Humaine*, qui n'est pas seulement la connoissance du Corps de l'homme & de son ame, & de toutes ses facultez, comme croiroient quelques vns d'abord, mais tout ce qu'il est necessaire à l'homme de sçauoir pour se rendre vn homme accomply. Que si cette Science est appellée vniuerselle, c'est pource qu'elle s'estend sur tout ce qui peut estre sceu. Quant au tiltre, *De la Science des Choses Corporelles*, c'est encore le tiltre le plus conuenable qu'il m'a esté possible de trouuer pour la matiere que ie traitois. Ie soustien icy contre toute l'escolle des Philosophes qu'ils n'ont point de raison d'appeller cette partie, *La Physique*, comme qui diroit *La Naturelle*. Les Esprits ont aussi bien vne Nature que les Corps, & l'on parle tous les iours de la Nature Angelique. Ce terme n'est donc point bon pour signifier particulierement, vn traicté qui ne parle que des Corps. Il faudroit qu'il parlast aussi des Esprits; & en ce cas là parlant des vns & des autres dans mon ouurage, ie luy pourrois donner ce tiltre general lors qu'il seroit complet; mais i'en ay voulu auoir vn particulier pour la distinction de chaque Traité. Nos Philosophes font bien pis; Ils parlent des Anges dans vn Traité qu'ils appellent *La Metaphysique*, c'est à dire, *La Surnaturelle*. Les Es-

ADVERTIS-SEMENT, &c.

prits sont ils donc priuez de toute Nature ? Mais ils entendent qu'ils sont au dessus de la Nature corporelle. D'ailleurs c'est que dans la Metaphysique, l'on considere toutes les choses vniuersellement & par abstraction, si bien que cette eminence de doctrine merite que l'on croye qu'elle a quelque chose de surnaturel ; Mais si elle tombe en l'esprit de l'homme, pourquoy l'appellera-t'on Surnaturelle ? Dans le sens mesme que l'on le prend, l'on n'y doit donc pas traiter de la Nature des Esprits, puisqu'il faut laisser cette science dans ses speculations. Nous verrons vn iour en quel ordre chaque chose doit estre traitée, & sous quel tiltre : Mais pour maintenant laissons les tiltres vulgaires. Ils n'ont pas esté si mal donnez par les anciens, d'autant que dans leur Metaphysique ils ne parloient des Demons en façon du monde, & leur traité des Choses Corporelles pouuoit aussi estre appellé celuy des Choses Naturelles, à cause qu'ils enfermoient toute Nature sous celle des Corps, mettant des Intelligences dans les Cieux, & vn Souuerain Moteur au dessus. Il faut que nous ayons d'autres distinctions plus asseurées. Outre que i'ay voulu donner à mon liure vn nom françois, i'ay eu dessein de luy en choisir vn tres-propre. Celuy *De la Science des Choses Corporelles*, luy est fort conuenable & plus naturel mesme que celuy, *De la Science Naturelle*, specialement n'estant encore qu'vne petite partie de mon dessein qui ne traite que des Corps Principaux, car ie ne nie pas que la matiere estant plus estenduë, il ne pûst estre appellé vn liure de la Science Naturelle, ou vn liure de Physique ; & que dés à cette heure l'on le pourroit aussi appeller vne partie de

Physique, quant ce ne seroit que pour s'accommoder au langage vulgaire. Puisque i'ay entrepris de garder tout l'ordre qu'il me sera possible dans la suite de mon ouurage, ce soin doit bien s'estendre iusqu'aux Tiltres qui doiuent representer naïuement ce qui est contenu au dessous d'eux. Mon dessein me plaisant sur toutes choses, ie veux employer tout mon esprit à l'accomplir de tout poinct.

Toutesfois ie ne mespriseray pas tant mes anciens ouurages que ie ne souffre encore que l'on les imprime. Ie ne veux point faire croire que ie n'aye iamais eu des pensées si basses. Ie me souuien bien d'auoir esté plus ieune que ie ne suis, & d'auoir fait des liures conuenables à mon âge; mais ie croy que tant s'en faut que l'on me les puisse reprocher, qu'au contraire ie les puis alleguer pour monstrer qu'en vn Siecle où il y a des vieillards qui s'esgarent de la raison & s'employent à des ouurages inutiles, i'ay eu cette satisfaction de trauailler vtilement. I'ay fait vn Traité du Courtisan Chrestien, où l'on void les moyens d'exercer les vertus Chrestiennes dans la corruption de la Cour; I'ay fait encore plusieurs lettres ou libres discours tant moraux que politiques, dont la pluspart n'ont point esté imprimez, lesquels on peut mettre ensemble, & les publier sous le tiltre des *Exercices de Vertu*, ou des adresses de Vertu. I'ay fait aussi le liure, *Des Vertus du Roy*, & vn autre qui s'appelle, *Aduertissement sur l'histoire de France*, lesquels ont esté imprimez; & depuis deux volumes, *De l'Histoire de la Monarchie Françoise*, de laquelle i'ay fait beaucoup dauantage, quoy qu'il n'y ait que cela d'imprimé; & encore depuis i'ay mis au iour,

ADVERTIS-SEMENT, &c. *Les Pensées Chrestiennes sur la Premiere Table des Commandemens de Dieu.* Voila des liures qui ont des sujets tresgraues, & qui ont tous esté faits au dessous de vingt cinq ans. Il est vray que i'auois fait encore auparauant vne ancienne histoire Cyprienne attribuée à Chrysante, où l'on void les auantures d'vn parfait Heros, auec les Nouuelles Françoises & quelques Histoires de ce temps qui de verité ne sont pas dans vn supreme degré d'excellence, mais ce n'est aussi que mon apprétissage, & à tout le moins l'on peut dire qu'elles ne seruent qu'à inciter à la vertu & à faire fuyr le vice. Ie declare icy librement que l'on m'attribuë encore d'autres liures qui ont esté imprimez lors que ie n'auois que seize ou dix sept ans; mais dequoy me vient-on parler? Si cela est qu'ils viennent de moy, ne veut on point que i'aye esté ieune? Si tout ce que i'ay iamais escrit est mis au rang de mes liures, il y faut mettre aussi mes Themes & mes Declamations du College. Quelle preuue a t'on d'ailleurs pour m'attribuer des liures que ie n'ay iamais foubsignez & qui portent mesme vn autre nom que le mien? Il suffit que l'on m'attribuë ceux que i'approuue. Il y en a qui a toute force veulent estre declarez Autheurs, & l'on ne souffre pas qu'ils le soient, & quant à moy, l'on me veut faire Autheur malgré que i'en aye. Voyez vn peu l'inegalité de Iustice. Il me semble bien neantmoins que ie voy venir vers moy quelque homme libre & franc, qui sçait fort bien son monde, lequel me dit auec vn visage gay, que ces propos sont bons à tenir aux plus scrupuleux, & mesme aux sots & aux ignorans; Que iamais les habiles gens ne se scandaliseront pour voir que l'on s'adonne à quelque piece recreatiue parmy ses ouurages serieux, & que si i'en ay fait quelqu'vne, il ne la faut point celer. Toutefois il est certain que la pluspart des hommes sont si stupides qu'ils ne peuuent considerer cecy, & que si vn braue homme a fait quelque chose de facetieux, ils l'estiment moins qu'vn hypocrite qui fait des liures de deuotion pour se faire croire homme de bien & attraper des benefices, ou qu'vn Esprit vain & sot qui compose des liures de Morale & de Politique afin de faire l'homme d'estat & le personnage d'importance, quoy que toutes ces sortes d'ouurages ne soient que des redites de ce qui est ailleurs, ou des amplifications inutiles; & l'on ne considere pas qu'vne bonne Satyre vaudroit encore mieux en ce temps cy, & qu'il est bien plus malaisé d'y reüssir. Mais quand il y auroit de la gloire à cette sorte d'ouurage comme en effet l'on y en peut meriter, ie n'ay point affaire de tout cela. Auoüeray ie pour mienne vne Histoire Comique ou Satyrique à laquelle celuy que l'on y nóme pour Autheur doit auoir d'òné le premier dessein, & où plusieurs ieunes gens ont apporté chacun du leur, tellement qu'il y a quantité de contes ramassez? L'on croira bien que l'ayant leuë quelquefois, i'ay pris la peine d'y corriger de certaines choses, mais quand l'on trouueroit mesme que i'y aurois adiousté du mien pour mettre de la liaison en quelques endroits & en accomplir d'autres, cela ne vaudroit pas que i'en fusse declaré l'Autheur. Ie ne dissimule point pourtant par crainte, au contraire ie confesseray bien que s'il y a quelque chose de picquant dedans ce liure, ç'a esté moy qui l'y a inseré lors que l'impression en a esté faite, & que ie me suis seruy de cette occasion

AVERTIS-
SEMENT,
&c.

pour toucher quelques gens qui estoient dignes de reprehension, faisant glisser en ce lieu quelques remarques de leurs imperfections. Mais quoy que ie die, l'on en demande dauantage de moy. L'on pretend que ie suis entierement Autheur de cette piece. Au pis aller quel tort cela me feroit il, quand ce seroit des ennemis qui me le reprocheroient, & qui diroient qu'ils me cónoistroient bien & que ie n'aurois que faire de me deguiser? Pour qui me voudroient ils prendre? Ils me voudroient faire passer pour celuy qui à l'âge de dix huict ans & moins encore, a esté d'vn autre auis que la moitié de la France, & qui non seulement a eu l'asseurance de contrepointer ceux qui croyoient estre dans l'approbation generalle, & se tenoient forts de la faueur des Seigneurs & des Prelats, mais qui a aussi descouuert les vices de quantité de personnes de condition sous des noms empruntez & des histoires deguisées. S'il est vray que i'ay fait tout cela; y a t'il aucune raison de m'en repentir? Il ne se trouuera pas moins de personnes pour deffendre ce liure que pour l'attaquer; mais puisque ie ne confesse point d'en estre le vray Autheur, quelque gloire qu'il y ait à l'auoir fait, ie la quitte de bon cœur, m'en souciant si peu que ie ne le nomme pas mesmes icy ouuertement. Il y a vn autre liure que chacun m'attribuë & qui merite assez d'estre nommé, c'est *L'Anti-Roman*. Celuy qui l'a mis au iour sous son nom ne s'en declare point l'Autheur absolument; Il dit que l'Histoire de Lysis luy a esté donnée presque toute faite, & qu'il n'y auoit qu'à la ranger par ordre, & qu'en ce qui est des Remarques, les Recueils qu'vn de ses amis auoit sur toute sorte de sujets, luy ont seruy à cela, & qu'il n'a fait mesme que suiure ce qu'il luy ordonnoit. L'on prend cecy pour vne feinte. Il ne me suffiroit pas de confesser que c'est moy qui ay donné des Recueils contre les Romans, afin que l'on les pût combattre: L'on veut que ie declare que ie suis le seul Autheur de tout le liure. C'est ce que ie ne veux point auoüer. Toutefois quand cette piece seroit la plus mauuaise du monde, qu'en arriueroit-il? Ou i'ay fait ce liure, ou ie ne l'ay pas fait. Si ie ne l'ay pas fait, quel deshonneur en puis-ie encourir? Et si ie l'ay fait, n'ay ie pas monstré en n'y metrant point mon nom & l'abandonnant à vn autre, que ie ne le croyois pas digne d'estre auoüé de moy? Et si le plus grand personnage du monde & le plus qualifié auoit touché à quelque liure, & qu'il ne voulust pas qu'on crût qu'il en prist quelque soin, de quelle autre sorte pourroit il faire pour y proceder genereusement? Quoy que chacun sceust mesme qu'il l'eust composé, cela ne feroit il pas quelque effort sur l'esprit des lecteurs, au moins s'ils estoient raisonnables? Deuroient ils apres cela luy imputer ce liure, & croire qu'il fust obligé de le deffendre, ou qu'il deust participer à la reputation qui en viendroit? Mais dequoy nous debattons nous en ce lieu? Est il question d'vn liure dont le sujet & le discours ne soient ny honnestes ny vtiles? Au contraire cettuy cy est tout a fait dans la bienseance, & peut apporter du profit à beaucoup de personnes. Quand mesme vn Ecclesiastique l'auroit fait, il n'en pourroit estre blasmé; Si l'on a autrefois fait perdre l'Euesché à Heliodore pour auoir fait vn Roman, celuy qui escriroit contre cette sorte de liures si pernicieuse, meriteroit bien au moins d'estre conserué dans ce qu'il posséderoit. L'on dit que pour censurer les Romans, l'on a fait vn autre Roman ; mais n'estoit il pas necessaire de faire vn tel liure pour attirer les hommes mondains à sa lecture, puisqu'ils n'ont pas la patience de considerer les Remonstrances que l'on pourroit faire sur ce sujet dans des liures de Deuotion ? Comme vn venin est chassé par vn autre venin, qui luy sert d'Antidote, il faut que les auantures bigearres & ridicules de Lysis, seruent à faire haïr celles des autres Romans. Au reste à le bien prendre, encore que son Histoire contienne en beaucoup de lieux des choses Comiques, l'on trouue sous cette escorce des choses fort solides, & fort pleines de doctrine. D'ailleurs il n'est point deffendu aux hommes de se recréer honnestement. Ie hay cette seuere Philosophie qui deffend autant les ris que les larmes. Mais outre que l'on se peut réjoüyr en lisant l'Anti-Roman, l'on y trouue le moyen de reconnoistre toutes les fautes des Romans & de la Poësie. Cela se rencontre mesme dans les endroits de l'histoire qui ont le plus d'apparence de ne seruir qu'à la recreation, & specialement cela se void dans les Remarques qui y sont entremeslées, lesquelles sont la pluspart toutes serieuses, & ne tendent qu'à corriger les deffaux du monde ; Et comme elles sont aussi longues & aussi considerables que le reste de l'ouurage, l'on peut mettre tout le liure au rang de ceux qui sont vtiles. Il ne reprend pas seulement les fautes que l'on commet contre la Grammaire & la Rhetorique ou contre les reigles de la Poësie ; S'il est besoin auec cela encore de refuter les erreurs du Paganisme, plus

de

de la moitié des Remarques ne parle que de cela, & mesme auec vn stile aspre & vigoureux. Que l'on regarde s'il y a du deshonneur d'escrire sur ces sujets apres Lactance dans ses Institutions Diuines, Arnobe dans son liure contre les Gentils, & Sainct Augustin dans sa Cité de Dieu. Ie ne veux dire que cela pour la defence de l'Anti-Roman: Il se deffend assez de luy mesme. Plusieurs en font de l'estat, mais ce n'est pas comme ils deuroient, car ils l'estiment à cause du plaisir qu'ils y trouuent, & non à cause de l'vtilité, d'autant qu'ils ne sont pas capables d'y en receuoir, ou qu'ils ne s'en veulent pas donner la peine; C'est pourquoy l'on peut conseiller dauantage à ceux qui ont du soin de ce liure, de mettre à part tout ce qui est dit là dedans contre chaque Autheur ou contre chaque opinion erronnée, afin de le faire encore mieux connoistre à ces aueugles volontaires, & qu'ils n'ayent aucune excuse. Que si ie deffends icy de tels liures, ce n'est pas que i'y prenne aucun interest, sinon qu'il y a sujet de se fascher de ce que l'on n'estime pas assez des ouurages qui font voir les fautes des autres. Quelques vns reconnoissent bien de vray ce que vaut cettuy-cy, & c'est par là que l'on me voudroit prendre, pour me persuader que la force de cette approbation deuroit porter celuy qui a fait ce liure, à l'auoüer pour son enfant legitime, afin de ioüyr de cet honneur; mais quoy qu'il en soit, ce ne sera pas moy qui l'auoüera. Si ie desirois de la gloire, ie la chercherois ailleurs, & i'ay raison de m'y opiniastrer. C'est vne estrange chose que des gens qui ont leu l'histoire du Berger Lysis, & qui me l'attribuent, ne me considerent que comme l'Autheur de ce seul ouurage, & cóme

Ggg

un homme qui ne seroit capable que d'escrire des choses Comiques. N'est ce pas là une sottise tresgrande? Ne voyent ils pas que c'est par leur propre aueuglement que les liures facetieux ont plus de vogue que les serieux? mais à quoy tient il qu'ils ne s'enquierent de ceux que i'ay faits sur des matieres tres solides? Ie les trompe bien aussi, car ie ne veux point que l'on m'attribuë ny l'Anti-Roman ny cet autre liure Comique qui l'a precedé; & qu'ils aillent chercher apres, quels sont donc les liures que i'ay composez. De la mesme sorte comme ils m'attribuent ceux là, l'on m'en peut attribuer plusieurs autres qu'ils ne sçauent pas, & où neantmoins i'ay touché, & que i'ay eu le soin de faire imprimer. Entre ceux là il y en a d'histoire, & d'autres de Philosophie, de Medecine & de Chymie. Ie ne les ay pas faits seulement par passetemps, mais aussi pour m'instruire, & faire des recherches de toutes choses. Que si les Libraires les ont imprimez, ç'a esté de leur propre mouuement sans que cela m'importast en rien, & le meilleur est qu'ils ne se plaignent point d'y auoir fait quelque perte. Que disent à cecy les Escriuains du siecle? Ce sont eux qui fomentent l'erreur du vulgaire, & qui seroient bien aises que l'on ne parlast de moy que comme d'vn Autheur inutile qui n'a rien de serieux. Ils croiroient bien estre plus estimables, quand ils n'auroient fait que la traduction d'vn Pseaume, ou quelque Ode à la loüange d'vn Seigneur, ou peut estre quelque liure plein d'vne matiere deuote, ou morale, ou politique. Mais à quoy songent-ils? Sçauroiét-ils escrire d'aucun sujet sur lequel ie n'aye escrit dés ma plus basse ieunesse? Et s'il y a de la gloire à cela, pourquoy me veulent-ils tacher de blasme? Trouuent ils à redire au nombre des liures que l'on m'attribuë? Ils sont tous differens, & par consequent ils ne doiuent point estre ennuyeux. S'ils sont bons aussi, la multiplicité en est d'autant plus estimable. Mais ils obiecteront qu'ils sont faits en trop peu de temps. Ma facilité me sera donc à deshonneur, & pource qu'ils ont l'esprit si lourd qu'ils sont vn mois à faire vne lettre, ils blasmeront ceux qui peuuent faire vn liure cependant. Que ie me soucie peu de toutes ces impertinentes attaques! I'aurois escrit vingt fois plus que ie n'ay fait si i'eusse voulu; mais quand ie l'aurois fait, pourueu que i'y eusse procedé de la mesme sorte que i'ay fait iusqu'à cette heure, cela se seroit passé auec assez de bien seance pour leur oster tout sujet de mesdire. Ie n'escry principalement que pour moy mesme, & pour mon propre plaisir. Mes liures ne portent point en teste le nom de ceux que l'on appelle Grands. Ils ne leur sont point dediez auec vne honteuse humilité, & vne lasche flatterie. Quand ma condition ne me feroit point passer de ces choses, mon humeur m'en retireroit. Cela est bon à ces Messieurs qui ne feroient pas vne petite Ode, ou trois ou quatre chetiues lettres qu'elles n'eussent leur dedicace, où ils donnent en demandant. Tous les liures que l'on m'attribuë ne me peuuent donc estre à deshonneur, soit que ie les aye faits ou non, & en quelque quantité qu'ils soient. Quand mesme l'on sçauroit indubitablement que ie les ay faits, il faudroit reconnoistre tousiours que ç'a esté dans ma plus basse ieunesse, & en l'âge que les autres sont encore sous la discipline des Maistres. Il vaut mieux auoir fait cela que d'auoir

Ggg ij

ADVERTIS-SEMENT, &c.

esté oysif, ou mesme de s'estre adonné aux desbauches, qui ne sont que trop ordinaires en ce siecle. Mais pourquoy est ce que ie passe si auant? Les plus iudicieux me diront qu'il n'est pas besoin que ie vienne à ces excuses; Que toutes les choses que l'on m'attribuë sont bonnes pour quelque âge que ce soit, & que ceux mesme qui en parlent voudroient bien les auoir faites; Et qu'à cause que i'ay pris des desseins plus releuez, ie ne dois pas pourtant auoir vn degoust de ce qui leur est inferieur. Ie puis respondre que ie suis content neantmoins de mettre mes actions à l'espreuue, & que ie veux bien aller au deuant des attaques qui me peuuent estre données, comme si i'estois mesme accusé deuant vn Iuge des plus seueres. Mais quoy que l'on persiste à me tenir pour l'Autheur des liures que ie n'ay pas auoüez, ie n'en auray plus aucun soucy. Les Libraires les imprimeront tant qu'il leur plaira, puisque cela ne leur sçauroit estre empesché, bien que pour moy si cela estoit à mon choix, ie les perdrois aussi tost que de les faire viure, tant cela m'est indifferend. Quant à ceux que ie confesse d'auoir faits, & qui sont les Exercices de ma ieunesse, si l'on pense qu'ils soient vtiles à quelque chose, ie veux bien que les impressions en soient multipliées & chagées selon ce qui sera le plus à propos. Toute l'histoire de la Monarchie Françoise peut estre mise en vn seul Tome, auec le premier Aduertissement que i'ay fait sur ce sujet. L'on en pourra faire aussi vn autre de mes Discours diuers tant moraux que politiques, où l'on verra quantité de choses qui n'ont point encore esté veües. Pource qui est du Chrysante, des Nouuelles & des autres petites histoires, ie pense que

Pagination incorrecte — date incorrecte
NF Z 43-120-12

Pagination incohérente
Texte complet

l'on se contentera de ce qui en est déja fait ; mais au cas que l'on les desire encore, les Imprimeurs sont tousiours prests à seruir le public. Or quand tout cela demeureroit encore dans les tenebres, i'en aurois aussi peu de regret que des ouurages estrangers.

Ie pense qu'il ne sera plus besoin de me iustifier contre ceux qui me voudroient accuser d'auoir employé mon temps à des occupations friuolles. Ie doibs estre maintenant à couuert de toutes leurs attaques. I'ay mis au iour le commencement d'vn ouurage qui fera bien connoistre que ie suis autre que l'on n'a pensé & qui en estonnera plusieurs. Il fera possible tellement perdre la memoire de mes petits essays de ieunesse, que l'on ne me considerera plus que par luy, de sorte que ie me pouuois exempter si i'eusse voulu, de monstrer combien i'ay fait autrefois d'ouurages serieux, & de me deffendre contre ceux qui s'imaginent que ie n'en puisse faire d'autres que de Comiques, mais i'ay pris plaisir a le faire pour reprocher à ceux qui m'ont mesconnu, leur sottise & leur ignorance, & leur faire honte en leur remettant deuant les yeux l'impertinence de leur iugement. Ils doiuent apprendre desormais que pour monstrer la recherche que l'on fait de la Science Vniuerselle, & si l'on a profité à sa poursuite, il faut qu'vn homme se rende capable d'escrire aussi bien sur vn sujet que sur l'autre ; & que de surplus pour garder vn ordre naturel dans mes ouurages, i'ay fait ceux qui estoient de recreation presque au sortir de l'enfance, qui n'est propre qu'aux ieux & aux diuertissemens, & delà ie suis monté à d'autres plus serieux & plus difficiles. I'ay premierement composé des Poësies & des

Histoires feintes, & puis ie suis venu à escrire des Histoires veritables; i'ay fait des discours de galanterie, & puis i'ay fait des discours Moraux, & apres des Politiques, & enfin des Theologiques; I'ay commencé à monstrer les fautes des Poëtes, & apres celles des Historiens, & ie suis venu en suite à monstrer celles des Philosophes; Ainsi des choses de plaisir, ie suis venu à celles qui sont vtiles selon l'ordre du Monde, & i'ay traité les choses de Science & d'estude auec la meilleure methode que i'ay pû trouuer entre les vulgaires, mais enfin voulant monter à vn degré encore plus haut, i'ay entrepris de chercher tout ce qui se peut sçauoir selon la nature, sans estre preoccupé des authoritez anciennes. S'il n'estoit question que de faire des liures comme ceux que i'ay déja faits, & qui se font vulgairement, i'en pourrois encore donner à imprimer plus de vingt & cinq (ie le dy sans hyperbole) & ie veux bien les nommer icy & les monstrer aussi à quelques vns pour faire sçauoir que ie suis veritable. I'ay assez de Poësies pour en fournir vn gros volume; I'ay vn liure de Songes & de Visions qui est plein de descriptions agreables; I'ay vn liure de Ieux à la mode des Italiens, vn autre d'Apophtegmes françois, de Contes & de bons mots qui ont esté recueillis en nostre siecle & n'ont iamais esté escrits, & vn autre encore qui feroit trois ou quatre Tomes, où sont des exemples sur toute sorte de sujets, auec des sentences & des raisonnemens pris des meilleurs Autheurs; Et puis i'ay encore pour faire huict ou dix volumes de diuerses Leçons ou d'Essays moraux & politiques, & i'ay bien pour emplir deux Tomes d'obseruations Physiques, & vn autre de choses meslées. Auec ce que i'ay mis là du mien, i'ay ramassé ce qu'il y a de plus rare dans les liures les plus curieux & les plus doctes qui se puissent trouuer au monde. La pluspart de ces ouurages sont déja arrangez auec ordre & methode, & ie les pourrois faire imprimer de la sorte qu'ils sont; & quant aux autres, il y auroit fort peu à dicter ou à escrire pour moy, pour en faire les liaisons & les embellissemens, & ie n'aurois apres cela autre peine que de donner l'intelligence de mes escrits à quelque Copiste ou à vn Correcteur d'Imprimerie. Entre ces liures il y en a que l'on souhaiteroit fort, maintenant que ie les ay declarez. L'on voudroit bien voir ce liure de Ieux, qui deuroit estre l'entretien des plus aymables compagnies, & puis encore celuy des Apopthegmes & des Contes ramassez: mais il ne faut pas esperer que ie les donne iamais; & sçauez-vous pourquoy? Lecteurs. C'est qu'il y a trop de sots au monde. Il y en a qui feront estat d'vn liure impertinent à cause qu'il sera fait sous pretexte de pieté, ou qu'il aura vne apparence serieuse, & qui en mespriseront vn autre fort bien fait, s'ils voyent qu'il contienne quelque chose de ioyeux & d'agreable. Il est vray que les meilleurs esprits ne seront pas de cette opinion, mais pourtant ils ne s'employent pas assez à combattre l'erreur du vulgaire, & laissent dans le mespris ce qui deuroit estre estimé, comme on void qu'ils font de l'Anti-Roman pour lequel ils ne parlent point assez fortement, & voila comme il les faut punir, de ne leur en plus donner de semblables. L'on me dira que si ie ne donne ces pieces recreatiues, ie ne doy pas refuser celles qui sont pleines de doctrine, & qui seroient loüées de chacun.

Il est vray, qu'outre que ie puis laisser les vnes en l'estat qu'elles sont, ie puis composer des autres des ouurages plus artificieux & plus reglez, & leur donnant vne face toute nouuelle, i'en ferois bien diuers Liures qui pourroient auoir chacun leur tiltre particulier. Ie mettrois au iour, *Le Censeur de ce siecle*; *Le Critique des Autheurs*; *L'Homme Constant*; *Le Fidelle Conseiller*; *La Ville Saincte*; *La Tranquilité parfaite*; *& la Recompense des Vertueux*; & beaucoup d'autres desseins encore, que ie puis former aussi facilement auec la matiere que i'ay toute preparée, comme il est au choix de l'Ouurier de faire la figure d'vn Cheual, d'vn Oyseau, ou d'vn Homme, auec sa cire. C'est ainsi que ie ferois des ouurages selon la mode qui a du cours maintenant, & ie sçay bien de quelle sorte il les faudroit rendre agreables au peuple : mais ie mesprise toutes ces choses depuis que i'en ay commencé d'autres encore plus estimables & plus vtiles. Ie trouue mesme fort à propos qu'vn homme ne fasse qu'vn seul liure principal, & que chacun de ceux qui ont le talent d'escrire, fasse ce liure vnique selon son Genie, afin qu'il en soit plus accomply. Pour moy il est arriué que celuy que ie me suis proposé, doit comprendre la Science de toutes choses, de sorte que ie ne sçaurois rien faire de particulier qui ne luy soit desrobé, & qui ne doiue estre compris en luy. Cela s'entend pour ce qui consiste en quelque instruction que ce soit; mais pour ce qui est de la pratique de l'Instruction, l'on en peut bien faire des pieces destachées, comme par exemple des lettres, des discours d'affaires, & mesmes des narrations où l'on execute ce que la Rhetorique enseigne.

seigne. L'on pourroit dire que cela ne m'empeschera donc point d'acheuer mon histoire de la Monarchie Françoise, ou d'entreprendre quelque autre beau dessein; Et de verité ie ne nie pas que ie ne le puisse faire selon les occasions qui se presenteront. Pour ce qui est de cette histoire si ie ne l'ay point acheuée, l'on ne sçauroit croire que ce soit par impuissance. I'en composerois aussi bien les derniers volumes comme les premiers. Ie n'ay point aussi manqué de temps & de loisir, & depuis que ie l'ay commencée ie n'aurois pas seulement fait l'Histoire de France, mais celle de toute l'Europe si i'y auois voulu trauailler. De dire aussi que ie ne l'ose faire, & que mesme cela m'ait esté deffendu, c'est vne grande simplicité de se l'imaginer. Ayant sceu que des esprits foibles auoient eu cette opinion quelque temps apres que i'eus fait imprimer ma Premiere Partie, ce fut pour ce sujet principalement que ie fy imprimer la Seconde, leur voulant monstrer le contraire. Ie ne sçay surquoy ils s'estoient fondez, car si cette Premiere Partie fut arrestée quelque temps, ce ne fut qu'à cause que l'Imprimeur auoit pris vn Priuilege au petit sceau en l'absence du grand, ce qui contreuenoit à vn nouueau Code que l'on estoit fort ialoux de faire obseruer. Il est vray qu'outre cette formalité qui n'est qu'vne matiere de Libraire, l'on tascha de trouuer quelque chose à reprendre dans mon Liure, afin d'authoriser dauantage l'empeschement que l'on mettoit à son debit. I'auois à faire à des gens qui ne vouloient pas que l'histoire fust histoire, c'est à dire qu'elle fust veritable, & qui desiroient qu'elle fust accommodée au temps; si bien que pour leur plaire il eust falu la

Hhh

changer tous les six mois, & ce qui eust esté bon alors, n'eust rien valu maintenant. Ie condamneray ces obseruations si desraisonnables dans ma Science Vniuerselle sur la maniere d'escrire l'histoire, & quand ie viendray aussi à parler de la fausse politique. Neantmoins ce ne sera que dans des instructions que ie tascheray d'accompagner d'exemples propres, sans en faire des discours exprés. Si i'auois aimé la vengeance, il y a longtemps que i'aurois pû escrire contre mes aduersaires qui ont esté assez hays, & il n'eust esté besoin que de publier leurs corrections pour leur faire honte, mais il leur a falu pardonner, puisqu'ils ne les voulurent pas publier eux mesmes. Il falut aussi enfin que la verité fust soufferte malgré la passion & l'ignorance, & mon Imprimeur obtint vn priuilege en telle forme qu'il voulut. L'on en a obtenu encore vn autre sans difficulté pour la Seconde Partie, & cela estant l'on void bien que ceux qui ont eu de la Premiere, l'opinion qu'ils n'en deuoient pas auoir, en ont esté tresmal informez, & si l'on les interroge, l'on verra qu'ils ne sçauent pas mesme qu'elle se vend publiquement, & qu'ils n'ont pas esté soigneux de s'en enquerir depuis la premiere fois qu'ils en ont oüy parler. Aussi ceux qui l'ont leuë m'asseurent bien, que si ie voulois donner aux François toute l'histoire de leur païs, du stile que ie l'ay commencée, il ne faut point douter qu'ils ne la receussent à bras ouuers, ou il faudroit qu'ils fussent sauuages & desnaturez. C'est pourquoy l'on s'abuseroit fort de croire que ce fust quelque crainte d'estre mal receu qui m'empeschast de la poursuiure. Il est certain que i'ay assez de témoignages de l'estime que plusieurs en font;

mais ie declare franchement que cela ne me doit pas contenter encore, & ne me sçauroit obliger à continuer mon trauail, si ie ne m'y vois excité par ceux qui y doiuent auoir le principal interest. Si cela arriuoit cette histoire seroit bientost accomplie, & l'ayant tirée hors de la confusion & de la barbarie où elle a tousiours esté iusqu'à cette heure, ie l'escrirois d'vn vray stile Historique selon les propositions que i'en ay déja publiées: Mais d'autant qu'il faut faire pour cela des recherches fort penibles & nullement fructueuses, ie ne m'y adonneray iamais pour mon propre plaisir, & si i'en ay fait quelque chose ç'a esté pour monstrer ce que ie pouuois faire en cette occasion. En ce qui est de mon Liure de la Science Humaine, ie n'ay rien à attendre pour m'y employer, puisque ie preten seulement de m'y instruire, si ie n'y puis instruire les autres, & que quand ie ne serois fauorisé de personne pour l'auoir fait, il est luy mesme ma recompense. L'on pourra sçauoir en d'autres discours, comment & pourquoy ie m'applique si ardamment à ce trauail, auec quelques autres choses qui me concernent, & specialement cela se verra dans vn Traité que i'appelleray, *l'Histoire de* CLEOMEDE. Pour ce qui est des raisons de la croyance que i'ay en beaucoup de choses contre l'opinion vulgaire, elles ne se descouuriront que selon les sujets dedans la suite de mon Liure.

Or l'on iuge bien par l'affection que ie tesmoigne pour cet ouurage, que ie suis resolu de le faire tout entier, mais l'on peut estre en doute quelles sont les Parties que i'ay déja faites, ou que ie suis asseuré de faire; & si ie m'estime capable de toutes. Pour moy ie confesferay librement que mon entreprise est tresgrande, & qu'encore que i'aye proposé tout ce qui seroit necessaire pour la mettre en sa perfection, il y a des choses que ie ne veux pas promettre absolument, pour ce que plusieurs auroient de la peine à croire que ie les pûsse accomplir. Il ne seruiroit aussi de rien d'asseurer que ie les aurois faites, quand mesmes elles le seroient, d'autant que ce sont celles là que ie ne voudrois pas faire imprimer, ny les monstrer au premier qui me les demanderoit. N'en faisant rien autre chose que la Proposition, c'est assez pour faire songer aux bons Esprits si cela peut estre, & leur faire iuger si de telles pieces peuent sortir de mes mains. Ce que ie promets de faire imprimer est la suite de la Science des Choses Corporelles, excepté quelques secrets que ie reserueray. Ie tiendray aussi la Science des Choses Spirituelles fort chere, & encore autant la Science Politique, & la Grámaire Vniuerselle, & ma Logique. Toutefois ie pourray bien sans garder mon ordre publier quelquechose par auance de la Morale, quand ce ne seroit que pour accompagner ce que ie voudray repartir à ceux qui s'estonneront infailliblement des grands deffaux que ie m'imagine estre dans le Monde; & pour faire vn Liure hardy il ne faudra qu'y inserer le Traité, *De la liberté du Sage*, ou celuy, *Des fausses grandeurs & des vaines conditions des hommes*, & vn autre, *Des biens imaginaires*; & quelques autres encore qui monstreront ouuertement les Vices & les Erreurs, expliquant ce que i'en ay dit dans ma Remonstrance. Pour ce qui est des Liures qu'il faut cacher quand mesme ie les aurois faits, ils sont de deux sortes: Les vns sont ceux que l'on ne souffriroit pas d'auoir du cours, à cause qu'ils disent trop franchement la verité, & qu'il y a des temps que l'on ne la veut pas oüyr, si bien qu'il seroit inutile de les publier & l'on doit en attendre l'occasion. Les autres tout au contraire sont ceux qui sont le plus desirez de toute sorte de personnes, à cause qu'ils contiennent des secrets que chacun voudroit sçauoir, mais c'est pour cela qu'il ne les faut pas donner si tost. Il y a des gens en attente pour faire leur profit de ce qu'ils trouuent dans les Liures sans en sçauoir aucun gré à l'Autheur, qu'ils taschent mesme de blasmer en beaucoup de choses, s'attribuant ce qu'il a dit de meilleur sans en rien dire. Nos Liures sont leus par quantité de persónes que nous ne connoistrons iamais, & qui ne desirent point de nous connoistre, pource qu'il leur suffit d'auoir nostre ouurage. Il y a à perdre si leur connoissance vaut quelque chose; mais pour quantité d'autres qui n'ont rien de recommandable, & qui prennent mesme d'vn mauuais biais tout ce que nous auons escrit, & l'expliquent selon leurs bigearres imaginations, ils donnent sujet de souhaiter de n'auoir iamais abandonné nostre ouurage pour estre en danger de tomber en de si indignes mains. Il vaut bien mieux le garder deuers soy, & en faire sçauoir à peu prés les sujets dans quelque Liure Auant-coureur où il y en ait quelque partie que de necessité il faut jetter en public, afin que l'on iuge ce que ce peut estre du reste. Alors l'on sera recherché en sa personne, & non point seulement en son Liure, & l'on aura le plaisir de connoistre ceux qui aiment les bonnes choses, & d'auoir leur frequentation pour ioindre leurs experiences aux siénes, & en tirer vne plus grande certitude de doctrine. Voila comme i'ay deſſein de faire, ne donnant pas à imprimer les principales pieces de mon Oeuure, & les reſeruant pour les monſtrer moy meſme à ceux de qui la bonne intention me ſera connuë, & qui y pourront profiter, ou m'y faire profiter moy-meſme, m'auertiſſant des deffaux que i'y pourray auoir laiſſez. L'on nous remonſtrera qu'en communiquant nos ouurages à nos amis, ou à ceux que nous croyons eſtre tels; quelques perſonnes de mauuaiſe volonté en peuuent auoir connoiſſance & ſ'en attribuer les plus belles penſées, ce qui ne pourroit plus arriuer ſi cela eſtoit imprimé ſous noſtre nom; mais l'on ſe peut garder de ces larcins, qui ne ſçauroient eſtre que de fort peu de choſe, & qui ſont aiſez à deſcouurir, puiſque les bons Eſprits reconnoiſſent touſiours le ſtile & le Genie des autres. Ce qu'il y a encore de conſiderable, c'eſt que la mort peut ſuruenir ſans nous donner le loiſir de reuoir nos Liures, les mettant en l'eſtat qu'ils doiuent eſtre, & apres la mort l'on les imprime ſouuent au plus loin de noſtre intention; Mais n'eſt-ce pas noſtre commune croyance, que nous aurons bien d'autres penſées apres cette vie? Et ſi l'on dit qu'encore il y a quelque cóſolation tandis que l'on eſt icy, de voir ſes ouurages publiez comme l'on les deſire, & de la ſorte que la poſterité les doit voir eternellement; Ie reſpondray pour moy que cela me pourroit apporter quelque plaiſir, mais que d'vn autre coſté i'aurois vn extreme regret, de voir des ſecrets qui m'auroient couſté beaucoup de trauail à l'abandon des eſprits brutaux & ingrats, & qu'il vaudroit peut eſtre mieux les auoir gardez pour les laiſſer mourir auec moy. Toutefois il y a des temps que le nombre des Bons peut eftre affez confiderable pour nous obliger à leur faire du bien; & en ce cas là ie pourray mettre au iour quelques vns de mes Traitez felon qu'il me femblera à propos, mais ie ne le promets pas affeurément. Ce qu'il faut neceffairement que ie faffe, c'eft de monftrer clairement les deffaux des hommes, & de ne point efpargner les mefchans qui font caufe de leur propre malheur, & de celuy de tous les autres; Au refte il faudra faire voir que quelques vns qui s'eftiment les plus heureux ne le font qu'imparfaitement, & que s'ils vouloient ils pourroient acquerir vn bon heur tres-eftimable en leur particulier, & qu'en ce qui eft du general, ils pourroient regler fi bien toutes chofes, que la perfection & la felicité fe trouueroient fur la Terre, autant que la nature humaine en eft capable.

FIN.

EXTRAICT DV PRIVILEGE DV ROY.

PAr lettres Patentes du Roy, données le 3. iour d'Aoust 1634. Signées, RENOVARD. Et scellées du grand sceau de cire iaune. Il est permis au S^t DE SOREL, de faire imprimer par tel Libraire ou Imprimeur que bon luy semblera, *La Science des Choses Corporelles*, &c. Et deffences sont faites à toutes autres personnes de quelque qualité qu'ils soient, de les faire imprimer, vendre & distribuer, sur les peines y contenuës, pendant le temps de six ans, à compter du iour que ledit liure sera acheué d'imprimer, comme il est plus amplement porté par les lettres dudit Priuilege.

Et ledit Sr Sorel a consenty & consent que Pierre Billaine Marchand Libraire, ioüisse dudit Priuilege, pour l'impression du Premier Liure de la Science des Choses Corporelles, qui concerne les Corps Principaux & les Elemens.

www.ingramcontent.com/pod-product-compliance
Lightning Source LLC
Chambersburg PA
CBHW072126220426
43664CB00013B/2141